Lebensbilder

Der Autor:

Luis Buñuel, 1900 in Calanda/Aragón geboren und im Juli 1983 in Mexiko City gestorben, war einer der bedeutendsten Regisseure von internationalem Rang. Seine vorliegenden Memoiren schrieb Jean Claude Carrière, Drehbuchautor der letzten Filme Buñuels, der sich in zahlreichen langen Gesprächen die Vita dieses genialen spanischen Filmemachers hat erzählen lassen.

Luis Buñuel

Mein letzter Seufzer

Erinnerungen
Mit 29 Abbildungen

Lebensbilder

Lebensbilder
Ullstein Buch Nr. 27537
im Verlag Ullstein GmbH,
Frankfurt/M – Berlin – Wien
Französischer Originaltitel:
»Luis Buñuel, Mon dernier soupir«
Übersetzt von Frieda Grafe und Enno Patalas

Ungekürzte Ausgabe

Umschlagentwurf: Atelier Noth & Hauer
Unter Verwendung eines Fotos der Deutschen
Kinemathek, Berlin

Mit freundlicher Genehmigung der
Athenäum Verlags GmbH, Königstein/Ts.

Printed in Germany 1985
Druck und Verarbeitung:
Elsnerdruck GmbH, Berlin
ISBN 3 548 27537 0

August 1985

CIP-Kurztitelaufnahme
der Deutschen Bibliothek

Buñuel, Luis:
Mein letzter Seufzer: Erinnerungen/
Luis Buñuel. [Übers. von
Frieda Grafe u. Enno Patalas]. –
Ungekürzte Ausg. –
Frankfurt/M; Berlin; Wien:
Ullstein, 1985.
(Ullstein-Buch; Nr. 27537:
Lebensbilder) Einheitssacht.:
Mon dernier soupir ‹dt.›
ISBN 3-548-27537-0
NE: GT

Für Jeanne, meine Frau,
meine Gefährtin

Ich bin kein Mann des Schreibens. Nach langen Unterhaltungen hat Jean-Claude Carrière, meinen Erzählungen getreu, mir geholfen, dieses Buch zu verfassen.

Inhalt

Das Gedächtnis

In den letzten zehn Jahren ihres Lebens verlor meine Mutter nach und nach ihr Gedächtnis. Wenn ich sie in Saragossa besuchte, wo sie bei meinen Brüdern lebte, gaben wir ihr manchmal eine Illustrierte, die sie sorgfältig bis zur letzten Seite durchblätterte. Dann nahmen wir sie ihr aus der Hand und taten so, als gäben wir ihr eine andere, in Wirklichkeit war es aber dieselbe. Sie blätterte sie wieder durch, mit der gleichen Sorgfalt.

Es kam so weit, daß sie ihre Kinder nicht mehr erkannte, nicht mehr wußte, wer wir waren und wer sie war. Ich ging zu ihr, umarmte sie, blieb eine Weile bei ihr – körperlich war sie ganz gesund, sie war sogar sehr beweglich für ihr Alter –, dann verließ ich das Zimmer und kam gleich wieder herein; sie empfing mich mit dem gleichen Lächeln und ließ mich Platz nehmen, als sähe sie mich gerade zum ersten Mal, auch meinen Namen hatte sie vergessen.

Im Gymnasium in Saragossa konnte ich die Folge der spanischen Westgotenkönige auswendig hersagen, Flächeninhalt und Bevölkerungszahl aller europäischen Staaten angeben und noch eine Menge anderes unnützes Zeug. Meistens wird diese Art mechanischer Gedächtnisübung im Gymnasium geringgeschätzt. In Spanien nennt man einen solchen Schüler einen *memorión*. Und obwohl selbst ein *memorión*, hatte ich für solche kleinkarierten Leistungen nur Spott übrig.

Mit den Jahren, wenn unser Leben dahingeht, gewinnt das früher verachtete Gedächtnis an Wert. Ohne daß man es merkt, häufen die Erinnerungen sich an, bis man eines Tages, unversehens, vergeblich nach dem Namen eines Freundes, eines Verwandten sucht. Man hat ihn vergessen. Es kommt vor, daß man wütend nach einem Wort sucht, das einem vertraut ist, man hat es auf der Zunge, aber es weigert sich hartnäckig herauszukommen.

Mit dieser ersten Gedächtnislücke und weiteren, die nicht auf sich warten lassen, beginnt man die Wichtigkeit des Gedächtnisses zu begreifen und sich einzugestehen. Die Amnesie – die sich bei mir mit etwa siebzig einstellte – beginnt bei Eigennamen und Vorgängen, die sich erst kürzlich ereigneten: Wo habe ich nur gerade mein Feuerzeug hingelegt? Was habe ich sagen wollen, als ich diesen Satz anfing? Das nennt man anterograde Amnesie. Danach kommt die anteroretrograde Amnesie, die sich auf die Ereignisse der letzten Monate und Jahre bezieht: Wie hieß noch das Hotel in Madrid, in dem ich im Mai 1980 gewohnt habe? Und das Buch, das ich vor einem halben Jahr mit so viel Interesse gelesen habe? Ich weiß es nicht mehr, ich suche lange und vergeblich. Schließlich kommt die retrograde Amnesie, die ein ganzes Leben auslöschen kann, wie bei meiner Mutter.

Ich für mein Teil habe noch keine Anzeichen dieser dritten Form von Gedächtnisschwund gespürt. An meine ferne Vergangenheit, an meine Kindheit, meine Jugend, habe ich vielfältige und genaue Erinnerungen, auch an eine Unmenge von Gesichtern und Namen. Wenn mir da etwas entfällt, beunruhigt es mich nicht über Gebühr. Ich weiß, es taucht plötzlich wieder auf, durch die Willkür des Unbewußten, das im Dunkeln unablässig an der Arbeit ist.

Dagegen verspüre ich manchmal heftige Unruhe, ja sogar Angst, wenn ich mich eines Vorfalls der jüngsten Vergangenheit nicht mehr entsinnen kann oder mir der Name eines Menschen nicht einfällt, den ich erst vor ein paar Monaten kennengelernt habe, oder der eines Gegenstandes. Plötzlich zerbröckelt mein Ich, es fällt auseinander. Ich kann an nichts anderes mehr denken. Und dennoch ist all meine Mühe, all meine Wut vergeblich. Ist das der Beginn der totalen Auflösung? Ein entsetzliches Gefühl, wenn man für das Wort „Tisch" eine Umschreibung benutzen muß. Und weiter dann die schlimmste aller Ängste: daß man lebt und sich selbst nicht mehr kennt, nicht mehr weiß, wer man ist.

Man muß erst beginnen, sein Gedächtnis zu verlieren, und sei's nur stückweise, um sich darüber klar zu werden, daß das Gedächtnis unser ganzes Leben ist. Ein Leben ohne Gedächtnis wäre kein Leben, wie eine Intelligenz ohne Ausdrucksmöglichkeit keine Intelligenz wäre. Unser Gedächtnis ist unser Zusammenhalt, unser Grund, unser Handeln, unser Gefühl. Ohne Gedächtnis sind wir nichts.

Ich habe oft daran gedacht, in einem Film eine Szene unterzubringen, in der ein Mann versucht, einem Freund eine Geschichte zu erzählen. Aber jedes dritte Wort entfällt ihm, meist sind es ganz einfache Wörter wie „Wagen", „Straße", „Polizist". Er stottert, zögert, gestikuliert, er sucht angestrengt nach Entsprechungen, bis der Freund ihm gereizt eine Ohrfeige versetzt und weitergeht. Ich erzähle manchmal auch, um meine eigenen Angstanwandlungen mit Lachen zu bekämpfen, die Geschichte von dem Mann, der seinen Psychiater aufsucht und über Gedächtnisstörungen und -lücken klagt. Der Psychiater stellt ihm ein paar Routinefragen und sagt dann:

„Na, und Ihre Gedächtnislücken?"

„Was für Gedächtnislücken?" fragt der Patient.

Das Gedächtnis ist ebenso zerbrechlich und gefährdet, wie es unentbehrlich und allmächtig ist. Es wird nicht nur vom Vergessen bedroht, seinem alten Feind, sondern auch durch falsche Erinnerungen, die es dauernd bedrängen. Ein Beispiel: Ich habe meinen Freunden oft erzählt – und komme auch in diesem Buch darauf zurück – von der Hochzeit Paul Nizans, des brillanten marxistischen Intellektuellen der dreißiger Jahre. Ich sah ganz genau die Kirche von Saint-Germain-des-Près vor mir, die Hochzeitsgäste, darunter mich selbst, den Altar, den Priester und Jean-Paul Sartre als Trauzeugen. Eines Tages, letztes Jahr, sagte ich mir plötzlich: Aber das ist doch unmöglich! Niemals hätten sich Paul Nizan, ein überzeugter Kommunist, und seine Frau, die aus einer Familie von Atheisten stammte, kirchlich trauen lassen. Das war einfach undenkbar. Sollte ich eine Erinnerung umgeformt haben? War es eine erfundene Erinnerung? Eine Verwechslung? Habe ich den vertrauten Dekor einer Kirche einer Szene aufgesetzt, die man mir erzählt hat? Bis heute weiß ich es nicht.

Vorstellung und Phantasien stürmen unentwegt auf die Erinnerung ein, und da wir versucht sind, der Realität des Imaginären zu glauben, machen wir schließlich aus unserer Lüge eine Wahrheit. Was übrigens auch nur von relativer Bedeutung ist, denn beide sind ebenso gelebt, ebenso persönlich.

In diesem halbbiographischen Buch, in dem ich zuweilen vom geraden Weg abkomme – wie in einem pikaresken Roman –, in dem ich manchmal der Verführung durch eine Geschichte nachgebe, die nicht dahingehört, sind trotz meiner Wachsamkeit vielleicht noch ein paar falsche Erinnerungen übriggeblieben. Wie gesagt, das ist nur von geringer Bedeutung. Man besteht aus seinen Irrtümern und Zweifeln wie aus seinen Gewißheiten. Da ich kein Historiker bin, habe ich keine Notizen, keine Bücher benutzt, und das Porträt, das ich vorlege, ist auf jeden Fall mein eigenes, mit meinen Urteilen, meinen Bedenken, meinen Wiederholungen, meinen Auslassungen, mit meinen Wahrheiten und meinen Lügen, in einem Wort: mit meinem Gedächtnis.

Erinnerungen an das Mittelalter

Mit dreizehn Jahren bin ich zum ersten Mal aus der Provinz Aragonien herausgekommen. Als Gast bei Freunden meiner Eltern, die den Sommer in Vega de Pas bei Santander im Norden Spaniens verbrachten, entdeckte ich, als ich das Baskenland durchquerte, voller Begeisterung eine völlig neue Landschaft, das genaue Gegenteil dessen, was ich bis dahin gekannt hatte. Ich sah Wolken, Regen, Wälder im Nebel, feuchtes Moos auf Steinen. Ein köstlicher Eindruck, den ich mir immer bewahrt habe. Dem Norden gilt meine dauernde Zuneigung, der Kälte, dem Schnee, den reißenden Gebirgsbächen.

Der Boden Niederaragoniens ist fruchtbar, aber staubig und entsetzlich trocken. Ein Jahr, ja zwei konnten vergehen, ohne daß man am unbewegten Himmel eine Wolke hätte dahinsegeln sehen. Wenn sich zufällig eine vorwitzige Haufenwolke über den Bergen zeigte, klopften die Nachbarn, Angestellte eines Lebensmittelladens, bei uns an, denn unser Haus hatte auf dem Dach einen kleinen Aussichtsturm. Von dort aus beobachteten sie stundenlang, wie die Wolke sich langsam näherte, und sagten dann ganz traurig unter Kopfschütteln: „Südwind. Sie zieht vorüber." So war es dann auch. Die Wolke entfernte sich, ohne der Erde einen einzigen Regentropfen gegönnt zu haben.

In einem Jahr, in dem die Trockenheit beängstigende Ausmaße erreicht hatte, veranstaltete die Bevölkerung des Nachbardorfes Castelceras mit den Pfarrern an der Spitze einen Bittgang – *una rogativa* –, um vom Himmel einen Regenguß zu erflehen. Finstere Wolken zogen an jenem Tag über das Dorf. Die Prozession schien fast überflüssig.

Leider verzogen die Wolken sich vor dem Ende der Prozession, und die glühende Sonne trat wieder hervor. Darauf bemächtigten sich üble Elemente, wie es sie in jedem Dorf gibt, der Muttergottesstatue, die dem Zug vorangetragen wurde, und als er eine Brücke überquerte, warfen sie sie in den Fluß, den Guadalope.

Von meinem Dorf, in dem ich am 22. Februar 1900 geboren wurde, kann man behaupten, daß dort das Mittelalter bis zum Ersten Weltkrieg gedauert hat. Eine isolierte, starre Gesellschaft, von scharfen Klassengegensätzen geprägt. Der Respekt den Großgrundbesitzern gegenüber, die Unterordnung der arbeitenden Bevölkerung unter die Herren schienen unwandelbar, tief verwurzelt in uralten Gewohnheiten. Gelenkt von den Glocken der Virgen del Pilar, der Schutzpatronin Spaniens, verlief das Leben horizontal, immer gleich, ein für allemal geregelt. Die Glocken riefen zu den religiösen Zeremonien – Messen, Vesper, Angelus –, verkündeten aber ebenso die besonderen Ereignisse des Alltagslebens, die Totenglocke und das besondere Geläut, der *toque de agonía,* das Sterbegeläut. War ein Bewohner des Ortes an den Pforten des Todes angekommen, schlug langsam eine Glocke für ihn, eine große, tiefe und ernste Glocke beim letzten Kampf eines Erwachsenen, eine kleine Glokke aus hellerer Bronze beim Sterben eines Kindes. Auf den Feldern, Wegen und Straßen blieben die Leute stehen und fragten sich: „Wer wohl stirbt?"

Ich erinnere mich auch an die Sturmglocke, wenn es brannte, und an das erhabene Feiertagsläuten.

Calanda zählte weniger als fünftausend Einwohner. Es war ein großes Dorf in der Provinz Teruel, das dem durchreisenden Touristen nichts Besonderes zu bieten hatte, achtzehn Kilometer von Alcañiz entfernt. In Alcañiz hielt der Zug von Saragossa. Drei Pferdewagen warteten auf uns am Bahnhof. Der größte war die *jardinera.* Die *galera* war ein Planwagen. Und dann gab es noch einen kleinen zweirädrigen Karren. Da wir eine mehrköpfige Familie waren, viel Gepäck hatten und von Dienstboten begleitet wurden, paßten wir kaum in die drei Wagen. Etwa drei Stunden brauchten wir, unter praller Sonne, für die achtzehn Kilometer bis Calanda, aber ich kann mich nicht erinnern, daß ich mich bei diesen Fahrten je eine Minute gelangweilt hätte.

Außer zum Pilarfest und zu den Märkten im September kamen selten Fremde nach Calanda. Jeden Mittag, etwa um halb eins, tauchte in einer Staubwolke, von einem Muligespann gezogen, die Postkutsche aus Macán auf. Sie beförderte die Post und manchmal auch einen Handlungsreisenden. Vor 1919 hat man im Dorf kein Auto gesehen.

Der erste Autobesitzer hieß Don Luis González, er war ein liberaler, moderner und sogar antiklerikal gesinnter Mann. Doña Trinidad, seine Mutter, war eine Generalswitwe und entstammte einer Adelsfamilie aus Sevilla. Ihre verfeinerte Lebensart ließ sie das Opfer von Indiskretionen ihrer Dienstboten werden. Bei ihren intimen Waschungen bediente sie sich nämlich einer skandalösen Einrichtung, die die züchtigen und empörten besseren Damen Calandas mit einer weit ausholenden, eher die Form einer Gitarre umschreibenden Geste bezeichneten. Wegen dieses Bidets vermieden sie eine Zeitlang den Umgang mit Doña Trinidad.

Dieser Don Luis González spielte eine entscheidende Rolle, als die Weinstöcke von Calanda von der Reblaus befallen wurden. Die Stöcke waren verloren, aber die Bauern weigerten sich hartnäckig, sie auszureißen und durch amerikanische Rebsorten zu ersetzen, wie es sonst überall in Europa geschah. Ein Agronom, der eigens aus Teruel gekommen war, stellte im großen Saal des Rathauses ein Mikroskop auf, durch das man die Schädlinge beobachten konnte. Aber auch das wirkte nicht. Die Bauern weigerten sich weiterhin, die Stöcke zu ersetzen. Darauf riß Don Luis, um ein Exempel zu statuieren, die seinen alle heraus. Er bekam Morddrohungen und ging nur noch mit dem Gewehr in der Hand in seine Weinberge. Der kollektive Starrsinn, typisch aragonisch, wurde nur sehr langsam bezwungen.

Aus Niederaragonien kommt das beste Olivenöl Spaniens, vielleicht der ganzen Welt. Die Ernte, in manchen Jahren üppig, wurde gefährdet durch die Trockenheit, die nicht selten die Bäume entblätterte. Jedes Jahr gingen einige Bauern aus Calanda, die als bedeutende Spezialisten galten, nach Andalusien, in die Provinzen Córdoba und Jaén, um die Bäume zu schneiden. Zu Beginn des Winters begann man die Oliven zu pflücken, und während der Arbeit sangen die Bauern die *Jota Olivarera*. Während die Männer auf Leitern standen und mit Stöcken in die von Früchten schweren Zweige schlugen, lasen die Frauen die Oliven vom Boden auf. Die *Jota Olivarera* ist weich und melodiös, zart – jedenfalls in meiner Erinnerung. Sie steht in einem seltsamen Widerspruch zur wilden Kraft des aragonischen Volksgesangs im allgemeinen.

Ein anderes Lied aus der Zeit bleibt für immer in meiner Erinnerung, auf halbem Weg zwischen Schlummer und Wachen. Ich glaube, heute kennt man es nicht mehr, denn die Melodie wurde von Generation zu Generation nur mündlich überliefert und nie aufgeschrieben. Es hieß „Das Lied der Morgenröte". Vor Tagesanbruch lief eine Gruppe junger Burschen durch die Straßen, um die Erntearbeiter zu wecken, die sich in aller Herrgottsfrühe an die Arbeit machen mußten. Vielleicht leben heute noch einige von diesen »Weckern« und erinnern sich der Melodie und des Textes, damit dieser Gesang nicht einfach verschwindet, ein großartiges Lied, halb religiös, halb weltlich, aus einer lang vergangenen Zeit. Während der Erntezeit weckte es mich mitten in der Nacht auf, dann schlief ich wieder ein.

In der übrigen Zeit des Jahres wiegte ein Nachtwächterpaar, mit Laterne und einem kleinen Stab ausgestattet, uns in den Schlaf: „Gelobt sei Gott – *alabado sea Dios*", rief der eine. Darauf antwortete der andere: „Gelobt in Ewigkeit – *sea por siempre alabado*." Aber sie sagten auch: „Elf Uhr, wolkenlos – *las once, sereno*", viel seltener, welch freudige Überraschung: „Bedeckt – *nublado*", und manchmal, o Wunder: „*Lloviendo* – es regnet!"

Calanda hatte acht Ölmühlen. Eine wurde sogar schon hydraulisch betrieben, aber die anderen funktionierten noch genauso wie zur Zeit der Römer: Ein schwerer kegelförmiger Stein, von Pferden oder Mulis gezogen, zermahlte die Oliven auf einem zweiten Stein. Nichts schien sich ändern zu müssen. Die gleichen Gesten, die gleichen Wünsche übertrugen sich vom Vater auf den Sohn, von der Mutter auf die Tochter. Ganz undeutlich nur hörte man vom Fortschritt reden, der in weiter Ferne vorbeizog wie die Wolken.

Der Tod, der Glaube, der Sex

Jeden Freitagmorgen setzte sich nach und nach etwa ein Dutzend Männer und Frauen fortgeschrittenen Alters unserem Haus gegenüber an die Kirchenmauer. Es waren die Ärmsten der Armen, *los pobres de solemnidad.* Einer unserer Dienstboten ging zu ihnen und gab jedem ein Stück Brot, das sie ehrfürchtig küßten, und einen Groschen, ein großzügiges Almosen, verglichen mit dem „Pfennig pro Bart", den die anderen Reichen des Ortes zu geben pflegten.

In Calanda hatte ich meine erste Begegnung mit dem Tod, der, zusammen mit einem tiefen Glauben und dem Erwachen des sexuellen Instinkts, zu den drei Triebkräften meiner Knabenzeit gehörte. Eines Tages ging ich mit meinem Vater in einem Olivenhain spazieren, als der Wind einen süßlichen, widerlichen Geruch herantrug. Ein paar hundert Meter weiter gab ein fürchterlich aufgequollener und zerrissener toter Esel das Festmahl für ein Dutzend Geier und Hunde ab. Das Schauspiel zog mich an und stieß mich zugleich ab. Die Vögel waren so vollgefressen, daß sie kaum noch fliegen konnten. Die Bauern begruben die toten Tiere nicht, weil sie meinten, daß die Verwesung dem Boden guttäte. Ich war fasziniert von diesem Anblick, und es stieg in mir die Ahnung von einer metaphysischen Bedeutung jenseits der verwesten Materie auf. Mein Vater nahm mich beim Arm und zog mich weg.

Ein andermal bekam einer unserer Schäfer bei einem albernen Streit ein Messer in den Rücken und starb – in ihrer breiten Schärpe, der *faja,* hatten die Männer immer ein scharfes Messer stecken. Die Autopsie wurde in der Friedhofskapelle vom Dorfarzt unter der Assistenz des Barbiers durchgeführt. Noch vier oder fünf Personen, Freunde des Arztes, waren dabei. Ich hatte es auch geschafft hineinzukommen.

Die Schnapsflasche ging von Hand zu Hand, und auch ich trank beklommen, um mir Mut zu machen, wenn die Säge knirschend den Schädel öffnete oder wenn die Rippen, eine nach der anderen, gebrochen wurden. Schließlich mußte man mich volltrunken nach Hause bringen, und ich wurde von meinem Vater hart bestraft, wegen meiner Trunkenheit und wegen meines „Sadismus".

Bei der Beerdigung einfacher Leute wurde der Sarg vor die offene Kirchentür gestellt. Die Priester sangen. Ein Vikar ging um den schmalen Katafalk herum, besprengte ihn mit Weihwasser, warf eine Schaufel Asche auf den Leichnam und hob einen Moment das Tuch hoch, das ihn bedeckte – in der Schlußszene von *Cumbres borrascosas,* nach Emily Brontës Roman *Sturmhöhe,* habe ich mich dieser Geste erinnert. Die tiefe Glocke schlug das Totengeläut an. Sobald die Männer begannen, den Sarg auf den Schultern zum Friedhof kurz vor dem Dorf zu tragen, ertönten die herzzerreißenden Schreie der Mutter: „Ach, mein Sohn, du läßt mich allein! Nie werde ich dich wiedersehen!" Die Schwestern des Verstorbenen, andere weibliche Familienmitglieder, manchmal auch Nachbarinnen und Freundinnen, fielen in die Klagen der Mutter ein und bildeten den Chor der *plañideras,* der Klageweiber.

Unentwegt spürte man die Gegenwart des Todes, er gehörte zum Leben wie im Mittelalter.

Ebenso der Glaube. Wir waren zutiefst im römischen Katholizismus verwurzelt, und nicht einen Augenblick lang hätten wir dessen universelle Wahrheit in Frage gestellt. Ich hatte einen sehr sanften und lieben Onkel, der Priester war. Wir nannten ihn *tío* Santos, Onkel Santos. Im Sommer brachte er mir Latein und Französisch bei. In der Kirche war ich sein Meßdiener, und ich gehörte auch zum Kirchenchor der Virgen del Carmen. Wir waren sieben oder acht. Ich spielte Geige und einer meiner Freunde Kontrabaß, der Rektor der Escolapios in Alcañiz, einer kirchlichen Schule, spielte Violoncello. Zusammen mit gleichaltrigen Sängern sind wir gut zwanzigmal aufgetreten. Mehrmals wurden wir in das Karmeliter-, später Dominikanerkloster eingeladen, das am Ausgang des Dorfes lag. Es war gegen Ende des neunzehnten Jahrhunderts von einem gewissen Forton gegründet worden, einem Einwohner Calandas, Ehemann einer aristokratischen Dame aus der Familie der Cascajares. Ein stolzes, gottesfürchtiges Paar, das kein einziges Mal die tägliche Messe versäumte. Später, zu Beginn des Bürgerkrieges, wurden die Dominikaner des Klosters erschossen.

Calanda hatte zwei Kirchen und sieben Pfarrer. Dazu kam *tío* Santos, der nach einem Jagdunfall, bei dem er in einen Abgrund gestürzt war, von meinem Vater als Verwalter seiner Güter beschäftigt wurde.

Die Allgegenwart der Religion zeigte sich in allen Einzelheiten des Lebens. Ich zum Beispiel las zum Vergnügen auf dem Speicher unseres Hauses meinen Schwestern die Messe. Ich hatte verschiedene Meßgeräte aus Blei, ebenso eine Stola und ein Meßgewand.

Das Wunder von Calanda

Unser Glaube war so blind – jedenfalls bis wir vierzehn waren –, daß es uns nicht in den Sinn gekommen wäre, das berühmte Wunder von Calanda, das sich im Jahr des Heils 1640 ereignet hatte, anzuzweifeln. Das Wunder wurde der Virgen del Pilar zugeschrieben, die so genannt wird, weil sie in den fernen Zeiten der Besetzung des Landes durch die Römer dem heiligen Jacobus auf einer Säule in Saragossa erschien. Die Virgen del Pilar, die Schutzpatronin Spaniens, ist eine der beiden großen spanischen Mariengestalten, die andere ist natürlich die von Guadalupe, die Schutzpatronin Mexikos, die meiner Meinung nach aber bei weitem nicht an sie heranreicht.

1640 wurde also einem Bewohner Calandas, Miguel Juan Pellicer, von einem Karrenrad ein Bein zerquetscht und mußte amputiert werden. Es war ein sehr frommer Mann, und so kam er täglich in die Kirche, um seinen Finger ins Öl der Lampe zu tauchen, die vor der Muttergottes brannte, und sich damit seinen Stumpf einzureiben. Eines Nachts stiegen die Muttergottes und die Engel vom Himmel und machten ihm ein neues Bein.

Wie alle Wunder – sonst wären es ja keine – wird auch dieses von zahlreichen theologischen und medizinischen Kapazitäten der Zeit bezeugt. Es löste eine blühende Ikonographie aus und war Gegenstand vieler Bücher. Ein großartiges Wunder, neben dem mir die Mirakel der Heiligen Jungfrau von Lourdes kläglich erscheinen. Ein Mann, „dessen Bein tot und begraben war", bekommt ein heiles Bein zurück! Mein Vater spendete der Gemeinde von Calanda einen prächtigen *paso,* eines jener Bildnisse, die bei Prozessionen mitgetragen werden und die die Anarchisten während des Bürgerkrieges verbrannten.

Man erzählte im Dorf – und es gab unter uns niemanden, der diese Geschichte angezweifelt hätte –, daß König Philipp IV. persönlich gekommen sei, um das von den Engeln wieder angesetzte Bein zu küssen.

Man möge bitte nicht glauben, ich übertriebe, wenn ich von den Rivalitäten der verschiedenen Marien rede. Zu der Zeit, von der ich erzähle, hielt in Saragossa ein Priester eine Predigt, in der er über die Verdienste der Jungfrau von Lourdes sprach, aber sofort hinzufügte, daß sie natürlich geringer zu werten seien als die der Jungfrau von Pilar. Der versammelten Gemeinde gehörten aber auch ein Dutzend Französinnen an, die als Lehrerinnen oder Vorleserinnen in den vornehmen Familien Saragossas lebten. Sie waren von den Äußerungen des Priesters schockiert und beschwerten sich beim Erzbischof – Soldevilla Romero, der einige Jahre später von den Anarchisten niedergemacht wurde. Die Französinnen konnten es nicht ertragen, daß ihre berühmte Gottesmutter herabgesetzt wurde.

In Mexiko habe ich um 1960 einem französischen Dominikaner das Wunder von Calanda erzählt.

Er lächelte und sagte: „Jetzt übertreiben Sie aber ein bißchen, mein Lieber."

Tod und Glaube. Ihre Allgegenwart und Macht.

Im Kontrast dazu war die Lebensfreude um so stärker. Die Vergnügen, stets ersehnt, gewannen an Intensität, wenn es gelang, sie zu befriedigen. Hindernisse verstärkten die Freude nur noch.

Trotz meines aufrichtigen Glaubens konnte nichts meine ungeduldige sexuelle Neugier beruhigen und ein ständiges, zwanghaftes Verlangen. Mit zwölf Jahren glaubte ich noch, die Kinder kämen aus Paris, aber nicht vom Storch gebracht, sondern einfach im Zug oder im Auto, bis ein zwei Jahre älterer Kamerad – auch er wurde später von den Republikanern erschossen – mich in das große Geheimnis einweihte. Damit begannen, wie bei allen Knaben in der ganzen Welt, die Diskussionen, die Vermutungen, die ungenauen Auskünfte, das Erlernen der Onanie, anders ausgedrückt, das Leben unter der Fuchtel der Sexualität Die höchste Tugend, lehrte man uns, ist die Keuschheit. Sie ist unerläßlich für ein ehrbares Leben. Die harten Schlachten, die der Trieb der Keuschheit lieferte, auch wenn es nur um Gedankensünden ging, luden bedrükkende Schuldgefühle auf uns.

Die Jesuiten sagten uns zum Beispiel: „Wißt ihr, weshalb Christus nicht geantwortet hat, als Herodes ihn fragte? Weil Herodes ein Lüstling war und unser Heiland vor seinem Laster einen abgrundtiefen Abscheu empfand."

Warum dieser Abscheu vor der Sexualität in der katholischen Religion? Ich habe mich das oft gefragt. Wahrscheinlich gibt es alle möglichen Gründe, theologische, historische, moralische und auch soziale.

In einer hierarchisch geordneten Gesellschaft kann der Sex, der keine Grenzen und kein Gesetz respektiert, jederzeit ein Faktor der Unordnung und eine wirkliche Gefahr werden. Zweifellos haben deshalb einige Kirchenväter und der heilige Thomas von Aquin auf dem undurchsichtigen und bedrohlichen Gebiet des Fleisches eine so auffallende Strenge gezeigt. Thomas ging so weit zu glauben, daß auch der Liebesakt zwischen Ehegatten fast immer eine fleischliche Sünde sei, da man die Wollust nie ganz aus dem Geist verbannen könne. Die Wollust ist aber von Natur aus schlecht. Das Verlangen, die Lust sind notwendig, denn Gott hat es so gewollt, aber jedes Bild der Wollust – die nichts anderes ist als die Lust um ihrer selbst willen –, jeder unreine Gedanke sollten aus dem Werk des Fleisches verbannt werden zugunsten einer einzigen Idee: dieser Erde einen neuen Diener Gottes zu schenken.

Es ist klar, das habe ich schon oft gesagt, daß dieses unerbittliche Verbot ein Gefühl der Sünde schafft, das etwas Köstliches sein kann. Das war bei mir lange der Fall. Ebenso habe ich aus Gründen, die ich nicht durchschaue, im sexuellen Akt immer eine Verwandtschaft mit dem Tod verspürt, eine geheimnisvolle, aber stets vorhandene Beziehung. Ich habe sogar versucht, dieses unerklärliche Gefühl in Bilder zu übersetzen – in *Un Chien andalou (Ein andalusischer Hund)*, wenn der Mann die nackten Brüste der Frau streichelt und sich ihr Gesicht plötzlich in einen Totenkopf verwandelt. Liegt das daran, daß ich in meiner Kindheit und Jugend Opfer der heftigsten Unterdrückung alles Sexuellen gewesen bin, die die Geschichte gekannt hat?

Die jungen Leute von Calanda, die es sich leisten konnten, gingen zweimal im Jahr nach Saragossa ins Bordell. Einmal, das war aber schon 1917, engagierte ein Café in Calanda zum Fest der Virgen del Pilar mehrere *camareras,* Kellnerinnen, die für ihre leichten Sitten bekannt waren. Zwei Tage lang widerstanden sie dem unausgesetzten derben Pokneifen der Gäste – *pizcos* auf aragonisch –, dann gaben sie es auf und gingen. Sie konnten nicht mehr. Natürlich taten die Gäste nichts anderes als kneifen. Hätten sie sich mehr herausgenommen, wäre sofort die Guardia Civil eingeschritten.

Dieses abscheuliche Vergnügen, um so reizvoller natürlich, als man es uns als Todsünde hinstellte, versuchten wir uns zu vergegenwärtigen, indem wir mit den kleinen Mädchen Doktor spielten oder Tiere beobachteten. Einer meiner Schulkameraden versuchte sogar, Einblick ins Intimste einer Stute zu gewinnen, mit dem Ergebnis, daß er von der Leiter fiel, auf der er gehockt hatte. Zum Glück hatten wir nicht die leiseste Ahnung davon, daß es so etwas wie Sodomie gab.

Im Sommer, während der Siesta, wenn die Hitze am drückendsten war und nur die Fliegen in den leeren Straßen summten, trafen wir uns in einem halbdunklen Stoffladen, bei verschlossenen Türen und zugezogenen Vorhängen. Der Mann, der den Laden führte, lieh uns dann ein paar „erotische“ Zeitschriften – weiß Gott, wie sie den Weg dorthin gefunden hatten –, die *Hoja de parra* zum Beispiel und die *K. D. T.*, deren Darstellungen ein gewisser Realismus auszeichnete. Diese damals verbotenen Magazine erscheinen einem heute von engelhafter Unschuld. Allenfalls konnte man gerade einen Bein- oder Busenansatz erkennen, was aber schon ausreichte, um unser Verlangen zu wecken und uns zu Vertraulichkeiten hinzureißen. Die strikte Trennung zwischen Männern und Frauen tat noch ein übriges, um unsere unentwickelten Triebe zu entflammen. Noch heute glaube ich, wenn ich an meine ersten sexuellen Empfindungen denke, den Geruch von Stoffen um mich herum wahrzunehmen.

In San Sebastián, als ich dreizehn oder vierzehn war, bot sich uns durch die Badekabinen noch eine andere Möglichkeit, uns zu informieren. Diese Kabinen waren durch Holzwände zweigeteilt. Es war nicht schwer, in eins der Abteile hineinzukommen und die Damen auf der anderen Seite durch ein Loch in der Trennwand beim Auskleiden zu beobachten.

Damals waren jedoch Damenhüte mit langen Nadeln in Mode, und die Damen, die sich beobachtet wußten, stachen mit diesen Nadeln durch die Löcher, ohne Rücksicht darauf, daß sie ein neugieriges Auge treffen konnten – in *Él (Er)* habe ich auf diese Erinnerung zurückgegriffen. Um uns vor den Nadeln zu schützen, brachten wir Glasstückchen in den Löchern an.

Zu den Freigeistern Calandas gehörte auch einer der beiden Ärzte, Don Leoncio – wenn ihm unsere Gewissensprobleme zu Ohren gekommen wären, hätte er sich sicher totgelacht. Er war ein unbeugsamer Republikaner. Seine Praxis war über und über tapeziert mit farbigen Seiten aus der Monatszeitschrift *El Motín,* einem anarchistischen und wild antiklerikalen Blatt, das damals in Spanien viel gelesen wurde. An eine der Zeichnungen kann ich mich noch erinnern. Zwei Geistliche, gut im Futter, sitzen auf einem Karren. Zwischen dessen Deichseln eingespannt, schwitzt Christus mit vor Anstrengung verzerrtem Gesicht.

Der Bericht von einer Demonstration in Madrid, bei der Arbeiter einige Priester schwer hergenommen, Passanten verletzt und Schaufensterscheiben eingeworfen hatten, las sich in *El Motín* etwa so:

„Gestern nachmittag ging eine Gruppe von Arbeitern ruhig die Calle de la Montera entlang, als sie sahen, wie ihnen auf der anderen Seite zwei Priester entgegenkamen. Angesichts dieser Provokation . . ."

Ich zitiere diesen Artikel gern als Beispiel für „Provokation".

Nach Calanda kamen wir nur in der Karwoche und in den Sommerferien – bis 1913, als ich den Norden entdeckte und San Sebastián. Das von meinem Vater gebaute Haus zog die Neugierigen an. Sogar aus den Nachbarorten kamen Leute, um es sich anzusehen. Es war im Geschmack der Zeit möbliert und ausgestattet, jenem „schlechten Geschmack", für den die Kunstgeschichte sich neuerdings zu interessieren beginnt und dessen brillantester Vertreter in Spanien der große Katalane Gaudí war.

Wenn die Haupttür des Hauses geöffnet wurde, um jemand rein- oder rauszulassen, sah man auf den Stufen immer ein paar acht- bis zehnjährige arme Kinder sitzen oder stehen, die mit großen Augen in das „luxuriöse" Innere blickten. Meistens trugen sie noch einen kleinen Bruder oder eine kleine Schwester auf dem Arm, mit Fliegen in den Augen- oder in den Mundwinkeln, die niemand wegscheuchte. Die Mütter dieser Kinder arbeiteten auf den Feldern, wenn sie noch nicht heimgekehrt waren, um Kartoffeln und Bohnen zu kochen, die ewig gleiche Grundnahrung der Landarbeiter.

Kaum drei Kilometer vor dem Ort, an einem Fluß, ließ mein Vater ein Landhaus bauen, das La Torre genannt wurde. Rundherum legte er einen Garten mit Grün und Obstbäumen an, der sich bis zu einem Weiher erstreckte, auf dem ein Kahn lag, und weiter bis zum Fluß. Ein kleiner Bewässerungskanal lief durch den Garten, in dem der Wächter das Gemüse anbaute.

Fast jeden Tag begab sich die ganze Familie – mindestens zehn Personen – in zwei *jardineras* nach La Torre. Unser Wagen voll glücklicher Kinder begegnete auf dem Weg dahin nicht selten irgendeinem mageren, zerlumpten Kind mit einem unförmigen Korb, in dem es Pferdeäpfel sammelte, mit denen sein Vater seine paar Quadratmeter Gemüsegarten düngte. Diese Bilder der Armut ließen uns – so kommt es mir heute vor – völlig gleichgültig.

Oft speisten wir im Garten von La Torre beim sanften Schein von Petroleumlampen üppig zu Abend und kehrten erst spät in der Nacht heim. Ein geruhsames Leben ohne Bedrohung. Wenn ich zu denen gehört hätte, die den Boden mit ihrem Schweiß begossen und Pferdeäpfel aufsammelten, welche Erinnerungen hätte ich dann an diese Zeit?

Wir waren zweifellos die letzten Vertreter einer sehr alten Lebensordnung. Es gab kaum Handel. Man lebte mit den Jahreszeiten. Das Denken blieb unverändert. Die Erzeugung von Öl war die einzige Industrie des Landes. Von draußen kamen Stoffe, Metallgegenstände, Medikamente – oder vielmehr die Grundprodukte dafür, die der Apotheker dann nach dem Rezept des Arztes verarbeitete.

Das örtliche Handwerk entsprach den gegebenen Bedürfnissen: ein Schmied, ein Kesselflicker, Töpfer und Maurer, ein Sattler, ein Bäcker, ein Weber. Die Landwirtschaft war halbfeudal geblieben. Der Grundbesitzer ließ den Boden von einem Pächter bewirtschaften, der die Hälfte der Ernte ablieferte.

Ich habe noch eine paar Photographien aus den Jahren 1904 und 1905, die ein Freund der Familie aufgenommen hat. Es sind Reliefbilder, die man damals durch einen besonderen Apparat betrachtete. Da ist mein Vater, ziemlich mächtig, mit dickem, weißem Schnurrbart und fast immer mit einem Panama, seltener einmal mit einer Kreissäge. Da ist meine Mutter mit vierundzwanzig, braungebrannt und lächelnd, wie sie aus der Messe kommt und von den Dorfnotabeln begrüßt wird. Dann mein Vater und meine Mutter mit einem Sonnenschirm oder meine Mutter auf einem Esel – das Photo nannten wir immer „die Flucht nach Ägypten". Ich, als Sechsjähriger, mit anderen Kindern in einem Maisfeld. Und Wäscherinnen, Bauern bei der Schafschur, meine Schwester Conchita – noch ganz klein, zwischen den Beinen meines Vaters, wie er mit Don Macario redet –, mein Großvater, der seinem Hund zu fressen gibt, ein besonders schöner Vogel im Nest.

Heute sieht man in Calanda freitags keine Armen mehr vor der Kirche sitzen und um Brot betteln. Das Dorf ist relativ wohlhabend, die Leute leben ganz gut. Schon lange verschwunden ist die Tracht, der breite Gürtel, der *cachirulo* für den Kopf, die enge Hose.

Die Straßen sind asphaltiert und beleuchtet. Es gibt fließendes Wasser, Kanalisation, Kinos und Bars. Wie überall in der Welt hat das Fernsehen kräftig zum Identitätsverlust seiner Zuschauer beigetragen. Es gibt Autos, Motorräder, Kühlschränke, ein ausgeklügeltes System materiellen Glücks, im Gleichgewicht gehalten durch unsere Gesellschaft, in der wissenschaftlicher und technischer Fortschritt die Moral und das Denken des Menschen in weite Fernen verbannt haben. Die Entropie, das Chaos, hat die täglich beängstigender werdende Form der Bevölkerungsexplosion angenommen.

Ich habe das Glück gehabt, meine Kindheit im Mittelalter zu verbringen, in einer „leidvollen und köstlichen" Zeit, wie Joris-Karl Huysmans schreibt. Leidvoll in der materiellen Existenz, köstlich in der geistigen. Das genaue Gegenteil zu heute.

Die Trommeln von Calanda

Es gibt in verschiedenen Orten Aragoniens einen in der Welt vielleicht einzigartigen Brauch, die Karfreitags-Trommeln. Getrommelt wird auch in Alacañiz und in Hijar. Nirgends aber geschieht es mit einer so geheimnisvollen und unwiderstehlichen Kraft wie in Calanda.

Dieser Brauch, der zurückreicht bis zum Ende des achtzehnten Jahrhunderts, war um 1900 eingeschlafen. Einer der Pfarrer von Calanda, Mosén Vicente Allanegui, hat ihn wieder belebt.

Die Trommeln von Calanda werden ununterbrochen, oder fast ununterbrochen, von Karfreitag- bis Karsamstagnachmittag geschlagen. Man gedenkt so der Finsternis, die sich bei Christi Tod über die Erde ausbreitete, und des Erdbebens, der Felsen, die sich lösten, des Vorhangs im Tempel, der von oben bis unten zerriß. Es ist eine eindrucksvolle, seltsam bewegende kollektive Zeremonie, deren Zeuge ich zum ersten Mal im Alter von zwei Monaten in der Wiege war. Seitdem habe ich oft daran teilgenommen, bis vor gar nicht langer Zeit, und habe viele Freunde die Trommeln erleben lassen, alle waren so beeindruckt wie ich. 1980, bei meiner letzten Spanienreise, wurden etliche Gäste auf ein mittelalterliches Schloß in der Nähe von Madrid eingeladen, und als besondere Überraschung trat eine Gruppe von Trommlern auf, die man eigens aus Calanda hatte kommen lassen. Unter den Gästen waren besonders gute Freunde wie Julio Alejandro, Fernando Rey und José Luis Barros. Alle versicherten, sie seien tief bewegt gewesen, ohne ersichtlichen Grund. Fünf gaben sogar zu, sie hätten geweint.

Ich weiß nicht, was diese Erschütterung hervorruft, die nur der vergleichbar ist, die manchmal durch Musik entsteht. Sicher wird sie durch die Pulsschläge eines geheimen Rhythmus ausgelöst, der uns von außen trifft und uns eine Art physischen Schauders vermittelt, für den es keine Erklärung gibt. Mein Sohn Jean-Louis hat einen Kurzfilm gedreht, *Les tambours de Calanda,* und ich selbst habe mich in mehreren meiner Filme dieser unergründlichen und unvergeßlichen Trommelschläge bedient, besonders in *L'Age d'or (Das goldene Zeitalter)* und *Nazarín.*

In meiner Jugend nahmen allenfalls zwei- bis dreihundert Leute daran teil, heute sind es mehr als tausend, sechs- bis siebenhundert Trommeln und vierhundert *bombos,* große Pauken.

Am Karfreitag versammelt sich die Menge gegen Mittag auf dem Hauptplatz gegenüber der Kirche. Alle warten, die Trommeln um den Hals gehängt, in tiefem Schweigen. Sollte ein Ungeduldiger vorzeitig die Trommelstöcke rühren, wird er von der Menge zum Schweigen gebracht.

Mittags beim ersten Glockenschlag legt sich ein gewaltiges Geräusch, wie ein lang rollender Donner, über das Dorf. Alle Trommeln beginnen gleichzeitig zu dröhnen. Eine undefinierbare Stimmung, die bald zu einer Art Trunkenheit wird, ergreift die Spieler. Zwei Stunden gehen so mit Trommeln dahin, dann formiert sich eine Prozession, *El Pregón* genannt – der *pregón* ist der Vortrommler, der Marktschreier –, die Prozession verläßt den Platz und zieht um das Dorf herum. Die Teilnehmer sind so zahlreich, daß die letzten den Platz noch nicht verlassen haben, wenn ihn die ersten auf der anderen Seite schon wieder erreichen.

In dieser Prozession gehen römische Soldaten mit falschen Bärten, die *putuntunes* genannt werden, ein Wort, dessen Klang an den Rhythmus der Trommeln erinnert, Zenturionen und eine Gestalt in einer mittelalterlichen Rüstung, Longinus. Seine Aufgabe ist es, den Leichnam des Heilands gegen die Grabschänder zu verteidigen. Er duelliert sich auch mit einem römischen General, wobei die Menge der Trommler einen

Kreis um die Kämpfenden bildet. Zum Zeichen, daß er getroffen ist, dreht sich der römische General um die eigene Achse, und Longinus versiegelt das Grabmal, das er zu bewachen hat.

Christus wird dargestellt durch eine Statue, die unter einer Glasglocke ruht.

Während der ganzen Prozession psalmodiert die Menge den Text der Leidensgeschichte, in dem mehrmals der Ausdruck „die elenden Juden“ vorkommt, den Johannes XXIII. gestrichen hat.

Um fünf Uhr ist alles vollbracht. Die Menge verharrt einen Augenblick in völliger Stille, dann setzen die Trommeln wieder ein und schweigen nicht mehr bis zum nächsten Mittag.

Getrommelt wird in fünf oder sechs verschiedenen Rhythmen, die sich mir unvergeßlich eingeprägt haben. Wenn zwei Gruppen, die nach verschiedenen Rhythmen trommeln, sich an einer Wegkehre begegnen, bleiben sie voreinander stehen, und es kommt zu einem regelrechten Kampf der Rhythmen, der eine Stunde und länger dauern kann, bis sich schließlich die schwächere Gruppe der stärkeren unterordnet.

Dieses Trommeln, ein unglaubliches, mächtiges, kosmisches Phänomen, das das kollektive Unbewußte anrührt, läßt den Boden unter den Füßen beben. Die ganze Nacht hindurch schwingt die Natur im Rhythmus der Trommeln. Wenn man die Hand auf die Mauer eines Hauses legt, spürt man, wie sie zittert. Wenn jemand während des Getrommels einschläft, wacht er wieder auf, wenn es sich entfernt und ihn zurückläßt.

Gegen Ende der Nacht bedecken Blutflecken die Trommelfelle. Vom Trommeln werden die Hände wund und blutig – dabei sind es die rauhen Hände von Landarbeitern.

Samstagfrüh ziehen dann einige auf den Kalvarienberg, einen Hügel mit einem Kreuzweg unweit des Dorfes. Um sieben vereinigen sich alle zur Prozession *del entierro*. Mittags, beim ersten Glockenschlag, hört alles auf, bis zum nächsten Jahr. Aber auch wenn das Alltagsleben längst wieder begonnen hat, sprechen einige Einwohner Calandas unbewußt noch immer seltsam abgehackt, beherrscht vom Rhythmus der längst verstummten Trommeln.

Saragossa

Der Vater meines Vaters war ein „reicher Bauer“, was hieß, daß er drei Maultiere besaß. Er hatte zwei Söhne. Einer wurde Apotheker, der andere, mein Vater, verließ Calanda mit vier Freunden, um in Kuba, das noch zu Spanien gehörte, als Soldat zu dienen.

Bei seiner Ankunft in Kuba mußte er ein Papier ausfüllen und unterzeichnen. Er hatte einen guten Lehrer gehabt und deshalb eine besonders schöne, kalligraphische Handschrift. Deshalb behielt man ihn im Büro. Seine Freunde starben an Malaria.

Als seine Dienstzeit abgelaufen war, beschloß er zu bleiben. Er wurde als Kontorist in einem Geschäft eingestellt und erwies sich als ernst und eifrig. Später gründete er seine eigene *ferretería,* eine Eisenhandlung, in der Werkzeuge, Waffen, Schwämme und sonst noch alles mögliche verkauft wurden. Ein Schuhputzer, der jeden Morgen bei ihm auftauchte, wurde sein Freund, ebenso einer seiner Angestellten. Mein Vater machte sie zu Kommanditisten und vertraute ihnen das Geschäft an. Er nahm seinen Gewinn heraus und kehrte kurz vor der Unabhängigkeitserklärung Kubas mit einem kleinen Vermögen in der Tasche nach Spanien zurück. Die Unabhängigkeit Kubas wurde in Spanien übrigens mit Gleichmut aufgenommen. Die Leute gingen an jenem Tag zum Stierkampf, als sei nichts geschehen.

Nach seiner Rückkehr nach Calanda, mit dreiundvierzig, heiratete mein Vater ein achtzehnjähriges Mädchen, meine Mutter. Er erwarb Grund und Boden, ließ das Haus bauen und La Torre.

Ich bin ihr ältestes Kind und wurde während einer Reise nach Paris gezeugt, im Hôtel Ronceray, in der Gegend von Richelieu-Drouot. Ich hatte vier Schwestern und zwei Brüder. Mein älterer Bruder, der Röntgenologe in Saragossa war, ist 1980 gestorben. Der andere, Alfonso, war fünfzehn Jahre jünger als ich und Architekt, er starb 1961, als ich *Viridiana* drehte. Meine Schwester Alicia verschied 1977. Jetzt sind wir noch vier. Meine Schwestern Conchita, Margarita und María erfreuen sich bester Gesundheit.

Seit den Iberern und Römern – Calanda war schon zur Römerzeit ein Dorf – hat es auf spanischem Boden so viele Eindringlinge gegeben, von den Westgoten bis zu den Arabern, daß unser Blut eine einzige Mischung ist. Im fünfzehnten Jahrhundert gab es in Calanda nur eine altchristliche Familie. Alle anderen waren Araber. In ein und derselben Familie gab es oft Menschen unterschiedlichsten Typs. Meine Schwester Conchita zum Beispiel könnte mit ihren hellen Haaren und blauen

Augen für eine schöne Schwedin gehalten werden. Meine Schwester María dagegen sieht aus, als sei sie einem Harem entsprungen.

Bei seiner Abreise hatte mein Vater seine beiden Kompagnons in Kuba zurückgelassen. 1912, als in Europa ein Krieg zu drohen schien, entschloß er sich, nach Kuba zurückzukehren, und ich kann mich noch gut erinnern, wie es in all unseren Abendgebeten hieß: „Und wir bitten um eine gute Reise für Papa." Seine Kompagnons weigerten sich aber, ihn wieder an dem Geschäft zu beteiligen. Verbittert kehrte er nach Spanien zurück. Durch den Krieg machten seine Kompagnons Millionengeschäfte. Einem von ihnen begegnete mein Vater einige Jahre später auf der Castellana in Madrid. Sie wechselten kein Wort und keinen Gruß.

Mein Vater war ein Meter vierundsiebzig groß. Er war stark und hatte grüne Augen. Ein strenger, aber gütiger Mann, der schnell verzeihen konnte.

Kaum vier Monate nach meiner Geburt, 1900, beschloß er, da er sich in Calanda langweilte, mit seiner Familie nach Saragossa zu ziehen. Meine Eltern richteten sich in einer großen bürgerlichen Wohnung ein, der ehemaligen Residenz des Generalkapitäns, die eine ganze Etage einnahm und allein zehn Balkone hatte. Mit Ausnahme der Ferien in Calanda und später in San Sebastián habe ich in dieser Wohnung, die heute nicht mehr existiert, bis 1917, bis zu meinem Abitur und meinem Weggang nach Madrid, gelebt.

Der alte Teil von Saragossa war seit der zweimaligen Belagerung durch napoleonische Truppen fast ganz zerstört. 1900 war Saragossa, die Hauptstadt Aragoniens, mit fast einhunderttausend Einwohnern eine friedliche und ordentliche Stadt. Trotz einer Waggonfabrik gab es damals in der Stadt, die die Anarchisten später „die Perle des Syndikalismus" nennen sollten, noch keine Arbeiterunruhen. Die ersten Streiks und Massendemonstrationen, die es in Spanien gab, ereigneten sich 1909 in Barcelona, wo es dann zur Erschießung des sanften Anarchisten Ferrer kam – dem, ich weiß nicht weshalb, in Brüssel ein Denkmal errichtet wurde. In Saragossa ging es erst später los, vor allem 1917, als der erste große sozialistische Streik Spaniens organisiert wurde.

Es war eine ruhige und verschlafene Stadt, in der neben Straßenbahnen noch Pferdekutschen verkehrten. Nur der Mittelteil der Straßen war asphaltiert, die Seiten waren an Regentagen verschlammt und unpassierbar. Zahllose Glocken läuteten von vielen Kirchen. Am Totensonntag erfüllten alle Glocken der Stadt die ganze Nacht mit ihrem Dröhnen, von acht Uhr abends bis acht Uhr früh. „Arme Frau in Ohnmacht von

Droschke getötet" – derartige Ereignisse machten in den Zeitungen Schlagzeilen. Bis zum Ersten Weltkrieg schien die Welt riesig und weit weg, von Ereignissen erschüttert, die uns nicht berührten, kaum interessierten und nur in abgeschwächter Form bekannt wurden. So habe ich vom Russisch-Japanischen Krieg 1905 durch die Bilder in meinen Schokoladentafeln erfahren – wie viele Knaben meines Alters hatte ich ein Bilderalbum, das nach Schokolade roch. Während meiner ersten dreizehn oder vierzehn Lebensjahre habe ich weder einen Schwarzen noch einen Asiaten gesehen, außer vielleicht im Zirkus. Der einzige organisierte Haß – ich spreche von uns Kindern –, von den Jesuiten geschickt geschürt, galt den Protestanten. Während des großen Jahrmarkts am Fest der heiligen Pilar kam es vor, daß wir einen armen Mann, der für ein paar Pfennige Bibeln verkaufte, mit Steinen bewarfen.

Dagegen gab es keine Spur von Antisemitismus. Erst viel später habe ich diese Form von Rassismus in Frankreich kennengelernt. In den Gebeten und in der Leidensgeschichte konnten die Spanier die Juden als die Verfolger Christi sehr wohl mit ihrer Verachtung überhäufen. Nie jedoch identifizierten sie die Juden der Bibel mit denen der Gegenwart.

Die Señora Covarrubias galt als die wohlhabendste Person von Saragossa. Es hieß, sie besitze ein Vermögen von sechs Millionen Peseten – zum Vergleich: das Vermögen des Grafen von Romanones, des seinerzeit reichsten Mannes von Spanien, belief sich auf hundert Millionen. Mein Vater wird in Saragossa etwa den dritten oder vierten Platz eingenommen haben. Als einmal die Spanisch-Amerikanische Bank in Zahlungsschwierigkeiten war, stellte er ihr sein laufendes Konto zur Verfügung, was, so erzählte man in der Familie, ausreichte, den drohenden Bankrott abzuwenden.

Um ehrlich zu sein: mein Vater tat überhaupt nichts. Aufstehen, Frühstück, Toilette, Zeitungslektüre – eine Gewohnheit, die ich übernommen habe –, dann verließ er das Haus, um nachzusehen, ob Zigarren aus Havanna für ihn eingetroffen waren, machte seine Besorgungen, kaufte gelegentlich Wein oder Kaviar, nahm regelmäßig seinen Aperitif.

Das fein verschnürte Paket mit dem Kaviar war der einzige Gegenstand, den mein Vater zu tragen bereit war. So verlangte es die Konvention, seine gesellschaftliche Position: Ein Mann seines Ranges trug nichts. Dafür waren die Dienstboten da. Auch mir trug, wenn ich zum Musiklehrer ging, das Kindermädchen, das mich begleitete, den Geigenkasten.

Nachmittags, nach dem Mittagessen und der anschließenden Siesta, zog mein Vater sich um und begab sich in seinen Club. Dort spielte er mit seinen Freunden Bridge oder *tresillo* bis zum Abendessen.

Abends gingen meine Eltern manchmal ins Theater. Saragossa hatte vier Theater. In dem sehr schönen, mit goldenen Ornamenten überladenen Principal, das es heute noch gibt, hatten meine Eltern ein Logenabonnement. Hier sahen sie Opern und Dramen, mit denen Tourneetheater gastierten, und hörten Konzerte. Das fast ebenso nobel wirkende Pignatelli existiert nicht mehr. Dann gab es noch das etwas frivolere Operettenhaus Parisiana. Und schließlich einen Zirkus, in dem auch Theaterstücke aufgeführt wurden und wohin man mich oft mitnahm.

Zu meinen schönsten Kindheitserinnerungen gehört eine aufwendige Operette nach den *Kindern des Kapitän Grant* von Jules Verne. Ich muß sie fünf- oder sechsmal gesehen haben und war immer aufs neue beeindruckt, wenn ein riesiger Kondor auf die Bühne stürzte.

Eins der großen Ereignisse im Leben Saragossas war die Flugschau des französischen Aviatikers Védrines. Zum ersten Mal sollte man einen Menschen fliegen sehen. Die ganze Stadt wanderte hinaus zum Hügel Buena Vista, der bald von Menschen wimmelte. Von dort aus sahen wir wirklich, wie sich das Flugzeug Védrines' unter dem Beifall der Menge zwanzig Meter vom Boden abhob. Mich interessierte es nicht. Ich fing Salamander und schnitt ihnen die Schwanzenden ab, die sich noch einen Augenblick lang zwischen den Steinen weiterbewegten.

Sehr früh schon hatte ich eine ausgesprochene Vorliebe für Feuerwaffen. Ich war gerade vierzehn, als ich mir einen kleinen Browning besorgte, den ich dann immer bei mir trug – heimlich, versteht sich. Meine Mutter, die etwas ahnte, ließ mich die Arme hochnehmen, tastete meinen Körper ab und fühlte den Revolver. Ich konnte ihr entkommen, rannte die Treppen hinunter in den Hof und warf den Browning in den Müll – um ihn dann später wieder herauszuholen.

Ein andermal sitze ich mit einem Freund auf einer Bank, als zwei *golfos* daherkommen, zwei Herumtreiber, sich auf dieselbe Bank setzen und anfangen, uns zu schubsen, bis mein Freund von der Bank herunterfällt. Ich stehe auf und sage drohend, sie sollen das lassen. Darauf holt einer der beiden eine noch blutbeschmierte *banderilla* raus – nach jeder Corrida konnte man sich so etwas besorgen – und bedroht mich damit. Darauf ziehe ich auf offener Straße meinen Revolver und lege auf die beiden an. Gleich sind sie still. Später, als sie gingen, habe ich mich bei ihnen entschuldigt. Meine Wut hält nie lange an.

Manchmal habe ich sogar die große Pistole meines Vaters entwendet und bin zu Schießübungen aufs Land gefahren. Ich bat einen Kameraden namens Pelayo, sich mit ausgestreckten Armen hinzustellen, einen Apfel oder eine Konservendose auf jeder Hand, und dann schoß ich. Ich glaube, weder den Apfel noch die Hand habe ich jemals getroffen.

Noch eine Geschichte aus jener Zeit fällt mir ein. Einmal hat jemand meinen Eltern ein komplettes Service geschenkt. Es wurde aus Deutschland geschickt – ich sehe noch, wie die riesige Kiste ankam. Auf jedem einzelnen Stück war das Bild meiner Mutter. Später, während des Bürgerkrieges, ging das Service in Stücke, und was noch ganz war, verschwand. Jahre nach Kriegsende fand meine Schwägerin bei einem Antiquitätenhändler in Saragossa zufällig einen Teller davon. Sie hat ihn gekauft und mir geschenkt. Ich habe ihn immer noch.

Bei den Jesuiten

Anfangs ging ich bei den *corazonistas* zur Schule, den Brüdern vom Herzen Jesu. Die meisten von ihnen waren Franzosen und standen bei der guten Gesellschaft in höherem Ansehen als die Lazaristen. Sie haben mich lesen gelehrt – auch französisch. Noch heute erinnere ich mich an die Verse:

> *Où va le volume d'eau*
> *Que roule ainsi ce ruisseau?*
> *Dit un enfant à sa mère.*
> *Sur cette rivière si chère*
> *D'où nous le voyons partir*
> *Le verrons-nous revenir?*[1]

Nach einem Jahr kam ich als Externer zu den Jesuiten in das Colegio del Salvador, wo ich sieben Jahre blieb.

Das riesige Kolleggebäude ist inzwischen zerstört worden. An seiner Stelle erhebt sich heute, wie überall, ein sogenanntes Einkaufszentrum. Jeden Morgen um sieben Uhr kam eine Pferdekutsche – noch heute höre ich das Klappern der schlecht schließenden Wagenfenster –, holte mich vor unserem Hause ab und brachte mich mit anderen Externen ins Kolleg. Mit demselben Wagen kam ich abends nach Hause, wenn ich nicht lieber zu Fuß ging – die Schule war kaum fünf Minuten von unserer Wohnung entfernt.

Jeder Tag begann um halb acht mit der Messe und endete abends mit dem Rosenkranz. Nur die Internen trugen eine komplette Uniform. Die Externen erkannte man an ihren tressengeschmückten Mützen.

1 Wohin geht das ganze Wasser, / Das so den Bach bewegt? / Sagt das Kind zu seiner Mutter. / Auf diesem lieben Fluß, / Auf dem wir es verschwinden sehen, / Kommt es da auch wieder zurück?

Ich erinnere mich vor allem an lähmende Kälte, riesige Schals und Erfrierungen an Ohren, Fingern und Zehen. Kein einziger Raum war geheizt. Zur Kälte kam eine mittelalterliche Disziplin. Bei dem geringsten Vergehen mußte der Schüler hinter seinem Pult oder mitten im Raum niederknien, die Arme ausgestreckt, mit einem schweren Buch auf jeder Hand. Während wir die Schulaufgaben machten, stand der Aufseher auf einer hohen Estrade, von der an jeder Seite eine Treppe mit Geländer herunterführte. Von da oben, aus der Vogelperspektive, überwachte er den ganzen Raum.

Keinen Augenblick lang waren wir unbeobachtet. Wenn beispielsweise ein Schüler während der Schulaufgaben zur Toilette ging – immer nur einer, oft dauerte es ewig –, verfolgten die Augen der Aufsicht ihn bis zur Tür. Danach war er gleich im Blickfeld eines anderen Priesters, dessen Augen ihm den Flur entlang folgten. Ein dritter stand am Ende des Ganges vor der Toilettentür.

Alles war darauf angelegt, jeden Kontakt zwischen den Schülern zu unterbinden. Wir gingen in Zweierreihen mit verschränkten Armen – damit wir uns keine Zettel zustecken konnten –, zwischen uns einen Abstand von einem Meter. So kamen wir, in Reih und Glied und schweigend, in den Pausenhof, wo wir auf ein Klingelzeichen hin endlich schreien und rennen durften.

Ununterbrochene Überwachung, Unterbindung jeglichen gefährlichen Kontakts unter den Schülern, Schweigen. Schweigen bei den Aufgaben und im Refektorium wie in der Kapelle.

Nach diesen strikt eingehaltenen Grundprinzipien entwickelte sich ein Unterricht, in dem natürlich die Religion einen großen Raum einnahm. Wir studierten den Katechismus, das Leben der Heiligen, die Apologetik. Latein war uns geläufig. Gewisse Methoden waren ganz einfach Relikte der Scholastik.

Zum Beispiel der *desafío,* die Herausforderung. Wenn mir danach war, forderte ich einen Schulkameraden mit einer Frage heraus, die den gerade durchgenommenen Stoff betraf. Ich rief seinen Namen, er stand auf, und ich stellte ihm eine Frage, forderte ihn damit heraus. Die Sprache, derer man sich bei diesen Wettkämpfen bediente, stammte aus dem Mittelalter: „*Contra te! Super te!* – Gegen dich! Über dich!" Und auch: „*Vis cento?* – Willst du hundert?", was hieß: „Willst du hundert wetten?" Darauf die Antwort: „*Volo.* – Ich will."

Am Schluß des Wettkampfs bestimmte der Lehrer den Sieger, und die beiden Kämpfer gingen wieder auf ihre Plätze.

Auch an den Philosophieunterricht kann ich mich erinnern, in dem unser Lehrer uns mit mitleidigem Lächeln die Lehren des armen Kant erklärte. Zum Beispiel wies er uns nach, wie jämmerlich sich Kant in seinen metaphysischen Schlußfolgerungen geirrt hatte. Wir schrieben emsig mit. In der nächsten Stunde rief der Lehrer dann einen Schüler auf und befahl: „Mantecón! Widerlegen Sie Kant!" Wenn der Schüler Mantecón seine Lektüre gut gelernt hatte, dauerte die Widerlegung keine zwei Minuten.

Ich war etwa vierzehn, als sich in mir die ersten Zweifel an der Religion meldeten, in die man uns so warm eingebettet hatte. Diese Zweifel betrafen die Existenz der Hölle und vor allem das Jüngste Gericht, eine mir unvorstellbare Szene. Ich konnte mir nicht vorstellen, daß die Toten aller Zeiten und aller Länder zur letzten Auferstehung aus dem Schoß der Erde kommen sollten, wie es auf den mittelalterlichen Bildern dargestellt war. Das schien mir absurd, unmöglich. Ich fragte mich: Wo sind denn jetzt diese Milliarden und Abermilliarden Leichen? Und weiter: Wenn es ein Jüngstes Gericht gibt, was soll denn das andere, das gleich nach dem Tod kommt und im Prinzip endgültig und unwiderruflich sein soll?

Heute gibt es viele Priester, die weder an die Hölle noch an den Teufel oder das Jüngste Gericht glauben. Meine Schülerzweifel würden sie wahrscheinlich sehr amüsieren.

Trotz der Strenge, des Schweigens und der Kälte habe ich mir an das Colegio del Salvador eine ziemlich angenehme Erinnerung bewahrt. Nie hat auch nur der geringste sexuelle Skandal die gute Ordnung gestört, weder unter den Schülern noch zwischen Lehrern und Schülern. Ich habe recht gut gelernt, nur im Betragen machte ich der Schule keine Ehre. Im letzten Jahr habe ich die Pausen zur Strafe meist in einer Ecke des Hofes verbracht.

Einmal habe ich mir einen aufsehenerregenden Streich gestattet. Ich war dreizehn. Es war der Dienstag der Karwoche, und ich hatte vor, nach Calanda zu fahren, um mit aller Macht die Trommel zu schlagen. Frühmorgens, zu Fuß unterwegs zur Schule, eine halbe Stunde vor Beginn der Messe, treffe ich zwei Schulkameraden. Der Schule gegenüber liegen eine Radrennbahn und eine verrufene Kneipe. Meine beiden Versucher bringen mich dazu, in die Kneipe zu gehen und eine Flasche *aguardiente* zu kaufen, einen billigen Schnaps, der auch *matarratas,* Rattentod, genannt wird. Hinter der Kneipe, an einem kleinen Kanal, animieren mich die beiden Übeltäter zu trinken, und einer solchen Aufforderung kann ich bekanntlich nur schwer widerstehen. Ich trinke in vollen Zügen aus der Flasche, die beiden anderen benetzen kaum die Lippen, bis sich mir plötzlich alles dreht und ich taumele.

Meine beiden Kameraden bringen mich in die Kapelle, und da knie ich nieder. Während des ersten Teils der Messe knie ich mit geschlossenen Augen, wie alle anderen auch. Aber dann wird das Evangelium vorgelesen, wobei die Gemeinde steht. Ich reiße mich zusammen und stehe auf, da wird mir plötzlich übel, und ich erbreche, was ich getrunken habe, auf den Steinboden des heiligen Ortes.

An jenem Tag, an dem ich die Bekanntschaft meines Freundes Mantecón machte, brachte man mich zunächst ins Krankenzimmer und dann nach Hause. Es wurde erwogen, mich der Schule zu verweisen. Mein Vater war sehr ungehalten und wollte mir die Reise nach Calanda verbieten, tat es aber schließlich doch nicht. Er brachte es einfach nicht übers Herz, nehme ich an.

Als ich fünfzehn war, mußten wir unsere Jahresabschlußprüfung im Instituto de Enseñanza Media, dem staatlichen Gymnasium, ablegen. Dabei versetzte mir einer der Prüfer des Kollegs, ich weiß nicht warum, einen kränkenden Fußtritt und nannte mich einen *payaso* – Hanswurst, Clown.

Ich ließ mich daraufhin ganz allein prüfen. Am Abend erklärte ich meiner Mutter, die Jesuiten hätten mich der Schule verwiesen. Meine Mutter ging zum Schulleiter, der durchaus bereit war, mich zu behalten, da ich in Geschichte mit Auszeichnung abgeschnitten hatte. Aber ich weigerte mich, wieder ins Kolleg zu gehen.

Darauf wurde ich im Institut eingeschrieben, wo ich zwei Jahre, bis zum Abitur, blieb – die Schüler hatten die Wahl zwischen diesem staatlichen Gymnasium und mehreren kirchlichen Schulen.

In diesen letzten beiden Jahren lernte ich durch einen Jurastudenten eine Buchreihe mit billigen Ausgaben von Werken der Philosophie, Geschichte und Literatur kennen, von denen wir im Colegio del Salvador nie etwas gehört hatten. Plötzlich öffnete sich meinem Leseeifer ein weites Feld. Ich entdeckte Spencer, Rousseau, sogar Marx. Die Lektüre von Darwins *Entstehung der Arten* war wie eine Erleuchtung und trieb mir die letzten Reste des Glaubens aus. Meine Unschuld war ebenfalls dahin, ich hatte sie in einem kleinen Bordell in Saragossa verloren.

Zur gleichen Zeit, mit dem Beginn des Ersten Weltkriegs, änderte sich alles um uns herum, alles brach zusammen, löste sich auf. Schon mit diesem Krieg bildeten sich in Spanien zwei gegensätzliche Lager, die sich zwanzig Jahre später bis aufs Messer bekriegen sollten. Die gesamte Rechte, alle konservativen Elemente des Landes, standen auf der Seite Deutschlands. Die ganze Linke, jeder, der sich liberal und modern gab, begeisterte sich für Frankreich und die Alliierten. Vorbei war es mit der Ruhe der Provinz, den langsamen, ewig sich wiederholenden Rhythmen, der kritiklosen Hinnahme der sozialen Hierarchie. Das neunzehnte Jahrhundert war zu Ende.

Ich war siebzehn.

Das erste Kino

Ich war noch ein Kind, als ich 1908 das Kino entdeckte.

Das Etablissement hieß Farrucini. Außen hatte es eine schöne Holzfassade mit einer Eingangs- und einer Ausgangstür und einer Spielorgel mit fünf mechanischen Figuren, die mit Musikinstrumenten lautstark die Schaulustigen anzogen. Drinnen war es eine Baracke mit einem einfachen Dach aus Segeltuch, und die Zuschauer saßen auf Holzbänken. Natürlich begleitete mich mein Kindermädchen. Es war immer dabei, selbst wenn ich zu meinem Freund Pelayo ging, der uns gegenüber wohnte.

Die ersten bewegten Bilder, die ich sah und die mich in begeistertes Staunen versetzten, zeigten ein Schwein. Es war ein Zeichenfilm, und das mit einer Trikolore umgürtete Schwein sang. Man konnte das Lied sogar hören, denn ein Grammophon spielte es hinter der Leinwand. Der Film war in Farbe, daran erinnere ich mich genau, das heißt, er war Bild für Bild von Hand koloriert.

Damals war das Kino eine einfache Jahrmarktsattraktion, eine Errungenschaft der Technik. Abgesehen von der Eisen- und der Straßenbahn, die uns schon selbstverständlich geworden waren, spielte die moderne Technik in Saragossa kaum eine Rolle. 1908, glaube ich, gab es in der ganzen Stadt nur ein Automobil – das übrigens elektrisch betrieben wurde. Mit dem Kino brach ein vollkommen neues Element in unsere mittelalterliche Welt ein.

In den folgenden Jahren wurden in Saragossa feste Kinosäle eingerichtet, mit Sesseln und Bänken, je nach Eintrittspreis. Um 1914 gab es drei ziemlich gute Kinos, den Salón doré, das Coïné – so genannt nach einem berühmten Photographen – und das Ena Victoria. Den Namen des vierten, in der Calle de los Estebanes, habe ich vergessen. Eine Cousine wohnte in der Straße, und durch ihr Küchenfenster konnten wir die Filme sehen. Das Fenster wurde dann zugemauert, und die Küche bekam ihr Licht durch ein Glasdach. Aber wir bohrten ein Loch in die Ziegelwand, durch das wir, einer nach dem anderen, weit hinten die stummen Bilder sich bewegen sahen.

Ich erinnere mich der Filme, die ich damals gesehen habe, nur schwach. Auch verwechsele ich sie mit anderen, die ich später in Madrid sehen sollte. Aber ich entsinne mich eines französischen Komikers, der unentwegt hinfiel. In Spanien hieß er Toribio – vielleicht war es Onésime. Auch Filme von Max Linder und von Georges Méliès, wie *Le Voyage dans la lune,* wurden gezeigt. Die ersten amerikanischen Filme kamen etwas später, es waren Burlesken und Serials. Ich kann mich auch an romantische italienische Melodramen erinnern, die Tränenströme auslösten. Ich sehe Francesca Bertini vor mir, den großen italienischen Star, die Greta Garbo ihrer Zeit, wie sie sich unter Tränen an einen schweren Vorhang an ihrem Fenster klammert – voller Pathos und langweilig.

Conde Hugo und Lucilla Love – was man im Spanischen „ló-vé" ausspricht –, beides Amerikaner, gehörten zu den populärsten Komödianten der Zeit. Sie waren in den rührenden und aufregenden Abenteuern der Serials zu sehen.

In Saragossa hatte jedes Kino neben dem üblichen Pianisten einen *explicador,* der neben der Leinwand stand und mit lauter Stimme die Handlung erklärte. Er sagte etwa: „Da sieht der Graf Hugo seine Frau am Arm eines anderen Mannes als ihm selbst dahergehen. Und jetzt, meine Damen und Herren, werden Sie sehen, wie er die Schublade seines Schreibtisches öffnet, einen Revolver herausnimmt und die ungetreue Frau umbringt."

Das Kino brachte eine so neue, so ungewohnte Form des Erzählens mit sich, daß die überwiegende Mehrheit des Publikums Mühe hatte zu verstehen, was auf der Leinwand vorging und wie die Ereignisse ineinandergriffen, während die Schauplätze wechselten. Wir haben uns inzwischen an die Filmsprache gewöhnt, an die Montage, an gleichzeitig stattfindende oder aufeinanderfolgende Handlungen und sogar an die Rückblende. Damals entzifferte das Publikum nur mit Mühe die neue Sprache.

Ich vergesse nie den Schrecken, der mich, wie den ganzen Saal, bei der ersten Kamerafahrt nach vorne ergriff. Auf der Leinwand kam ein riesiger Kopf auf uns zu, wurde größer und größer, als wollte er uns verschlingen. Wie hätten wir auch wissen sollen, daß die Kamera sich dem Kopf näherte oder daß ein anderer Trick ihn größer werden ließ, wie in den Filmen von Méliès. Wir sahen, wie der Kopf auf uns zukam und unheimliche Ausmaße annahm. Und gleich dem heiligen Apostel Thomas glaubten wir, was wir sahen.

Ich nehme an, daß meine Mutter etwas später ebenfalls ins Kino gegangen ist, während ich davon überzeugt bin, daß mein Vater, der 1923 starb, keinen einzigen Film in seinem Leben gesehen hat. Dabei hatte ihn 1909 ein Freund aus Palma de Mallorca besucht und ihm vorgeschlagen, die Errichtung von Kinobuden in vielen spanischen Städten zu finanzieren. Mein Vater lehnte ab; er hatte für derart unseriöse Geschäfte nur Verachtung übrig. Hätte er ja gesagt, wäre ich heute vielleicht der größte Verleiher Spaniens.

In den ersten zwanzig oder dreißig Jahren seiner Existenz wurde das Kino als eine ziemlich vulgäre Jahrmarktsattraktion betrachtet, gut genug fürs Volk, aber ohne künstlerische Perspektiven. Kein Kritiker interessierte sich dafür. Als ich meiner Mutter 1928 oder 1929 erklärte, ich wollte einen Film machen, war sie schockiert und hätte fast geweint, als wenn ich gesagt hätte: „Mama, ich will Clown werden." Es bedurfte der Vermittlung eines mit der Familie befreundeten Rechtsanwalts, der ernsthaft versicherte, mit dem Kino könne man ansehnliche Summen verdienen und sogar Werke von Interesse schaffen, wie die großen Antikfilme, die in Italien gedreht wurden. Meine Mutter ließ sich überzeugen, aber gesehen hat sie den Film, den sie finanziert hat, nie.

Conchitas Erinnerungen

Vor etwa zwanzig Jahren hat meine Schwester Conchita für die französische Filmzeitschrift *Positif* einige Erinnerungen aufgeschrieben. Ich lasse sie an dieser Stelle mit dem zu Wort kommen, was sie über unsere gemeinsame Kindheit berichtet:

Wir waren sieben Kinder: Luis war das älteste, nach ihm kamen gleich drei Schwestern. Ich war die dritte, das Dummerchen. Daß Luis in Calanda zur Welt kam, war reiner Zufall, aufgewachsen ist er in Saragossa, wo er auch zur Schule ging.

Da er oft behauptet, meine Erzählungen fingen immer zu einer Zeit an, in der ich noch gar nicht geboren war, möchte ich doch klarstellen: Meine am weitesten zurückreichenden Erinnerungen sind eine Orange in einem Flur und ein schönes Mädchen, das sich hinter einer Tür den weißen Schenkel kratzt. Da war ich fünf.

Luis war Jesuitenzögling. Früh morgens gab es immer Auseinandersetzungen zwischen unserer Mutter und ihm, weil er verkündete, er werde die vorgeschriebene Schülermütze nicht aufsetzen. Meine Mutter, die im allgemeinen nicht sehr streng mit ihrem Lieblingssohn war, zeigte sich in diesem Punkt unerbittlich; weshalb, weiß ich nicht genau.

Luis war schon vierzehn oder fünfzehn, da schickte sie noch immer eins der Dienstmädchen hinter ihm her, das aufpassen sollte, ob er auch wirklich, wie versprochen, die Mütze nicht unter seiner Jacke versteckt hatte. Und er hatte sie garantiert jedesmal versteckt.

Dank seiner natürlichen Intelligenz bekam Luis ohne jede Anstrengung die besten Zensuren. Gegen Ende des Schuljahrs ließ er sich jedoch regelmäßig irgend etwas zuschulden kommen, um der Schmach zu entgehen, bei der Preisverteilung in aller Öffentlichkeit als Klassenbester vorgeführt zu werden.

Am abendlichen Familientisch fragten wir ihn gespannt nach seinem Leben im Jesuitenkolleg aus. Einmal behauptete Luis, er habe beim Mittagessen eine dreckige schwarze Jesuitenunterhose aus der Suppe gefischt. Mein Vater, der prinzipiell bei jeder Gelegenheit das Kolleg und seine Lehrer verteidigte, weigerte sich, Luis' Geschichte zu glauben. Da Luis aber beharrlich dabei blieb, wurde er aus dem Eßzimmer gewiesen. Er ging sehr würdevoll hinaus und sagte wie Galilei: „Und es war doch eine Unterhose drin."

Mit dreizehn etwa fing Luis an, Geige zu lernen. Es war sein eigener dringender Wunsch, und er schien auch begabt dafür zu sein. Abends wartete er, bis wir im Bett waren, dann kam er mit der Geige in das Zimmer, in dem wir drei Mädchen schliefen. Er begann stets damit, daß er uns ein „Thema" vorstellte, das mir in der Erinnerung sehr wagnerisch vorkommt, obwohl er das damals genausowenig gewußt haben wird wie wir. Ich glaube nicht, daß seine Musik wirklich Musik war, aber sie untermalte und bereicherte die Abenteuer meiner Phantasie. Später schaffte es Luis, ein Orchester auf die Beine zu stellen, und zu großen religiösen Feierlichkeiten gingen oben vom Chor eine Messe von Perosi und das Ave Maria von Schubert auf die begeisterte Menge hernieder.

Meine Eltern reisten oft nach Paris und überschütteten uns bei der Rückkehr mit Geschenken. Von einer dieser Reisen brachten sie meinem Bruder ein Theater mit, das – aus meiner heutigen Sicht – ungefähr einen Quadratmeter groß gewesen sein muß. Es gab verschiedene Bühnenbilder. Ich erinnere mich an zwei davon: Das erste stellte einen Thronsaal dar, das zweite einen Wald. Die Figuren waren aus Pappe, es gab einen König, eine Königin, einen Hofnarren und Knappen. Sie waren nicht mehr als zehn Zentimeter groß, bewegten sich immer mit dem Gesicht zum Zuschauer, auch wenn sie seitwärts gingen, und wurden an Drähten gezogen. Luis vermehrte die Zahl der Figuren noch um einen springenden Löwen aus Zink, der in besseren Tagen auf einem Alabastersockel gestanden hatte und Briefbeschwerer gewesen war, und verwendete einen vergoldeten Eiffelturm, der schon vom Salon über die

Küche in die Rumpelkammer gewandert war. Ich kann mich nicht erinnern, ob der Eiffelturm irgendeine zynische Gestalt darstellte oder eine Burg, aber ich erinnere mich noch genau, wie er, festgebunden an dem steif aufgerichteten Schwanz des schrecklichen Löwen, mit kleinen Sätzen im Thronsaal erschien.

Acht Tage vor jeder Aufführung begann Luis mit den Vorbereitungen. Er probte mit seinen Auserwählten, die, wie die Jünger in der Bibel, gering an Zahl waren, stellte in einer Bodenkammer Stühle auf und lud die Jungen und Mädchen aus dem Dorf ein, die älter als zwölf waren. In letzter Minute wurde dann aus Bonbons und Baisers ein kleines Mahl bereitet, und zu trinken gab es Zuckerwasser mit Essig. Wir glaubten, das sei ein Likör aus einem exotischen Land, deshalb tranken wir es mit Vergnügen und Andacht.

Mein Vater mußte immer erst drohen, die Vorstellung zu verbieten, damit Luis auch uns, seine Schwestern, zuschauen ließ.

Ein paar Jahre später veranstaltete der Bürgermeister, wahrscheinlich aus einem feierlichen Anlaß, in der Dorfschule einen lustigen Abend. Mein Bruder und noch zwei andere Jungen erschienen verkleidet, halb Zigeuner, halb Banditen, auf der Bühne, schwenkten riesige Schurscheren und sangen dazu. Obwohl es schon sehr lange her ist, entsinne ich mich noch genau des Textes: „Mit dieser Schere und mit meiner Schneidelust werde ich in Spanien eine kleine Revolution anzetteln." Es sieht ganz so aus, als ob Viridiana *heute diese Schere sei. Die Zuschauer klatschten begeistert Beifall und warfen Zigarren und Zigaretten auf die Bühne.*

Später besiegte Luis beim „Armdrücken" die Stärksten des Dorfes und organisierte Boxkämpfe, bei denen er unter dem Namen „Löwe von Calanda" auftrat. In Madrid wurde er Meister im Federgewicht, aber darüber weiß ich nichts Näheres.

Luis hatte zu Hause davon gesprochen, daß er Landwirtschaftsingenieur werden wollte. Die Idee gefiel meinem Vater sehr; er stellte sich vor, wie sein Sohn unsere Besitzungen in Niederaragonien ertragreicher machte. Meine Mutter aber liebte den Gedanken gar nicht, weil das ein Fach war, das man nicht in Saragossa studieren konnte. Aber genau das gefiel Luis an dem Studium: wegzukommen aus Saragossa und von der Familie. Seine Abiturzensuren waren außergewöhnlich gut.

Wir verbrachten damals die Sommermonate in San Sebastián. Luis kam nur noch in den kürzeren Ferien nach Saragossa oder zu traurigen Anlässen, wie zum Tode unseres Vaters, der starb, als Luis zweiundzwanzig war.

Seine Studentenzeit in Madrid verbrachte er in der Residenz, die kurz zuvor gegründet worden war. Aus vielen Studenten, die damals dort wohnten, wurden berühmte Literaten, Wissenschaftler und Künstler, und ihre Freundschaft gehört zum Schönsten im Leben meines Bruders. Von Anfang an begeisterte er sich sehr für Biologie, und während mehrerer Jahre war er Assistent von Bolívar. Aus dieser Zeit rührt wahrscheinlich sein Interesse an den Naturwissenschaften.

Seine tägliche Nahrung war der eines Eichhörnchens vergleichbar. Bei Temperaturen unter Null zog er sich sehr leicht an und ging selbst bei Schnee mit bloßen Füßen in Mönchssandalen. Meinen Vater regte das sehr auf. Im Grunde war er stolz auf das Verhalten seines Sohnes, aber er wollte es nicht wahrhaben und wurde ärgerlich, wenn er sah, wie Luis einen Fuß nach dem andern in ein Becken mit eiskaltem Wasser steckte und sie sich ebensooft wusch wie die Hände.

Damals – vielleicht war es auch früher, ich bringe die Zeiten leicht durcheinander – hatten wir eine besonders dicke Ratte, die wir behandelten, als gehöre sie zur Familie. Sie war groß wie ein Kaninchen und sah widerlich aus mit ihrem langen, rauhen Schwanz. Wenn wir verreisten, nahmen wir sie in einem Papageienkäfig mit, und eine Zeitlang hat sie uns das Leben schwergemacht. Die Arme starb wie eine Heilige, den Symptomen nach ganz eindeutig an einer Vergiftung. Wir hatten damals fünf Dienstmädchen, und die Mörderin war nicht zu ermitteln. Jedenfalls hatten wir die Ratte vergessen, noch ehe ihr Geruch völlig verflogen war.

Irgendwelche Tiere haben wir immer gehabt: Affen, Papageien, Falken, Kröten und Frösche, eine oder zwei Nattern und eine große afrikanische Eidechse, welche die Köchin in einer Anwandlung von Gewalttätigkeit sadistisch auf der Herdplatte mit einem Schürhaken erschlug.

Auch das Schaf Gregorio vergesse ich nie, das mir, als ich zehn war, beinahe Oberschenkel und Becken gebrochen hätte. Ich glaube, man hatte es aus Italien mitgebracht, als es noch sehr jung war. Es war außerordentlich falsch, und ich mochte eigentlich nur Nene, das Pferd.

Wir hatten eine große Hutschachtel voller kleiner grauer Mäuse. Sie gehörten Luis, aber einmal am Tag zeigte er sie uns. Er hatte einige Pärchen ausgesucht, die gut genährt waren und mit stumpfer Regelmäßigkeit Junge in die Welt setzten. Ehe er abreiste, brachte er sie auf den Speicher, und zum großen Verdruß des Hausverwalters setzte er sie auf freien Fuß, wobei er ihnen auftrug, „zu wachsen und sich zu mehren".

Wir haben alles geliebt und respektiert, was lebte, auch die Pflanzen, und ich glaube, daß auch sie uns respektierten und liebten. Wir konnten einen Wald, in dem es von wilden Tieren wimmelte, völlig gefahrlos durchqueren. Eine Ausnahme gab es aber: die Spinnen.

Es waren schreckliche und scheußliche Ungeheuer, die uns von einem Augenblick zum anderen alle Lebensfreude rauben konnten. Eine seltsame buñueleske Morbidität machte aus ihnen das Hauptthema unserer Familienunterhaltungen. Unsere Geschichten von Spinnen sind sagenhaft.

Einer solchen Geschichte zufolge soll mein Bruder Luis beim Anblick eines Ungeheuers mit acht Augen und hakenförmigen Fühlern am Maul in einem Gasthof in Toledo, in dem er gerade speiste, bewußtlos geworden und erst in Madrid wieder zu sich gekommen sein.

Meiner ältesten Schwester war kein Blatt Papier groß genug, um den Kopf und den Thorax einer Spinne aufzuzeichnen, die ihr in einem Hotel aufgelauert hatte. Fast unter Tränen erzählte sie uns von den Blicken, die das wilde Tier ihr aus vier Augenpaaren entgegengeworfen hatte, bis ein Hotelboy es unverständlicherweise völlig gelassen an einem Bein aus dem Zimmer hinaustrug.

Meine Schwester machte mit ihrer hübschen Hand das wackelnde und ekelhafte Kriechen alter behaarter und verstaubter Spinnen nach, die den Dreck ihrer eigenen Ausscheidungen hinter sich herziehen und, mit einem fehlenden Bein, durch unsere Kindheitserinnerungen gehen.

Das letzte dieser Abenteuer widerfuhr mir erst kürzlich. Ich ging die Treppe hinunter und hörte hinter mir plötzlich ein schäbiges, schlaffes Geräusch. Ich ahnte, was es war. Und es war tatsächlich der ekelerregende Erbfeind der Buñuels. Ich dachte, ich würde sterben, und nie werde ich das grauenhafte Geräusch vergessen, das ihre teuflische Blase machte, als der Zeitungsjunge sie dann mit dem Fuß zertrat. Fast hätte ich zu ihm gesagt: „Du hast mir mehr als das Leben gerettet." Ich frage mich immer noch, mit welcher schrecklichen Absicht sie hinter mir her war.

Die Spinnen! Unsere Alpträume wie unsere geschwisterlichen Unterhaltungen wimmelten von ihnen.

Fast alle hier genannten Tiere gehörten meinem Bruder Luis, und ich habe nie jemanden gesehen, der sie, ihren biologischen Bedürfnissen entsprechend, besser behandelt und gepflegt hätte. Heute noch liebt er Tiere, und ich habe ihn sogar im Verdacht, daß er versucht, seinen Spinnenhaß zu bezwingen.

In einem der Sommer, die wir in Calanda verbrachten, erlebten wir das „große Abenteuer" unserer Kindheit. Luis muß ungefähr dreizehn oder vierzehn gewesen sein. Wir hatten beschlossen, ohne die Erlaubnis unserer Eltern ins Nachbardorf zu gehen. Zusammen mit gleichaltrigen Vettern machten wir uns auf, angezogen, ich weiß nicht mehr warum, als ob wir auf ein Fest gingen. Das Dorf, ungefähr fünf Kilometer von Calanda entfernt, heißt Foz. Wir hatten dort Besitzungen, die verpachtet waren. Allen Pächtern statteten wir Besuche ab, und überall bekamen wir Süßwein und Plätzchen. Der Wein versetzte uns in eine so euphorische Stimmung und machte uns so viel Mut, daß wir uns auf den Friedhof wagten. Zum ersten Mal betrat ich einen Friedhof ohne Furcht und Zittern. Ich entsinne mich, daß Luis sich auf den Obduktionstisch legte und befahl, wir sollten ihm die Eingeweide herausnehmen. Ich entsinne mich ebenfalls, daß wir mit vereinten Kräften einer meiner Schwestern halfen, ihren Kopf aus einem Loch zu ziehen, das im Laufe der Zeit in einer Grabplatte entstanden war. Der Kopf war so fest eingeklemmt, daß Luis mit den Nägeln den Mörtel wegkratzen mußte, ehe wir sie herausziehen konnten.

Nach dem Krieg bin ich noch einmal auf den Friedhof gegangen, der Erinnerungen wegen. Er kam mir viel kleiner und älter vor. Sehr beeindruckt hat mich ein kleiner weißer, zerfallener Sarg mit den Überresten einer Kindermumie auf dem Boden. Da, wo der Bauch gewesen sein muß, wuchs ein Busch scharlachroten Mohns.

Nach unserer unbeabsichtigten Friedhofsschändung machten wir uns auf den Heimweg durch die kahlen, sonnenverbrannten Berge, auf der Suche nach irgendeiner sagenhaften Höhle. Der Wein tat weiterhin seine Wirkung und spornte uns zu Kühnheiten an, vor denen selbst Ältere zurückgeschreckt wären. Wir sprangen in tiefe und schmale Spalten, krochen auf dem Bauch in andere und gelangten zu der ersten Höhle. Unsere Ausrüstung bei der Höhlenforschung bestand aus einem Kerzenstummel, den wir auf dem Friedhof gefunden hatten. Solange er brannte, gingen wir vorwärts, aber dann war plötzlich alles wie weggeblasen: Licht, Mut, die Freude am Abenteuer. Wir spürten das Flügelschlagen von Fledermäusen. Luis sagte, das seien prähistorische Flugechsen, aber er werde uns schon verteidigen, falls sie uns angriffen. Später bekam einer von uns Hunger, und heroisch erklärte Luis sich bereit, sich verspeisen zu lassen. Er war schon damals mein Idol, und so bot ich mich unter Tränen an seiner Stelle zum Mahl an, weil ich die jüngste, zarteste und dümmste in der älteren Gruppe der Geschwister war.

Ich habe die Angst, die wir damals hatten, vergessen, wie man einen physischen Schmerz vergißt. Aber ich erinnere mich noch sehr gut unserer Freude, als man uns fand, und unserer Furcht vor Strafe. Wir wurden jedoch nicht bestraft, weil unsere Situation schon jammervoll genug war. Ins „traute Heim“ hat uns ein von Nene gezogener Wagen gebracht. Mein Bruder war bewußtlos. Ich weiß nicht, ob es der Sonnenbrand, der Schwips oder Taktik war.

Zwei oder drei Tage lang redeten unsere Eltern nur in der dritten Person mit uns. Aber wenn sie glaubten, wir hörten es nicht, erzählte mein Vater Besuchern von unserem Abenteuer, wobei er die Gefahr gewaltig übertrieb und Luis' Opfermut groß herausstrich. Mein nicht weniger heldenhaftes Anerbieten erwähnte niemand. So war es immer in unserer Familie. Nur mein Bruder Luis hat meine bescheidenen Werte immer anerkannt und gepriesen.

Die Jahre vergingen. Luis studierte, und wir genossen die unnütze Ausbildung junger Mädchen aus gutem Hause. So sahen wir uns kaum. Meine beiden älteren Schwestern waren, obwohl noch sehr jung, verheiratet. Mit der zweiten spielte mein Bruder gern Dame. Das endete meist schlimm, weil beide unbedingt gewinnen wollten. Sie spielten nicht um Geld, aber sie lieferten sich eine Art Nervenkrieg. Wenn meine Schwester gewann, durfte sie an dem kaum vorhandenen Schnurrbart drehen und ziehen, den Luis unter der Nase trug, solange er es aushielt. Und er hielt es stundenlang aus, bis er dann plötzlich aufsprang und das Damespiel und alles, was sich sonst in seiner Reichweite befand, um sich warf.

Wenn er gewann, durfte er meiner Schwester ein brennendes Streichholz an das Mäulchen halten, bis sie so weit war, ein übles Wort auszusprechen, das wir von einem der Kutscher gehört hatten. Er hatte uns erzählt, als wir noch kleine Kinder waren, wenn man einer Fledermaus die Schnauze anbrenne, sage sie: „Coño, coño." Meine Schwester weigerte sich, Fledermaus zu spielen, und die Geschichte nahm jedesmal ein schlimmes Ende.

Irdische Vergnügen

Manche köstliche Stunde habe ich in Bars verbracht. Die Bar ist für mich ein Ort der Meditation und der Sammlung, ohne sie könnte ich mir mein Leben nicht vorstellen. Es ist eine alte Gewohnheit, die sich im Lauf der Jahre noch verstärkt hat. Wie Sankt Symeon der Stilit sich oben auf seiner Säule mit seinem unsichtbaren Gott unterhielt, habe ich in Bars viele Stunden in Träumereien zugebracht, im Gespräch mehr mit mir selbst als mit dem Kellner, versunken in einer endlosen Flut von Bildern, die mich immer aufs neue überraschten. Heute, da ich alt bin wie das

Jahrhundert, verlasse ich kaum noch das Haus. Aber in der geheiligten Stunde des Aperitifs denke ich, allein in dem kleinen Raum, in dem meine Flaschen untergebracht sind, gern an die Bars zurück, die ich besonders gemocht habe.

Zunächst einmal unterscheide ich zwischen Bars und Cafés. In Paris zum Beispiel habe ich nie eine anständige Bar gefunden. Dagegen ist die Stadt reich an wunderbaren Cafés. Wohin man auch geht, von Belleville bis Auteuil, nie braucht man Angst zu haben, daß man keinen Platz findet, wo man sich hinsetzen und bei einem Kellner eine Bestellung aufgeben kann. Wäre Paris ohne seine Cafés, ohne seine Terrassen, ohne seine Tabakläden überhaupt vorstellbar? Es wäre wie eine Stadt nach einer Atombombenexplosion.

Ein großer Teil der surrealistischen Aktivitäten vollzog sich im Café Cyrano an der Place Blanche. Das Sélect an den Champs Elysées mochte ich auch gern, und zur Eröffnung der Coupole am Montparnasse war ich eingeladen. Dort war ich auch mit Man Ray und Louis Aragon verabredet, um die erste Aufführung des *Chien andalou* vorzubereiten. Ich kann sie gar nicht alle aufzählen. Hinzufügen möchte ich nur noch, daß zum Café das Reden, das Kommen und Gehen gehören, die manchmal geräuschvolle Gesellschaft von Frauen.

Dagegen ist die Bar eine Schule der Einsamkeit.

Sie muß vor allem ruhig sein, möglichst düster und sehr bequem. Jede Musik, auch noch die entfernteste, ist verpönt – ganz entgegen dem üblen Brauch, der sich heute in aller Welt breitmacht. Höchstens ein Dutzend Tische, möglichst nur Stammgäste, und zwar wenig gesprächige.

Mir gefällt zum Beispiel die Bar des Hotel Plaza in Madrid. Sie befindet sich im Untergeschoß – ein eminenter Vorzug, denn Landschaft stört nur. Der Maître d'Hôtel kennt mich und geleitet mich gleich zu meinem Lieblingstisch, wo ich mit dem Rücken zur Wand sitze. Nach dem Aperitif kann man sich etwas zu essen bringen lassen. Die Beleuchtung ist unaufdringlich, aber die einzelnen Tische sind hell genug.

In Madrid hatte ich auch das Chicote sehr gern, es ist für mich angefüllt mit teuren Erinnerungen. Aber dahin geht man eher mit Freunden als zur einsamen Meditation.

Im Hotel del Paular im Madrider Norden, im Hof eines großartigen gotischen Klosters, nahm ich in einem langgestreckten Raum mit Granitsäulen abends gern meinen Aperitif ein. Außer samstags und sonntags, schlimmen Tagen, an denen überall Touristen mit lauten Kindern herumwimmeln, war ich praktisch allein, umgeben von Reproduktionen der Gemälde von Zurbarán, einem meiner Lieblingsmaler. Schweigend glitt zuweilen der Schatten eines Obers im Hintergrund vorüber, ohne meine alkoholisierten Meditationen zu stören.

Ich kann sagen, daß ich diesen Ort wie einen alten Freund geliebt habe. Nach einem Tag voller Muße und Arbeit ließ mich Jean-Claude Carrière, wenn wir gemeinsam an einem Drehbuch arbeiteten, hier für eine Dreiviertelstunde allein. Pünktlich hörte ich dann seine Schritte auf dem Steinboden, er setzte sich mir gegenüber, und ich mußte ihm – so war es abgemacht, denn ich bin überzeugt, daß die Imagination eine geistige Fähigkeit ist, die man ausbilden und entwickeln kann wie das Gedächtnis – eine Geschichte erzählen, kurz oder lang, die ich mir während meines fünfundvierzigminütigen Sinnierens ausgedacht hatte. Es kam nicht darauf an, daß sie zu dem Drehbuch, an dem wir gerade arbeiteten, einen Bezug hatte. Sie konnte burlesk sein oder melodramatisch, blutrünstig oder lieblich. Die Hauptsache war das Erzählen.

Allein mit den Reproduktionen von Zurbarán und den Säulen aus Granit, diesem phantastischen Stein aus Kastilien, und in der ausgezeichneten Gesellschaft meines Lieblingsgetränks – auf das ich gleich noch zu sprechen komme –, ließ ich mich ohne Anstrengung aus der Zeit gleiten und öffnete mich den Bildern, die alsbald den Raum erfüllten. Manchmal kamen mir Familienangelegenheiten in den Sinn oder andere Alltäglichkeiten, und dann plötzlich geschah etwas, eine oft überraschende Handlung schälte sich heraus, Personen traten auf, sprachen, erzählten mir von ihren Konflikten, ihren Problemen. Manchmal mußte ich, allein in meiner Ecke, still vor mich hin lachen. Wenn ich den Eindruck hatte, daß diese unerwartete Geschichte dem Drehbuch dienlich sein konnte, begann ich noch einmal von vorn, versuchte, Ordnung hineinzubringen und meine schweifenden Gedanken zu bändigen.

In New York mochte ich vor allem die Bar im Hotel Plaza, auch wenn es ein beliebter Treffpunkt ist (und Frauen keinen Zutritt haben). Ich pflegte meinen Freunden zu sagen (und manchmal machten sie die Probe aufs Exempel): „Wenn ihr in New York seid und wissen wollt, ob ich da bin, geht mittags ins Plaza. Wenn ich in New York bin, trefft ihr mich da bestimmt." Leider hat diese großartige Bar mit Blick auf den Central Park dem Restaurant Platz machen müssen, die eigentliche Bar hat nur noch zwei Tische.

Was die mexikanischen Bars betrifft, in denen ich verkehre, so habe ich in Mexiko selbst die des El Parador sehr gern, aber auch dahin geht man besser mit Freunden so wie in Madrid ins Chicote. Lange habe ich mich in der Bar des Hotels San José Purúa im Staat Michoacán wohl gefühlt, in das ich mich dreißig Jahre hindurch zurückzog, um meine Drehbücher zu schreiben.

Das Hotel liegt auf der einen Seite eines großen halbtropischen Cañons. Die Fenster der Bar gehen also auf eine sehr schöne Landschaft, eigentlich ein Nachteil, aber glücklicherweise erhebt sich genau vor dem Fenster ein Zirando, ein tropischer Baum mit verschlungenem Geäst, das wie ein Nest mit riesigen Schlangen aussieht und einen Teil der grünen Landschaft verdeckt. Ich ließ meine Blicke in dem ungeheuren Wirrwarr der Zweige wandern, folgte ihnen wie den verworrenen Fäden einer komplizierten Geschichte und sah hin und wieder, wie sich eine Eule, eine nackte Frau oder irgend etwas anderes darin niederließ.

Leider ist diese Bar ohne jeden Grund geschlossen worden. Ich sehe uns noch, den Produzenten Serge Silberman, Jean-Claude und mich, wie wir 1980 verzweifelt durch die Hotelflure irrten, auf der Suche nach einem annehmbaren Ort. Es ist eine schlimme Erinnerung. Unsere alles verheerende Epoche macht nicht einmal vor Bars halt.

Ich muß nun von dem reden, was ich trinke. Weil das ein Kapitel ist, über das ich mich endlos auslassen kann – mit Silberman rede ich darüber manchmal zwei Stunden lang –, will ich versuchen, mich kurz zu fassen. Wer sich für das Thema nicht interessiert – leider gibt es solche Leute – überschlägt besser die nächsten Seiten.

Über alles andere geht mir der Wein, vor allem der Rotwein. Frankreich hat den besten und den schlechtesten Wein – so gibt es nichts Scheußlicheres als das „Glas Roten" in Pariser Bistros. Sehr angenehm finde ich den spanischen Valdepeñas, den man kühl trinkt, aus einem Schlauch von Ziegenhaut, und den weißen Yepes aus der Gegend von Toledo. Die italienischen Weine kommen mir immer gepanscht vor.

In den Vereinigten Staaten gibt es gute kalifornische Weine, den Cabernet und andere. Manchmal trinke ich einen chilenischen oder mexikanischen Wein. Das ist auch schon fast alles.

Natürlich trinke ich Wein nie in einer Bar. Wein ist ein rein physisches Vergnügen, das die Phantasie überhaupt nicht anregt.

Um sich in einer Bar in einen Zustand der Träumerei zu versetzen und darin zu verweilen, braucht man englischen Gin. Mein bevorzugtes Getränk ist Martini dry. Angesichts der herausragenden Rolle, die der Martini dry in dem Leben gespielt hat, von dem ich hier erzähle, muß ich ihm zwei oder drei Seiten widmen. Wie alle Cocktails ist der Martini dry vermutlich eine amerikanische Erfindung. Er besteht vor allem aus Gin und einigen Tropfen Wermut, vorzugsweise Noilly-Prat. Die wirklichen Kenner, die ihren Martini gern ganz trocken trinken, behaupten sogar, man dürfe den Noilly-Prat erst dann in den Gin geben, wenn ein Sonnenstrahl ihn berührt habe. Ein guter Martini dry, sagt man in Amerika, sei wie die unbefleckte Empfängnis. Bekanntlich habe dem heiligen Thomas von Aquin zufolge die befruchtende Kraft des Heiligen Geistes das Hymen der Jungfrau Maria durchquert „wie ein Sonnenstrahl, der durch eine Glasscheibe fällt, ohne sie zu zerbrechen". Genauso sei es mit dem Noilly-Prat. Das finde ich etwas übertrieben.

Das Eis, das man verwendet, muß sehr kalt und sehr hart sein, damit es kein Wasser abgibt. Nichts ist schlimmer als ein feuchter Martini.

Ich möchte hier noch mein persönliches Rezept verraten – ein Ergebnis langer Erfahrung, mit dem ich großen Erfolg hatte.

Am Tage bevor die Gäste kommen, stelle ich alles Notwendige, die Gläser, den Gin, den Shaker, in den Eisschrank. Ich habe ein Thermometer, das es erlaubt, die Temperatur des Eises bei ungefähr zwanzig Grad unter null zu halten.

Am Tage darauf, wenn die Gäste da sind, nehme ich alles, was ich brauche, heraus, schütte zunächst ein paar Tropfen Noilly-Prat und einen halben Teelöffel Angostura auf das sehr harte Eis, schwenke das Ganze und schütte es aus bis auf die Eiswürfel, auf denen eine leichte Spur des Geschmacks von Wermut und Angostura zurückbleibt, und darauf gieße ich dann den reinen Gin. Ich schwenke noch ein wenig und serviere. Das ist alles, es gibt nichts Besseres.

In New York habe ich vom Direktor des Museum of Modern Art in den vierziger Jahren eine leichte Variante gehört: Statt des Angostura nimmt man etwas Pernod – für mich ist das Ketzerei. Es war auch nur eine Mode, sie ist längst wieder vorbei.

Abgesehen von dem Martini, der mein Lieblingsgetränk geblieben ist, bin ich auch der bescheidene Erfinder eines Cocktails mit dem Namen Buñueloni. In Wirklichkeit ist das weiter nichts als ein Plagiat des berühmten Negroni, nur nimmt man statt des Campari, den man sonst mit Gin und süßem Cinzano mischt, Carpano. Das ist ein Cocktail, den ich gern abends vor dem Essen trinke. Auch bei ihm gewährleistet der Gin, von dem man mehr nimmt als von den anderen Bestandteilen, ein gutes Funktionieren der Phantasie. Warum das so ist? Ich weiß es nicht, ich stelle es nur fest.

Wie man sicher verstanden hat, bin ich kein Alkoholiker. Es ist mir in meinem Leben bei bestimmten Anlässen zwar immer wieder passiert, daß ich bis zum Umfallen getrunken habe, aber in der Regel geht es mir um ein subtiles Ritual, das einen nicht betrunken macht, sondern einen leichten Rausch bewirkt, ein ruhiges Wohlbehagen, das vielleicht den Wirkungen einer leichten Droge gleicht. Es hilft mir, zu leben und zu arbeiten. Wenn ich gefragt werde, ob ich jemals auch nur einen einzigen Tag in der mißlichen Lage gewesen sei, auf meine Drinks verzichten zu müssen, so muß ich sagen: nicht, daß ich wüßte. Ich habe immer etwas zu trinken gehabt, weil ich immer meine Vorkehrungen traf.

Ich war zum Beispiel 1930, während der Prohibition, fünf Monate in Amerika, und ich glaube, ich habe nie in meinem Leben so viel getrunken wie damals. In Los Angeles hatte ich einen Bootlegger zum Freund – ich kann mich noch gut an ihn erinnern, er hatte an einer Hand nur drei Finger –, der mir beigebracht hat, echten Gin von falschem zu unterscheiden. Man braucht nur die Flasche auf eine bestimmte Weise zu schütteln; wenn sich Blasen bilden, ist der Gin echt.

In den Apotheken gab es Whisky auf Rezept, und in gewissen Cafés wurde der Wein in Tassen serviert. In New York kannte ich ein gutes Speakeasy. Man klopfte auf eine bestimmte Weise an eine kleine Tür, ein Guckloch öffnete sich, dann mußte man ganz schnell eintreten. Drinnen war es eine Bar wie jede andere. Es gab alles, was man wollte.

Die Prohibition war wirklich eine der absurdesten Ideen dieses Jahrhunderts. Die Amerikaner betranken sich damals wie wild. Erst danach haben sie richtig zu trinken gelernt.

Ich hatte auch immer eine Schwäche für französische Aperitifs, wie Picon-Bier-Grenadine, das Lieblingsgetränk des Malers Yves Tanguy, und vor allem Mandarin-Curaçao-Bier, wovon ich sehr schnell betrunken wurde, stärker als vom Martini dry. Diese großartigen Mischungen verschwinden leider immer mehr. Wir erleben einen entsetzlichen Niedergang des Aperitifs – eins von vielen traurigen Zeichen dieser Zeitläufte.

Natürlich trinke ich von Zeit zu Zeit auch einmal zum Kaviar einen Wodka und zum geräucherten Lachs einen Aquavit. Ich mag die mexikanischen Schnäpse Tequila und Mezcal, aber das sind nur Surrogate. Whisky hat mich nie interessiert, das ist ein Getränk, das ich nicht verstehe.

Einmal habe ich in der Ratgeberspalte einer französischen Illustrierten – ich glaube, es war *Marie-France* – gelesen, Gin sei ein ausgezeichnetes Beruhigungsmittel und sehr wirksam gegen die Angst beim Fliegen. Sofort habe ich mich entschlossen, diese Behauptung auf ihren Wahrheitsgehalt hin zu prüfen.

Ich habe immer Angst im Flugzeug gehabt, eine ständige, nicht zu unterdrückende Angst. Wenn ich zum Beispiel einen der Piloten mit ernstem Gesicht durch den Gang kommen sah, dachte ich: „Es ist was passiert, jetzt sind wir verloren, ich sehe es seinem Gesicht an.“ Und wenn er lächelnd und liebenswürdig daherging, dachte ich: „Die Sache muß sehr schlecht stehen, er will uns beruhigen.“ Alle diese Befürchtungen schwanden wie durch einen Zauber an dem Tag, an dem ich mich entschloß, dem ausgezeichneten Ratschlag von *Marie-France* zu folgen. Ich habe es mir zur Gewohnheit gemacht, vor jeder Flugreise einen Flachmann mit Gin einzustecken, in Papier eingewickelt, damit er kalt bleibt. In der Wartehalle, vor dem Aufruf des Flugs, mache ich heimlich ein paar ordentliche Züge, und sofort fühle ich mich ruhig und sicher und bin bereit, mit einem Lächeln den schlimmsten Turbulenzen entgegenzusehen.

Ich käme nie ans Ende, wenn ich alle Wohltaten des Alkohols aufzählen wollte. 1978 in Madrid, als ich mich schon damit abgefunden hatte, die Dreharbeiten zu *Cet obscur objet du désir (Dieses obskure Objekt der Begierde)* wegen des totalen Zerwürfnisses mit einer Schauspielerin abzubrechen, und als auch Silberman, der Produzent, trotz des beträchtlichen Verlustes, den das für ihn bedeutet hätte, entschlossen war, den Film zu stoppen, saßen wir beide eines Abends ziemlich niedergeschlagen in einer Bar. Und plötzlich – allerdings erst nach dem zweiten Martini dry – kam mir die Idee, die Rolle von zwei Schauspielerinnen spielen zu lassen, was es noch nie gegeben hatte. Serge war begeistert von der Idee, die ich eigentlich erst nur zum Scherz geäußert hatte, und der Film war gerettet – dank einer Bar.

In New York war ich in den vierziger Jahren eng mit Juan Negrín, dem Sohn des ehemaligen republikanischen Ministerpräsidenten Spaniens, und seiner Frau, der Schauspielerin Rosita Díaz, befreundet. Zusammen entwickelten wir die Idee einer Bar, die „Zum Kanonenschuß" heißen und skandalös teuer sein sollte, die teuerste Bar der Welt. Da durfte es nur ganz exquisite, unglaublich raffinierte Drinks aus aller Welt geben.

Es sollte eine intime, sehr bequeme, in erlesenstem Geschmack eingerichtete Bar sein, mit höchstens zehn Tischen. Vor der Tür – deshalb der Name des Etablissements – sollte eine alte Bombarde mit Lunte und schwarzem Pulver stehen, und immer wenn ein Kunde tausend Dollar ausgegeben hatte, ob am Tage oder bei Nacht, sollte ein Schuß abgefeuert werden.

Dieses verlockende, wenn auch wenig demokratische Projekt gelangte nie zur Ausführung. Ich gestatte jedermann, sich der Idee zu bemächtigen. Man stelle sich vor, wie ein mittlerer Angestellter im Wohnblock nebenan um vier Uhr morgens von einem Kanonenschuß geweckt wird und zu seiner neben ihm im Bett liegenden Frau sagt: „Wieder so ein Saukerl, der tausend Dollar auf den Kopf gehauen hat!"

Unmöglich zu trinken, ohne zu rauchen. Ich habe im Alter von sechzehn Jahren damit angefangen und nie wieder aufgehört. Allerdings habe ich selten mehr als zwanzig Zigaretten an einem Tag geraucht. Was ich geraucht habe? Alles. Zuerst schwarzen spanischen Tabak, seit zwanzig Jahren habe ich mich an französische Zigaretten gewöhnt, Gitanes und vor allem Celtiques, die ich über alles schätze.

Der Tabak, der wunderbar mit dem Alkohol zusammengeht – wenn der Alkohol die Königin ist, ist der Tabak der König –, ist ein angenehmer Begleiter in allen Wechselfällen des Daseins. Er ist ein Freund in guten und schlechten Augenblicken. Man steckt sich eine Zigarette an, um ein freudiges Ereignis zu feiern oder um eine Qual zu verbergen, ob man allein ist oder in Gesellschaft.

Der Tabak ist ein Vergnügen für alle Sinne, für die Augen – welch ein Anblick, wenn man unterm Silberpapier, wie bei einer Parade, die weißen Zigaretten in Reih und Glied liegen sieht –, für die Nase, für die Fingerspitzen ... Würde man mir die Augen verbinden und eine brennende Zigarette in den Mund stecken, würde ich mich weigern, sie zu rauchen. Ich möchte das Päckchen in meiner Tasche anfassen, es aufmachen, die Konsistenz der Zigarette zwischen zwei Fingern prüfen, das Papier auf meinen Lippen schmecken, den Geschmack des Tabaks auf meiner Zunge, die Flamme aufspringen sehen, mich ihr nähern und schließlich die Wärme in mir fühlen.

Ein Mann namens Dorronsoro, den ich seit meiner Studentenzeit kannte, ein spanischer Ingenieur baskischer Herkunft, der nach Mexiko emigrierte, starb an sogenanntem Raucherkrebs. Ich besuchte ihn in Mexiko im Krankenhaus. Er hatte Schläuche überall und eine Sauerstoffmaske, die er von Zeit zu Zeit abnahm, um schnell und heimlich an einer Zigarette zu ziehen. Er rauchte bis in die letzten Stunden seines Lebens, dem Vergnügen treu, das ihn umbrachte.

Ich möchte noch hinzufügen, daß Alkohol und Tabak den Liebesakt sehr angenehm begleiten. Als Regel kann gelten: vorher Alkohol und hinterher Tabak. Man erwarte von mir keine aufsehenerregenden erotischen Geständnisse. Die Männer meiner Generation, die Spanier vor allem, litten unter einer ererbten Schüchternheit Frauen gegenüber und unter einem sexuellen Verlangen, das, wie ich schon erwähnte, bei uns vielleicht stärker war als bei allen anderen Männern auf der Welt.

Dieses Verlangen war natürlich die Frucht des jahrhundertealten kastrativen Katholizismus. Das Verbot jeder sexuellen Beziehung außerhalb der Ehe – und selbst da –, der Bann, der auf jedem Bild, jedem Wort lastete, das sich nur irgendwie auf den Liebesakt beziehen konnte – das alles trug dazu bei, Wünsche von außerordentlicher Heftigkeit entstehen zu lassen. Wenn dieser Wunsch unter Mißachtung aller Verbote Erfüllung fand, dann war das physische Vergnügen ganz unvergleichlich, denn die geheime Freude an der Sünde mischte sich darunter. Zweifellos hatte ein Spanier ein größeres Vergnügen am Beischlaf als ein Chinese oder Eskimo.

In meiner Jugend kannte man in Spanien, von sehr seltenen Ausnahmen abgesehen, nur zwei Wege zur Liebe: das Bordell und die Ehe. Als ich 1925 zum erstenmal in Frankreich war, kam es mir geschmacklos vor, wenn sich ein Mann und eine Frau auf der Straße küßten. Und auch, daß ein Junge und ein Mädchen unverheiratet zusammenleben konnten, überraschte mich maßlos. Unfaßbar und obszön schienen mir derartige Sitten.

Seit jenen fernen Tagen hat sich manches geändert. Vor allem habe ich an mir selbst in den letzten Jahren das allmähliche und schließlich vollständige Absterben des Sexualtriebs erlebt – die Träume eingeschlossen. Mir ist es sehr lieb so – als wäre ich endlich von einem Tyrannen befreit. Wenn Mephisto mir erschiene und mir die Wiedererlangung der sogenannten Virilität anböte, würde ich sagen: „Nein, vielen Dank, daran liegt mir nichts, aber meine Leber und meine Lunge könntest du kräftigen, damit ich mehr trinken und rauchen kann."

Gefeit gegen die Perversionen, die impotenten Greisen auflauern, erinnere ich mich der Madrider Nutten, der Pariser Bordelle und der New Yorker Taxigirls abgeklärt und ohne Bedauern. Außer ein paar lebenden Bildern in Paris habe ich, glaube ich, in meinem ganzen Leben nur einen einzigen pornographischen Film gesehen. Er hatte den entzückenden Titel *Soeur Vaseline.* Man sah eine Nonne in einem Klostergarten mit einem Gärtner schlafen, der es seinerseits mit einem Mönch trieb, bis sich alle zu einer Nummer zu dritt zusammenfanden.

Ich sehe noch die schwarzen Baumwollstrümpfe der Nonne vor mir, die über dem Knie aufhörten. Jean Meauclair vom Studio 28 hatte mir den Film geschenkt, ich habe ihn verloren. Mit René Char, der kräftig war wie ich, plante ich, in eine Kindervorstellung einzudringen, den Vorführer zu fesseln und zu knebeln und dem jugendlichen Publikum *Soeur Vaseline* vorzuführen. O tempora o mores! Kinder zu verderben erschien uns als eine der anziehendsten Formen von Subversion. Natürlich es ist bei der Absicht geblieben.

Abschließend ein Wort über meine gescheiterten Orgien. Wir fanden die Vorstellung, an einer Orgie teilzunehmen, wahnsinnig aufregend. Einmal arrangierte Charlie Chaplin in Hollywood eine für mich und zwei spanische Freunde. Drei hinreißende Mädchen aus Pasadena fanden sich ein, aber leider bekamen sie Streit miteinander, weil jede von ihnen Chaplin wollte, und so gingen sie wieder.

Ein andermal luden mein Freund Ugarte und ich in Los Angeles Lya Lys, die in *L'Age d'or* spielt, und eine Freundin zu mir ein. Blumen, Champagner, alles war bereit – wieder ein Mißerfolg! Die beiden blieben kaum eine Stunde und zogen sich dann zurück.

Zur selben Zeit kam auch ein sowjetischer Regisseur, dessen Name mir entfallen ist, mit offizieller Erlaubnis nach Paris und bat mich, eine kleine Pariser Orgie für ihn zu arrangieren. Damit war er bei mir nicht gerade an der richtigen Adresse. Ich wandte mich an Aragon, und der fragte mich: „Hör mal, mein Lieber, willst du dir vielleicht . . .?" Hier gebrauchte er mit dem größten Takt der Welt ein Wort, das der Leser sich vielleicht denken kann, das ich aber nicht hinzuschreiben vermag. Nichts finde ich abscheulicher als diese seit einigen Jahren um sich greifende grundlose Verwendung unflätiger Ausdrücke in den Werken und Interviews unserer Schriftsteller. Deshalb versage ich mir alle sexuellen Grobheiten und jeden verbalen Exhibitionismus.

Jedenfalls antwortete ich Aragon: „Nein, keineswegs." Er riet mir darauf, Orgien zu meiden, und der Russe mußte unverrichteter Dinge nach Hause zurückkehren.

Madrid: Die Studentenresidenz, 1917–1925

Ich war nur einmal mit meinem Vater für wenige Tage in Madrid gewesen. Als ich 1917 mit meinen Eltern wieder in die Hauptstadt reiste, um eine Studentenunterkunft zu suchen, war ich ein schüchterner und verschreckter Provinzler. Ich beobachtete heimlich die Leute, um zu sehen, wie sie sich kleideten und sich benahmen, und versuchte, es ihnen gleichzutun. Ich kann mich noch gut erinnern, wie mir mein Vater, die Kreissäge auf dem Kopf, mit lauter Stimme und unter Zuhilfenahme seines Spazierstocks in der Calle Alcalá irgend etwas erklärte. Ich stand, die Hände in den Taschen, leicht abgewandt daneben und tat, als ob ich nicht zu ihm gehörte.

Wir besichtigten einige der üblichen Madrider Pensionen, in denen es täglich *cocido a la madrileña* gab – eine Art Eintopf aus Kichererbsen, gekochten Kartoffeln, etwas Speck, Chorizo und manchmal einem Stück Huhn oder auch Fleisch. Meine Mutter wollte davon nichts wissen, zumal sie eine gewisse Freiheit der Sitten, wie sie in diesen Pensionen herrschte, für unzuträglich hielt.

Schließlich wurde ich dank der Empfehlung des Senators Don Bartolomé Esteban in der Residencia de Estudiantes, der Studentenresidenz, aufgenommen, wo ich sieben Jahre bleiben sollte. Meine Erinnerungen an diese Zeit sind so reich und lebhaft, daß ich ohne die Gefahr der Selbsttäuschung versichern kann, daß mein Leben ohne den Aufenthalt in der Residenz anders verlaufen wäre.

Die Residenz war eine Art Campus im englischen Universitätsstil. Sie wurde von privaten Spendern finanziert. Ein Einzelzimmer kostete nur sieben Peseten täglich; man zahlte vier, wenn man sein Zimmer mit einem anderen teilte. Meine Eltern bezahlten die Miete und gaben mir wöchentlich noch weitere zwanzig Peseten Taschengeld, eine beachtliche Summe, mit der ich dennoch nicht auskam. In den Ferien, wenn ich wieder in Saragossa war, mußte ich meine Mutter jedesmal bitten, die im Lauf des Trimesters vom Buchhalter bewilligten Kredite zu tilgen. Mein Vater erfuhr davon nie etwas.

Geleitet wurde die Residenz von einem sehr kultivierten Mann, Don Alberto Jiménez, der aus Málaga stammte. Man konnte dort alle erdenklichen Fächer belegen, es gab Hörsäle, fünf Laboratorien, eine Bibliothek und mehrere Sportplätze. Man konnte bleiben, solange man wollte, und auch während des Studiums das Fach wechseln.

Als ich Saragossa verließ und mein Vater mich fragte, was ich machen wollte, sagte ich, weil ich unter allen Umständen Spanien verlassen wollte, mein größter Wunsch sei, Komponist zu werden und in Paris an der Schola Cantorum zu studieren. Seine Antwort war ein glattes Nein, ich brauche doch einen ordentlichen Beruf, und jedermann wisse, daß Komponisten am Hungertuch nagten.

So erzählte ich ihm von meiner Neigung zu den Naturwissenschaften und zur Entomologie. „Studiere Landwirtschaft", empfahl mir mein Vater, und so habe ich denn ein Landwirtschaftsstudium begonnen. In Biologie war ich zwar der Beste, aber meine Noten in Mathematik waren drei Jahre nacheinander katastrophal. Abstrakte Überlegungen haben mir immer Schwierigkeiten bereitet. Bestimmte mathematische Regeln leuchteten mir zwar ein, aber ich war außerstande, den Mäandern einer Ableitung zu folgen und sie zu wiederholen.

Verärgert wegen der schändlichen Zensuren, behielt mein Vater mich mehrere Monate zu Hause in Saragossa und ließ mir Privatunterricht geben. Als ich im März nach Madrid zurückkehrte und es in der Residenz kein freies Zimmer mehr gab, nahm ich das Angebot von Juan Centeno, dem Bruder meines Freundes Augusto Centeno, an, mit ihm zusammenzuziehen, und wir stellten ein zweites Bett in sein Zimmer. Da bin ich einen Monat geblieben. Juan Centeno studierte Medizin und ging morgens früh aus dem Haus. Bevor er ging, kämmte er sich ausgiebig vor dem Spiegel, hörte aber immer oben auf dem Kopf auf, so daß am Hinterkopf, wo er es nicht sah, die Haare ungekämmt blieben. Wegen dieser absurden Geste, die sich jeden Tag wiederholte, bekam ich nach zwei oder drei Wochen, obwohl ich allen Grund hatte, ihm dankbar zu sein, einen richtigen Haß auf ihn. An diesen unerklärlichen Haß, der einer dunklen Windung des Unbewußten entsprang, erinnert eine kurze Szene in *El ángel exterminador (Der Würgeengel).*

Meinem Vater zu Gefallen wechselte ich dann das Fach und begann ein Ingenieurstudium mit verschiedenen technischen Disziplinen – Mechanik, Elektromagnetismus –, ein Studium, das sechs Jahre beanspruchen sollte. Die Prüfungen in technischem Zeichnen bestand ich, ebenso, dank der Privatstunden in Saragossa, einen Teil der Prüfungen in Mathematik. Während der Sommerferien in San Sebastián holte ich mir dann Rat bei zwei Freunden meines Vaters. Der eine, Asín Palacios, war ein anerkannter Arabist, der andere war mein Lehrer am Gymnasium in Saragossa gewesen. Ich erzählte ihnen von meiner Abneigung gegen Mathematik und wie mich die lange Studienzeit langweilte und anwiderte. Sie sprachen mit meinem Vater, und er war damit einverstanden, daß ich meinen naturwissenschaftlichen Neigungen folgte.

Das Museum für Naturgeschichte lag nur ein paar hundert Meter von der Residenz entfernt. Dort habe ich ein Jahr lang unter der Leitung des großen Ignacio Bolívar, des damals berühmtesten Orthopterologen der Welt, mit großem Interesse gearbeitet. Noch heute kann ich viele Insekten auf den ersten Blick bestimmen und kenne ihre lateinischen Namen.

Ich war ein Jahr bei Bolívar, als ich eines Tages an einer Exkursion nach Alcalá de Henares teilnahm, die der Historiker Américo Castro leitete. Zufällig hörte ich ihn davon sprechen, daß im Ausland spanische Lektoren gesucht würden. Ich meldete mich sofort, ich wollte einfach weg. Studenten der Naturwissenschaften wurden aber nicht genommen. Voraussetzung war, daß man Literatur oder Philosophie studierte.

Und so kam es zu einem abermaligen Wechsel nach kurzer Zeit. Ich bereitete mich also auf das Staatsexamen in Geschichte, Literatur und Philosophie vor, mit Geschichte als Hauptfach.

Ich weiß, alle diese Details sind langweilig. Aber wenn man versucht, dem wechselvollen Weg eines Lebens zu folgen, zu sehen, woher es kommt und wohin es geht, was ist dann überflüssig und was notwendig?

In der Residenz bin ich auch zum Sportler geworden. Jeden Morgen drehte ich in kurzer Hose und mit bloßen Füßen, selbst wenn Reif den Boden bedeckte, auf dem Übungsgelände der Kavallerie der Guardia

Civil meine Runden. Ich gründete eine Turnerriege, die an mehreren Universitätswettkämpfen teilnahm, und habe selbst als Amateur geboxt. Insgesamt habe ich allerdings nur zwei Kämpfe ausgetragen: Den einen habe ich gewonnen, weil mein Gegner nicht erschien, den anderen habe ich in fünf Runden nach Punkten verloren, wegen Mangels an Kampfgeist. Um ehrlich zu sein: Ich war nur darauf bedacht, mein Gesicht zu schützen.

Jeder Sport war mir recht. Ich bin sogar die Außenfront der Residenz hinaufgeklettert.

Mein Leben lang – oder doch beinahe – habe ich die Muskeln behalten, die ich damals bekommen habe, vor allem eine harte Bauchmuskulatur, mit der ich sogar eine Zirkusnummer bieten konnte: Ich legte mich auf den Boden, und meine Freunde sprangen mir auf den Leib. Eine andere Spezialität war das „Armdrücken". Bis in ein respektables Alter hinein habe ich unzählige Turniere an Bar- und Kneipentischen ausgetragen.

In der Studentenresidenz stellte sich mir eine unausweichliche Entscheidung. Die Umgebung, in der ich lebte, die literarische Bewegung, die Madrid damals aufrührte, und die Begegnung mit unschätzbaren Freunden – das alles hat meine Entscheidung beeinflußt. In welchem Augenblick sich mein Leben entschieden hat, das genau zu bestimmen ist mir heute fast unmöglich.

Spanien durchlebte damals eine Zeit, die mir heute, gemessen an dem, was folgen sollte, als relativ ruhig erscheint. Das große Ereignis waren der Aufstand Abd el-Krims in Marokko und die schwere Niederlage der spanischen Truppen in Annual, gerade im Jahr 1921, als ich meinen Militärdienst ableisten sollte. Kurz zuvor hatte ich in der Residenz den Bruder von Abd el-Krim kennengelernt, weshalb man mich später in besonderer Mission nach Marokko schicken wollte, was ich aber abgelehnt habe.

Wegen des Marokkokrieges wurde in jenem Jahr das Gesetz, das es reichen Familien gestattet hatte, ihre Söhne von einem Teil der Dienstzeit freizukaufen, außer Kraft gesetzt. Ich wurde zu einem Artillerieregiment eingezogen, das sich im Kolonialkrieg ausgezeichnet hatte und deshalb nicht nach Marokko mußte. Eines Tages aber waren besondere Umstände eingetreten, und es hieß: Morgen rücken wir aus. An dem Abend habe ich ernsthaft überlegt, ob ich desertieren sollte. Zwei meiner Freunde haben es getan, einer von ihnen ist schließlich in Brasilien Ingenieur geworden.

Der Marschbefehl wurde dann aber doch wieder zurückgenommen, und ich absolvierte meine kurze Militärdienstzeit in Madrid. Sie verlief ohne besondere Vorkommnisse. Ich traf mich weiter mit meinen Freunden, denn wir durften abends wegbleiben und zu Hause schlafen, wenn wir nicht gerade Wachdienst hatten. So ging es vierzehn Monate.

Während der Nachtwachen habe ich erfahren, was Neid ist. Wir schliefen in voller Montur, sogar mit Patronentaschen, und während uns die Flöhe bissen, warteten wir darauf, an die Reihe zu kommen. Nebenan sahen wir die Feldwebel in ihrem Quartier bei einem Glas Wein am warmen Ofen Karten spielen. Lieber als alles andere in der Welt hätte ich da Feldwebel sein mögen.

So erinnere ich mich, wie es wohl jedem ergeht, aus bestimmten Abschnitten meines Lebens nur eines einzigen Bildes, eines Gefühls oder eines Eindrucks: meines Hasses auf Juan Centeno und seine halbfrisierten Haare und meines Neides auf die Feldwebel an ihrem Ofen.

Anders als die meisten meiner Freunde habe ich trotz der oft harten Lebensbedingungen, trotz der Kälte und der Langeweile, meine Zeit bei den Jesuiten und meinen Militärdienst in guter Erinnerung. Ich habe da Dinge gesehen und gelernt, die man nirgends sonst lernen kann.

Nach der Entlassung habe ich meinen Hauptmann noch einmal wiedergesehen, bei einem Konzert. Alles, was ihm einfiel, war: „Sie waren ein guter Artillerist."

Spanien stand einige Jahre lang unter der Familiendiktatur von Primo de Rivera, dem Vater des Gründers der Falange. Die Arbeiter-, Gewerkschafts- und Anarchistenbewegung entwickelte sich zugleich mit den schüchternen Anfängen der spanischen Kommunistischen Partei. Eines Tages erfuhr ich bei der Rückkehr aus Saragossa am Bahnhof, daß der Ministerpräsident Dato am Abend zuvor von Anarchisten mitten auf der Straße niedergemacht worden war. Ich nahm eine Kutsche, und der Kutscher zeigte mir die Einschüsse der Kugeln auf der Calle Alcalá.

Ein andermal erfuhren wir zu unserer großen Freude, daß die Anarchisten – unter Führung, wenn ich mich recht erinnere, von Ascaso und Durruti – Soldevilla Romero, den Erzbischof von Saragossa, umgebracht hatten, eine widerwärtige Gestalt, gehaßt von jedermann, sogar von meinem Onkel, dem Domherrn. An jenem Abend haben wir auf die Verdammnis seiner Seele getrunken.

Sonst, muß ich sagen, war unser politisches Bewußtsein noch kaum erwacht. Bei den meisten von uns, abgesehen von dreien oder vieren, dauerte es bis um 1927/28, also bis kurz vor Ausrufung der Republik, daß ein politisches Bewußtsein sich bemerkbar machte. Bis dahin interessierte sich die Mehrzahl von uns nur zurückhaltend für die ersten anarchistischen und kommunistischen Zeitschriften. Die letzteren machten uns mit Texten von Lenin und Trotzki bekannt.

Die einzigen politischen Diskussionen, an denen ich teilnahm, vielleicht die einzigen in Madrid überhaupt, fanden in der *peña* des Café de Platerias in der Calle Mayor statt.

Eine *peña* ist ein Stammtisch, der sich regelmäßig in einem Café trifft. Diese Einrichtung spielte im Leben Madrids, nicht nur im literarischen, eine große Rolle. Man traf sich, je nach Beruf, immer im selben Lokal, nachmittags von drei bis fünf oder abends ab neun. An einer *peña* nahmen normalerweise acht bis fünfzehn Leute teil, ausschließlich Männer. Die ersten Frauen bei diesen Zusammenkünften tauchten zu Beginn der dreißiger Jahre auf, sehr zum Schaden ihres Rufs.

Bei der politischen *peña* des Café de Platerias traf man häufig Samblancat, einen anarchisierenden Aragonier, der in verschiedenen Zeitschriften, darunter im *España nueva,* schrieb. Die Radikalität seiner Ansichten war derart stadtbekannt, daß er am Morgen nach jedem Attentat automatisch verhaftet wurde – so auch, als Dato umgebracht worden war.

Auch Santolaria, der in Sevilla eine Zeitung mit anarchistischer Tendenz redigierte, nahm an dieser *peña* teil, wenn er in Madrid war. Manchmal kam auch Eugenio d'Ors.

Schließlich habe ich dort den seltsamen und großartigen Dichter Pedro Garfias kennengelernt, der vierzehn Tage nach einem Adjektiv suchen konnte. Wenn ich ihn traf, fragte ich ihn:

„Na, hast du das Adjektiv gefunden?"

„Nein", sagte er gedankenverloren im Weitergehen, „ich suche immer noch."

Eins seiner Gedichte aus der Sammlung *Bajo el ala del Sur* (Unter dem Flügel des Südens) kann ich noch auswendig. Es heißt *Peregrino* (Pilger):

Fluían horizontes de sus ojos,
Traía rumor de arenas en los dedos
Y un haz de sueños rotos
Sobre sus hombros trémulos.
La montaña y el mar, sus dos lebreles,
Le saltaban al paso
La montaña, asombrada, el mar, encabritado . . .[1]

1 Horizonte flossen aus seinen Augen, / Er brachte ein Geräusch von Sand in seinen Fingern mit / Und einen Strauß gebrochener Träume / Auf seinen zitternden Schultern. / Das Gebirge und das Meer, seine beiden Windspiele, / Sprangen auf bei seinem Schritt, / Aufgeschreckt das Gebirge, sich aufbäumend das Meer.

Garfias teilte sein ärmliches Zimmer an der Calle Humilladero mit seinem Freund Eugenio Montes. Einmal besuchte ich ihn morgens gegen elf. Ohne sich im Reden stören zu lassen, fing er unbekümmert Flöhe, die ihm auf der Brust herumsprangen.

Während des Bürgerkrieges veröffentlichte er patriotische Gedichte, die mir weniger gefielen. Er emigrierte nach England, ohne ein Wort englisch zu können, und ein Engländer nahm ihn auf, der keine Ahnung vom Spanischen hatte. Sie sollen dennoch stundenlang lebhaft miteinander diskutiert haben.

Nach dem Krieg lebte er in Mexiko, wie viele republikanische Spanier. Als halben Clochard, total verdreckt, konnte man ihn in Cafés seine Gedichte vortragen hören. Er starb im Elend.

Madrid war noch eine ziemlich kleine Stadt, ein Verwaltungs- und Kulturzentrum. Man bewegte sich hauptsächlich zu Fuß, jeder kannte jeden, und man traf auch jeden. Eines Abends komme ich mit einem Freund ins Café Castilla. Ich sehe, daß ein Teil des Raums mit Paravents abgeteilt ist, und der Ober erklärt uns, Primo de Rivera käme gleich mit zwei oder drei Begleitern zum Essen. Er kommt auch wirklich, läßt sofort die Paravents wegnehmen, und als er uns sieht, ruft er: *„Hola, jovenes! Una copita!"* Der Diktator gab uns einen aus.

Sogar König Alfons XIII. bin ich einmal begegnet. Ich stehe am Fenster meines Zimmers in der Residenz. Die Haare unter meiner Kreissäge sind mit Brillantine fixiert. Plötzlich hält unter meinem Fenster der Wagen des Königs mit zwei Kutschern und einer weiteren Person. (Ich war übrigens in jüngeren Jahren sehr verliebt in die schöne Königin Viktoria.) Der König steigt aus dem Wagen und richtet eine Frage an mich. Er hat sich verfahren. Völlig verblüfft, und wiewohl damals theoretisch Anarchist, antworte ich ihm ganz höflich und schüchtern und tituliere ihn sogar *Majestad*. Als die Kalesche weiterfährt, merke ich, daß ich den Hut nicht abgenommen habe. Meine Ehre ist gerettet!

Ich erzählte diesen Vorfall dem Direktor der Residenz. Da ich für meine Flunkereien bekannt war, hat er sich die Geschichte vom Sekretär des königlichen Palasts bestätigen lassen.

Während einer *peña* kam es zuweilen vor, daß alle schlagartig schwiegen und verlegen zu Boden blickten. Jemand hatte das Café betreten, der als *gafe* galt.

Ein *gafe* ist einer mit dem bösen Blick, jemand, der Unheil bringt. In Madrid glaubte man fest, daß es besser sei, die Nähe bestimmter Leute zu meiden. Mein Schwager, der Mann meiner Schwester Conchita, kannte einen Hauptmann im Generalstab, dessen Gegenwart alle seine Kameraden fürchteten. Den Namen des Dramatikers Jacinto Grau sprach man besser überhaupt nicht aus. Das Unglück schien sich mit einer seltsamen Hartnäckigkeit an seine Fersen zu heften. Als er einmal in Buenos Aires einen Vortrag hielt, fiel der Kronleuchter von der Decke und verletzte einige Zuhörer schwer.

Den Umstand, daß mehrere Schauspieler, nachdem sie mit mir gedreht hatten, starben, nahmen einige meiner Freunde zum Vorwand, mich als *gafe* hinzustellen. Aber das entbehrt jeder Grundlage. Andere Freunde können, falls nötig, für mich zeugen.

Gegen Ende des neunzehnten und zu Beginn des zwanzigsten Jahrhunderts hatte Spanien eine Generation von gewaltigen Autoren, die unser Denken beherrschten. Die meisten von ihnen habe ich gekannt, Ortega y Gasset, Unamuno, Valle-Inclán, d'Ors, um nur diese vier zu nennen. Sie haben uns alle sehr beeinflußt. Ich habe sogar den großen Benito Pérez Galdós gekannt, dessen Romane *Nazarín* und *Tristana* ich viel später verfilmen sollte. Er war älter als die anderen und nahm eine Sonderstellung ein. Genauer gesagt, habe ich ihn nur ein einziges Mal getroffen, bei ihm zu Hause. Er war schon sehr alt und fast blind, zu seinen Füßen hatte er ein Kohlebecken und über den Knien eine Decke.

Pío Baroja war ebenfalls ein berühmter Romancier, mich interessierte er aber überhaupt nicht. Nennen muß ich auch noch die Dichter Antonio Machado, Jorge Guillén, Pedro Salinas und den großen Juan Ramón Jiménez.

Dieser berühmten Generation, die man heute reglos und mit starrem Blick in allen spanischen Wachsfigurenkabinetten sehen kann, folgte die sogenannte Generation von 1927, der auch ich angehöre. Zu ihr zählen Lorca, Alberti, Altolaguirre, Cernuda, José Bergamín und Pedro Garfias.

Zwischen diesen beiden Generationen stehen zwei Männer, die ich gut gekannt habe: Moreno Villa und Ramón Gómez de la Serna.

Obwohl er fünfzehn Jahre älter war als ich, gehörte Moreno Villa, wie Bergamín und Picasso ein Andalusier aus Málaga, unserer Gruppe an. Er ging oft mit uns aus. Ein besonderes Zeichen seiner Sympathie war, daß er in der Residenz wohnte. Während der Grippeepidemie von 1919, der schlimmen Spanischen Grippe, an der so viele gestorben sind, waren wir fast allein in der Residenz. Der hochbegabte Maler und Schriftsteller lieh mir seine Bücher, vor allem *Rot und Schwarz,* das ich in den Tagen der Epidemie gelesen habe. Das war auch die Zeit, in der ich mit *L'enchanteur pourrissant* Apollinaire entdeckte.

Wir haben jene Jahre freundschaftlich verbunden miteinander verbracht. Unter der Republik wurde Moreno Villa 1931 mit der Leitung der Bibliothek des Königspalasts betraut. Während des Bürgerkrieges ging er nach Valencia und wurde wie alle Intellektuellen von Rang später seines Postens enthoben. Ich habe ihn in Paris wiedergetroffen und dann noch oft in Mexiko gesehen. Ich besitze ein Porträt, das er in Mexiko von mir gemalt hat, um 1948, als ich ohne Arbeit war. 1955 ist er gestorben.

Während meiner Jahre in der Residenz war Gómez de la Serna eine bedeutende Persönlichkeit, vielleicht sogar die berühmteste Gestalt der spanischen Literatur. Er war Autor unzähliger Bücher und schrieb in allen Zeitschriften. Einmal trat er auf Einladung französischer Intellektueller in einem Pariser Zirkus auf, im selben, in dem man auch die Fratellinis bewundern konnte. Vom Rücken eines Elefanten herab sollte Ramón einige seiner *greguerías* rezitieren, eine Art kurzer humoristischer Betrachtungen, die seine besondere Stärke waren. Kaum hatte er den ersten Satz beendet, als das Publikum in brüllendes Gelächter ausbrach. Ramón wunderte sich ein wenig über diesen Erfolg. Er hatte nicht bemerkt, daß sich der Elefant, der ihn trug, mitten in der Manege erleichtert hatte.

Jeden Samstag, von neun Uhr abends bis ein Uhr nachts, versammelte Gómez de la Serna im Café Pombo, gleich an der Puerta del Sol, seinen Kreis um sich. Ich versäumte keins dieser Treffen, bei denen ich auch die meisten meiner Freunde traf. Auf Gómez de la Serna werde ich noch einmal zurückkommen, weil mit ihm ein paar Jahre später beinahe meine Arbeit als Filmmacher angefangen hätte.

Manchmal kam auch Jorge Luis Borges ins Café Pombo. Borges' Schwester heiratete Guillermo de Torre, einen Dichter und Kritiker. Er war der beste Kenner der französischen Avantgarde und eins der wichtigsten Mitglieder des spanischen *ultraismo*. Als Bewunderer Marinettis war er wie dieser überzeugt, daß eine Lokomotive schöner sein könne als ein Bild von Velázquez. So schrieb er:

Yo quiero por amante
La hélice turgente de un hidroavión. . .[1]

Die wichtigsten literarischen Cafés von Madrid waren das Café Gijon, das es immer noch gibt, das Granja del Henar, das Café Castilla, Fornos, Kutz, das Café de la Montaña, wo man die Tische auswechseln mußte, weil sie von den Zeichnern zu sehr strapaziert worden waren – dahin

1 Ich möchte zur Geliebten / Die schwellende Schraube eines Wasserflugzeugs. . .

ging ich nachmittags, nach den Vorlesungen, allein, um weiterzuarbeiten –, und eben das Café Pombo, wo Gómez de la Serna hofhielt. Man kam, begrüßte einander, setzte sich hin, bestellte etwas zu trinken, meist Kaffee und viel Wasser – die Ober waren unentwegt damit beschäftigt, Wasser zu bringen. Dann begann eine Unterhaltung über dies und jenes, literarische Neuerscheinungen wurden kommentiert, was man gerade las und manchmal auch das politische Tagesgeschehen. Man lieh einander Bücher und ausländische Zeitschriften und zog über abwesende Freunde her. Hin und wieder las ein Autor laut eins seiner jüngsten Gedichte vor oder einen Artikel, und Ramón äußerte seine Meinung dazu, die immer angehört, aber nicht von jedem geteilt wurde. Schnell verging die Zeit, und manchmal lief eine kleine Gruppe von Freunden noch spät in der Nacht durch die Straßen und diskutierte weiter.

Der Neurologe Santiago Ramón y Cajal, Nobelpreisträger und einer der größten Wissenschaftler seiner Zeit, verbrachte jeden Nachmittag eine Weile allein an einem Tisch im rückwärtigen Teil des Café del Prado. Im selben Café, ein paar Tische weiter, tagte eine *peña* mit ultraistischen Dichtern, der auch ich angehörte.

Einer unserer Freunde, der Journalist und Schriftsteller Araquistain, dem ich während des Bürgerkrieges als Botschafter in Paris wiederbegegnen sollte, geriet auf der Straße mit einem gewissen José María Carretero aneinander, einem Romancier miesester Qualität, der seine Hervorbringungen mit *el Caballero Audaz* (der Ritter Wagemut) zeichnete. Carretero, der zwei Meter maß, packte Araquistain am Kragen und beschimpfte ihn wegen eines – zu Recht – abfälligen Artikels. Araquistain antwortete mit einer Ohrfeige, und Passanten mußten die beiden trennen.

Die Affäre erregte einiges Aufsehen in der kleinen literarischen Welt. Wir beschlossen, zum Zeichen unserer Solidarität mit Araquistain ein Bankett zu organisieren und Unterschriften für ihn zu sammeln. Meine ultraistischen Freunde wußten, daß ich im naturhistorischen Museum mit Cajal zu tun gehabt hatte – ich hatte im Entomologischen Institut Präparate zur Beobachtung unterm Mikroskop für ihn vorbereitet –, und so wurde ich losgeschickt, ihn um seine Unterschrift zu bitten, die natürlich großes Gewicht gehabt hätte.

Ich tat, worum man mich gebeten hatte, aber Cajal, der schon sehr alt war, weigerte sich zu unterschreiben. Zur Entschuldigung sagte er, die Zeitung *ABC*, in der *el Caballero Audaz* regelmäßig schrieb, wolle seine eigenen Memoiren veröffentlichen, und er fürchte, wenn er uns seine Unterschrift gäbe, könnte die Zeitung von ihrem Vertrag zurücktreten.

Auch ich weigere mich, wenn auch aus anderen Gründen, zu unterschreiben, wenn jemand mit einer Unterschriftenliste zu mir kommt. Das dient doch nur dazu, sich ein gutes Gewissen zu verschaffen. Ich weiß, man kann darüber verschiedener Meinung sein. Deshalb möchte ich sehr bitten: Sollte mir etwas zustoßen, sollte ich eingesperrt werden oder verschwinden, möge niemand eine Unterschriftenaktion für mich veranstalten.

Alberti, Lorca, Dalí

Rafael Alberti, der aus Puerto de Santa María bei Cádiz stammte, spielte in unserer Gruppe eine große Rolle. Er war, wenn ich mich recht erinnere, zwei Jahre jünger als ich. Zunächst hielten wir ihn für einen Maler. Mehrere Zeichnungen von ihm, goldgehöht, schmückten sogar mein Zimmer. Eines Tages sagte ein anderer Freund, Dámaso Alonso – heute ist er Präsident der Akademie für Spanische Sprache –, im Café zu mir: „Weißt du, wer ein wirklich großer Dichter ist? Alberti!"

Als er meine Überraschung sah, zeigte er mir ein Blatt mit einem Gedicht, dessen Anfang ich heute noch auswendig kann:

La noche ajusticiada
en el patíbulo de un árbol,
alegrías arrodilladas
le besan y ungen las sandalias. . .[1]

Damals bemühten sich die spanischen Dichter, synthetische und verblüffende Adjektive zu finden wie „*la noche ajusticiada*" (die hingerichtete Nacht) und überraschende Bilder wie „die Sandalen der Nacht". Dieses Gedicht, das in der Zeitschrift *Horizonte* erschien und Albertis Debüt war, gefiel mir auf Anhieb. Die Bande unserer Freundschaft wurden noch enger. Nach den gemeinsamen Jahren in der Residenz, in denen wir uns nur selten trennten, sollten wir uns zu Beginn des Bürgerkrieges in Madrid wiedersehen. Während der Franco-Zeit lebte Alberti in Argentinien und Italien, und bei einer Moskaureise verlieh Stalin ihm einen hohen Orden. Jetzt ist er nach Spanien zurückgekehrt.

Pepín Bello war weder Maler noch Dichter, sondern einfach nur ein unzertrennlicher Freund. Er war nett und unberechenbar, stammte aus Huesca in Aragonien, war Sohn des Direktors der Madrider Wasser-

1 Der hingerichteten Nacht / am Galgen eines Baumes / küssen und salben / kniende Freuden die Sandalen . . .

werke und Medizinstudent, ohne jedoch auch nur ein einziges Examen zu bestehen. Über ihn habe ich wenig zu berichten. In Madrid verbreitete er zu Beginn des Krieges, 1936, die schlechten Neuigkeiten: „Franco ist im Anmarsch, er überschreitet den Manzanares!" Sein Bruder Manolo wurde von den Republikanern erschossen. Er selbst suchte gegen Ende des Krieges Zuflucht in einer Botschaft.

Der Dichter Hinojosa – noch ein Andalusier – stammte aus einer sehr reichen Grundbesitzersfamilie in der Gegend von Málaga. In seinen Gedichten war er so modern und kühn wie in seinem politischen Verhalten konservativ, er trat der rechtsradikalen Partei von Lamamié de Clairac bei und wurde später von den Republikanern erschossen. Als wir uns in der Residenz kennenlernten, hatte er schon zwei oder drei Gedichtbände veröffentlicht.

Federico García Lorca zog erst zwei Jahre nach mir in die Residenz. Er kam mit einer Empfehlung seines Soziologieprofessors Don Fernando de los Ríos aus Granada und hatte schon einen Prosaband, *Impresiones y paisajes,* veröffentlicht, in dem er von seinen Reisen mit Don Fernando und anderen andalusischen Studenten erzählte.

Federico war geistreich und charmant, sichtlich um Eleganz bemüht, mit untadeligen Krawatten, umwölkt und blitzend sein Blick. Seiner magnetischen Anziehungskraft konnte niemand widerstehen. Er war zwei Jahre älter als ich, Sohn reicher Grundbesitzer und eigentlich nach Madrid gekommen, um Philosophie zu studieren, schwänzte aber schon bald seine Vorlesungen, um sich ins literarische Leben zu stürzen. Bald kannte er jeden, und jeder kannte ihn. Sein Zimmer in der Residenz wurde zum beliebtesten Treffpunkt von Madrid.

Unsere Freundschaft, eine tiefe Freundschaft, begann, als wir einander zum ersten Mal begegneten. Obwohl der ungeschliffene Aragonier und der subtile Andalusier nichts gemeinsam zu haben schienen, oder vielleicht gerade wegen des Kontrasts, waren wir fast ständig zusammen. Abends gingen wir hinter die Residenz, wir setzten uns ins Gras – die Wiesen und das unbebaute Gelände zogen sich damals noch weit hin –, und er las mir Gedichte vor. Er konnte wundervoll lesen. Im Umgang mit ihm veränderte ich mich langsam, eine neue Welt tat sich vor mir auf, wurde mir von ihm täglich aufs neue erschlossen.

Eines Tages hörte ich, daß ein gewisser Martín Domínguez, ein hühnenhafter Baske, behauptet hatte, Lorca sei homosexuell. Ich konnte es nicht glauben. Wir kannten damals in Madrid vielleicht zwei oder drei Päderasten, und bei Federico wäre ich nie darauf gekommen.

Da sitzen wir im Refektorium nebeneinander, gegenüber der Präsidententafel, die an diesem Tage Unamuno, Eugenio d'Ors und Don

Alberto, unser Direktor, einnehmen. Nach der Suppe sage ich leise zu Federico:

„Komm mit mir raus, ich habe etwas sehr Ernstes mit dir zu besprechen."

Er wunderte sich, ist aber einverstanden, und wir stehen auf. Wir erhalten die Erlaubnis, die Mahlzeit zu unterbrechen, und in einer Kneipe ganz in der Nähe sage ich Federico, ich hätte mich entschlossen, mich mit dem Basken, Martín Domínguez, zu schlagen.

„Warum?" fragt Lorca.

Ich zögere einen Moment, ich weiß nicht, wie ich mich ausdrücken soll, und dann frage ich ihn ganz abrupt:

„Stimmt es? Bist du ein *maricón*?"

Zutiefst verletzt, richtet er sich auf und sagt:

„Mit uns beiden ist es aus."

Und geht weg. Natürlich haben wir uns noch am selben Abend wieder versöhnt.

Federico hatte überhaupt nichts Weibisches in seinem Benehmen, nichts Geziertes. Scherze und Witze zu dem Thema schätzte er nicht – wie etwa den von Aragon, der ein paar Jahre später zu einem Vortrag nach Madrid kam und mit der – übrigens erfolgreichen – Absicht zu brüskieren den Direktor der Residenz fragte: „Gibt es denn hier kein besonders interessantes Pissoir?"

Wir haben zusammen, allein oder mit anderen, unvergeßliche Stunden verbracht. Durch Lorca entdeckte ich die Dichtung, vor allem die spanische, die er bewundernswert gut kannte, und auch andere Literatur. Er hat mir zum Beispiel die *Legenda aurea* zu lesen gegeben, in der ich zum erstenmal etwas über das Leben Sankt Symeons des Stiliten erfuhr, der bei mir später zu *Simón del desierto (Simon in der Wüste)* werden sollte. Federico glaubte nicht an Gott, aber er bewahrte und kultivierte einen ästhetischen Sinn für alles Religiöse.

Ich habe noch ein Photo aus dem Jahr 1924, auf dem wir beide auf einem gemalten Motorrad in einer Photographenbude sitzen. Es wurde auf der *Verbena de San Antonio*, dem großen Jahrmarkt von Madrid, aufgenommen. Auf die Rückseite schrieb Federico – wir waren beide volltrunken – gegen drei Uhr morgens innerhalb von drei Minuten ein Gedicht und gab es mir. Mit der Zeit hat sich die Bleistiftschrift verwischt, aber ich habe es abgeschrieben, um es nicht zu verlieren:

La primera verbena que Dios envía
Es la de San Antonio de la Florida.
Luis: en el encanto de la madrugada

Canta mi amistad siempre florecida,
la luna grande luce y rueda
por las altas nubes tranquilas,
mi corazón luce y rueda
en la noche verde y amarilla,
Luis, mi amistad apasionada
hace una trenza con la brisa.
El niño toca el pianillo
triste, sin una sonrisa,
bajo los arcos de papel
estrecho tu mano amiga.[1]

Später, 1929, schrieb er in ein Buch, das er mir schenkte, ein anderes, ebenfalls unveröffentlichtes Gedicht, das ich sehr liebe:

Cielo azul
Campo amarillo
Monte azul
Campo amarillo
Por la llanura desierta
Va caminando un olivo
Un solo
Olivo.[1]

Salvador Dalí, Sohn eines Notars aus Figueras in Katalonien, kam drei Jahre nach mir in die Residenz. Er wollte an der Kunstakademie studieren, und wir nannten ihn, ich weiß nicht mehr warum, „den tschechoslowakischen Maler".

Eines Morgens ging ich durch einen Flur der Residenz und sah durch die offene Tür in sein Zimmer. Ich sah, wie er dabei war, ein großes Porträt zu beenden, das mir sehr gut gefiel. Sofort berichtete ich Lorca und den anderen:

1 Der erste von Gott gesandte Jahrmarkt / Ist der des heiligen Antonius de la Florida. / Luis: bezaubert vom anbrechenden Morgen / singt meine immer blühende Freundschaft, / der große Mond strahlt und rollt dahin / in hohen ruhigen Wolken, / mein Herz strahlt und rollt dahin / in der grünen und gelben Nacht, / Luis, meine glühende Freundschaft / macht einen Zopf mit der Brise. / Das Kind spielt das Pianola / traurig, ohne ein Lächeln. / Unter den Papierbögen / drücke ich deine Freundeshand.

1 Blauer Himmel / Gelbes Feld / Blauer Berg / Gelbes Feld / In der verlassenen Ebene / Wandert ein Olivenbaum / Ein einziger / Olivenbaum.

„Der tschechoslowakische Maler hat gerade ein sehr schönes Porträt gemalt."

Alle begaben sich in sein Zimmer, bewunderten das Bild, und Dalí wurde in die Gruppe aufgenommen. Genauer gesagt, er wurde neben Federico mein bester Freund. Wir drei trennten uns kaum noch, vor allem, weil Lorca von einer richtigen Leidenschaft zu Dalí ergriffen wurde, die diesen aber nicht beeindruckte.

Er war ein schüchterner junger Mann mit einer lauten, tiefen Stimme und langem, aber gepflegtem Haar, der im Alltag nur schwer zurechtkam und höchst merkwürdig gekleidet war: Er trug einen sehr breiten Hut, ein riesiges, zur Schleife gebundenes Halstuch, eine lange, bis zu den Knien herabhängende Jacke und dazu Wickelgamaschen. Man hätte meinen können, er wolle mit seiner Kleidung provozieren, aber dem war nicht so. Er kleidete sich so, weil es ihm gefiel – was die Leute aber manchmal nicht davon abhielt, ihn auf der Straße anzupöbeln.

Er schrieb auch Gedichte, die veröffentlicht wurden.

Ganz jung noch, um 1926 oder 1927, stellte er mit anderen Malern wie Peinado und Viñes in Madrid aus. Als er im Juni beim Examen in der Akademie zur mündlichen Prüfung vor den Professoren Platz nehmen sollte, rief er plötzlich aus:

„Ich gestehe niemandem das Recht zu, mich zu beurteilen. Ich gehe."

Und er ging wirklich. Sein Vater kam aus Katalonien nach Madrid, um die Sache mit den Direktoren der Akademie wieder in Ordnung zu bringen. Aber vergebens, Dalí wurde der Akademie verwiesen.

Ich kann diese Jahre, die mich geprägt haben, nicht in allen Einzelheiten beschreiben: all die Begegnungen und Gespräche, unsere Arbeit, unsere Ausflüge, unsere Gelage, die Bordelle von Madrid – zweifellos die besten der Welt – und die langen Abende in der Residenz. Der Jazz hatte mich in seinen Bann gezogen, ich begann, Banjo zu spielen, kaufte mir ein Grammophon und amerikanische Platten. Begeistert hörten wir zu und tranken Grog, den ich selbst zubereitete – in der Residenz war Alkohol nicht erlaubt, nicht einmal Wein zum Essen gab es, angeblich, weil er Flecken auf die weißen Tischtücher gemacht hätte. Hin und wieder inszenierten wir ein Theaterstück, meist den *Don Juan Tenorio* von José Zorrilla, den ich, glaube ich, heute noch auswendig kann. Ich habe noch ein Photo mit mir als Don Juan und mit Lorca, der den Bildhauer im dritten Akt spielte.

Außerdem führte ich einen Brauch ein, den wir *las mojaduras de primavera* (die Frühjahrsbegießung) nannten. Er bestand schlicht und einfach darin, jedem, der einem über den Weg lief, einen Eimer Wasser über den Kopf zu gießen. Alberti ist er wieder eingefallen, als er in *Dieses obskure Objekt der Begierde* sah, wie Carole Bouquet auf dem Bahnsteig von Fernando Rey begossen wird.

Die *chulería* ist ein typisch spanisches Verhalten, eine Mischung aus Aggressivität, männlicher Arroganz und Selbstsicherheit. Ich habe mich dessen zuweilen schuldig gemacht, vor allem während der Zeit in der Residenz, habe es aber immer sofort wieder bereut. Zum Beispiel war ich voller Bewunderung für die Haltung und Grazie einer Tänzerin im Palace del Hielo, die ich nicht kannte und *la Rubia,* die Blonde, nannte. Ich ging ziemlich oft in dieses Tanzlokal, nur um ihr zuzusehen. Sie war keine Berufstänzerin, nur eine Besucherin, ein Stammgast. Ich hatte meinen Freunden so viel von ihr erzählt, daß Dalí und Pepín Bello mich eines Tages begleiteten. An dem Tag tanzte *la Rubia* mit einem seriösen Herrn; wegen seiner Brille und eines kleinen Schnurrbarts nannte ich ihn „den Doktor". Dalí war fürchterlich enttäuscht: Dafür hatte ich ihn hergeschleppt! Für ihn besaß *la Rubia* weder Charme noch Grazie.

„Das liegt daran", erklärte ich ihm, „daß ihr Tänzer nichts taugt."

Ich stand auf, ging an den Tisch, an dem sie mit dem „Doktor" Platz genommen hatte, und sagte zu ihm von oben herab:

„Ich bin mit zwei Freunden hergekommen, um das Mädchen tanzen zu sehen, aber Sie ruinieren sie. Also tanzen Sie nicht mehr mit ihr. Das ist alles."

Ich drehte mich auf dem Absatz um und kehrte an unseren Tisch zurück, fest überzeugt, gleich eine Flasche über den Kopf gezogen zu bekommen, wie es damals üblich war. Aber nichts passierte. Der Doktor hatte kein Wort gesagt, war aufgestanden und tanzte mit einer anderen. Beschämt und reumütig ging ich zu *la Rubia* und sagte:

„Was ich getan habe, tut mir sehr leid. Außerdem bin ich ein noch viel schlechterer Tänzer als er."

Was stimmte. Ich habe auch nie mit *la Rubia* getanzt.

Während des Sommers, wenn die Spanier in die Ferien fuhren, kamen Gruppen von amerikanischen Lehrern in Begleitung ihrer manchmal sehr hübschen Frauen in die Residenz, um ihr Spanisch zu verbessern. Für sie wurden Vorträge und Exkursionen veranstaltet. Dann stand zum Beispiel auf dem Anschlagbrett in der Halle: „Morgen Ausflug nach Toledo unter Leitung von Américo Castro."

So stand da auch eines Tages: „Morgen Besuch im Prado mit Luis Buñuel." Eine Gruppe von Amerikanern folgte mir, nichts Böses ahnend, und ich bekam meinen ersten Eindruck von amerikanischer Gutgläubigkeit. Ich führte sie durch die Säle des Museums und erzählte ihnen einfach irgend etwas, daß Goya ein Stierkämpfer gewesen sei und ein verhängnisvolles Verhältnis mit der Herzogin von Alba gehabt habe und daß Berruguetes Gemälde *Auto da Fe* deshalb ein großartiges Bild sei, weil darauf einhundertfünfzig Personen abgebildet seien und man wissen müsse, daß die Zahl der Personen auf einem Gemälde dessen Wert ausmache. Die Amerikaner hörten mir ernst zu, einige schrieben sogar mit.

Ein paar haben sich aber doch beim Direktor beschwert.

Hypnose

Damals fing ich aus eigenem Antrieb an, mich mit Hypnose zu beschäftigen. Bei vielen Leuten schaffte ich es ziemlich leicht, sie einzuschläfern, so bei dem zweiten Buchhalter der Residenz, einem gewissen Lizcano, den ich meinen Finger fixieren ließ. Einmal hatte ich fürchterliche Schwierigkeiten, ihn wieder wach zu bekommen.

Später habe ich dann wissenschaftliche Werke über Hypnotismus studiert und verschiedene Methoden ausprobiert. Der ungewöhnlichste Fall, dem ich begegnet bin, war Rafaela.

In einem ziemlich guten Bordell an der Calle de la Reina gingen damals auch zwei besonders reizende Mädchen ihrem Gewerbe nach. Die eine nannte sich Lola Madrid, die andere Teresita.

Teresita hatte einen Verehrer, Pepe, einen robusten und sympathischen Basken, der Medizin studierte. Eines Abends, als ich bei der *peña* der Medizinstudenten im Café Fornos sitze, Calle Alcalá, Ecke Peligros, kommt jemand rein und berichtet von einem kleinen Drama, das sich eben in der Casa de Leonór, so hieß das Bordell, abgespielt hatte. Pepe, der überhaupt nichts dagegen hatte, wenn Teresita ihn mal kurz verließ und zwischendurch einen Kunden bediente, hatte erfahren, daß sie mit jemandem ohne Bezahlung geschlafen hatte. Das konnte er nicht ertragen. In seiner Wut hatte er die flatterhafte Teresita verprügelt.

Sofort ziehen die Medizinstudenten zur Casa de Leonór. Ich mit ihnen. Teresita ist in Tränen aufgelöst und kurz vor dem Nervenzusammenbruch. Ich schaue ihr in die Augen, rede ihr gut zu, nehme ihre Hände. Ich sage, sie soll sich beruhigen und etwas schlafen, was sie sofort auch tut. Sie befindet sich in einer Art somnambulen Zustands, hört nur auf mich, reagiert nur auf mich. Ich rede auf sie ein, sie beruhigt sich langsam und kommt wieder zu sich – da erfahre ich etwas Unerhörtes: Eine gewisse Rafaela, die Schwester der Lola Madrid, die als

Küchenhilfe beschäftigt wird, sei während der Arbeit plötzlich eingeschlafen, genau in dem Moment, in dem ich Teresita hypnotisierte.

Ich gehe in die Küche, und da sehe ich tatsächlich ein schlafwandelndes Mädchen. Sie ist klein, ziemlich unansehnlich und halbblind. Ich setzte mich ihr gegenüber, mache ein paar Handbewegungen, rede ruhig mit ihr und wecke sie auf.

Rafaela war wirklich ein ungewöhnlicher Fall. Einmal bekam sie einen Anfall, als ich nur draußen auf der Straße an dem Bordell vorbeiging. Ich versichere, daß das stimmt, ich habe es auf jede nur mögliche Weise verifiziert. Ich habe eine Reihe von Experimenten mit ihr gemacht. Einmal habe ich sie sogar von einer Harnretention geheilt, indem ich ihr sanft über den Bauch strich und dabei auf sie einredete.

Schauplatz des eigenartigsten dieser Experimente war das Café Fornos. Die Medizinstudenten, die Rafaela kannten, mißtrauten mir ebenso wie ich ihnen. Um jeden Trick von ihrer Seite auszuschließen, sage ich ihnen nicht, was ich vorhabe. Ich setze mich an ihren Tisch – das Bordell ist nur ein paar Schritte vom Café entfernt –, denke ganz konzentriert an Rafaela, und ohne laut zu sprechen befehle ich ihr, aufzustehen und zu mir zu kommen. Zehn Minuten später tritt sie ins Café, mit starrem Blick und ohne zu wissen, wo sie ist. Ich sage ihr, sie solle sich zu mir setzen, sie folgt, ich rede mit ihr, beruhige sie, und langsam kommt sie zu sich.

Sieben oder acht Monate nach diesem Experiment, für das ich mich verbürge, starb Rafaela in einem Krankenhaus. Ihr Tod hat mich sehr verstört. Ich habe danach nie wieder hypnotisiert.

Dagegen habe ich mich mein Leben lang, ohne darin etwas Übernatürliches zu suchen, gern am Tischrücken beteiligt. Ich habe Tische sich heben und schweben sehen, irgendeiner unbekannten magnetischen Kraft gehorchend, die von einem der Teilnehmer ausging. Ich habe auch erlebt, wie Tische auf Fragen richtige Antworten gaben. Vorausgesetzt, einer der Teilnehmer kannte sie, sei's auch unbewußt oder gar widerstrebend, und machte eine leichte unwillkürliche Bewegung – die aktive physische Äußerung des Unbewußten.

Ich habe auch oft bei Ratespielen mitgemacht. Zum Beispiel beim Mörderspiel. Aus einem Kreis von etwa einem Dutzend Personen wähle ich eine Frau aus, die besonders sensibel ist – zwei oder drei einfache Tests genügen, um das herauszufinden –, dann bitte ich die anderen, Mörder und Opfer zu bestimmen und die Tatwaffe zu verstecken. Während der Wahl verlasse ich den Raum, und wenn ich wieder hereinkomme, lasse ich mir die Augen verbinden, nehme die Frau bei der Hand und gehe mit ihr langsam durchs Zimmer. Meistens, nicht immer, finde ich die beiden ausgewählten Personen und das Versteck mit der Mordwaffe sehr schnell, geleitet, ohne daß die Frau es weiß, von ganz leichten, kaum wahrnehmbaren Zuckungen ihrer Hand.

Ein anderes Spiel war etwas schwieriger: Ich verlasse den Raum, die Bedingungen sind die gleichen. Jeder der Anwesenden muß sich dann einen Gegenstand aussuchen und ihn berühren – ein Möbelstück, ein Bild, ein Buch, einen Nippesgegenstand, irgendein Ding in dem Zimmer, aber er muß sich bemühen, ein wirkliches Verhältnis zu dem Gegenstand zu finden, er muß eine Affinität zu ihm haben und darf keine völlig beliebige Wahl treffen. Ich komme ins Zimmer zurück und versuche zu erraten, wer was gewählt hat. Das ist eine Mischung aus Überlegung, Instinkt und vielleicht auch Telepathie. In New York, während des Krieges, habe ich dieses Experiment mit mehreren Mitgliedern der surrealistischen Gruppe gemacht, die damals in Amerika im Exil waren, mit André Breton, Marcel Duchamp, Max Ernst, Yves Tanguy. Mir ist kein einziger Fehler unterlaufen. In anderen Fällen habe ich mich getäuscht.

Und noch eine Erinnerung. Eines Abends in Paris, in der Bar des Sélect, haben Claude Jaeger und ich ziemlich brutal die anderen Gäste hinausexpediert. Nur eine Frau blieb. Ziemlich betrunken gehe ich an ihren Tisch, setze mich hin und sage ihr auf den Kopf zu, daß sie Russin ist, aus Moskau stammt und noch weitere Einzelheiten – alles stimmte. Sie war überrascht und ich auch, denn ich kannte sie wirklich nicht.

Ich glaube, daß das Kino auf die Zuschauer eine gewisse hypnotische Kraft ausübt. Man braucht nur zu beobachten, wie die Leute aus dem Kino kommen, in Schweigen versunken, mit gesenktem Kopf und in Gedanken weit weg. Im Theater, bei der Corrida oder bei Sportveranstaltungen äußern sich die Zuschauer viel energischer und lebhafter. Die kinematographische Hypnose, die leicht und unbewußt ist, rührt zweifellos von der Dunkelheit im Saal her, aber auch vom Wechsel der Einstellungen und des Lichts und den Kamerabewegungen, die die kritische Intelligenz des Zuschauers reduzieren und ihn einer Art von Faszination und Vergewaltigung unterwerfen.

Wenn ich an meine Freunde in Madrid denke, muß ich auch Juan Negrín nennen, den späteren Ministerpräsidenten der Republik. Nach der Rückkehr von einem längeren Studienaufenthalt in Deutschland wurde er ein ausgezeichneter Professor für Physiologie. Ich versuchte, ein gutes Wort für meinen Freund Pepín Bello bei ihm einzulegen, der bei seinen Prüfungen immer durchfiel. Aber es war nichts zu machen.

Ich möchte auch des großen Eugenio d'Ors gedenken. Der katalanische Philosoph war ein Apostel des Barocks, in dem er eine grundlegende Tendenz der Kunst und des Lebens sah und nicht nur ein abgeschlossenes historisches Phänomen. Er ist der Autor eines Satzes, den ich gern zitiere, wenn jemand mit Gewalt originell sein will: „Alles, was nicht Tradition ist, ist Plagiat." In diesem Paradox, scheint mir, steckt eine tiefe Wahrheit.

D'Ors, der Professor an einem Arbeiterinstitut in Barcelona war, fühlte sich dort etwas isoliert und kam deshalb nach Madrid. Er kam dann gern in die Residenz, suchte Kontakt mit den jungen Leuten und nahm auch hin und wieder an der *peña* im Café Gijon teil.

Damals gab es in Madrid einen seit zwanzig oder dreißig Jahren nicht mehr benutzten Friedhof, auf dem auch Mariano José de Larra, unser großer romantischer Dichter, begraben lag. Es gab da über hundert Zypressen, die schönsten der Welt. Das war der Sacramental de San Martín. Eines Tages beschlossen d'Ors und die ganze *peña,* den Friedhof zu besuchen. Am Nachmittag steckte ich dem Wärter zehn Peseten zu und regelte alles mit ihm.

Nach Einbruch der Dunkelheit dringen wir schweigend in den alten, verlassen im Mondlicht daliegenden Friedhof ein. Ich sehe eine leicht geöffnete Grabstätte, steige ein paar Stufen hinunter, und da, in einem Lichtstrahl, sehe ich den leicht angehobenen Deckel eines Sarges, aus dem das trockene und schmutzige Haar einer Frau hervorquillt. Tief betroffen rufe ich die anderen herbei, zu mir in das Grab herunterzusteigen.

Dieses tote Haar im Mondlicht, auf das ich in *Le Fantôme de la liberté (Das Gespenst der Freiheit)* zurückgekommen bin – „Wachsen die Haare im Grabe weiter?" –, ist eins der beeindruckendsten Bilder, denen ich in meinem ganzen Leben begegnet bin.

José Bergamín war hager, mit durchdringendem Blick, ein Andalusier aus Málaga, eng befreundet mit Picasso und später mit Malraux. Ein paar Jahre älter als ich, hatte er sich bereits als Dichter und Essayist einen Namen gemacht. Er war ein *señorito,* Sohn eines ehemaligen Ministers und mit einer der beiden Töchter des Dramatikers Carlos Arniches verheiratet – die andere heiratete meinen Freund Ugarte. Schon damals kultivierte er eine Neigung zur Preziosität, zu Wortspielen, Paradoxa und ein paar alten spanischen Schimären wie Don Juan und dem Stierkampf. Damals haben wir uns nicht oft gesehen, erst später, während des Bürgerkrieges, haben wir uns verbrüdert. Noch später, 1961, als ich nach Spanien zurückkehrte, um *Viridiana* zu drehen, hat er mir einen wundervollen Brief geschrieben, in dem er mich mit Antäus verglich, der aus der Berührung des Heimatbodens neue Kräfte gewann. Wie viele andere hatte auch er ein langes Exil hinter sich. In den letzten Jahren haben wir uns oft wiedergesehen. Er wohnt in Madrid. Immer noch schreibt und kämpft er.

Auch an Miguel de Unamuno, den Philosophieprofessor aus Salamanca, möchte ich erinnern. Wie d'Ors besuchte er uns oft in Madrid, wo immer viel los war. Primo de Rivera verbannte ihn auf die Kanarischen Inseln. Später habe ich ihn im Pariser Exil wiedergesehen. Ein berühmter und ernsthafter, ziemlich pedantischer Mann ohne die leiseste Spur von Humor.

Jetzt aber möchte ich von Toledo sprechen.

Der Orden von Toledo

Es war, glaube ich, 1921, als ich mit dem Philologen Solalinde Toledo entdeckte. Von Madrid sind wir mit dem Zug hingefahren und zwei oder drei Tage geblieben. Ich erinnere mich an eine Theateraufführung von *Don Juan Tenorio* und an einen Abend im Bordell. Da ich keine Lust auf das Mädchen hatte, mit dem ich zusammen war, habe ich sie hypnotisiert und an die Tür des Philologen klopfen lassen.

Vom ersten Tag an war ich begeistert, mehr von der undefinierbaren Atmosphäre der Stadt als von ihren touristischen Attraktionen. Ich bin oft wieder hingefahren mit meinen Freunden aus der Residenz, und 1923, am Tage des heiligen Joseph, habe ich den Orden von Toledo gegründet und mich selbst zu dessen Marschall ernannt.

Dieser Orden hat bis 1936 bestanden und Mitglieder aufgenommen. Sekretär war Pepín Bello. Zu den Gründungsmitgliedern gehörten Lorca und sein Bruder Paquito, Sánchez Ventura, Pedro Garfias, Augusto Casteno, der baskische Maler José Uzelay und eine einzige Frau, die Bibliothekarin Ernestina González. Sie war sehr exaltiert, eine Schülerin Unamunos aus Salamanca.

Nach ihnen kamen die Ritter, die *caballeros*. In einer alten Liste sehe ich neben anderen die Namen Hernando und Loulou Viñes, Alberti, Ugarte, Jeanne, meine Frau, Urgoito, Solalinde, Dalí – mit dem späteren Zusatz „ausgestoßen" –, Hinojosa – „erschossen" –, María Teresa León, die Frau Albertis, und die Franzosen René Crevel und Pierre Unik.

Ihnen folgten, von bescheidenerem Rang, die Knappen, die *escuderos*. Dazu gehörten Georges Sadoul, Roger Désormières und seine Frau Colette, der Kameramann Eli Lotar, Aliette Legendre, die Tochter des Direktors des Madrider Institut Français, der Maler Ortiz und Ana María Custodio.

„Chef der Gäste der Knappen“ war Moreno Villa, der später einen großartigen Artikel über den Orden von Toledo geschrieben hat. Danach kamen die „Gäste der Knappen“, vier an der Zahl, und schließlich, im untersten Rang, die „Gäste der Gäste der Knappen“, Juan Vicens und Marcelino Pascua.

Um bis in den Rang eines *caballero* aufzusteigen, mußte man Toledo bedingungslos vergöttern, sich mindestens eine ganze Nacht hindurch betrinken und lange durch die Straßen irren. Wer lieber zeitig schlafen ging, hatte nur Anspruch auf den Titel eines Knappen. Ganz zu schweigen von den „Gästen“ und den „Gästen der Gäste“.

Den Entschluß zur Gründung des Ordens faßte ich wie alle anderen Ordensgründer nach einer Vision.

Zwei Gruppen von Freunden, die sich zufällig getroffen haben, machen einen Zug durch die Tavernen von Toledo. Zur einen Gruppe gehöre ich. Stark betrunken gehe ich durch den Kreuzgang der gotischen Kathedrale, als ich plötzlich Tausende von Vögeln höre und etwas mir sagt, ich solle sofort bei den Karmelitern eintreten, nicht um Mönch zu werden, sondern um die Klosterkasse zu stehlen.

Ich gehe ins Kloster, der Pförtner läßt mich eintreten, ein Mönch kommt. Ich berichte ihm von meinem plötzlichen und heftigen Verlangen, Karmeliter zu werden. Der Mönch, der sofort meine Alkoholfahne bemerkt hat, geleitet mich wieder ins Freie.

Am nächsten Morgen stand mein Entschluß fest, den Orden von Toledo zu gründen.

Der Orden hatte eine sehr einfache Regel: Jeder hatte zehn Peseten in die gemeinsame Kasse zu zahlen, das heißt, mir zehn Peseten zu geben für Unterkunft und Kost. Weiter mußte man sich so oft wie eben möglich nach Toledo begeben und in einen Zustand versetzen, der die unvergeßlichsten Erfahrungen ermöglichte.

Das Gasthaus, in dem wir abstiegen, weit weg von den gängigen Hotels, war meistens die Posada de la Sangre, die Herberge zum Blut, in der Cervantes *La ilustre fregona* angesiedelt hat. Die Herberge hatte sich seit damals kaum verändert: Esel im Hof, Fuhrknechte, dreckige Bettwäsche und Studenten. Selbstverständlich kein fließendes Wasser, was auch nur von relativer Bedeutung war, weil den Mitgliedern des Ordens sowieso verboten war, sich während des Aufenthalts in der heiligen Stadt zu waschen.

Die Mahlzeiten wurden entweder in den Tavernen oder in der Venta de Aires, kurz vor der Stadt, eingenommen. Gegessen wurde immer das gleiche, eine Pferdetortilla mit Schweinefleisch, Perlhuhn und als Wein dazu weißer Yepes. Auf dem Rückweg zu Fuß war ein Besuch an dem von Berruguete gemeißelten Grabmal des Kardinals Tavera fällig. Einige Minuten der Sammlung vor der liegenden Gestalt des Kardinals, tot in Alabaster, mit fahlen, schon eingefallenen Wangen, vom Bildhauer festgehalten knapp ein oder zwei Stunden, bevor die Verwesung einsetzte. Man sieht dieses Gesicht in *Tristana.* Catherine Deneuve beugt sich über das starre Antlitz des Todes.

Danach stiegen wir wieder in die Stadt hinauf, um uns im Labyrinth der Straßen zu verlieren, auf der Suche nach Abenteuern. Eines Tages nahm ein Blinder uns mit zu sich nach Hause und stellte uns seine blinde Familie vor. In dem Haus gab es nicht eine Lichtquelle, nicht eine Lampe. Dafür Bilder an den Wänden, die ausnahmslos Friedhöfe darstellten, und diese Bilder waren ganz aus Haaren gemacht. Gräben aus Haaren, Zypressen aus Haaren.

In einem Zustand, der oft einer Art Delirium nahekam und mit Schnaps und Wein aufrechterhalten wurde, küßten wir die Erde, stiegen auf den Glockenturm der Kathedrale, gingen die Tochter eines Obersten aufwecken, deren Adresse wir hatten, und lauschten mitten in der Nacht dem Gesang der Nonnen und Mönche hinter den Mauern des Klosters von Santo Domingo. Wir wanderten umher und lasen mit lauter Stimme Gedichte, die von den Mauern der alten Hauptstadt Spaniens widerhallten, der iberischen, römischen, westgotischen, jüdischen und christlichen Stadt.

Eines Nachts, es war schon spät und schneite, irrte ich mit Ugarte umher, als wir plötzlich Kinderstimmen hörten, ziemlich viele, die singend das Einmaleins skandierten. Hin und wieder setzte der Gesang aus, man hörte Gekicher und die ernstere Stimme des Lehrers. Dann ging es wieder weiter mit dem arithmetischen Gesang.

Es gelang mir, mich auf den Schultern meines Freundes bis an ein Fenster hinaufzuziehen, aber sofort brach der Gesang ab. Ich sah nichts als Dunkelheit und hörte nichts als Schweigen.

Andere Abenteuer hatten nicht diesen halluzinatorischen Charakter. Toledo beherbergte in seinen Mauern eine Militärakademie. Wenn einer der Kadetten mit einem Bewohner der Stadt aneinandergeriet, ergriffen seine Kameraden für ihn Partei und nahmen brutal Rache an dem, der sich angemaßt hatte, sich mit einem der Seinen zu messen. Sie waren von jedermann gefürchtet. Eines Tages begegnen wir zwei Kadetten, einer von ihnen greift nach dem Arm von María Teresa, der Frau Albertis, und sagt zu ihr: „*Que cachonda estas*" – ein recht eindeutiges Kompliment. Sie fühlt sich beleidigt, protestiert, ich eile ihr zur Hilfe und strekke die beiden mit Faustschlägen zu Boden. Pierre Unik tut ein übriges und versetzt einem der am Boden liegenden noch einen Fußtritt.

Wir hatten kaum Grund, uns großartig vorzukommen, denn wir waren sieben oder acht und sie nur zwei. Wir entfernten uns. Zwei Polizisten kamen dazu, die von weitem den Streit beobachtet hatten, und statt uns einen Verweis zu geben, rieten sie uns, möglichst schnell Toledo zu verlassen, so groß war ihre Angst vor der Rache der Kadetten. Wir sind aber ihrem Rat nicht gefolgt, und dieses Mal ist auch nichts passiert.

Ich erinnere mich, neben vielen anderen, einer Unterhaltung mit Lorca an einem Morgen in der Posada de la Sangre. Mit schon recht pelzigem Mund erkläre ich ihm unvermittelt:

„Federico, ich muß dir einmal die Wahrheit sagen. Die Wahrheit über dich."

Er läßt mich eine Zeitlang reden, dann sagt er:

„Bist du fertig?"

„Ja."

„Gut, dann bin ich dran. Ich werde dir sagen, was ich von dir denke. Zum Beispiel sagst du, ich sei faul. Ganz falsch. Ich bin nicht wirklich faul. Ich bin . . ."

Und zehn Minuten redet er nur über sich selbst.

Nach der Einnahme Toledos durch Franco im Jahre 1936 – bei den Kämpfen wurde die Posada de la Sangre zerstört – bin ich nicht mehr nach Toledo gefahren. Erst 1961, als ich nach Spanien zurückkehrte, habe ich meine Wallfahrten wiederaufgenommen.

Moreno Villa berichtet, daß eine anarchistische Brigade zu Beginn des Bürgerkrieges bei einer Hausdurchsuchung in Madrid in einer Schublade eine Urkunde des Ordens von Toledo fand. Der Unglückliche, in dessen Händen sich das Diplom befand, hatte alle erdenkliche Mühe zu erklären, daß es sich bei der Mitgliedschaft nicht um einen echten Adelstitel handelte. Er kam gerade noch mit dem Leben davon.

1963 machten André Labarthe und Jeanine Bazin auf einem Hügel über Toledo und dem Tajo für eine Sendung des französischen Fernsehens ein Interview mit mir. Natürlich stellten sie auch die üblichen Fragen nach den Beziehungen zwischen der französischen und der spanischen Kultur.

„Das ist sehr einfach", antwortete ich ihnen. „Die Spanier, ich zum Beispiel, wissen alles über die französische Kultur. Die Franzosen ihrerseits haben nicht den blassesten Schimmer von der spanischen Kultur. Nehmen Sie zum Beispiel Monsieur Carrière" – der war auch dabei –, „er war Geschichtslehrer, aber bis zu seiner Ankunft gestern war er überzeugt, Toledo sei eine Motorradmarke."

In Madrid lud mich Lorca einmal zu einem Mittagessen mit dem Komponisten Manuel de Falla ein, der aus Granada zu Besuch gekommen war. Federico erkundigte sich nach dem Wohlergehen gemeinsamer Freunde, und sie begannen, über einen andalusischen Maler namens Morcillo zu sprechen.

„Ich habe ihn vor ein paar Tagen besucht", sagte Falla.

Und er erzählte die folgende Geschichte, die mir aufschlußreich scheint für eine bestimmte Haltung, die bei uns sehr verbreitet ist.

Morcillo empfängt Falla in seinem Atelier. Der Komponist schaut alle Bilder an, die der Maler ihm zeigt, und findet, ohne Einschränkungen, für jedes einen lobenden Satz. Danach sieht er am Boden ein paar Bilder stehen, mit der Vorderseite zur Wand gekehrt, und fragt, ob er auch diese sehen könne.

Der Maler will aber nicht – er möge die Bilder nicht und zeige sie lieber nicht her.

Falla insistiert, und schließlich gibt der Maler nach. Unwillig dreht er eines der Bilder um und sagt:

„Da sehen Sie, es taugt nichts."

Falla widerspricht, er findet das Bild sehr interessant.

„Nein, nein", meint Morcillo, „die Idee gefällt mir, ein paar Einzelheiten sind auch ganz gut, aber der Hintergrund ist völlig mißlungen."

„Der Hintergrund?" fragt de Falla und sieht sich das Bild genauer an.

„Ja, der Hintergrund, der Himmel, die Wolken. Die Wolken taugen überhaupt nichts, finden Sie nicht auch?"

„Stimmt", gibt der Komponist schließlich zu. „Sie können recht haben. Vielleicht sind die Wolken nicht so gut wie das übrige."

„Finden Sie?"

„Ja."

„So", sagt der Maler, „gerade diese Wolken mag ich am meisten. Sie sind wahrscheinlich das beste, was ich in den letzten zehn Jahren gemacht habe."

Mein Leben lang sind mir mehr oder weniger eindeutige Beispiele dieser Geisteshaltung begegnet, die ich *morcillismo* nenne. Wir sind alle ein wenig Morcillisten. Einen typischen Fall liefert uns Lesage in der schönen Figur des Bischofs von Granada in seinem *Gil Blas*. Der *morcillismo* erwächst aus einer tief inneren Begierde nach uneingeschränktem Lob. Es geht darum, alle Möglichkeiten des Lobes auszuschöpfen. Und so provoziert man sogar Kritik – eine Kritik, die grundsätzlich gerechtfertigt ist –, und das nicht ohne einen Schuß von Masochismus, nur um dann den Unvorsichtigen, der nicht gemerkt hat, wie die Falle sich vor ihm aufgetan hat, um so mehr zu beschämen.

Während all dieser Jahre in Madrid wurden immer mehr Kinos eröffnet, und das Publikum nahm ständig zu. Wir gingen entweder mit der Verlobten ins Kino, um uns ihr im Dunkeln nähern zu können, und dabei war uns jeder Film recht, oder wir gingen mit Freunden aus der Residenz, dann bevorzugten wir amerikanische Burlesken, von denen wir begeistert waren: Ben Turpin, Harold Lloyd, Buster Keaton, alle die Komiker aus Mack Sennetts Truppe. Chaplin mochten wir am wenigsten.

Noch war das Kino nur Unterhaltung. Niemand von uns hielt es für ein neues Ausdrucksmittel oder gar für eine Kunst. Was zählte, waren Poesie, Literatur, Malerei. Niemals wäre mir damals in den Sinn gekommen, eines Tages Filme zu machen.

Wie die anderen schrieb ich Gedichte. Das erste wurde in der Zeitschrift *Ultra* veröffentlicht – vielleicht war es auch eine andere, *Horizonte* –, es hieß *Orquestación* und führte etwa dreißig Musikinstrumente vor. Jedem Instrument waren ein paar Wörter, ein paar Zeilen gewidmet. Gómez de la Serna beglückwünschte mich herzlich zu dem Gedicht. Tatsächlich mußte es leicht für ihn sein, darin seinen Einfluß zu erkennen.

Die Bewegung, der ich mich mehr oder weniger anschloß, nannte sich „die Ultraisten“ und verstand sich als vorderste Avantgarde des künstlerischen Ausdrucks. Wir kannten Dada und Cocteau und bewunderten Marinetti. Den Surrealismus gab es noch nicht.

Die wichtigste Zeitschrift, in der wir alle schrieben, war die *Gaceta Literaria.* Unter der Leitung von Giménez Caballero versammelte diese Zeitschrift die ganze „Generation von 27“ und auch ältere Autoren. In ihr kamen katalanische Dichter zu Wort, die wir nicht kannten, wie auch Autoren aus Portugal, einem Land, das uns ferner war als Indien.

Ich verdanke Giménez Caballero, der heute noch in Madrid lebt, sehr viel. Aber Freundschaft und Politik kommen sich oft in die Quere. Der Herausgeber der *Gaceta Literaria,* der bei jeder Gelegenheit das große spanische Reich beschwor, stand dem Faschismus nahe. Rund zehn Jahre später, als der Bürgerkrieg bevorstand und sich jeder für ein Lager entscheiden mußte, habe ich Giménez Caballero auf einem Bahnsteig des Madrider Nordbahnhofs wiedergesehen. Ohne uns zu grüßen, sind wir aneinander vorbeigegangen.

In der *Gaceta* habe ich noch andere Gedichte veröffentlicht, und aus Paris habe ich später Filmkritiken geschickt.

Währenddessen setzte ich meine sportlichen Übungen fort. Durch Vermittlung eines gewissen Lorenzana, eines Amateurboxchampions, lernte ich den großartigen Johnson kennen. Dieser Schwarze, schön wie ein Tiger, war mehrere Jahre hindurch Boxweltmeister gewesen. Es hieß, bei seinem letzten Kampf sei er gegen Bezahlung zu Boden gegangen. Er hatte sich vom aktiven Sport zurückgezogen und lebte nun in Madrid, im Palace, mit seiner Frau Lucilla. Mehrere Male habe ich morgens mit Johnson und Lorenzana „footing" gemacht. Wir gingen vom Palace bis zum Hippodrom, drei oder vier Kilometer. Und ich schlug den Boxer im „Armdrücken".

1923 starb mein Vater.

Ich bekam ein Telegramm aus Saragossa, das lautete: „Vater sehr krank, komm schnell." Ich traf ihn noch lebend an, aber schon sehr geschwächt – er war an einer Lungenentzündung erkrankt. Ich erklärte, daß ich in die Gegend von Saragossa gekommen sei, um entomologische Studien zu machen. Mein Vater bat mich, mich um meine Mutter zu kümmern, und starb vier Stunden später.

Am Abend war die ganze Familie vereint. Der Platz reichte nicht. Der Gärtner und der Kutscher aus Calanda schliefen im Salon auf Matratzen. Einer der Dienstboten half mir, meinen toten Vater anzukleiden und ihm die Krawatte umzubinden. Um ihm die Stiefel anziehen zu können, mußten wir sie an der Seite aufschlitzen.

Alle legten sich schlafen. Ich blieb allein auf, um die Totenwache zu halten. Ein Vetter, José Amorós, sollte noch um ein Uhr nachts mit dem Zug aus Barcelona kommen. Ich hatte ziemlich viel Cognac getrunken und saß neben dem Bett meines Vaters, da glaubte ich ihn atmen zu sehen. Ich ging auf den Balkon, um mir eine Zigarette anzuzünden. Es war Mai, und die Luft war voller Akazienduft. Ich wartete auf die Ankunft des Wagens, der meinen Vetter vom Bahnhof herbringen sollte, als ich plötzlich ganz deutlich ein Geräusch aus dem Eßzimmer hörte, wie wenn ein Stuhl gegen die Wand gestoßen würde. Ich drehte mich um und sah meinen Vater auftauchen, mit einem ziemlich aggressiven Ausdruck im Gesicht, die Hände mir entgegengestreckt. Diese Halluzination – die einzige meines Lebens – dauerte etwa zehn Sekunden und verschwand dann. Ich ging in den Raum, in dem die Dienstboten schliefen, und legte mich zu ihnen. Ich hatte nicht wirklich Angst, denn ich wußte, daß es eine Halluzination gewesen war, aber ich wollte nicht allein bleiben.

Die Beerdigung fand am folgenden Morgen statt. Am Tag darauf habe ich im Bett meines Vaters geschlafen. Zur Vorsicht schob ich seinen Revolver unters Kopfkissen – eine sehr schöne Waffe mit seinen Initialen in Gold und Perlmutter –, um auf den Geist zu schießen, sollte er sich noch einmal zeigen. Aber er kam nie wieder.

Dieser Tod war für mich ein entscheidendes Datum. Mein alter Freund Mantecón erinnert sich noch, daß ich ein paar Tage später die Stiefel meines Vaters angezogen, seinen Schreibtisch geöffnet und seine Havannas geraucht habe. Ich nahm den Platz als Familienoberhaupt ein. Meine Mutter war gerade vierzig. Kurz darauf habe ich mir ein Auto gekauft, einen Renault.

Wenn mein Vater nicht gestorben wäre, hätte ich vielleicht noch länger in Madrid studiert. Ich hatte mein philosophisches Staatsexamen gemacht, wollte aber nicht bis zur Promotion an der Universität bleiben. Ich wollte unter allen Umständen weg und wartete nur auf eine Gelegenheit.

Die bot sich 1925.

Paris, 1925–1929

1925 hörte ich, daß in Paris eine neue Institution des Völkerbunds geschaffen werden sollte, die *Société internationale de coopération intellectuelle*. Eugenio d'Ors wurde zum Vertreter Spaniens bestimmt.

Ich teilte dem Direktor der Residenz mit, daß ich Eugenio d'Ors gern als eine Art Sekretär begleiten würde. Die Bewerbung wurde angenommen. Da die Organisation noch nicht bestand, sollte ich nach Paris gehen und an Ort und Stelle warten. Mein einziger Auftrag: täglich *Le Temps* und die *Times* zu lesen, um mein Französisch, das ich etwas sprach, zu verbessern und mich mit dem Englischen, von dem ich keine Ahnung hatte, vertraut zu machen.

Meine Mutter bezahlte die Reise und versprach, mir monatlich Geld zu schicken. Da ich nicht wußte, wo ich in Paris wohnen konnte, ging ich einfach ins Hôtel Ronceray, in der Passage Jouffroy, wo meine Eltern 1899 bei ihrer Hochzeitsreise abgestiegen waren und mich gezeugt hatten.

Wir Kanaken

Drei Tage nach meiner Ankunft erfuhr ich, daß Unamuno in Paris sei. Französische Intellektuelle hatten ein Schiff gechartert und ihn von den Kanarischen Inseln geholt, wohin er verbannt worden war. Täglich kam er zu einer *peña* in der Rotonde. Dort ergab sich mein erster Kontakt zu denen, welche die französischen Rechten verächtlich *les météques,* die Kanaken, nannten: die in Paris lebenden und in den Cafés herumhängenden Ausländer.

Ich ging fast täglich in die Rotonde und nahm ganz einfach meine Madrider Gewohnheiten wieder auf. Zwei- oder dreimal habe ich Unamuno sogar zu Fuß bis zu seiner Wohnung in der Nähe des Étoile, begleitet – gut zwei Stunden Weg und Unterhaltung.

In der Rotonde lernte ich kaum eine Woche nach meiner Ankunft einen gewissen Angulo kennen, der Kinderheilkunde studierte. Er zeigte mir sein Hotel, das Hôtel Saint-Pierre in der Rue de l'École de Médicine, gleich am Boulevard Saint-Michel. Das bescheidene und sympathische Hotel neben einem chinesischen Lokal gefiel mir. Ich zog um.

Am nächsten Tag hatte ich Grippe und blieb im Bett. Durch die Wände meines Zimmer hörte ich abends die große Trommel aus dem chinesischen Lokal. Gegenüber, auf der anderen Straßenseite, sah ich von meinem Fenster aus ein griechisches Restaurant und einen Getränkeausschank. Angulo riet mir, meine Grippe mit Champagner zu kurieren. Gesagt, getan. Bei dieser Gelegenheit entdeckte ich einen der Gründe für die Verachtung oder den Haß, den die Rechten den „Kanaken" gegenüber an den Tag legten. Infolge ich weiß nicht mehr welcher Abwertung stand der Franc besonders schlecht. Ausländische Währungen, besonders die Peseta, erlaubten den Kanaken, zu leben wie die Fürsten, jedenfalls beinahe. So kostete mich die Flasche Champagner, mit der ich meine Grippe erfolgreich bekämpfte, elf Francs, eine einzige Peseta.

Auf den Pariser Bussen konnte man lesen: „Laßt kein Brot verkommen!" – und wir tranken Moët et Chandon für eine Peseta die Flasche.

Nach meiner Genesung ging ich eines Abends ganz allein in das chinesische Lokal. Eins der Animiermädchen setzt sich zu mir an den Tisch und unterhält sich mit mir, wie es ihre Rolle verlangt. Die zweite Überraschung für einen Spanier in Paris: Diese Frau verstand sich phantastisch auszudrücken, mit einem feinen, natürlichen Sinn für Konversation. Selbstverständlich redete sie nicht über Literatur und Philosophie. Sie sprach vom Wein, von Paris, von alltäglichen Dingen, aber mit einer solchen Gewandtheit, so ungezwungen und direkt, daß ich ganz hingerissen war. Ich entdeckte etwas, das ich nicht gekannt hatte, ein neues Verhältnis zur Sprache und zum Leben. Ich habe mit dieser Frau nicht geschlafen, ich weiß ihren Namen nicht, ich habe sie nie wiedergesehen, aber sie ist für mich meine erste wirkliche Begegnung mit der französischen Kultur geblieben.

Was mich dann noch in Staunen versetzte – ich habe es schon oft erzählt –, waren die Paare, die sich auf offener Straße küßten. In einem derartigen Verhalten offenbarte sich mir der abgrundtiefe Unterschied zwischen Frankreich und Spanien, ebenso wie in der Vorstellung, daß ein Mann und eine Frau ohne Ehesegen zusammenlebten.

Paris war in jenen Tagen die unbestrittene Metropole der Kunstwelt. Fünfundvierzigtausend Maler, so hieß es, lebten in der Stadt – eine phantastische Zahl –, die meisten am Montparnasse, denn der Montmartre war seit dem Ersten Weltkrieg aus der Mode gekommen.

Die *Cahiers d'art,* sicher die beste Zeitschrift jener Zeit, widmete eine ganze Nummer den in Paris arbeitenden spanischen Malern, mit denen ich fast täglich zusammen war. Zu ihnen gehörten Ismael de la Serna, ein Andalusier, der etwas älter war als ich, Castanyer, ein Katalane, der gegenüber Picassos Atelier in der Rue des Grands-Augustins das Restaurant Le Catalan aufmachte, und Juan Gris, den ich nur einmal in einem Pariser Vorort besucht habe und der kurz nach meiner Ankunft in Paris gestorben ist. Ich traf mich auch mit Cossío, einem kleinen, hinkenden und halbblinden Mann mit einem Haß auf alle Starken und Gesunden. Er wurde später Zenturio der Falange, erlangte als Maler eine gewisse Berühmtheit und starb in Madrid.

Borés dagegen, ein Maler aus der ultraistischen Gruppe, liegt in Paris begraben, auf dem Cimetière Montparnasse. Er war ein seriöser, schon bekannter Künstler, als ich mit Hernando Viñes und ihm eine Reise nach Brügge in Belgien machte, auf der er nicht ein einziges Museum ausließ.

Diese Maler hatten eine *peña,* zu der auch Huidobro, der berühmte chilenische Dichter, gehörte und ein baskischer Schriftsteller namens Miliena, ein kleiner, magerer Mann. Auf meinen Film *L'Age d'or* hin haben mir einige aus der Gruppe, Huidobro, Castanyer, Cossío, einen Schmähbrief geschickt. Ich weiß den Grund nicht mehr; jedenfalls waren unsere Beziehungen eine Zeitlang gespannt, aber später haben wir uns wieder versöhnt.

Meine besten Freunde unter den Malern waren Joaquín Peinado und Hernando Viñes. Hernando, der aus Katalonien stammte und drei Jahre jünger war als ich, wurde mein Freund fürs Leben. Er heiratete eine Frau, zu der ich eine grenzenlose Zuneigung hege, Loulou, die Tochter des Schriftstellers Francis Jourdain, der engen Umgang mit den Impressionisten hatte und ein großer Freund von Huysmans war.

Loulous Großmutter unterhielt gegen Ende des vorigen Jahrhunderts einen literarischen Salon. Loulou hat mir einmal einen ganz ungewöhnlichen Gegenstand geschenkt, den sie von ihrer Großmutter hatte. Es war ein Fächer, auf den fast alle großen Schriftsteller der Jahrhundertwende und auch einige Komponisten wie Massenet und Gounod ein paar Worte geschrieben hatten, ein paar Noten, ein paar Verse oder einfach nur ihren Namenszug. Mistral, Alphonse Daudet, Hérédia, Banville, Mallarmé, Zola, Octave Mirbeau, Pierre Loti, Huysmans und andere wie der Bildhauer Rodin sind auf diesem Fächer vereint. Auf einem so frivolen Gegenstand die Summe einer ganzen Welt! Ich schaue ihn oft an, und dann lese ich zum Beispiel den Satz von Alphonse Daudet: „Gegen Norden zu verfeinern sich die Augen, bis sie erlöschen." Gleich daneben die folgenden zwingenden Sätze von Edmond de Goncourt: „Wer nicht in seinem Innersten eine Leidenschaft hegt, für Frauen, für Blumen, für Nippes, sei's auch nur für Wein, egal wofür, wer nicht irgendeinen leicht verrückten Zug hat, wer bürgerlich ausgeglichen ist, hat nie, nie, nie literarisches Talent. Bedeutende, unveröffentlichte Einsicht."

Schließlich zitiere ich von dem Fächer noch ein paar Verse von Zola – eine Seltenheit –:

Ce que je veux pour mon royaume
C'est à ma porte un vert sentier,
Berceau formé d'un eglantier
Et long comme trois brins de chaume.[1]

Im Atelier des Malers Manolo Ángeles Ortiz in der Rue Vercingétorix habe ich kurz nach meiner Ankunft in Paris Picasso kennengelernt, der schon berühmt und umstritten war. Wenn ich ihn auch, trotz seiner netten und fröhlichen Art, für ziemlich kalt und egozentrisch hielt – menschlich wurde er erst während des Bürgerkrieges, als er Stellung bezog –, haben wir uns doch oft wiedergesehen. Er hat mir ein kleines Bild geschenkt, eine Frau am Strand, das während des Krieges verlorengegangen ist.

Man erzählte sich, daß Picasso, als die Polizei nach dem berühmten Raub der Mona Lisa vor dem Ersten Weltkrieg seinen Freund Apolli-

1 Ich wünsche mir als mein Königreich / Vor meiner Tür einen grünen Pfad, / Eine Wiege aus einem Rosenstrauß / Und lang wie drei Binsenhalme.

naire vernahm und auch ihn vorlud, den Dichter verleugnet habe wie der heilige Petrus den Herrn.

Etwa um das Jahr 1934 besuchten der katalanische Keramiker Artigas, ein enger Freund Picassos, und ein Kunsthändler die Mutter des Malers in Barcelona. Sie lädt sie zum Essen ein, und während des Mahls erzählt sie, auf dem Speicher stehe eine Truhe mit Zeichnungen, die Picasso als Kind und Jugendlicher gemacht habe. Die beiden bitten darum, die Zeichnungen sehen zu dürfen. Man führt sie auf den Speicher, die Truhe wird geöffnet, der Kunsthändler macht ein Angebot, und das Geschäft wird besiegelt. Der Händler nimmt etwa dreißig Zeichnungen mit.

Kurz danach veranstaltet er in einer Galerie von Saint-Germain-des-Près eine Ausstellung. Picasso wird zur Vernissage eingeladen, kommt auch, geht von einer Zeichnung zur anderen, erkennt sie wieder und scheint tief bewegt. Das hindert ihn aber nicht daran, anschließend zur Polizei zu gehen und den Händler und den Keramiker anzuzeigen. Artigas fand sein Bild in der Zeitung wieder wie das eines internationalen Betrügers ...

Man frage mich nicht nach meinen Ansichten über Malerei – ich habe keine. Ästhetische Interessen haben in meinem Leben kaum eine Rolle gespielt, und ich kann nur lachen, wenn ich einen Kritiker von meiner „Palette" reden höre. Ich gehöre nicht zu den Leuten, die redend und gestikulierend Stunden in Galerien verbringen mögen. An Picasso ist mir eine sagenhafte Leichtigkeit aufgefallen, die mich manchmal abstieß. Ich kann nur sagen, daß ich *Guernica* überhaupt nicht mag, auch wenn ich mitgeholfen habe, es aufzuhängen. Alles mißfällt mir, die bombastische Machart ebenso wie die wohlfeile Politisierung von Malerei. Ich teile diese Abneigung übrigens mit Alberti und Bergamín, wie ich kürzlich erst entdeckt habe. Wir würden gern zu dritt hingehen und *Guernica* in die Luft sprengen, aber fürs Bombenlegen sind wir eigentlich alle drei schon zu alt.

Ich hatte am Montparnasse bald meine Stammlokale. Die Coupole gab es noch nicht. Wir gingen ins Dôme, in die Rotonde, ins Sélect und in alle damals berühmten Nachtbars.

Von dem Ball, der alljährlich von den neunzehn Ateliers der Kunstakademie veranstaltet wurde, hatte ich Erstaunliches gehört. Befreundete Maler rühmten ihn als die „schönste Orgie der Welt". Das wollte ich miterleben. Er nannte sich „Bal des Quat'zarts".

Ich wurde einem der sogenannten Organisatoren vorgestellt, der mir für viel Geld eindrucksvolle, sehr große Eintrittskarten verkaufte. Wir wollten zu viert hingehen: Juan Vicens, ein Freund aus Saragossa, der große spanische Bildhauer José de Creeft mit seiner Frau, ein Chilene, dessen Name mir entfallen ist, in Begleitung einer Freundin und ich. Es sollte so aussehen, hatte mir der Kartenverkäufer erklärt, als gehörten wir zu einem der Ateliers, dem Atelier Saint-Julien.

Schließlich kommt der Tag des Balls. Der Abend beginnt mit einem vom Atelier Saint-Julien in einem Restaurant veranstalteten Essen. Während des Essens sehe ich, wie einer der Studenten sich erhebt, seine Hoden sorgfältig auf einen Teller legt und so durch den Raum die Runde macht. Nie habe ich in Spanien etwas Ähnliches erlebt. Ich bin entsetzt. Später am Abend begeben wir uns zur Salle Wagram, wo der Ball stattfindet. Ein Polizeikordon vor dem Eingang hat alle Mühe, die Masse der Neugierigen zurückzudrängen. Da sehe ich noch etwas in meinen Augen Unglaubliches: Eine völlig nackte Frau wird auf den Schultern eines als Assyrer verkleideten Studenten hereingetragen. Die einzige Bedeckung ihrer Blöße ist der Kopf ihres Trägers. Unterm Geschrei der Menge gelangt sie in den Saal.

Ich kann mich gar nicht fassen und frage mich: In was für eine Welt bin ich da geraten?

Der Eingang zur Salle Wagram wird von den kräftigsten Studenten der einzelnen Ateliers bewacht. Wir drängen uns durch und zeigen unsere tollen Eintrittskarten. Aber nichts geht. Man läßt uns nicht rein, und jemand sagt: „Ihr seid geleimt worden!"

Wir werden mit unseren ungültigen Karten regelrecht vor die Tür gesetzt. De Creeft ist empört, stellt sich vor und macht ein solches Geschrei, daß man ihn und seine Frau reinläßt. Für Vicens, den Chilenen und mich ist die Lage aussichtslos. Die Studenten hätten wohl die Frau reingelassen, die mit dem Chilenen gekommen war und einen prächtigen Pelzmantel trug, allein wollte sie aber nicht reingehen, worauf ihr jemand mit Kleister ein riesiges Kreuz hinten auf den Mantel malte.

So kam es, daß mir die schönste Orgie der Welt entgangen ist. Heute gibt es den Ball nicht mehr. Über das, was drinnen geschah, waren haarsträubende Gerüchte im Umlauf. Die Professoren blieben nur bis Mitternacht und zogen sich dann zurück. Danach, hieß es, ging die eigentliche Orgie erst los. Gegen vier bis fünf Uhr früh stürzten sich die Überlebenden volltrunken in die Brunnen der Place de la Concorde.

Zwei oder drei Wochen nach dem Ball bin ich dem Kartenverkäufer, der mir die falschen Billetts angedreht hatte, wieder begegnet. Er hatte sich einen schweren Tripper gefangen und konnte, auf einen Stock gestützt, kaum noch gehen. Ich habe darauf verzichtet, Rache zu nehmen.

Die Closerie des Lilas war damals nur ein Café. Ich ging fast jeden Tag hin. Gleich nebenan gab es den Bal Bullier, den wir oft – immer verkleidet – besuchten. Einmal ging ich als Nonne, eine gelungene Maskierung, mit der ich mir sehr viel Mühe gegeben hatte. Ich hatte sogar etwas Rouge aufgelegt und mir falsche Wimpern angeklebt. Mit ein paar Freunden, darunter Juan Vicens, der als Mönch kostümiert war, gingen wir über den Boulevard Montparnasse, als uns plötzlich zwei Polizisten begegneten. Ich bekam unter meiner Flügelhaube das Zittern, denn in Spanien wurden solche Scherze mit fünf Jahren Gefängnis bestraft. Aber die beiden Polizisten blieben lächelnd stehen, und einer von ihnen fragte mich liebenswürdig:

„Guten Abend, Schwester, kann ich etwas für Sie tun?"

Der spanische Vizekonsul Orbea kam auch öfter mit uns auf den Ball. Einmal hatte er kein Kostüm, da habe ich mein Nonnengewand ausgezogen und es ihm überlassen. Darunter trug ich, für alle Fälle, immer eine vollständige Fußballermontur.

Juan Vicens und ich hatten die Idee, auf dem Boulevard Raspail ein Nachtlokal aufzumachen. Ich fuhr nach Saragossa, um von meiner Mutter das nötige Kapital zu erbitten, aber sie lehnte ab. Etwas später übernahm Vicens die spanische Buchhandlung in der Rue Gay-Lussac. Nach dem Krieg ist er in Peking an irgendeiner Krankheit gestorben.

Erst in Paris habe ich richtig tanzen gelernt. Ich nahm Tanzstunden und lernte alles, sogar Java, trotz meiner Abneigung gegen Akkordeonmusik. Ich erinnere mich noch an *„On fait un' petite belote, et puis voilà . . ."*. Paris war erfüllt von Akkordeonmusik.

Vor allem liebte ich Jazz und zupfte weiter mein Banjo. Ich hatte mindestens sechzig Schallplatten, damals eine beachtliche Zahl. Um Jazz zu hören, gingen wir ins Hôtel MacMahon und zum Tanzen ins Château de Madrid im Bois de Boulogne. Und außerdem ging ich, als guter Kanake, nachmittags in den Französischkurs.

Wie schon gesagt, hatte ich, bevor ich nach Frankreich kam, noch nie etwas von Antisemitismus gehört. Ihn sollte ich zu meiner großen Überraschung in Paris entdecken. Einmal erzählte jemand vor mehreren Freunden, sein Bruder sei am Abend zuvor in ein Restaurant am Étoile gegangen, habe da einen Juden essen sehen und ihm eine solche Ohrfeige verpaßt, daß er vom Stuhl gefallen sei. Ich stellte ein paar naive Fragen und bekam keine klare Antwort. So entdeckte ich, daß es ein Judenproblem gab – für einen Spanier ganz unerklärlich.

Zur selben Zeit verübten rechte Gruppen, die Camelots du Roi und die Jeunesses Patriotiques, Überfälle am Montparnasse. Man sah sie vom Lastwagen springen, gelbe Knüppel in der Hand, und auf die Kanaken eindreschen, die draußen vor den besten Cafés saßen. Zwei- oder dreimal habe ich mich auch mit ihnen geschlagen.

Ich war umgezogen und wohnte in einem möblierten Zimmer, 3 *bis*, Place de la Sorbonne – ein kleiner, stiller, mit Bäumen bestandener Provinzplatz. In den Straßen verkehrten noch Fiaker und nur wenige Autos. Ich kleidete mich ziemlich elegant: Gamaschen, Weste mit vier Taschen, Melone. Alle Männer trugen Hüte oder Mützen. Junge Männer, die ohne Kopfbedeckung auf die Straße gingen, wurden in San Sebastián als *maricónes* beschimpft. Eines Tages habe ich dann meine Melone auf den Rand des Bürgersteigs vom Boulevard Saint-Michel gelegt und bin mit beiden Füßen auf sie draufgesprungen. Es war ein Abschied für immer.

Zu jener Zeit lernte ich im Sélect eine kleine, brünette Frau kennen, eine Französin namens Rita. Sie hatte einen argentinischen Liebhaber, den ich nie gesehen habe, und wohnte in der Rue Delambre in einem Hotel. Wir gingen ziemlich oft zusammen aus, in Nachtlokale und ins Kino. Sonst nichts. Ich fühlte, daß sie sich für mich interessierte, und sie war mir auch nicht gleichgültig.

Ich fuhr nach Saragossa, um meine Mutter um Geld zu bitten. Ich war kaum angekommen, als mich ein Telegramm von Vicens erreichte; Rita hatte sich umgebracht. Bei der Untersuchung stellte sich heraus, daß es zwischen ihr und ihrem argentinischen Liebhaber gar nicht gutgegangen war – zum Teil vielleicht auch meinetwegen. Am Tag meiner Abreise hatte er sie in ihr Hotel gehen sehen und war ihr auf ihr Zimmer gefolgt. Was da passierte, weiß man nicht. Aber Rita griff schließlich zu ihrer kleinen Pistole, schoß auf ihren Geliebten und richtete die Waffe dann gegen sich selbst.

Joaquín Peinado und Hernando Viñes hatten zusammen ein Atelier. Kaum eine Woche nach meiner Rückkehr nach Paris kreuzten, als ich gerade bei ihnen war, im Atelier drei charmante Mädchen auf, die zu Anatomiekursen in das Viertel kamen.

Eins der Mädchen hieß Jeanne Rucar. Ich fand sie sehr schön. Sie stammte aus Nordfrankreich und kannte das spanische Milieu in Paris durch ihre Schneiderin. Sie selbst machte Eurythmie. Bei den Olympischen Spielen in Paris gewann sie 1924 unter der Leitung von Irène Poppart eine Bronzemedaille.

Mir kam ein machiavellistischer, im Grunde recht naiver Gedanke, wie wir uns die Mädchen gefügig machen könnten. In Saragossa hatte mir einmal ein Kavallerieleutnant von einem Aphrodisiakum erzählt, dem „Chlorydrat von Yoimbin", das auch den hartnäckigsten Widerstand brechen sollte. Ich erzählte Peinado und Viñes von meiner Idee:

Wir würden die drei Mädchen kommen lassen, ihnen Champagner anbieten und ein paar Tropfen des „Chlorydrat von Yoimbin“ in ihre Gläser tun. Ich glaubte fest an die Wirkung. Aber Viñes erklärte, er sei Katholik, und würde sich nie zu einer solchen Gemeinheit hergeben.

So wurde nichts daraus, aber Jeanne Rucar sollte ich danach noch oft wiedersehen. Sie wurde meine Frau und ist es immer noch.

Erste Inszenierungen

Während dieser ersten Jahre meines Pariser Lebens, in denen ich fast ausschließlich mit Spaniern zusammen war, hörte ich nur wenig von den Surrealisten. Eines Abends sah ich, als ich an der Closerie des Lilas vorbeikam, Glasscherben am Boden. Bei einem Abendessen zu Ehren von Madama Rachilde hatten zwei Surrealisten – ich weiß nicht mehr, warum – diese beleidigt und geohrfeigt und damit eine allgemeine Schlägerei ausgelöst.

Um ehrlich zu sein – die Surrealisten interessierten mich zu dieser Zeit noch nicht besonders. Ich hatte ein Theaterstück geschrieben, das etwa zehn Seiten lang war und schlicht *Hamlet* hieß. Im Keller des Sélect hatten wir es für uns aufgeführt: Das war mein Debüt als Regisseur.

Ende 1926 bot sich dann eine ernsthafte Gelegenheit. Hernando Viñes war ein Neffe von Ricardo Viñes, einem damals sehr berühmten Pianisten, der Erik Satie als erster bekannt gemacht hatte.

Die Stadt Amsterdam hatte zwei große Symphonieorchester, die zu den bedeutendsten Europas zählten. Das eine hatte gerade mit großem Erfolg Igor Strawinskys *Geschichte vom Soldaten* aufgeführt. Der Dirigent des anderen Orchesters, der große Willem Mengelberg, wollte diesem Erfolg einen eigenen entgegensetzen und entschied sich für *El Retablo de Maese Pedro* von Manuel de Falla. Das kurze Werk nach einer Episode aus dem *Don Quijote* sollte am Ende eines Konzerts gespielt werden. Und dafür suchte er einen Regisseur.

Ricardo Viñes kannte Mengelberg. Dank des *Hamlet* hatte ich eine – wenn auch etwas magere – Empfehlung. Jedenfalls wurde mir die Inszenierung angeboten, und ich akzeptierte.

Das bedeutete Arbeit mit einem weltberühmten Dirigenten und hervorragenden Sängern. Fünfzehn Tage probten wir bei Hernando in Paris. Der *Retablo* ist das kleine Theater eines Puppenspielers, und eigentlich sind alle Figuren Marionetten mit den Stimmen von Sängern. Ich aber stellte vier lebende Figuren auf das Podium, die maskiert dem Schauspiel Maese Pedros, des Puppenspielers, beiwohnten und dann und wann eingriffen, während ihre Texte von Sängern im Orchestergraben gesungen wurden. Für diese vier stummen Rollen wählte ich natürlich Freunde aus. So spielte Peinado den Gastwirt und mein Vetter Rafael Saura den Don Quijote. Eine weitere Rolle spielte der Maler Cossío.

Die Inszenierung wurde in Amsterdam drei- oder viermal aufgeführt, immer vor vollem Haus. Bei der Premiere hatte ich allerdings die Beleuchtung vergessen – man konnte nicht das geringste erkennen. Dank der Mitwirkung eines Beleuchters wurde das in stundenlanger Arbeit für den zweiten Abend in Ordnung gebracht, der dann ohne Panne verlief.

Ich habe nur noch ein einziges Mal auf dem Theater inszeniert – sehr viel später, um 1960, in Mexiko. Es war wieder einmal *Don Juan Tenorio* von Zorrilla, ein in acht Tagen geschriebenes Stück, dessen Aufbau ich phantastisch finde. Es endet im Paradies: Don Juan, der bei einem Duell umgekommen ist, wird gerettet durch die Liebe der Doña Ines.

Das war eine ganz klassische Inszenierung, die wenig gemein hatte mit unseren parodistischen Aufführungen in der Studentenresidenz. In Mexiko, wo man es zu Allerseelen an drei Tagen spielte – das ist eine spanische Tradition –, war es ein großer Erfolg. Bei dem Gedränge gingen sogar die Scheiben des Theaters zu Bruch. Luis Alcoriza spielte den Don Luis und ich die Rolle des Don Diego, des Vaters von Don Juan. Wegen meiner Schwerhörigkeit war ich kaum in der Lage, dem Text zu folgen. Ich spielte zerstreut mit meinen Handschuhen, und Alcoriza mußte improvisieren und mir einen Stoß geben, damit ich meinen Einsatz nicht verpaßte.

Filmarbeit

Seit meiner Ankunft in Paris ging ich ständig ins Kino, viel öfter als in Madrid, gelegentlich bis zu dreimal am Tag. Ein Freund hatte mir eine Pressekarte besorgt, damit kam ich morgens in Sichtvorführungen amerikanischer Filme in der Nähe der Salle Wagram. Nachmittags sah ich einen Film im Kino um die Ecke, und abends besuchte ich das Vieux Colombier oder das Studio des Ursulines.

Ganz unberechtigt hatte ich die Pressekarte nicht. Christian Zervos hatte ich es zu verdanken, daß ich Kritiken für die „*feuilles volantes*" der *Cahiers d'art* schreiben konnte, und einige dieser Artikel schickte ich auch nach Madrid. Ich habe über Adolphe Menjou geschrieben, über Buster Keaton und über *Greed* von Erich von Stroheim.

Unvergeßlich ist mir die Erschütterung, die uns ergriff, als wir *Panzerkreuzer Potemkin* sahen. Es war in einem Kino in der Gegend der Rue d'Alésia. Nach dem Film waren wir drauf und dran, Barrikaden zu bauen, und die Polizei mußte einschreiten. Lange habe ich gesagt, daß der Film für mich der schönste der Filmgeschichte sei, heute bin ich nicht mehr so sicher.

Erinnern kann ich mich auch an die Filme von Pabst, an den *Letzten Mann* von Murnau, vor allem an alle Filme von Fritz Lang.

Als ich den *Müden Tod* sah, spürte ich mit absoluter Gewißheit, daß ich Filme machen wollte. Mich interessierten nicht eigentlich die drei Episoden des Films, sondern die Hauptgeschichte um den Mann mit dem schwarzen Hut – ich wußte sofort, daß es der Tod war –, seine Ankunft in dem flämischen Dorf und die Friedhofsszene. Etwas in diesem Film berührte mich zutiefst und wies mir meinen Weg. Andere Filme von Fritz Lang, wie die *Nibelungen* und *Metropolis,* bestätigten mich darin.

Filme machen – aber wie? Als Spanier und Gelegenheitskritiker hatte ich natürlich nicht das, was man Beziehungen nennt.

Von Madrid her kannte ich dem Namen nach Jean Epstein, der in *L'Esprit nouveau* schrieb. Dieser Regisseur russischer Herkunft zählte mit Abel Gance und Marcel l'Herbier zu den Großen des französischen Films. Ich erfuhr, daß er zusammen mit einem emigrierten russischen Schauspieler und einem französischen, deren Namen ich vergessen habe, eine Art Schauspielschule gegründet hatte.

Ich ging sofort hin und schrieb mich ein. Alle anderen Schüler waren Weißrussen. Zwei oder drei Wochen lang habe ich an Schauspielübungen und -improvisationen teilgenommen. Epstein sagte etwa: „Ihr seid zum Tode Verurteilte am Abend vor der Hinrichtung." Den einen forderte er dann auf, pathetisch und verzweifelt zu sein, einen anderen, unbekümmert und frech. Wir taten, was wir konnten.

Den Besten von uns versprach er kleine Rollen in seinen Filmen. Als ich mich einschrieb, hatte er *Les Aventures de Robert Macaire* gerade abgedreht, da war für mich also nichts mehr zu machen. Als ich dann erfuhr, daß er einen neuen Film vorbereitete, *Mauprat,* bin ich eines Tages im Autobus zu den Albatros-Ateliers in Montreuil-sous-Bois hinausgefahren. Ich wurde vorgelassen und erklärte Epstein:

„Hören Sie zu, ich habe gehört, Sie drehen wieder einen Film. Das Kino interessiert mich sehr, aber von der Technik habe ich nicht die leiseste Ahnung. Viel nützen kann ich Ihnen also nicht. Aber ich will auch kein Geld. Lassen Sie mich das Atelier saubermachen, ich mache Botengänge, was Sie wollen."

Er war einverstanden. Die Dreharbeiten zu *Mauprat* – in Paris, aber auch in Romorantin und in Châteauroux – waren meine erste Filmerfahrung. Bei diesem Film habe ich von allem etwas gemacht, sogar einen Stunt. Als Wachsoldat zur Zeit Ludwigs XV. oder XVI. hatte ich in einer Schlachtszene oben auf einer Mauer eine Kugel abzukriegen und etwa drei Meter hinunterzufallen. Es lagen Matten auf dem Boden, um den Sturz abzufangen, aber ich habe mir trotzdem wehgetan.

Während der Dreharbeiten, bei denen ich mich mit den Schauspielern Maurice Schutz und Sandra Milovanov anfreundete, habe ich mich vor allem für die Kamera interessiert, von der ich bis dahin gar nichts wußte. Der Kameramann, Albert Duverger, arbeitete allein, ohne Assistenten. Er wechselte selbst das Magazin und entwickelte den Film. In immer gleichem Rhythmus drehte er an seiner Kamera die Kurbel.

Das war noch zur Stummfilmzeit, und die Ateliers waren nicht isoliert. Einige, wie das Studio in Épinay, hatten nur Glaswände. Die Scheinwerfer und die Reflektoren entwickelten eine solche Helligkeit, daß wir alle zum Schutz der Augen und zur Vermeidung wirklich ernster Schäden Schweißerbrillen tragen mußten.

Epstein hielt mich immer etwas abseits, wahrscheinlich, weil ich die Schauspieler gern zum Lachen brachte. Eine seltsame Erinnerung an die Dreharbeiten in Romorantin ist die Begegnung mit dem alten Maurice Maeterlinck. Er wohnte mit seinem Sekretär im selben Hotel wie wir. Wir haben zusammen einen Kaffee getrunken.

Nach *Mauprat* bereitete Epstein den *Fall des Hauses Usher* nach Edgar Allan Poes Erzählung vor, mit Jean Debucourt und der Frau von Abel Gance in den Hauptrollen. Er engagierte mich als zweiten Assistenten. Ich war bei allen Innenaufnahmen in Épinay dabei. Eines Tages schickte mich der Aufnahmeleiter Maurice Morlot los, um in der Apotheke um die Ecke Hämoglobin zu holen. Dabei geriet ich an einen fremdenfeindlichen Apotheker, der mich an meinem Akzent als Kanaken erkannte und sich heftig und beleidigend weigerte, mich zu bedienen.

An dem Abend, an dem die Innenaufnahmen abgedreht waren und Morlot die anderen schon für den nächsten Morgen zum Bahnhof bestellt hatte, sagte Epstein zu mir:

„Bleiben Sie doch noch einen Augenblick beim Kameramann. Abel Gance kommt mit zwei Mädchen, um Probeaufnahmen zu machen. Vielleicht können Sie ihm helfen."

Ich antwortete mit meiner üblichen Ruppigkeit, ich sei sein Assistent, und mit Monsieur Abel Gance, dessen Filme ich nicht schätzte – was nicht ganz stimmte: *Napoléon* auf drei Leinwänden hatte mich schon beeindruckt –, wollte ich nichts zu tun haben, ich fände Gance schwülstig.

Darauf antwortete Epstein – an einige seiner Sätze erinnere ich mich noch wortwörtlich:

„Wie kann ein kleines Arschloch wie Sie es wagen, so von einem bedeutenden Regisseur zu reden?"

Unsere Zusammenarbeit, so fügte er hinzu, sei damit beendet. Und das war's dann auch. Bei den Außenaufnahmen zum *Fall des Hauses Usher* war ich nicht mehr dabei. Allerdings hat sich Epstein kurz nach unserem Gespräch beruhigt und mich in seinem Wagen nach Paris zurück mitgenommen. Unterwegs riet er mir:

„Nehmen Sie sich in acht. Ich spüre bei Ihnen surrealistische Neigungen. Halten Sie sich von diesen Leuten fern!"

Ich habe dann mal hier, mal da beim Film gearbeitet.

In den Albatros-Ateliers in Montreuil hatte ich eine kleine Rolle als Schmuggler in *Carmen,* mit Raquel Meller und unter der Regie von Jacques Feyder, den ich noch immer sehr bewundere. Ein paar Jahre zuvor, als ich noch Schauspielschüler war, hatte ich einmal seine Frau, Françoise Rosay, aufgesucht, zusammen mit einer sehr eleganten Weißrussin, die sich seltsamerweise Ada Brazil nannte. Françoise Rosay hatte uns sehr liebenswürdig empfangen, aber nichts für uns tun können.

In *Carmen* – Spanien verpflichtet – gehörten auch Peinado und Hernando Viñes zur Komparserie, als Gitarristen. In einer Einstellung, in der Carmen neben Don José reglos am Tisch sitzt, den Kopf in die Hand gestützt, sollte ich mich ihr auf Feyders Anweisung mit einer galanten Geste bemerkbar machen. Ich kam der Aufforderung nach, nur war meine galante Geste ein aragonischer *pizco*. Ich habe sie richtig gekniffen, worauf mir die Schauspielerin eine schallende Ohrfeige versetzte.

Albert Duverger, Jean Epsteins Kameramann, der für mich beim *Andalusischen Hund* und bei *L'Age d'or* arbeiten sollte, machte mich mit den beiden Regisseuren Étiévant und Nalpas bekannt, die gerade einen Film mit Josephine Baker, *La Sirène des Tropiques,* vorbereiteten. Dieser Film, der in den Frankeur-Ateliers gedreht wurde, gehört nicht zu meinen schönsten Erinnerungen, eher im Gegenteil. Ich fand die Launen des Stars unerträglich. Einmal warteten wir drehbereit seit morgens neun Uhr. Sie kam am Nachmittag um fünf, verschwand türenschlagend in ihrer Garderobe und warf mit Schminktöpfen um sich. Als sich jemand nach dem Grund für ihr Toben erkundigte, hieß es: „Sie glaubt, ihr Hund ist krank."

Pierre Batcheff, der ebenfalls in dem Film spielte, stand gerade neben mir. Ich sagte:

„Das ist Kino."

Worauf er trocken erwiderte:

„Ihres vielleicht, aber nicht meines."

Ich konnte ihm nur beipflichten. Wir wurden dann sehr gute Freunde, und er spielte bei mir im *Andalusischen Hund.*

Als in den USA Sacco und Vanzetti ermordet wurden, erfaßte eine ungeheure Erregung die ganze Welt. In den Straßen von Paris herrschten jede Nacht die Demonstranten. Mit einem der Beleuchter ging ich zum Étoile und sah, wie Leute in die Flamme auf dem Grab des unbekannten Soldaten pißten und sie auslöschten. Schaufenster wurden eingeworfen, alles schien in Aufruhr. Eine englische Schauspielerin, die in dem Film spielte, erzählte mir, die Halle ihres Hotels sei zusammengeschossen worden. Am Boulevard Sébastopol ging es besonders schlimm zu. Noch zehn Tage später wurden der Plünderei Verdächtige festgenommen.

Ich verließ noch vor Beginn der Außenaufnahmen die Dreharbeiten zur *Sirène des Tropiques.*

Träume und Träumereien

Wenn mir gesagt würde: Du hast noch zwanzig Jahre zu leben, was wirst du anfangen mit den vierundzwanzig Stunden jedes Tages, der dir bleibt?, so würde ich antworten: Gebt mir zwei Stunden aktiven Lebens und den Rest zum Träumen, aber ich muß mich der Träume erinnern können, denn der Traum existiert nur eingebettet in Erinnerung.

Ich liebe den Traum, auch wenn die Träume Alpträume sind, was bei mir meistens der Fall ist. Immer sind sie durchsetzt mit Hindernissen, die mir schon vertraut sind. Das ist mir egal.

Dieser *amour fou* zum Traum, diese Lust zu träumen – frei von jeglichem Versuch, die Träume auch zu deuten –, gehört zu den tiefsitzenden Neigungen, die mich zum Surrealismus gebracht haben. *Ein andalusischer Hund,* auf den ich noch zurückkommen werde, ist aus der Begegnung eines meiner Träume mit einem Traum von Dalí hervorgegangen. Später habe ich Träume in meinen Filmen untergebracht und dabei immer versucht, das Rationale und Erklärende zu vermeiden, das ihnen meistens in Filmen anhaftet. Einmal habe ich einem mexikanischen Produzenten, der indes gar keinen Sinn für meinen Scherz hatte, gesagt: „Wenn der Film zu kurz wird, tu ich einfach einen Traum rein."

Es heißt, daß sich das Gehirn während des Schlafs gegen die Außenwelt schützt, daß es dann viel weniger empfindlich ist gegen Geräusche, Gerüche, Licht. Dagegen scheint es von innen her geradezu von einem Traumgewitter bombardiert zu werden, das wellenweise niedergeht. Milliarden und Abermilliarden von Bildern tauchen so jede Nacht auf und zerstreuen sich fast sofort wieder. Sie umgeben die Erde mit einem Mantel von verlorenen Träumen. Alles, absolut alles, ist in irgendeiner Nacht von dem einen oder anderen Hirn imaginiert und wieder vergessen worden.

Es ist mir gelungen, ein gutes Dutzend wiederkehrender Träume, die mich als treue Weggefährten durch mein Leben begleitet haben, festzuhalten. Einige sind unglaublich banal: Ich falle unter Wohlgefühl in einen Abgrund, oder ein Tiger oder ein Stier verfolgt mich, ich bin in einem Zimmer, ich mache die Tür hinter mir zu, der Stier durchbricht die Tür – und so weiter.

Mein ganzes Leben hindurch stand ich im Traum immer wieder plötzlich vor der Notwendigkeit, meine Prüfungen zu wiederholen. Ich hatte gedacht, ich hätte sie mit Erfolg hinter mich gebracht, aber keineswegs. Ich muß sie noch einmal machen, und natürlich habe ich alles vergessen, was ich wissen sollte.

Ein anderer Traum desselben Typs ist sehr häufig bei Leuten vom Theater und vom Film anzutreffen: In wenigen Minuten muß ich auf die Bühne und eine Rolle spielen, aber ich habe das erste Wort vergessen. Der Traum kann sehr lang und kompliziert werden. Ich habe Angst und rege mich auf, das Publikum wird ungeduldig und pfeift, ich gehe zum Inspizienten oder zum Theaterdirektor und sage: „Es ist furchtbar, was soll ich bloß machen?" Aber er antwortet ungerührt, das müsse ich selber wissen. Der Vorhang werde hochgehen, man könne nicht länger warten. Eine grenzenlose Angst befällt mich. In *Le Charme discret de la bourgeoisie (Der diskrete Charme der Bourgeoisie)* habe ich versucht, ein paar Bilder dieses Traums zu rekonstruieren.

Ein anderer Angsttraum: die Rückkehr in die Kaserne. Mit fünfzig oder sechzig muß ich in einer alten Uniform in die Kaserne zurück, in der ich in Madrid meinen Militärdienst geleistet habe. Ich bin sehr beklommen, ich schleiche an den Mauern entlang, ich habe Angst, daß man mich wiedererkennt. Ich empfinde ein Gefühl der Schande, daß ich in meinem Alter noch Soldat bin, aber so ist es nun mal, ich kann nichts dran ändern, ich muß unbedingt mit dem Oberst sprechen und ihm meinen Fall erklären. Wie kommt es, daß ich nach allem, was ich im Leben mitgemacht habe, immer noch in der Kaserne bin?

Manchmal komme ich als Erwachsener nach Calanda in das Haus meiner Kindheit zurück, in dem sich, das weiß ich, ein Geist versteckt – eine Erinnerung daran, wie mir mein Vater nach seinem Tod erschienen ist. Ich gehe mutig in ein Zimmer ohne Licht und rufe den Geist, wer er auch sein möge, ich provoziere ihn, manchmal beschimpfe ich ihn sogar. Dann ertönt hinter mir ein Geräusch, eine Tür schlägt zu, und ich erwache mit einem Schrecken, ich habe niemanden gesehen.

Es passiert mir auch wie jedem andern, daß ich von meinem Vater träume. Er sitzt an der Familientafel, sein Gesicht ist ernst. Er ißt sehr langsam, sehr wenig und spricht kaum. Ich weiß, daß er tot ist, und ich sage leise zu meiner Mutter oder einer meiner Schwestern, die neben mir sitzt: „Wir dürfen es ihm bloß nicht sagen."

Geldmangel quält mich im Schlaf. Ich habe keinen Pfennig mehr, mein Bankkonto ist leer – wie soll ich nur mein Hotel bezahlen? Das ist einer der Alpträume, die mich, bis heute, mit der größten Hartnäckigkeit verfolgen.

Nur der Zugtraum ist mir ähnlich treu geblieben. Ich habe ihn Hunderte von Malen geträumt. Die Geschichte ist immer die gleiche, aber Einzelheiten und Nuancen variieren mit einer unglaublichen Subtilität. Ich bin in einem Zug, ich weiß nicht wo, mein Gepäck liegt über mir im Netz. Plötzlich fährt der Zug in einen Bahnhof ein und bleibt stehen. Ich stehe auf, um mir auf dem Bahnsteig ein wenig die Beine zu vertreten und etwas zu trinken.

Dabei bin ich sehr vorsichtig, denn ich bin schon sehr oft in diesem Traum gereist und weiß, daß der Zug, wenn ich den Fuß auf den Bahnsteig setze, urplötzlich abfährt. Das ist eine Falle, das weiß ich.

Deshalb bin ich auf der Hut. Ganz vorsichtig setze ich einen Fuß auf den Bahnsteig, schaue nach rechts und nach links, pfeife vor mich hin, als ob nichts wäre. Der Zug rührt sich nicht, um mich herum steigen die Reisenden ganz normal aus, darauf setze ich auch den anderen Fuß auf den Bahnsteig, und dann, auf einen Schlag, wie aus der Kanone geschossen: weg ist der Zug und – was noch schlimmer ist – mit ihm mein Gepäck! Ich stoße einen gewaltigen Fluch aus, ich stehe allein auf dem Bahnsteig, der plötzlich menschenleer ist, und erwache.

Wenn Jean-Claude Carrière und ich zusammenarbeiten und wir zwei nebeneinanderliegende Zimmer haben, hört er mich nachts manchmal durch die Wand aufschreien. Darüber regt er sich längst nicht mehr auf, er sagt sich einfach: Der Zug ist mal wieder abgefahren. Und so ist es auch, am nächsten Morgen kann ich mich noch erinnern, daß der Zug mal wieder plötzlich in der Nacht verschwunden ist und ich allein dastehe, ohne Gepäck.

Dagegen habe ich nicht ein einziges Mal in meinem Leben vom Flugzeug geträumt – ich wüßte gern, warum.

Da sich niemand für die Träume anderer interessiert – aber wie könnte man sein Leben erzählen, ohne dessen unterirdischen, imaginativen, irrealen Teil wenigstens zu erwähnen? –, höre ich gleich damit auf. Nur noch zwei oder drei Träume, dann bin ich fertig.

Zuerst der von meinem Vetter Rafael, den ich fast detailgetreu in *Der diskrete Charme* übertragen habe. Dabei handelt es sich um einen makabren, ziemlich melancholischen und sanften Traum. Mein Vetter Rafael Saura ist schon lange tot, das weiß ich, und dennoch treffe ich ihn plötzlich in einer leeren Straße. Überrascht frage ich ihn: „Was machst du denn da?" Er antwortet traurig: „Ich komme täglich hier vorbei." Plötzlich bin ich in einem dunklen Haus, unordentlich und voller Spinnweben, in das ich Rafael habe eintreten sehen. Ich rufe ihn, er antwortet nicht. Ich gehe wieder hinaus und rufe jetzt auf derselben leeren Straße nach meiner Mutter: „Mutter, Mutter, was machst du denn hier unter den Schatten?"

Dieser Traum hat mich besonders stark beeindruckt. Ich war ungefähr siebzig, als er mich heimsuchte. Etwas später hat mich ein anderer Traum noch mehr getroffen. Ich sehe plötzlich die Jungfrau Maria, vor Sanftheit strahlend, mir die Hände entgegenstrecken. Sie ist es ohne Frage. Sie spricht zu mir finsterem Ungläubigen mit unvorstellbarer Sanftheit, eingehüllt in eine Schubert-Musik, die ich ganz klar höre. In *La Voie lactée (Die Milchstraße)* wollte ich dieses Bild rekonstruieren, aber es fehlt ihm da die Kraft der unmittelbaren Überzeugung, die es in meinem Traum hatte. Ich knie nieder, meine Augen füllen sich mit Tränen, und ich fühle mich plötzlich vom Glauben erfaßt, einem brennenden und unwiderstehlichen Glauben.

Als ich erwachte, brauchte ich zwei oder drei Minuten, bis ich mich wieder gefaßt hatte. Auf der Schwelle zum Wachwerden wiederholte ich immer noch: „Ja, ja, heilige Mutter Maria, ich glaube." Mein Herz schlug sehr stark.

Bleibt noch hinzuzufügen, daß dieser Traum einen ausgeprägt erotischen Charakter hatte. Eine Erotik, die sich in den keuschen Grenzen platonischer Liebe hielt, versteht sich. Vielleicht, wenn der Traum länger gedauert hätte, wäre diese Keuschheit verschwunden und hätte einem wirklichen Verlangen Platz gemacht. Ich kann es nicht sagen. Ich fühlte mich einfach ergriffen, im Herzen angerührt, von Sinnen. Ein

Gefühl, dem ich im Lauf meines Lebens immer wieder begegnet bin, und nicht nur im Traum.

Sehr oft – aber leider hat mich dieser Traum seit etwa fünfzehn Jahren verlassen, und was kann man tun, um einen verlorenen Traum zurückzuholen? – war ich in einer Kirche, ich drückte auf einen hinten an einer Säule versteckten Knopf, der Altar drehte sich langsam um sich selbst und gab eine Geheimtreppe frei. Ich ging hinunter, mit klopfendem Herzen, und kam in unterirdische Säle. Das war ein ziemlich langer und leicht beängstigender Traum, den ich sehr mochte.

In Madrid bin ich eines Nachts unter schallendem Gelächter aufgewacht. Ich mußte lachen, ich konnte nicht aufhören. Meiner Frau, die mich nach dem Grund fragte, sagte ich: „Ich habe geträumt, daß meine Schwester Maria mir ein Kopfkissen geschenkt hat" – ein Satz für den Analytiker.

An dieser Stelle möchte ich von Gala sprechen. Ich bin ihr immer aus dem Weg gegangen – warum sollte ich das leugnen? Zum erstenmal bin ich ihr 1929 in Cadaqués begegnet, zur Zeit der Weltausstellung in Barcelona. Sie war mit Paul Éluard gekommen, mit dem sie verheiratet war, und ihrer gemeinsamen Tochter Cécile. René Magritte und seine Frau sowie ein belgischer Galerist namens Goëmans befanden sich in ihrer Begleitung.

Es begann bereits mit einem Fauxpas.

Ich wohnte bei Dalí, etwa einen Kilometer von Cadaqués entfernt, wo die anderen in einem Hotel untergebracht waren. Dalí erzählte mir ganz aufgeregt: „Da ist eine tolle Frau angekommen." Abends trinken wir etwas miteinander, und die anderen begleiten uns noch zu Fuß bis zu Dalís Haus. Auf dem Wege reden wir über alles mögliche, und ich sage – Gala geht neben mir –, daß mich bei einer Frau nichts so störe wie auseinanderstehende Oberschenkel.

Am nächsten Tag gehen wir baden, und da sehe ich, daß Gala genau die Oberschenkel hat, die ich mit meiner Bemerkung meinte.

Dalí war von einem Tag zum anderen völlig verändert. Jede Übereinstimmung der Ideen zwischen uns war verschwunden. Das führte schließlich dazu, daß ich darauf verzichtete, das Drehbuch zu *L'Age d'or* gemeinsam mit ihm zu schreiben. Er sprach nur noch von Gala und wiederholte jedes Wort, das sie sagte. Eine vollständige Verwandlung.

Éluard und die Belgier reisten nach ein paar Tagen wieder ab, Gala und ihre Tochter Cécile blieben. Einmal fuhren wir mit Lidia, der Frau eines Fischers, im Boot hinaus zu einem Picknick zwischen den Felsen. Ich zeige auf einen Ausschnitt der Landschaft und sage zu Dalí, ich fühlte mich an Sorolla erinnert – einen mittelmäßigen Maler aus Valencia. Dalí bekommt einen Wutanfall und schreit:

„Wie kannst du angesichts solcher Felsen so einen Schwachsinn reden!"

Gala mischte sich ein und gab ihm recht. Und so ging es dann weiter.

Gegen Ende des Picknicks – wir hatten viel getrunken – wurde Gala wieder, ich weiß nicht mehr warum, ausfallend gegen mich. Ich bin aufgesprungen, habe sie gepackt, auf den Boden geworfen und mit beiden Händen gewürgt.

Die kleine Cécile floh zusammen mit der Frau des Fischers erschrokken hinter die Felsen. Dalí beschwor mich auf Knien, Gala leben zu lassen. So wütend ich auch war, ich hatte mich ganz in der Gewalt. Ich wußte, daß ich sie nicht töten würde. Ich wollte nur ihre Zungenspitze zwischen den Zähnen hervorkommen sehen.

Schließlich ließ ich sie los, zwei Tage später bin ich abgereist.

Ich habe gehört, daß Éluard in Paris – wir wohnten später eine Zeitlang im selben Hotel, oberhalb des Cimetière Montmartre – nie ohne einen kleinen Revolver mit Perlmuttgriff auf die Straße ging, weil Gala ihm erzählt hatte, ich wollte sie umbringen.

Ich erzähle das alles hier, weil ich fünfzig Jahre später, mit achtzig, plötzlich von Gala geträumt habe.

Ich sehe sie im Hintergrund einer Theaterloge. Ich spreche sie sanft an, sie wendet sich um, steht auf, kommt zu mir und küßt mich hingebungsvoll auf die Lippen. Ich kann mich noch genau an ihr Parfum erinnern und an ihre auffallend weiche Haut.

Das war sicher der überraschendste Traum meines Lebens, noch überraschender als der mit der Jungfrau Maria.

Eine merkwürdige Geschichte erlebte ich 1978 in Paris. Ein ausgezeichneter mexikanischer Maler, mein Freund Gironella, kommt mit seiner Frau Carmen Parra, einer Bühnenbildnerin, und ihrem siebenjährigen Kind nach Frankreich. Ich glaube, zwischen den beiden klappte es nicht besonders gut. Die Frau fährt zurück nach Mexiko, der Maler bleibt in Paris und bekommt drei Tage später die Nachricht, daß seine Frau die Scheidung eingereicht hat. Überrascht fragt er nach dem Grund. Der Rechtsanwalt antwortet: „Ihre Frau hat einen Traum gehabt."

Die Scheidung wurde vollzogen.

Ich glaube, und auch da bin ich kein seltener Fall, daß ich im Traum nie auf wirklich befriedigende Weise mit einer Frau geschlafen habe. Häufigstes Hindernis sind Blicke. Aus einem Fenster gegenüber dem

Zimmer, in dem ich mit einer Frau bin, schauen uns Leute lächelnd zu. Wir ziehen in ein anderes Zimmer, manchmal sogar in ein anderes Haus. Es ist nichts zu machen. Die gleichen spöttischen und neugierigen Blicke verfolgen uns. Ist dann endlich der Augenblick der Penetration gekommen, ist das Geschlecht zugenäht, verschlossen. Manchmal ist auch gar kein Geschlecht zu sehen, es fehlt einfach, wie an dem glatten Körper einer Statue.

Dagegen kann bei Tagträumen, wie ich sie mein Leben lang mit Genuß praktiziert habe, das lang und genau vorbereitete erotische Abenteuer nach Belieben zum Ziel gelangen. Zum Beispiel habe ich, ganz jung noch, im Wachzustand von der schönen Königin Viktoria, der Frau von Alfons XIII., geträumt. Mit vierzehn Jahren habe ich mir ein ganzes kleines Szenarium ausgedacht, worin im Kern schon *Viridiana* enthalten war. Eines Abends zieht sich die Königin in ihr Schlafgemach zurück, die Bediensteten helfen ihr beim Ausziehen, dann bleibt sie allein. Sie trinkt noch ein Glas Milch, in das ich ein ganz sicher wirkendes Narkotikum gemischt habe. Einen Augenblick später, als sie eingeschlafen ist, schlüpfe ich zu ihr auf das königliche Lager und kann die Königin besitzen.

Tagträume sind wahrscheinlich ebenso wichtig wie Träume, ebenso überraschend, ebenso stark. Mein Leben lang habe ich mir, und damit bin ich sicher nicht allein, mit Vergnügen vorgestellt, ich sei unsichtbar und unspürbar und würde durch dieses Wunder zum mächtigsten und unverwundbarsten Menschen der Welt. Diese Träumerei hat mich in zahlreichen Varianten den ganzen Zweiten Weltkrieg hindurch begleitet. Eine besondere Rolle spielte dabei ein Ultimatum: Meine unsichtbare Hand reicht Hitler ein Blatt Papier hin mit der Aufforderung, innerhalb von vierundzwanzig Stunden Göring, Goebbels und die ganze Bande zu erschießen, sonst sei er selbst seines Lebens nicht mehr sicher. Hitler ruft seine Diener und Sekretäre und brüllt: „Wer hat diesen Zettel gebracht?" Unsichtbar in meiner Ecke bin ich Zeuge seiner sinnlosen Raserei. Am Tag darauf bringe ich zum Beispiel Goebbels um. Von da begebe ich mich nach Rom – denn der Unsichtbare ist immer auch allgegenwärtig – und spiele Mussolini den gleichen Streich. Zwischendurch dringe ich in das Schlafzimmer einer schönen Frau ein, sitze unsichtbar in meinem Sessel und schaue ihr ausgiebig beim Auskleiden zu. Dann stelle ich dem Führer erneut das Ultimatum, und der schäumt vor Wut. Und so geht das in Windeseile weiter.

Wenn ich als Student in Madrid mit Pepín Bello Ausflüge in die Sierra Guadarrama machte, blieb ich gelegentlich stehen und wies ihn auf das großartige Panorama hin, auf das weite Rund zwischen den Bergen, und sagte: „Stell dir vor, da wären rundherum Wälle mit Zinnen, Wachttürmen und Pechnasen. Innen gehörte alles mir. Ich habe meine Krieger und meine Landarbeiter. Künstler, eine Kapelle. Wir leben in Frieden und begnügen uns damit, dann und wann ein paar Pfeile abzuschießen auf Neugierige, die versuchen, sich unseren Ausfalltoren zu nähern."

Die unbestimmte und nachhaltige Anziehungskraft, die das Mittelalter immer auf mich ausgeübt hat, hat mir dieses Bild von einem feudalen, weltabgeschieden lebenden Herrn eingegeben, der streng, aber im Grunde gutherzig über sein Lehen herrscht. Er tut nicht viel, hin und wieder gibt es eine kleine Orgie. Er trinkt Met und guten Wein, überm Holzkohlenfeuer braten ganze Tiere. Zeit spielt keine Rolle. Man lebt im Inneren seiner selbst. Reisen gibt es nicht.

Ich male mir auch aus, daß mich ein unerwarteter und glückhafter Staatsstreich zum Diktator der ganzen Welt macht. Ich verfüge über alle Macht. Niemand kann sich meinen Befehlen widersetzen. Meine ersten Maßnahmen in diesem Tagtraum richten sich immer gegen die Allmacht der Medien, die Quelle aller Ängste.

Wenn mich angesichts der Bevölkerungsexplosion, deren schlimme Folgen ich in Mexiko täglich sehe, Panik ergreift, stelle ich mir vor, wie ich ein Dutzend Biologen zu mir bestelle und ihnen – ohne Widerrede zu dulden – befehle, einen fürchterlichen Virus auf den Planeten loszulassen, der ihn von zwei Milliarden Bewohnern befreit. Erst sage ich noch ganz mutig: „... auch wenn ich selbst angesteckt werden kann." Aber dann versuche ich mich heimlich aus der Affäre zu ziehen, lege Listen der zu rettenden Personen an, einige Mitglieder meiner Familie, meine besten Freunde, die Familien und die Freunde meiner Freunde. Ich komme zu keinem Ende. Ich gebe auf.

In letzter Zeit, seit etwa zehn Jahren, habe ich mir auch vorgestellt, wie ich die Welt vom Öl befreie, der anderen Quelle allen Unglücks. Ich lasse in den wichtigsten Erdölgebieten unterirdisch fünfundsiebzig Atombomben hochgehen. Eine Welt ohne Öl erschien mir immer – und erscheint mir auch heute noch – als ein mögliches Paradies nach dem Vorbild meiner mittelalterlichen Utopie. Aber mir scheint, daß mit den fünfundsiebzig Atombombenexplosionen nicht alle Probleme zu lösen sind und man noch etwas abwarten muß. Vielleicht kommen wir eines Tages noch einmal darauf zurück.

Als ich einmal in San José Purúa mit Luis Alcoriza an einem Drehbuch arbeitete, stiegen wir eines Tages zum Fluß hinunter und nahmen eine Flinte mit. Wir kommen runter zum Ufer, plötzlich ergreife ich Alcorizas

Arm und zeige auf die andere Seite des Flusses: Da sitzt auf einem Baum ein Prachtstück von einem Vogel. Ein Adler!

Luis greift nach seiner Flinte, legt an und schießt. Der Vogel fällt ins Gebüsch. Luis durchquert den Fluß, wird dabei naß bis über die Schultern, sucht im Gebüsch und findet einen ausgestopften Vogel. An seinem Fuß ist noch das Etikett befestigt mit dem Namen des Ladens, in dem ich ihn gekauft habe, und dem Preis.

Ein andermal esse ich wieder mit Alcoriza im Speisesaal in San José zu Abend. Eine sehr schöne Frau nimmt ganz allein Platz am Nebentisch. Gleich, das ist nur natürlich, gleiten Luis' Blicke zu ihr hinüber. Ich sage:

„Luis, du weißt, wir sind zum Arbeiten hier, und ich mag es nicht, wenn du deine Zeit damit vertust, Frauen anzuschaun."

„Sicher, natürlich", antwortet er und entschuldigt sich.

Wir essen weiter.

Später, beim Dessert, werden seine Augen wieder unwiderstehlich von der hübschen, einsamen Frau angezogen. Er lächelt ihr zu, und sie lächelt zurück.

Ich werde ernsthaft böse und erinnere ihn daran, daß wir in San José sind, um ein Drehbuch zu schreiben. Außerdem mißfalle mir sein *machismo*, seine Schürzenjägerei. Darauf wird auch er böse und erklärt, wenn eine Frau einem Mann zulächle, sei es dessen Pflicht, ihr Lächeln zu erwidern.

Ärgerlich stehe ich auf und gehe auf mein Zimmer.

Alcoriza beruhigt sich wieder, ißt sein Dessert zu Ende und geht zu der schönen Nachbarin an den Tisch. Sie machen sich miteinander bekannt, nehmen den Kaffee zusammen und reden noch eine Weile. Dann führt Alcoriza seine Eroberung auf sein Zimmer, zieht sie verliebt aus und entdeckt auf ihren Bauch tätowiert die vier Wörter: *Cortesía de Luis Buñuel.*

Die Frau ist eine Edelnutte aus Mexiko, die ich unter großem Kostenaufwand nach San José habe kommen lassen und die meinen Instruktionen genau gefolgt ist.

Natürlich sind die Geschichten mit dem Adler und der Nutte nur geträumte Streiche. Aber ich bin sicher, daß Alcoriza darauf reingefallen wäre, wenigstens in dem zweiten Fall.

Der Surrealismus, 1929–1933

Zwischen 1925 und 1929 bin ich öfter wieder in Spanien gewesen und war dann mit meinen Freunden aus der Residenz zusammen. Einmal verkündete mir Dalí ganz begeistert, Lorca habe ein großartiges Stück geschrieben: *In seinem Garten liebt Don Perlimplín Belisa.*

„Er muß es dir unbedingt vorlesen."

Lorca wollte nicht so recht. Er fand, und das nicht zu Unrecht, daß ich zu grobschlächtig, zu bäurisch sei, um die Feinheiten der dramatischen Literatur zu würdigen. Einmal hatte er sich sogar geweigert, mich zu irgendwelchen Adligen mitzunehmen.

Auf Dalís Drängen war er dann aber doch bereit, mir das Stück vorzulesen, und so saßen wir im Untergeschoß des Hotels Nacional in der Bar, die durch hölzerne Trennwände in Abteile gegliedert ist, wie man das von vielen Bierlokalen in Mitteleuropa kennt.

Lorca beginnt mit seiner Lesung. Ich habe schon gesagt, er konnte wundervoll vorlesen. Dennoch mißfiel mir etwas an dieser Geschichte von einem Greis und einem jungen Mädchen, die sich am Ende des ersten Aktes in einem Himmelbett wiederfinden, dessen Vorhänge sich schließen, während aus dem Souffleurkasten ein Zwerg kommt und sich mit den Worten an das Publikum wendet:

„Nun, verehrtes Publikum, so kommen Don Perlimplín und Belisa ..."

Ich fahre dazwischen, schlage auf den Tisch und sage:

„Nun reicht's aber, Federico, das ist Scheiße!"

Er wird bleich, klappt sein Manuskript zu und blickt zu Dalí, der mit seiner tiefen Stimme bestätigt:

„Buñuel hat recht. *Es una mierda.*"

Wie das Stück ausgeht, habe ich nie erfahren. Bei dieser Gelegenheit muß ich gestehen, daß sich meine Bewunderung für Lorcas Stücke immer in Grenzen gehalten hat. Ich finde sie nicht selten rhetorisch, illustrativ. Sein Leben und seine Persönlichkeit waren weit eindrucksvoller als sein Werk.

Später bin ich mit meiner Mutter, meiner Schwester Conchita und deren Mann zur Premiere von *Yerma* im Madrider Teatro Español gegangen. Ich litt an diesem Abend fürchterlich unter Ischias und mußte in der Loge mein Bein auf einen Hocker legen. Der Vorhang öffnet sich: Ein Schäfer geht ganz langsam über die Bühne, er braucht die Zeit, um ein langes Gedicht zu rezitieren. Um die Waden trägt er mit Bändern festgebundene Schaffelle. Er findet kein Ende. Ich bin schon ungeduldig, nehme mich aber zusammen. Eine Szene folgt der anderen. Dann kommt der dritte Akt. In einem Bühnenbild mit Bach waschen Wäscherinnen ihre Wäsche. Man hört Glöckchen klingeln, und sie rufen aus: „Die Herde! Da kommt die Herde!" Und hinten im Saal bimmeln zwei Bühnenarbeiter mit Glöckchen.

Die Madrider Hautevolée fand die Inszenierung originell und sehr modern. Mich versetzte sie in Wut, und ich bin gegangen, gestützt von meiner Schwester.

Seit ich Surrealist geworden war, hatte ich mit dieser angeblichen „Avantgarde" nichts mehr im Sinn.

Seit den zerbrochenen Scheiben in der Closerie des Lilas fühlte ich mich immer stärker von der irrationaleren Ausdrucksform angezogen, die der Surrealismus anstrebte – jener Surrealismus, vor dem Jean Epstein mich vergeblich gewarnt hatte. Besonders beeindruckt hatte mich die Veröffentlichung des Photos *Benjamin Péret, wie er einen Priester beleidigt* in der Zeitschrift *La Révolution surréaliste*. In derselben Zeitschrift hatte mich eine Umfrage über das Sexualleben gefesselt, die man unter den Mitgliedern der Gruppe veranstaltet hatte und auf die sie offenbar ganz frei und offen geantwortet hatten. Heute mag das alles banal erscheinen, aber damals empfand ich diese Fragen – „Wo tun Sie es am liebsten?", „Mit wem?", „Wie masturbieren Sie?" – als etwas Außerordentliches. Es war bestimmt die erste Umfrage dieser Art.

1928 wurde ich von der Residenz nach Madrid eingeladen, um über das Avantgardekino zu sprechen und einige Filme zu zeigen, *Entr'acte* von René Clair, die Traumsequenz aus *La Fille de l'eau* von Renoir, *Rien que les heures* von Cavalcanti und ein paar Einstellungen mit Beispielen extremer Zeitlupenaufnahmen – wie etwa eine Kugel, die langsam aus dem Lauf einer Waffe kommt. Es war, wie man so sagt, die beste Gesellschaft von Madrid, die zu dem Vortrag kam, der ein richtiger Erfolg wurde. Ortega y Gasset gestand mir nach den Vorführungen sogar, wenn er jünger wäre, hätte er sich bestimmt dem Kino zugewandt.

Vor dem Vortrag sagte ich zu Pepín Bello, diese illustre Versammlung sei die richtige Gelegenheit, einen großen Menstruationswettbewerb anzukündigen mit anschließender Preisverleihung. Aber dieser surrealistische Akt kam, wie so viele andere auch, nicht zur Ausführung.

Damals war ich unter den Spaniern, die aus Spanien weggegangen waren, sicher der einzige, der ein bißchen Ahnung vom Kino hatte. Zweifellos aus diesem Grunde bot mir das Goya-Komitee von Saragossa an, zum hundertsten Todestag des Malers einen Film über sein Leben, von seiner Geburt bis zum Tod, zu schreiben und zu inszenieren. Ich schrieb ein vollständiges Drehbuch, unterstützt von Marie Epstein, Jeans Schwester, als technischer Beraterin. Danach besuchte ich Ramón del Valle-Inclán im Circulo de Bellas Artes und erfuhr, daß auch er einen Film über das Leben Goyas vorbereitete. Ich wollte dem Meister schon respektvoll das Feld überlassen, als dieser sich seinerseits zurückzog, nicht ohne mir ein paar Ratschläge zu erteilen. Schließlich wurde das Projekt aus Geldmangel aufgegeben – glücklicherweise, kann ich heute nur sagen.

Ich hegte noch immer große Bewunderung für Ramón Gómez de la Serna. Mein zweites Drehbuch ging von sieben oder acht kleinen Geschichten des Autors aus. Um sie zusammenzuhalten, wollte ich zunächst in Form eines Dokumentarfilms die verschiedenen Etappen der Herstellung einer Zeitung zeigen. Auf der Straße kauft dann ein Mann die Zeitung, setzt sich auf eine Bank und liest. Die verschiedenen Geschichten von Gómez de la Serna entsprechen den Rubriken der Zeitung: ein *fait-divers,* ein politisches Ereignis, ein sportliches und so weiter. Am Schluß stand der Mann, glaube ich, auf, zerknüllte die Zeitung und warf sie weg.

Einige Monate später drehte ich meinen ersten Film, *Ein andalusischer Hund.* Gómez de la Serna war ein wenig enttäuscht, daß der Film nach seinen Geschichten nicht zustande kam. Aber die *Revue du cinéma* veröffentlichte das Drehbuch, und das tröstete ihn ein wenig.

Un Chien andalou (Ein andalusischer Hund)

Dieser Film ging aus der Begegnung zweier Träume hervor. Dalí hatte mich eingeladen, ein paar Tage bei ihm in Figueras zu verbringen, und als ich dort ankam, erzählte ich ihm, daß ich kurz vorher geträumt hätte, wie eine langgezogene Wolke den Mond durchschnitt und wie eine Rasierklinge ein Auge aufschlitzte. Er erzählte mir seinerseits, daß er in der voraufgehenden Nacht im Traum eine Hand voller Ameisen gesehen habe, und fügte hinzu: „Und wenn wir daraus einen Film machten?"

Ich wußte zunächst nicht, was ich von dem Vorschlag halten sollte, aber schon sehr bald gingen wir in Figueras an die Arbeit.

Das Drehbuch wurde in weniger als einer Woche nach einer sehr einfachen Regel geschrieben, für die wir uns in voller Übereinstimmung entschieden hatten: keine Idee, kein Bild zuzulassen, zu dem es eine rationale, psychologische oder kulturelle Erklärung gäbe; die Tore des

Irrationalen weit zu öffnen; nur Bilder zuzulassen, die sich aufdrängten, ohne in Erfahrung bringen zu wollen, warum.

Es war eine Woche vollkommener Übereinstimmung. Nie kam es zwischen uns zu der geringsten Meinungsverschiedenheit. Wir waren ein Herz und eine Seele. Sagte der eine etwa: „Ein Mann zupft einen Kontrabaß", und der andere sagte: „Nein", dann war der, der den Vorschlag gemacht hatte, sofort mit der Ablehnung einverstanden. Wenn dagegen das Bild, das der eine vorgeschlagen hatte, von dem anderen akzeptiert wurde, dann schien es uns auf der Stelle einleuchtend und wurde sofort dem Drehbuch einverleibt.

Als es fertig war, stand für mich fest, daß es sich um einen höchst ungewöhnlichen, provozierenden Film handeln würde, den kein normales Produktionssystem akzeptierte. Deshalb bat ich meine Mutter um Geld, damit ich den Film selbst produzieren konnte. Die Fürsprache des Notars überzeugte sie, und sie gab mir das Geld.

Ich fuhr nach Paris zurück. Nachdem ich die Hälfte der Summe meiner Mutter in den Lokalen gelassen hatte, in denen ich meine Nächte verbrachte, sagte ich mir, daß nun etwas mehr Ernst geboten wäre und etwas geschehen müsse. Ich kontaktierte die Schauspieler Pierre Batcheff und Simone Mareuil, den Kameramann Albert Duverger und die Ateliers in Billancourt, wo der Film dann in vierzehn Tagen gedreht wurde.

Wir waren zu fünft oder zu sechst im Atelier. Die Schauspieler hatten keine Ahnung, was sie machten. Ich sagte etwa zu Batcheff: „Schau aus dem Fenster, als ob du Wagner hörst. Noch etwas pathetischer!" Aber was er betrachtete, was er sah, wußte er nicht. Ich hatte ein paar technische Kenntnisse, genügend Autorität und verstand mich ausgezeichnet mit Duverger, dem Kameramann.

Dalí erschien erst drei oder vier Tage vor Ende der Dreharbeiten. Im Atelier beschäftigte er sich damit, Pech in die Augen der ausgestopften Eselsköpfe zu gießen. In einer Einstellung war er einer der beiden Maristenbrüder, die Batcheff mit großer Mühe hinter sich herzieht, aber die Aufnahme wurde bei der Endmontage nicht verwendet – warum, weiß ich nicht mehr. Einmal sieht man ihn von weitem, nach dem tödlichen Sturz des Helden, wie er mit Jeanne, meiner Verlobten, herbeigelaufen kommt.

Am letzten Drehtag, in Le Havre, war Dalí auch dabei.

Der Film war schließlich abgedreht und geschnitten – was sollte nun aber mit ihm geschehen? Eines Tages stellt mich dann Tériade von den *Cahiers d'art,* der von dem Film gehört hatte – vor meinen Freunden vom Montparnasse hatte ich ihn ein wenig geheimgehalten –, im Dôme

Man Ray vor. Der hatte gerade bei den Noailles in Hyères einen Film mit dem Titel *Les Mystères du château de Dés* gedreht, einen Dokumentarfilm über das Anwesen der Noailles und ihre Gäste, und er suchte nach einem Film, den man mit seinem zusammen zeigen konnte.

Ich verabredete mich mit Man Ray ein paar Tage später in der Bar der Coupole, die ein oder zwei Jahre zuvor aufgemacht hatte, und er stellte mir Louis Aragon vor. Ich wußte, daß beide der surrealistischen Gruppe angehörten. Aragon, der drei Jahre älter war als ich, benahm sich mir gegenüber mit perfekter französischer Liebenswürdigkeit. Wir redeten etwas miteinander, und ich sagte zu ihm, mir schiene, daß mein Film in gewisser Hinsicht ein surrealistischer Film genannt werden könne.

Am nächsten Tag sahen sich Man Ray und Aragon den Film im Studio des Ursulines an. Sie waren sehr davon angetan und meinten nach der Vorführung, nun müsse man ihn, ohne länger zu warten, ins Leben befördern, ihn zeigen, eine Premiere veranstalten.

Der Surrealismus war vor allem eine Art Appell, den hier und dort, in den Vereinigten Staaten, in Deutschland, in Spanien, in Jugoslawien, Leute vernahmen, die alle schon, ohne einander zu kennen, eine instinktive und irrationale Ausdrucksform benutzten. Die Gedichte, die ich in Spanien veröffentlicht hatte, legten Zeugnis ab von diesem Appell, der uns alle nach Paris führte. Ebenso wandten Dalí und ich, als wir am Drehbuch zum *Andalusischen Hund* arbeiteten, eine Art automatischer Schreibweise an, wir waren schon Surrealisten, bevor man uns so etikettierte.

Es lag etwas in der Luft, wie das immer so ist. Nur muß ich, was mich betrifft, gleich hinzufügen, daß die Begegnung mit der Gruppe das entscheidende Ereignis meines Lebens war, das seinen weiteren Verlauf bestimmte.

Die erste Begegnung fand im Café Cyrano an der Place Blanche statt, wo die Gruppe jeden Tag ihre Zusammenkünfte abhielt. Man Ray und Aragon kannte ich schon. Max Ernst, André Breton, Paul Éluard, Tristan Tzara, René Char, Pierre Unik, Yves Tanguy, Jean Arp, Maxime Alexandre, René Magritte wurden mir vorgestellt – alle bis auf Benjamin Péret, der damals gerade in Brasilien war. Sie drückten mir die Hand, boten mir zu trinken an und versprachen, auf jeden Fall zur Premiere des Films zu kommen, den Aragon und Man Ray ihnen wärmstens empfohlen hatten.

Diese erste öffentliche Vorstellung von *Ein andalusischer Hund* fand vor geladenen zahlenden Gästen im Ursulines statt, die Crème de la Crème von Paris war versammelt, ein paar Adlige, ein paar schon berühmte Schriftsteller und Maler – Picasso, Le Corbusier, Cocteau, Christian Bérard, der Komponist Georges Auric – und selbstverständlich, bis auf den letzten Mann, die Truppe der Surrealisten.

Ich war, wie man sich denken kann, sehr nervös und bediente während der Vorführung hinter der Leinwand ein Grammophon, auf dem ich abwechselnd argentinische Tangos und *Tristan und Isolde* auflegte. Ich hatte mir eine Handvoll Steine in die Taschen gesteckt, mit denen ich im Falle eines Mißerfolgs das Publikum bewerfen wollte. Kurz zuvor hatten die Surrealisten den Film *La Coquille et le clergyman* von Germaine Dulac, nach einem Drehbuch von Antonin Artaud, ausgepfiffen – mir aber hatte er gefallen, und ich war auf das Schlimmste gefaßt.

Die Steine wurden nicht benötigt. Als der Film zu Ende war, hörte ich hinter der Leinwand andauernden Beifall und legte meine Wurfgeschosse unauffällig auf den Boden.

Meine Aufnahme in die surrealistische Gruppe vollzog sich ganz selbstverständlich und einfach. Ich war zu den täglichen Treffen, die im Cyrano und manchmal auch bei Breton – 42, rue Fontaine – stattfanden, zugelassen.

Das Cyrano war ein typisches Pigalle-Café mit Nutten und Zuhältern. Wir trafen uns meist zwischen fünf und sechs. Getrunken wurde Pernod, Mandarin-Curaçao und Picon-Bier mit einem Schuß Grenadine. Dies war, wie gesagt, das Lieblingsgetränk des Malers Tanguy. Er trank einen und noch einen, beim dritten mußte er sich mit zwei Fingern die Nase zuhalten.

Es war fast wie eine spanische *peña*. Man las, man diskutierte über diesen oder jenen Artikel, man sprach über die Zeitschrift, man plante Aktionen, offene Briefe, Demonstrationen. Jeder machte Vorschläge oder äußerte dazu seine Meinung. Wenn es um einen bestimmten, vertraulichen Gegenstand ging, fanden die Versammlungen in Bretons Atelier statt, das ganz in der Nähe war.

Wenn ich als einer der letzten kam, gab ich nur den in der Nähe Sitzenden die Hand und grüßte André Breton, der zu weit weg war, nur mit einer Geste, weshalb der dann einmal ein anderes Gruppenmitglied fragte: „Hat Buñuel eigentlich was gegen mich?" Worauf die anderen ihm erklärten, daß ich nichts gegen ihn hätte, mir aber die französische Angewohnheit, jedermann unentwegt die Hand zu schütteln, zuwider sei – später, bei den Dreharbeiten zu *Cela s'appelle l'aurore (Morgenröte)*, habe ich es ausdrücklich untersagt.

Wie alle Mitglieder der Gruppe fühlte ich mich angezogen von einer bestimmten Vorstellung von Revolution. Für die Surrealisten, die sich nicht als Terroristen, als bewaffnete Aktivisten betrachteten, war die

Hauptwaffe im Kampf gegen die ihnen verhaßte Gesellschaft der Skandal. Er erschien ihnen lange Zeit als das wirksamste Mittel, um die soziale Ungleichheit, die Ausbeutung des Menschen durch den Menschen, den verdummenden Zugriff der Religion, den plumpen kolonialistischen Militarismus zu entlarven und die geheimen, widerwärtigen Triebfedern des zu stürzenden Systems aufzudecken. Bald schon wandten sich einige von dieser Form der Aktivität ab und der eigentlichen Politik zu, vor allem der Bewegung, die unserer Meinung nach damals als einzige zu Recht revolutionär genannt werden konnte, der kommunistischen. Das hatte unentwegte Diskussionen, Spaltungen und Streitereien zur Folge. Das eigentliche Ziel des Surrealismus war nicht, eine literarische Bewegung ins Leben zu rufen, auch keine neue Malerei, nicht einmal eine neue Philosophie, sondern die Gesellschaft hochgehen zu lassen, das Leben zu ändern.

Die meisten dieser Revolutionäre kamen – ganz wie die *señoritos,* mit denen ich in Spanien verkehrt hatte – aus guten Familien. Bürger, die sich gegen die Bürger auflehnten. Wie in meinem Fall. Dazu kam bei mir noch ein gewisser negativer, destruktiver Instinkt, den ich immer viel stärker verspürt habe als alle kreativen Neigungen. Die Vorstellung, ein Museum anzustecken, hat für mich zum Beispiel immer einen viel größeren Reiz gehabt als die Eröffnung eines Kulturzentrums oder die Einweihung eines Krankenhauses.

Was mich an den Diskussionen im Cyrano aber vor allem faszinierte, war die Entschiedenheit des moralischen Anspruchs. Zum ersten Mal in meinem Leben begegnete mir eine stringente und vorbehaltlose Moral, die mir keinen Makel zu haben schien. Natürlich widersprach diese aggressive und scharfsichtige Moral meistens der herrschenden, die wir verabscheuten, und wir lehnten die anerkannten Werte zur Gänze ab. Unsere Moral stützte sich auf andere Kriterien, sie propagierte die Leidenschaft, die Mystifikation, die Beleidigung, das Hohngelächter, den Ruf aus den Tiefen. Innerhalb dieses neuen Geländes, dessen Grenzen sich täglich erweiterten, schien uns jede unserer Gesten, Reflexe, Gedanken gerechtfertigt, über jeden Zweifel erhaben. Daran war nicht zu rütteln. Unsere Moral war anspruchsvoller und gefährlicher, aber auch fester und kohärenter, dichter als die andere.

Und noch eins, worauf Dalí mich aufmerksam machte: Die Surrealisten waren schön. André Breton strahlend wie ein Löwe, Aragon raffinierter, Max Ernst mit seinem eigenartigen Vogelgesicht und den hellen Augen, Éluard, Crevel und Dalí selbst, Pierre Unik und all die anderen: eine leidenschaftliche und stolze Gruppe, unvergeßlich.

Nach der „triumphalen Premiere“ vom *Andalusischen Hund* kaufte Mauclair vom Studio 28 den Film. Er gab mir erst tausend Francs. Der Film wurde ein richtiger Erfolg und blieb acht Monate auf dem Programm, ich bekam weitere tausend Francs und noch mal tausend – sieben- oder achttausend im ganzen, glaube ich. Vierzig- oder fünfzigmal wurde ich angezeigt, die Leute gingen zur Polizei und verlangten, „diesen obszönen und grausamen Film zu verbieten“. Es war der Anfang einer langen Reihe von Beschimpfungen und Drohungen, die mich bis ins Alter verfolgt haben.

Es kam während der Vorführungen sogar zu zwei Fehlgeburten, aber der Film wurde nicht verboten.

Auf Vorschlag von Jean-Georges Auriol und Jacques Brunius hatte ich die Veröffentlichung des Drehbuchs in der *Revue de cinéma,* die bei Gallimard herauskam, erlaubt. Ich wußte nicht, was ich da getan hatte. Die belgische Zeitschrift *Variétés* hatte sich nämlich entschlossen, der surrealistischen Bewegung eine ganze Nummer zu widmen. Éluard bat mich, das Drehbuch in *Variétés* zu veröffentlichen, und ich mußte ihm sagen, daß ich es zu meinem großen Bedauern gerade der *Revue du cinéma* gegeben hätte. Das war der Anlaß eines Vorfalls, der mich vor ein sehr ernstes Gewissensproblem stellte und ein bezeichnendes Licht auf die Mentalität, den Geist der Surrealisten wirft.

Ein paar Tage nach meiner Unterhaltung mit Éluard bat mich Breton: „Buñuel, können Sie heute abend zu einer kleinen Versammlung bei mir kommen?“

Ich sagte nichtsahnend zu und traf auf die ganze versammelte Gruppe. Es war ein regelrechter Prozeß. Aragon machte sehr überzeugend den Staatsanwalt und beschuldigte mich, mein Drehbuch einer bürgerlichen Zeitschrift überlassen zu haben. Dazu kam, daß der kommerzielle Erfolg von *Ein andalusischer Hund* den Film langsam verdächtig machte. Wie konnte ein so provokanter Film immer ausverkauft sein? Wie wollte ich das erklären?

Allein der ganzen Gruppe gegenüber, hatte ich Mühe, mich zu verteidigen. Ich mußte mich von Breton sogar fragen lassen: „Auf welcher Seite stehen Sie eigentlich, auf unserer oder der der Polizei?“

Ich befand mich in einem wirklich dramatischen Dilemma, auch wenn man heute die Anklage vielleicht übertrieben und lächerlich findet. In Wirklichkeit war dieser Gewissenskonflikt der erste meines Lebens. Als ich wieder zu Hause war und nicht schlafen konnte, sagte ich mir: Ich kann tun, was ich will. Die haben kein Recht über mich. Ich kann ihnen mein Drehbuch ins Gesicht werfen und gehen. Nichts zwingt mich, ihnen zu gehorchen. Sie sind nicht mehr als ich.

Gleichzeitig fühlte ich in mir eine andere Kraft, die sagte: Sie haben recht, das mußt du zugeben. Du glaubst, dein Gewissen sei dein einziger Richter, aber da täuschst du dich. Du liebst diese Leute, sie haben dein Vertrauen. Sie haben dich als einen der ihren aufgenommen. Du bist nicht frei, wie du behauptest. Deine Freiheit ist nur ein Gespenst, das in einem Mantel von Nebel durch die Welt läuft. Du willst nach ihr greifen, aber sie entzieht sich dir, und dir bleibt nur etwas Feuchtigkeit zwischen den Fingern.

Dieser innere Konflikt ließ mich lange nicht los. Noch heute muß ich daran denken. Und wenn ich gefragt werde, was der Surrealismus war, dann gebe ich immer zur Antwort: eine poetische, eine revolutionäre *und eine moralische* Bewegung.

Schließlich fragte ich meine Freunde, was ich denn tun solle. Mir von Gallimard die Zusicherung geben lassen, daß sie den Text nicht veröffentlichten, war die Antwort. Aber wie sollte ich an Gallimard rankommen? Wie sollte ich mit ihm reden? Ich kannte nicht mal seine Adresse. „Éluard wird Sie begleiten", sagte Breton.

Also ging ich mit Paul Éluard zu Gallimard. Ich sagte, ich hätte meine Meinung geändert und wolle die Genehmigung zur Veröffentlichung meines Drehbuchs in der *Revue du cinéma* zurückziehen. Die Antwort war, das komme überhaupt nicht in Frage, ich hätte meine Zusage erteilt. Außerdem ließ uns der Druckereileiter wissen, der Text sei schon gesetzt.

Zurück zur Gruppe und Lagebericht. Neuer Entscheid: Ich muß mir einen Hammer besorgen, noch einmal zu Gallimard gehen und den Bleisatz in der Druckerei zertrümmern.

Wieder in Begleitung Éluards gehe ich zurück zu Gallimard, mit einem Hammer unter meinem Regenmantel. Diesmal ist es endgültig zu spät. Die Zeitschrift ist gedruckt, die ersten Exemplare sind schon ausgeliefert.

Die letzte Entscheidung war, daß auch die Zeitschrift *Variétés* das Drehbuch abdrucken sollte – was auch geschah – und daß ich an sechzehn Pariser Zeitungen einen Protestbrief schicken mußte, in dem ich meine Entrüstung zum Ausdruck brachte, weil ich das Opfer einer infamen bürgerlichen Machenschaft geworden sei. Sieben oder acht Zeitungen haben den Brief auch veröffentlicht.

Obendrein schrieb ich für *Variétés* und für die *Révolution surréaliste* einen Prolog, in dem ich behauptete, der Film sei in meinen Augen nichts anderes als ein öffentlicher Aufruf zum Mord.

Etwas später schlug ich vor, das Negativ meines Films auf der Place du Tertre auf dem Montmartre zu verbrennen. Ich hätte es auch ohne

Zögern getan, das schwöre ich, wenn mein Vorschlag angenommen worden wäre. Noch heute würde ich es tun. Ich stelle mir gern vor, wie in meinem kleinen Garten auf einem Scheiterhaufen alle Negative, alle Kopien meiner Filme verbrennen. Es wäre mir vollkommen egal.

Doch der Vorschlag wurde abgelehnt.

Benjamin Péret war für mich der surrealistische Dichter par excellence: die totale Freiheit reinster Inspiration, die direkt aus der Quelle fließt und ohne alle Bemühung von Kultur unvermittelt eine andere Welt schafft. 1929 lasen Dalí und ich uns laut einige Gedichte aus dem *Grand Jeu* vor, und manchmal wälzten wir uns vor Lachen am Boden.

Zur Zeit meines Eintritts in die Gruppe war Péret für die trotzkistische Bewegung in Brasilien. Erst nach seiner Rückkehr aus Brasilien – man hatte ihn ausgewiesen – habe ich ihn bei den Versammlungen gesehen und kennengelernt. Später, nach dem Krieg, habe ich ihn in Mexiko wiedergetroffen. Als ich meinen ersten mexikanischen Film, *Gran Casino,* drehte, kam er zu mir, weil er Arbeit suchte. Ich habe versucht, ihm zu helfen, aber das war schwierig, weil ich selbst in einer prekären Lage war. In Mexiko lebte er – vielleicht waren die beiden auch verheiratet, ich weiß es nicht – mit der Malerin Remedios Varo zusammen, die ich ebensosehr bewundere wie Max Ernst. Péret war ein Surrealist im Naturzustand, zu keinem Kompromiß bereit – und meistens sehr arm.

Ich erzählte der Gruppe von Dalí und zeigte ihnen Photos von mehreren seiner Bilder, darunter auch das Porträt, das er von mir gemacht hatte, aber die Reaktion war eher lau. Doch die Surrealisten änderten ihre Meinung, als sie die Bilder, die Dalí aus Spanien mitbrachte, im Original sahen. Er wurde auf Anhieb akzeptiert und nahm fortan an den Versammlungen teil. Anfänglich waren seine Beziehungen zu Breton, der sich für seine „paranoisch-kritische" Methode begeisterte, ausgezeichnet. Unter Galas Einfluß sollte sich Salvador Dalí aber sehr bald in „Avida Dollars" verwandeln. Drei oder vier Jahre später wurde er aus der Gruppe ausgeschlossen.

Innerhalb der Gruppe bildeten sich, entsprechend den persönlichen Neigungen der einzelnen, bestimmte Gruppen. So waren Dalís beste Freunde Crevel und Éluard. Ich fühlte mich Aragon nahe, Georges Sadoul, Max Ernst und Pierre Unik.

Pierre Unik, der heute vergessen ist, erschien mir als ein wundervoller junger Mann – ich war fünf Jahre älter als er –, begeisterungsfähig und ideenreich, ein sehr teurer Freund. Er war der Sohn eines jüdischen Schneiders und Rabbiners, selbst aber völlig ungläubig. Einmal erklärte er seinem Vater, ich hätte den Wunsch, zum mosaischen Glauben überzutreten – in Wahrheit wollte ich damit jedoch nur meine Familie schokkieren. Sein Vater erklärte sich bereit, mich zu empfangen, aber im letzten Augenblick habe ich es doch vorgezogen, dem Christentum treu zu bleiben.

Mit seiner Freundin Agnès Capri, einer Buchhändlerin, die Yolande Oliviero hieß und gehbehindert war, aber sehr schön, und einer Photographin namens Denise verbrachten wir lange Abende. Wir stellen einander Fragen über unser Sexualleben, die wir möglichst freimütig beantworteten, und trieben, ich würde sagen, schüchtern libertine Spiele. Unik veröffentlichte einen Band mit Gedichten, *Le Théâtre des nuits blanches,* ein zweiter erschien posthum. Er redigierte eine Kinderzeitschrift, die von der Kommunistischen Partei herausgegeben wurde, der er nahestand. Am 6. Februar 1934, während der faschistischen Unruhen, trug er in seiner Mütze die Überreste des Gehirns eines massakrierten Arbeiters. Man sah ihn an der Spitze eines Trupps von Demonstranten in die Metro eindringen. Von der Polizei verfolgt, mußten sie über die Geleise fliehen.

Während des Krieges wurde er in ein Lager in Österreich gesteckt. Als es hieß, daß die sowjetischen Armeen im Anmarsch seien, brach er aus, um zu ihnen zu stoßen. Es wird angenommen, daß er von einer Lawine erfaßt und in die Tiefe gerissen wurde. Seine Leiche hat man nie gefunden.

Hinter Louis Aragons preziösen Manieren verbarg sich ein standhafter Charakter. Wenn ich an unsere vielen Begegnungen denke – ich habe ihn noch 1970 gesehen –, fällt mir vor allem ein bestimmter Vorfall ein. Ich wohnte in der Rue Pascal. Eines Morgens gegen acht bekomme ich von Aragon einen Rohrpostbrief: ich solle so bald wie möglich bei ihm vorbeikommen, er warte auf mich, um mir etwas Wichtiges mitzuteilen.

Eine halbe Stunde später bin ich bei ihm in der Rue Campagne-Première. Er berichtet mir ohne Umschweife, Elsa Triolet habe ihn für immer verlassen, die Surrealisten hätten eben ein beleidigendes Pamphlet gegen ihn veröffentlicht, und die Kommunistische Partei, der er damals bereits angehörte, habe seinen Ausschluß beschlossen. Durch ein unglaubliches Zusammenspiel von Umständen bricht sein ganzes Leben zusammen, in einem Augenblick verliert er alles, was überhaupt für ihn zählt. Aber bei allem Unglück geht er wie ein Löwe in seinem Arbeitszimmer auf und ab und bietet mir eins der schönsten Bilder von Mut, an die ich mich erinnern kann.

Am nächsten Tag kam alles wieder ins Lot. Elsa kehrte zurück, die

Kommunistische Partei verzichtete darauf, ihn auszuschließen, und was die Surrealisten betraf, so waren sie für ihn schon nicht mehr so wichtig.

Ich besitze ein Buch, das mich an jenen Tag erinnert, ein Exemplar des *Persécuté Persécuteur,* in das mir Aragon als Widmung schrieb, an gewissen Tagen tue es gut, Freunde zu haben, die einem die Hand drücken, „wenn man spürt, daß man es nicht mehr lange macht". Seitdem sind fünfzig Jahre vergangen.

Albert Valentin gehörte in der Zeit, als ich aufgenommen wurde, ebenfalls zur Gruppe. Er war als Assistent von René Clair bei den Dreharbeiten zu *À nous la liberté* und erzählte uns unentwegt: „Ihr werdet sehen, ich glaube, das ist ein wirklich revolutionärer Film. Er wird euch sehr gefallen." Die ganze Gruppe ging zur Premiere, der Film mißfiel aber so sehr, man fand ihn so wenig revolutionär, daß Valentin angeklagt wurde, uns getäuscht zu haben, und in aller Form ausgeschlossen wurde. Später habe ich ihn in Cannes beim Festival wiedergesehen, ein sehr sympathischer Mann und ein großer Liebhaber des Roulette.

René Crevel war ein ganz besonders freundlicher Mensch. Er war der einzige Homosexuelle in der Gruppe, kämpfte gegen seine Neigung und versuchte, sie zu bezwingen. Dieser Kampf, noch erschwert durch die tausend Auseinandersetzungen zwischen Kommunisten und Surrealisten, endete eines Abends um elf mit seinem Selbstmord. Die Leiche wurde am nächsten Morgen vom Hausmeister entdeckt. Ich war damals nicht in Paris. Seinen Tod, die Folge innerer Konflikte, haben wir alle sehr beklagt.

André Breton machte den Eindruck eines wohlerzogenen, förmlichen Mannes, der den Damen die Hand küßte. Er war sehr empfänglich für sublimen Humor, haßte vulgäre Witze und bewahrte in allen Dingen eine gewisse Ernsthaftigkeit. Das Gedicht, das er über seine Frau geschrieben hat, ist für mich, zusammen mit den Werken Pérets, die schönste literarische Erinnerung an den Surrealismus.

Seine Ruhe, seine Schönheit, seine Eleganz, dazu sein vorzügliches Urteilsvermögen, bewahrten ihn indes nicht vor plötzlichen Wutausbrüchen, die sehr gefürchtet waren. Er hatte mir so oft vorgehalten, ich wolle meine Verlobte Jeanne den anderen Surrealisten nur deshalb nicht vorstellen, weil ich eben ein richtiger eifersüchtiger Spanier sei, daß ich schließlich eine Einladung annahm und Jeanne mitbrachte. Zu diesem Essen erschienen auch Magritte und seine Frau. Die Stimmung war von Anfang an ausgesprochen mürrisch. Aus irgendeinem nicht ersichtlichen Grund hob Breton die Augen nicht vom Teller, runzelte die Brauen und ließ nur ab und zu ein Wort fallen. Wir fragten uns, was eigentlich los sei. Plötzlich konnte er nicht mehr an sich halten und zeigte mit dem Finger auf ein kleines Kreuz, das Magrittes Frau an einem goldenen Kettchen am Hals trug. Das sei eine unerträgliche Provokation, erklärte er laut, sie solle sich etwas anderes umhängen, wenn sie zu ihm zum Essen komme. Magritte setzte sich zur Wehr und verteidigte seine Frau. Der Streit war heftig, dauerte eine Weile und klang schließlich ab. Magritte und seine Frau nahmen sich zusammen und blieben bis zum Ende des Abends. Eine zeitweilige Abkühlung der Beziehungen war die Folge.

Breton maß gewissen Details, die ein anderer überhaupt nicht wahrnahm, eine außerordentliche Bedeutung bei. Ich traf ihn in Mexiko nach einem Besuch bei Trotzki und fragte ihn nach seinem Eindruck. Er antwortete:

„Trotzki hat einen Hund, den er sehr mag. Einmal steht der Hund neben ihm und sieht ihn an. Da sagt Trotzki zu mir: ‚Hat der Hund nicht einen richtig menschlichen Blick?' Stellen Sie sich das vor! Wie kann ein Mann wie Trotzki so was Dummes sagen! Ein Hund hat keinen menschlichen Blick. Ein Hund blickt wie ein Hund."

Er war ganz außer sich, als er mir das erzählte. Ein andermal stürzte er aus seiner Wohnung und trat mit dem Fuß gegen eine Kiste, in der ein Hausierer die Bibeln trug, die er verkaufte.

Wie viele Surrealisten verabscheute er Musik und vor allem die Oper. Ich wollte ihn von diesem Irrtum befreien und brachte ihn schließlich dazu, mit mir und ein paar Freunden, es waren wohl René Char und Éluard, in die Opéra Comique zu gehen. Es gab *Louise* von Charpentier, eine Oper, die ich nicht kannte. Gleich als der Vorhang hochging, wurden wir, ich als erster, durch die Dekorationen und die Personen völlig aus der Fassung gebracht. Das hatte nichts mit dem zu tun, was ich an der traditionellen Oper mochte. Eine Frau trat mit einer Suppenterrine auf und begann eine Suppenarie zu singen. Das war zuviel. Breton stand auf und verließ geräuschvoll das Theater, wütend, weil er seine Zeit vertan hatte. Wir anderen folgten.

Ich habe Breton während des Krieges ziemlich oft in New York wiedergesehen und später in Paris. Wir sind Freunde geblieben bis zum Schluß. Trotz der Preise, die mir auf verschiedenen Festivals verliehen wurden, hat er mir nie mit Ausschluß gedroht. Er gestand mir sogar, in *Viridiana* habe er geweint. Dagegen war er, ich weiß nicht warum, vom *Würgeengel* enttäuscht.

Um 1955 habe ich ihn einmal in Paris getroffen, als wir beide auf dem Weg zu Ionesco waren. Da wir zu früh dran waren, haben wir zusammen noch ein Glas getrunken. Ich fragte ihn, warum Max Ernst aus der

Gruppe ausgeschlossen worden sei – man warf ihm vor, daß er den Großen Preis der Biennale von Venedig angenommen hatte.

„Was soll man machen, mein lieber Freund", antwortete Breton, „wir haben uns von Dalí getrennt, als er ein übler Händler geworden war, und jetzt macht Max dasselbe."

Breton schwieg einen Moment, dann fügte er mit einem Ausdruck tiefen, wirklichen Kummers im Blick hinzu: „Es ist traurig, mein lieber Luis, aber mit dem Skandal ist es vorbei."

Ich war in Paris, als er starb, und bin zum Friedhof gegangen. Um nicht erkannt zu werden und nicht mit Leuten reden zu müssen, die ich seit vierzig Jahren nicht gesehen hatte, hab ich mich ein wenig verkleidet, mir einen Hut und eine Brille aufgesetzt und mich etwas abseits gehalten.

Alles verlief schnell und ohne Reden. Nachher ging jeder seiner Wege. Ich fand es schade, daß niemand ein paar Worte an seinem Grab gesagt hat, als eine Art Abschied.

L'Age d'or (Das goldene Zeitalter)

Nach dem *Andalusischen Hund* war es für mich natürlich undenkbar, so etwas wie einen „kommerziellen" Film zu machen. Ich wollte um jeden Preis Surrealist bleiben. Da es nicht in Frage kam, meine Mutter erneut um die Finanzierung zu bitten, sah ich keine Lösung und verzichtete aufs Kino.

Aber ich hatte eine Menge Ideen, Gags – ein Karren mit Arbeitern fährt durch einen eleganten Salon, ein Vater erschießt seinen Sohn, weil der daran schuld ist, daß ihm die Asche von der Zigarette fällt –, die ich aufschrieb, wie sie mir einfielen. Bei einer Reise nach Spanien erzählte ich sie Dalí. Er fand sie interessant. Das wäre ein Film. Aber wie sollte man ihn machen?

Ich fuhr zurück nach Paris. Zervos von den *Cahiers d'art* brachte mich mit Georges-Henri Rivière zusammen, der sich erbot, mich den Noailles vorzustellen, die er gut kannte und die den *Andalusischen Hund* „phantastisch" gefunden hatten. Ich antwortete zunächst, wie es sich gehörte, daß ich von Adligen nichts erwarte. „Sie irren sich", beteuerten Zervos und Rivière, „das sind wirklich tolle Leute, die sollten Sie unbedingt kennenlernen." Schließlich nahm ich eine Einladung zum Essen an, zusammen mit Georges und Nora Auric. Das Palais an der Place des États-Unis mit seiner unvorstellbar reichen Kunstsammlung war sagenhaft. Nach dem Essen, am Kamin, sagte Charles de Noailles zu mir:

„Wir schlagen Ihnen vor, einen Zwanzig-Minuten-Film zu drehen. Sie haben völlige Freiheit. Unsere einzige Bedingung: Wir haben Strawinsky eine Zusage gegeben, er wird die Musik schreiben."

„Ich bedaure sehr", antwortete ich, „aber wie soll ich mit einem Herrn zusammenarbeiten, der sich auf die Knie wirft und an die Brust schlägt?" – jedenfalls erzählte man sich das von Strawinsky.

Charles de Noailles reagierte auf eine für mich unerwartete Weise und gewann damit meine Sympathie.

„Sie haben ganz recht", sagte er, ohne die Stimme zu heben. „Strawinsky und Sie, das geht nicht zusammen. Bestimmen Sie also selbst den Komponisten, den Sie wollen, und machen Sie Ihren Film. Für Strawinsky finden wir etwas anderes."

Ich nahm an, bekam sogar einen Vorschuß auf meine Gage und fuhr nach Figueras zu Dalí.

Das war Weihnachten 1929.

Ich komme in Figueras an, von Paris über Saragossa – wo ich immer Station machte, um meine Familie zu besuchen –, und werde Zeuge eines fürchterlichen Wutausbruchs. Die Notarkanzlei von Dalís Vater lag im Parterre, die Familie – Vater, Tante und Dalís Schwester Ana María – wohnte im ersten Stock. Plötzlich reißt der Vater wutentbrannt die Tür auf, wirft seinen Sohn auf die Straße und schimpft, er sei ein erbärmliches Subjekt. Dalí versucht, zu widersprechen und sich zu rechtfertigen. Ich komme näher, der Vater zeigt auf seinen Sohn und sagt zu mir, er wolle dieses Schwein nicht mehr in seinem Hause sehen. Der verständliche Grund des väterlichen Zorns: Bei einer Ausstellung in Barcelona hatte Dalí mit schwarzer Tinte und in ungelenken Lettern auf eins seiner Bilder geschrieben: „Ich spucke mit Vergnügen auf das Bild meiner Mutter."

Nach der Vertreibung aus Figueras bat mich Dalí, mit nach Cadaqués zu kommen. Wir begannen mit der Arbeit. Aber nach zwei oder drei Tagen merkten wir, daß der Zauber vom *Andalusischen Hund* verflogen war. War das schon Galas Einfluß? Wir konnten uns über nichts einig werden. Jeder fand schlecht, was der andere vorschlug, und lehnte es ab.

Wir haben uns in Freundschaft getrennt, und ich habe das Buch in Hyères, auf dem Landsitz von Charles und Marie-Laure de Noailles, allein geschrieben. Abends las ich ihnen die Seiten vor, die ich am Tage geschrieben hatte. Sie hatten keinen einzigen Einwand und fanden alles – ich übertreibe kaum – „exquisit" und „köstlich".

Schließlich wurde es ein Film von einer Stunde, viel länger als *Ein andalusischer Hund*. Dalí hatte mir mehrere Einfälle brieflich mitgeteilt, und wenigstens einer davon ist in den Film eingegangen: Ein Mann geht mit einem Stein auf dem Kopf durch einen öffentlichen Park und kommt dabei an einer Statue vorbei, die ebenfalls einen Stein auf dem Kopf hat. Als Dalí später den Film sah, gefiel er ihm sehr. „Man könnte ihn für einen amerikanischen halten", meinte er.

Bei den sorgfältig vorbereiteten Dreharbeiten wurde kein Franc vergeudet. Jeanne, meine Verlobte, fungierte als Buchhalterin. Als ich Charles de Noailles nach Fertigstellung des Films die Abrechnung vorlegte, war sogar noch Geld übrig.

Er ließ die Abrechnung auf dem Tisch im Salon liegen, und wir begaben uns ins Speisezimmer. Später sah ich an den verkohlten Papierresten, daß er meine Aufstellungen verbrannt hatte. Aber er hatte es nicht vor mir gemacht. Seine Geste hatte nichts Angeberisches, und das schätzte ich über alles.

L'Age d'or wurde in den Ateliers von Billancourt gedreht. In der Halle nebenan drehte Eisenstein den Film *Sonate de printemps,* auf den ich später noch zurückkommen werde. Gaston Modot hatte ich auf dem Montparnasse kennengelernt. Er schwärmte für Spanien und spielte Gitarre. Lya Lys, die die weibliche Hauptrolle spielte, war mir von einer Agentin geschickt worden, zusammen mit Elsa Kuprine, der Tochter eines russischen Schriftstellers. Ich weiß nicht mehr, warum ich mich für Lya Lys entschieden habe. Duverger machte wieder die Kamera, und Marval war Aufnahmeleiter wie beim *Andalusischen Hund*. Marval spielte auch einen der Bischöfe, die zum Fenster hinausgeworfen werden.

Ein russischer Bühnenbildner kümmerte sich um die Atelierbauten. Die Außenaufnahmen wurden in Katalonien, in der Nähe von Cadaqués, und bei Paris gedreht. Max Ernst spielte den Räuberhauptmann, Pierre Prévert den kranken Räuber. Unter den Gästen im Salon kann man Valentine Hugo erkennen, groß und schön, und gleich neben ihr den berühmten spanischen Keramiker Artigas, den Freund von Picasso, einen winzig kleinen Mann, den ich mit einem riesigen Schnurrbart ausgestattet hatte. Die italienische Botschaft sah in dieser Figur eine Anspielung auf König Viktor Emanuel, der auch winzig war, und protestierte.

Mit mehreren Schauspielern hatte ich Probleme, vor allem mit dem emigrierten Russen, der den Dirigenten spielte. Er war wirklich nicht gut. Dagegen war ich sehr zufrieden mit der Statue, die eigens für den Film gemacht wurde. Außerdem sieht man einmal Jacques Prévert über die Straße gehen. Und die Stimme im Off – *L'Age d'or* war der zweite oder dritte französische Tonfilm –, die sagt: „Komm näher mit deinem Kopf, hier ist das Kissen kühler“, ist die Stimme von Paul Éluard.

Der Schauspieler, der im letzten Teil des Films, in der Hommage à Sade, den Duc de Blangis darstellt, hieß Lionel Salem. Er war auf Christusrollen spezialisiert und spielte sie in mehreren Filmen jener Zeit.

Ich habe den Film nie wieder gesehen und kann nicht sagen, was ich heute von ihm hielte. Dalí, der ihn erst mit einem amerikanischen Film verglichen hatte – wegen der Technik wahrscheinlich – und dessen Name noch im Vorspann steht, schrieb später, ihm sei es bei der Arbeit am Drehbuch darauf angekommen, die üblen Mechanismen der gegenwärtigen Gesellschaft bloßzulegen.

Für mich war es auch und vor allem ein Film des *amour fou,* jenes unwiderstehlichen Drangs, der einen Mann und eine Frau, die letzten Endes nie zusammenkommen können, gleich unter welchen Umständen einander in die Arme treibt.

Während der Dreharbeiten drang die Surrealistengruppe in ein Nachtlokal am Boulevard Edgar Quinet ein, das sich unvorsichtigerweise nach dem Gedicht von Lautréamont *Les Chants de Maldoror* genannt hatte – die uneingeschränkte Verehrung der Surrealisten für Lautréamont ist ja bekannt.

Weil wir als Ausländer bei einem Überfall auf ein öffentliches Lokal Unannehmlichkeiten mit der Polizei zu gewärtigen hatten, durften ich und noch ein paar andere nicht mitmachen. Es war eine nationale Angelegenheit. Das Nachtlokal wurde verwüstet, und Aragon bekam einen Messerstich ab. Im Lokal befand sich ein rumänischer Journalist, der sich positiv über den *Andalusischen Hund* geäußert hatte, jedoch aufs heftigste gegen das Eindringen der Surrealisten protestierte. Als er zwei Tage später in Billancourt auftauchte, ließ ich ihn vor die Tür setzen.

Die erste Vorführung fand für ein paar Eingeweihte bei den Noailles statt, die – sie sprachen immer mit einem leichten britischen Akzent – den Film „exquisit“ und „köstlich“ fanden.

Bald darauf ließen sie eine Vorführung morgens um zehn im Cinéma Panthéon stattfinden, zu der sie die feinste Pariser Gesellschaft einluden, vor allem auch einige andere Adelige. Marie-Laure und Charles standen am Eingang – das hat mir Juan Vicens erzählt, ich war damals nicht in Paris –, drückten den Gästen die Hände und küßten einige sogar. Nach der Vorführung stellten sie sich wieder an die Tür, um ihre Gäste zu verabschieden und ihre Meinung zu hören, aber die Gäste verabschiedeten sich kurz und kühl und sagten kein Wort.

Am nächsten Tag wurde Charles de Noailles im Jockey-Club die Tür gewiesen, und seine Mutter mußte sogar zum Papst nach Rom, weil von Exkommunikation die Rede war.

Der Film kam wie *Ein andalusischer Hund* im Studio 28 heraus und lief sechs Tage vor ausverkauftem Haus. Dann begann die rechte Presse gegen den Film zu wüten, und die Camelots du Roi und die Jeunesses Patriotiques überfielen das Kino, zerschlitzten die Bilder der surrealistischen Ausstellung im Foyer, warfen Bomben gegen die Leinwand und demolierten die Stühle. Das war „der Skandal von *L'Age d'or*".

Eine Woche später verbot der Polizeipräfekt Chiappe zur Wahrung der öffentlichen Ordnung den Film ganz einfach. Das Verbot blieb fünfzig Jahre in Kraft. Der Film war nur in Privatvorführungen und Kinematheken zu sehen. 1980 kam er endlich in New York heraus und 1981 in Paris.

Die Noailles haben mir dieses Verbot nie nachgetragen. Sie freuten sich sogar uneingeschränkt über die gute Aufnahme des Films bei den Surrealisten.

Ich habe die Noailles oft wiedergesehen – jedesmal, wenn ich nach Paris kam. 1933 veranstalteten sie in Hyères ein Fest, zu dem die eingeladenen Künstler beitragen konnten, was sie wollten. Dalí und Crevel, die auch erwartet wurden, lehnten ab. Darius Milhaud, Francis Poulenc, Georges Auric, Igor Markevitch und Henri Sauguet machten dagegen mit. Sie komponierten Stücke, die sie im Stadttheater von Hyères selbst dirigierten. Jean Cocteau zeichnete das Programm, und Christian Bérard entwarf die Kostüme der Gäste – für maskierte Gäste war eine Loge reserviert.

Auf Veranlassung von Breton, der schöpferische Geister gern animierte, sich auszudrücken, und mich unentwegt fragte, wann ich endlich etwas für die Zeitschrift schriebe, verfaßte ich innerhalb einer Stunde die Texte zu *Une Girafe*.

Pierre Unik verbesserte mein Französisch. Danach ging ich zu Alberto Giacometti, der erst kurz zuvor zu der Gruppe gestoßen war, ins Atelier und bat ihn, mir eine lebensgroße Giraffe zu zeichnen und aus Sperrholz auszusägen. Giacometti sagte zu, fuhr mit mir nach Hyères und machte die Giraffe. Jeder Flecken der Giraffenhaut saß auf einem Scharnier und ließ sich mit der Hand hochklappen. Darunter standen die Anweisungen, die ich in einer Stunde verfaßt hatte und die, wenn man sie wirklich wortwörtlich ausgeführt hätte, ein Vierhundert-Millionen-Dollar-Spektakel ergeben hätten. Der vollständige Text erschien in *Le Surréalisme au service de la Révolution*. In einem Fleck stand zum Beispiel: „In einem Keller intoniert ein Hundert-Mann-Orchester die ersten Takte der Walküre." In einem anderen: „Christus lacht sich kaputt" – ich schmeichle mir, der Erfinder dieses oft wiederholten Bildes zu sein.

Dann wurde die Giraffe im Garten der Abbaye Saint-Bernard, dem Landsitz der Noailles, aufgestellt. Man hatte den Gästen eine Überraschung angekündigt, und vor dem Abendessen wurden sie aufgefordert, mit Hilfe einer Trittleiter zu lesen, was im Innern der Flecken stand.

Sie kamen der Aufforderung nach, und es schien ihnen zu gefallen. Nach dem Kaffee ging ich mit Giacometti wieder in den Garten hinunter. Keine Giraffe mehr da! Ohne jede weitere Erklärung war sie verschwunden. Ob man sie, nach dem Skandal von *L'Age d'or,* zu skandalös gefunden hatte? Ich weiß nicht, was aus der Giraffe geworden ist. Charles und Marie-Laure haben mir gegenüber nie ein Wort darüber verloren, und ich traute mich nicht, nach den Gründen für die plötzliche Verbannung zu fragen.

Nach ein paar Tagen in Hyères sagte mir der Dirigent Roger Désormières, daß er nach Monte Carlo fahre, um dort die erste Vorstellung des neuen Russischen Balletts zu dirigieren. Er lud mich ein, ihn zu begleiten, und ich nahm sofort an. Einige Gäste, unter ihnen Cocteau, brachten uns zum Bahnhof, und einer warnte mich: „Passen Sie auf mit den Tänzerinnen, sie sind noch sehr jung und unschuldig, und sie bekommen eine jämmerliche Gage – daß bloß nicht hinterher eine schwanger ist!"

Im Zug, während der zweistündigen Reise, gab ich mich einem Wachtraum hin, wie mir das oft passiert. Ich sah wie in einem Harem den ganzen Schwarm der Tänzerinnen mir gegenübersitzen, alle in schwarzen Strümpfen, und auf meine Befehle warten. Ich zeigte mit dem Finger auf eine, sie stand auf und näherte sich mir gehorsam, dann änderte ich meine Meinung, nein, ich wollte eine andere, ebenso unterwürfige. So trug der Zug mich schaukelnd dahin, und kein Hindernis stellte sich meinen erotischen Phantasien entgegen.

Und so war es dann in Wirklichkeit: Désormière hatte eine der Tänzerinnen zur Freundin. Er schlug mir vor, nach der Vorstellung mit seiner Freundin und einem anderen Mädchen aus der Truppe noch etwas trinken zu gehen. Dagegen hatte ich natürlich nichts einzuwenden.

Die Aufführung verlief ohne Zwischenfälle. Am Schluß – vielleicht waren die Mädchen wirklich schlecht bezahlt und unterernährt – brachen zwei oder drei Tänzerinnen vor Erschöpfung zusammen, darunter auch Désormières' Freundin. Als es ihr wieder besser ging, fragte sie eine ihrer Kolleginnen, eine sehr hübsche Weißrussin, ob sie nicht noch mitkommen wolle. Und so saßen wir zu viert, wie geplant, in einem Nachtlokal.

Alles ließ sich ganz vorzüglich an. Désormières und seine Freundin zogen sich schon bald zurück und ließen mich mit der Weißrussin allein. Aber dann kam ich aus Gott weiß welchem Grund, wohl durch meine Ungeschicklichkeit, die so oft mein Verhältnis zu Frauen bestimmt hat, auf russische Politik zu sprechen, auf den Kommunismus und die Revolution, und sofort erklärte die Tänzerin, daß sie ganz antisowjetisch eingestellt sei, sie scheute sich nicht einmal, von „Verbrechen" des kommunistischen Regimes zu sprechen. Ich wurde wütend und nannte sie eine miese Reaktionärin. Wir stritten uns noch eine Weile, dann gab ich ihr das Geld für eine Droschke und ging nach Hause.

Später habe ich diesen Wutausbruch bedauert, wie einige andere noch.

Von den Ruhmestaten des Surrealismus hat mir eine besonders gut gefallen. Georges Sadoul und Jean Caupenne sitzen 1930 in irgendeiner Provinzstadt in einem Café herum und lesen Zeitung. Dabei stoßen sie auf die Abschlußergebnisse der Militärakademie von Saint-Cyr. Der erste, der Primus seiner Klasse, ist ein gewisser Keller.

Was mir an der Geschichte so gefällt, ist, daß Sadoul und Caupenne nichts zu tun haben, sie sitzen irgendwo allein in der Provinz und langweilen sich, und plötzlich kommt ihnen die blendende Idee: Und wenn wir diesem Schwachkopf mal einen Brief schrieben?

Gesagt, getan. Sie bitten den Kellner um Schreibzeug und verfassen einen der schönsten Beleidigungsbriefe der surrealistischen Geschichte. Sie setzen ihre Unterschrift darunter und schicken ihn unverzüglich an den Primus von Saint-Cyr. Darin stehen so unvergeßliche Sätze wie: „Wir spucken auf die drei Farben. Mit Euch Widerlingen hängen wir die Eingeweide aller Offiziere der französischen Armee in die Sonne. Sollte man uns zwingen, in den Krieg zu ziehen, dann wollen wir wenigstens unter der glorreichen deutschen Pickelhaube dienen ..." Etcetera.

Besagter Keller bekam den Brief, übergab ihn dem Direktor von Saint-Cyr, der ihn an den General Gouraud weiterleitete, während er in *Le Surréalisme au service de la Révolution* veröffentlicht wurde.

Die Affäre verursachte beträchtliches Aufsehen. Sadoul kam zu mir und sagte, er müsse fliehen, er müsse Frankreich verlassen. Ich erzählte den Noailles davon, die, großzügig wie immer, ihm viertausend Francs gaben. Caupenne wurde festgenommen. Die Väter Sadouls und Caupennes wurden beim Generalstab in Paris vorstellig, um sich zu entschuldigen. Doch vergeblich, in Saint-Cyr wollte man eine öffentliche

Entschuldigung. Sadoul verließ Frankreich, aber Caupenne soll kniefällig vor der ganzen versammelten Militärakademie um Verzeihung gebeten haben – ich weiß nicht, ob es stimmt.

Bei dieser Geschichte fällt mir wieder André Bretons abgründige Traurigkeit ein, als er 1955 zu mir sagte: „Es gibt keine Skandale mehr ..."

Im Umkreis des Surrealismus habe ich Schriftsteller und Maler getroffen und oft auch gut gekannt, die mit der Bewegung kurz in Berührung kamen, von ihr angezogen wurden und sich wieder lösten, zurückkamen und erneut gingen. Und noch andere, die ihren eigenen Weg suchten. Am Montparnasse hatte ich Fernand Léger kennengelernt, den ich ziemlich oft sah. André Masson kam fast nie zu unseren Treffen, aber er unterhielt freundschaftliche Beziehungen zur Gruppe. Die wirklichen surrealistischen Maler waren Dalí, Tanguy, Arp, Miró, Magritte und Max Ernst.

Ernst, mit dem ich sehr eng befreundet war, hatte vorher schon zur Dada-Bewegung gehört. Ihn hatte der Ruf des Surrealismus in Deutschland erreicht, wie Man Ray in Amerika. Max Ernst erzählte mir, wie er in Zürich mit Arp und Tzara, noch vor der Bildung der Surrealistengruppe, bei einer Veranstaltung anläßlich einer Ausstellung ein kleines Mädchen – immer wieder diese Lust, Kinder zu verderben! – im Kommunionkleid mit einer Kerze in der Hand einen eindeutig pornographischen Text hatte sprechen lassen, den es nicht verstand. Der Skandal war beachtlich.

Max Ernst, schön wie ein Adler, entführte die Schwester des Drehbuchautors Jean Aurenche, Marie-Berthe, die auch eine kleine Rolle bei dem Empfang in *L'Age d'or* hatte, und heiratete sie. Einmal, ich weiß nicht mehr, ob vor oder nach seiner Heirat, verbrachte er die Ferien im selben Ort wie Ángeles Ortiz. Der war der Liebling der Salons und konnte seine Eroberungen schon gar nicht mehr zählen. In jenem Jahr verliebten sich Max Ernst und Ortiz in dieselbe Frau, und Ortiz machte das Rennen.

Kurz darauf meldeten sich Breton und Éluard bei mir in der Rue Pascal und eröffneten mir, daß sie mich im Namen meines Freundes Max Ernst aufsuchten, der unten an der Straßenecke warte. Max beschuldigte mich, durch meine Intrigen zu Ortiz' Erfolg beigetragen zu haben. Breton und Éluard verlangten eine Erklärung. Ich versicherte ihnen, ich hätte mit der ganzen Angelegenheit nichts zu tun, ich sei wirklich nicht der erotische Berater von Ángeles Ortiz, und so zogen sie wieder ab.

André Derain dagegen hatte nichts mit dem Surrealismus zu tun. Er war mindestens dreißig, fünfunddreißig Jahre älter als ich und hat mir oft von der Pariser Kommune erzählt. Von ihm habe ich zum erstenmal davon gehört, daß die Versailler bei der blutigen Niederschlagung der Kommune Männer deshalb hingerichtet haben, weil sie sie an ihren schwieligen Händen als Arbeiter erkannt hatten.

Derain, ein großer, starker Mann, wirkte ungeheuer sympathisch. Eines Abends nahm er mich, zusammen mit dem Bilderhändler Pierre Collé, in ein Bordell mit, das er kannte und wo er Kirschen in Alkohol essen wollte.

„Guten Abend, Monsieur André, wie geht es Ihnen? Sie haben sich aber lange nicht mehr blicken lassen!" Und dann sagte die Bordellmutter: „Ich habe da ein kleines Mädchen. Ich werde sie dir zeigen, diese Unschuld mußt du sehen. Aber bitte vorsichtig! Man muß sie sehr zart behandeln."

Dann kommt ein Wesen auf flachen Schuhen und in weißen Söckchen herein, die Haare zu Zöpfen geflochten, und spielt lächelnd mit einem Reifen. Doch welche Enttäuschung! Es war eine vierzigjährige Zwergin.

Von den Schriftstellern habe ich Roger Vitrac sehr gut gekannt, den Breton und Éluard – ich habe nie herausbekommen, warum – nicht besonders schätzten.

André Thirion, der auch zu der Gruppe gehörte, war der einzige Politiker. Nach einer unserer Versammlungen warnte mich Éluard: „Den interessiert nur die Politik." Später besuchte mich Thirion, der sich als revolutionären Kommunisten bezeichnete, einmal mit einer großen Spanienkarte in der Rue Pascal. Damals waren Putschs die große Mode, und er hatte sich bis ins kleinste Detail einen Putsch zum Sturz der spanischen Monarchie ausgedacht. Er wollte von mir geographische Details wissen, Hügel und Pfade, um sie in seine Karte einzutragen. Ich habe ihm aber nicht viel helfen können.

Er hat ein Buch über jene Zeit geschrieben, *Révolutionnaires sans révolution,* das mir ganz gut gefallen hat. Natürlich hat er sich selbst die beste Rolle zugeschrieben – aber das tun wir ja alle, oft ohne es zu merken –, und er hat ein paar intime Details enthüllt, was ich unpassend und überflüssig fand. Dagegen unterschreibe ich ohne Abstriche alles, was er über André Breton sagt. Nach dem Krieg hat Sadoul mir erzählt, daß Thirion zum „Verräter" geworden, zu den Gaullisten übergelaufen und für die Fahrpreiserhöhung bei der Metro verantwortlich sei.

Maxime Alexandre wiederum konvertierte zum Katholizismus. Jacques Prévert brachte mich mit Georges Bataille zusammen, dem Autor der *Geschichte des Auges*, der mich wegen des durchschnittenen Auges im *Andalusischen Hund* kennenlernen wollte. Wir trafen uns zum Essen. Batailles Frau Sylvia, der ich später als Frau von Jacques Lacan wiederbegegnen sollte, gehörte für mich, zusammen mit Bronja, der Frau von René Clair, zu den schönsten Frauen, die ich in meinem Leben habe sehen dürfen. Was Bataille betraf, den Breton nicht besonders schätzte, den er zu grob, zu sachlich fand, so wirkte sein Gesicht hart und ernst. Undenkbar, daß er einmal lächelte.

Antonin Artaud habe ich nur flüchtig gekannt, allenfalls habe ich ihn zwei- oder dreimal getroffen. Ich weiß noch, wie ich ihn am 6. Februar 1934 in der Metro gesehen habe. Ich stand hinter ihm in der Schlange, um eine Fahrkarte zu kaufen. Er redete mit sich selbst und fuchtelte mit den Händen. Da wollte ich ihn nicht stören.

Ich werde nicht selten gefragt, was aus dem Surrealismus geworden sei. Dann weiß ich nicht recht, was ich antworten soll. Manchmal sage ich, der Surrealismus habe in Nebendingen gesiegt und sei im wesentlichen gescheitert. Breton, Éluard und Aragon gehören zu den besten französischen Schriftstellern des zwanzigsten Jahrhunderts, sie haben ihren festen Platz in den Bibliotheken. Ernst, Magritte und Dalí gehören zu den teuersten und renommiertesten Malern und haben ihren Platz in den Museen. Künstlerischer Erfolg und kulturelle Anerkennung waren aber genau das, was die meisten von uns am wenigsten interessierte. Die surrealistische Bewegung war nicht darauf aus, ruhmreich in die Literatur- und Kunstgeschichte einzugehen. Ihr Hauptziel, ihr unabweislicher und zugleich unrealisierbarer Wunsch war, die Welt zu verwandeln und das Leben zu ändern. Was diesen Punkt betrifft, den entscheidenden, so braucht man sich nur kurz umzuschauen, um unser Scheitern zu erkennen.

Natürlich hätte es auch gar nicht anders kommen können. Wir sehen heute, wie winzig die Rolle war, die der Surrealismus spielte, im Vergleich zu den unberechenbaren und sich immer erneuernden Kräften der historischen Realität. Die Träume, die uns verzehrten, umspannten die ganze Erde, aber was waren wir schon! Eine kleine Gruppe ungebärdiger Intellektueller, die in einem Café palaverten und eine Zeitschrift herausgaben. Eine Handvoll Idealisten, die sich schnell uneins waren, wenn es darum ging, direkt in Aktion zu treten und auch Gewalt anzuwenden.

Und doch ist mir mein ganzes Leben hindurch etwas geblieben von meiner Zeit – etwas mehr als drei Jahre waren es – in der hinreißenden und wilden Gesellschaft der Surrealisten. Geblieben ist mir vor allem der freie Zugang zu den Tiefen des menschlichen Wesens, der uns wichtig war und den wir ersehnten, dieser Ruf nach dem Irrationalen, nach dem Dunklen, nach den Impulsen, die aus den Tiefen unseres Ichs kommen. Ein Ruf, der damals zum erstenmal mit einer solchen Kraft und einem solchen Mut laut wurde und der zusammenging mit einer ungewöhnlichen Rücksichtslosigkeit, einer Lust am Spiel, einer großen Hartnäckigkeit im Kampf gegen alles, was uns verderblich schien. Von alldem habe ich nichts zurückgenommen.

Bleibt noch zu sagen, daß die Surrealisten in den meisten Fällen die richtige Ahnung gehabt haben. Zum Beispiel was die Arbeit betrifft – ein sankrosankter Wert der bürgerlichen Gesellschaft, ein Wort, an das man nicht rühren durfte. Die Surrealisten sind die ersten gewesen, die die Arbeit systematisch attackiert, die Verlogenheit dieses Wertes entlarvt und erklärt haben, daß bezahlte Arbeit eine Schande sei. Ein Nachhall dieser Vorstellung klingt aus der Rede, die Don Lope in *Tristana* dem stummen Jungen hält:

„Arme Arbeiter! Betrogen und obendrein geschlagen! Die Arbeit ist ein Fluch, Saturno. Nieder mit der Arbeit, die man nur tut, um seinen Lebensunterhalt zu verdienen. Diese Arbeit macht uns keine Ehre, wie man uns erzählt. Sie dient nur dazu, die Wänste der Schweine zu füllen, die uns ausbeuten. Dagegen adelt die Arbeit, die man aus Vergnügen, aus Berufung macht. So müßten alle arbeiten können. Sieh mich an: Ich arbeite nicht. Und wenn man mich aufhängt, ich arbeite nicht. Und du siehst, ich lebe, ich lebe schlecht, aber ich lebe, ohne zu arbeiten."

Einiges in dieser Rede findet sich schon in Galdós' Roman, aber es hat da einen anderen Sinn. Der Autor kritisierte seine Figur wegen ihres Müßiggangs, in dem er einen Makel sah.

Intuitiv hatten die Surrealisten gespürt, daß der Wert „Arbeit" begann, seine Gültigkeit zu verlieren. Heute, fünfzig Jahre später, wird überall über den Zerfall dieses Wertes geredet, den man für ewig hielt. Man fragt sich, ob der Mensch wirklich zur Arbeit geboren ist; man beginnt, sich mit dem Gedanken an eine Kultur der Muße vertraut zu machen. In Frankreich gibt es sogar ein Freizeitministerium.

Noch etwas ist mir vom Surrealismus geblieben: Daß ich in mir einen heftigen Konflikt entdeckte zwischen den Prinzipien einer allgemeinen Moral und meiner persönlichen, die meinem Instinkt und meiner eigenen Erfahrung entspringt. Bis zu meinem Eintritt in die Gruppe konnte ich mir nicht vorstellen, daß ich in einen solchen Konflikt geraten könnte. Und ich glaube, dieser Konflikt ist für jedes Leben unerläßlich.

Was mir also aus diesen Jahren geblieben ist, mehr als alle künstlerischen Entdeckungen, als alle Verfeinerung meiner Neigungen und meines Denkens, das ist ein klarer und unerbittlicher moralischer Anspruch, dem ich in allen Lebenslagen versucht habe treuzubleiben. Diese Treue einer bestimmten Moral gegenüber durchzuhalten ist gar nicht so einfach, wie man meinen könnte. Sie stößt sich unentwegt am Egoismus, an der Eitelkeit, an der Habgier, an der Neigung, sich in Szene zu setzen, an der Bequemlichkeit, der Vergeßlichkeit. Zuweilen bin ich einer dieser Schwächen erlegen und habe gegen meine eigenen Regeln gehandelt – aber ich glaube nur in weniger wichtigen Fällen. Meist hat mir die Zeit meiner engen Berührung mit dem Surrealismus geholfen zu widerstehen. Und das ist im Grunde vielleicht das Entscheidende.

Anfang Mai 1968 war ich in Paris. Ich begann mit meinen Assistenten gerade die Vorbereitungen und die Motivsuche zur *Milchstraße*, als wir eines Tages plötzlich vor den Barrikaden standen, welche die Studenten im Quartier Latin errichtet hatten. Innerhalb kurzer Zeit war das Leben in Paris total aus dem Geleis.

Ich hatte Herbert Marcuses Schriften gelesen und war mit ihnen einverstanden. Ich fand alles richtig, was über die Konsumgesellschaft gesagt und geschrieben wurde und über die Notwendigkeit, das unfruchtbar und gefährlich gewordene Leben in andere Bahnen zu lenken, ehe es zu spät sei. Es hat im Mai 68 wunderbare Momente gegeben. Ich ging durch die Straßen, in denen der Aufruhr herrschte, und entdeckte nicht ohne Überraschung auf den Hauswänden einige unserer surrealistischen Parolen wie „Alle Macht der Phantasie“ und „Es ist verboten zu verbieten“.

Aber unsere Arbeit stockte, wie überhaupt alle Arbeit, und ich wußte nicht recht, was ich machen sollte, allein in Paris, ein interessierter, aber allmählich beunruhigter Tourist. Das Tränengas brannte mir in den Augen, wenn ich nach den Unruhen der Nacht über den Boulevard Saint-Michel ging. Nicht alles, was da vorging, verstand ich, zum Beispiel nicht, weshalb die Demonstranten „Mao! Mao!“ miauten, wie wenn sie sich wirklich die Errichtung des Mao-Regimes in Frankreich gewünscht hätten. Sonst ganz vernünftige Leute verloren den Kopf. Louis Malle, ein guter Freund, teilte als Leiter irgendeiner Aktionsgruppe seine Truppen für die große Schlacht ein und befahl meinem Sohn Jean-Louis, auf jeden Polizisten zu schießen, der sich an der Straßenecke zeigte. Hätte mein Sohn gehorcht, wäre er wahrscheinlich das einzige Guillotine-Opfer der Mai-Ereignisse geworden. Mit der Ernsthaftigkeit einerseits und dem Geschwätz andererseits griff zugleich eine große Konfusion um sich. Jeder suchte mit seiner kleinen Laterne seine eigene Revolution. Ich sagte mir immer wieder: Wenn das hier Mexiko wäre,

wäre alles in zwei Stunden vorbei, und es gäbe zwei- oder dreihundert Tote – was dann auch genauso, bis auf die Zahl der Toten, im Oktober auf der Plaza de las Tres Culturas eingetreten ist.

Serge Silberman, der Produzent des Films, nahm mich für ein paar Tage mit nach Brüssel, von wo ich leicht nach Hause zurückkehren konnte. Doch ich entschloß mich, wieder nach Paris zu fahren. Nach einer Woche war das, was man Ordnung nennt, wiederhergestellt, und das große, wunderbarerweise kaum blutige Fest ging zu Ende. Außer den Parolen zeigte der Mai 68 noch viele Gemeinsamkeiten mit dem Surrealismus: dieselben ideologischen Themen, dieselbe Begeisterung, dieselben Spaltungen, denselben Illusionismus, dieselben Schwierigkeiten, sich zwischen Worten und Taten zu entscheiden. Wie wir haben die Studenten von 68 viel geredet und wenig gehandelt. Aber ich werfe ihnen das nicht vor. Wie André Breton sagen würde: Die Aktion ist fast so unmöglich geworden wie der Skandal.

Es sei denn, man entschiede sich für den Terrorismus, was einige ja auch taten. Auch da entrinnt man nicht den Sprüchen unserer Jugend, wie zum Beispiel dem Satz Bretons: „Der einfachste surrealistische Akt besteht darin, mit dem Revolver in der Hand auf die Straße zu gehen und in die Menge zu schießen." Ich meinerseits vergesse nicht, daß ich einst geschrieben habe, *Ein andalusischer Hund* sei nichts als ein Aufruf zum Mord.

Die Symbolik des Terrorismus, die unserem Jahrhundert zu eigen ist, hat mich immer angezogen. Ich meine den totalen Terrorismus, der auf die Zerstörung jeder Gesellschaft zielt, der ganzen menschlichen Rasse. Aber ich habe nur Verachtung für die, die aus dem Terrorismus eine politische Waffe im Kampf um irgendeiner Sache willen machen, zum Beispiel für Leute, die in Madrid Menschen töten und verwunden, um die Welt auf die Probleme in Armenien aufmerksam zu machen. Von diesen Terroristen spreche ich nicht, vor denen graut mir.

Ich spreche von der Bonnot-Bande, die ich angebetet habe, ich spreche von Ascaso und Durruti, die ihre Opfer mit Bedacht auswählten, von den französischen Anarchisten gegen Ende des neunzehnten Jahrhunderts, von all jenen, die eine Welt, die ihnen des Überlebens nicht wert schien, in die Luft sprengen wollten und sich selbst mit ihr. Ich verstehe sie, oft habe ich sie bewundert. Es ist nun mal so, daß bei mir, wie bei den meisten Menschen, zwischen Vorstellung und Realität ein tiefer Graben klafft. Ich bin kein Mann der Tat, kein Bombenwerfer, ich bin es nie gewesen und wäre unfähig, es denen gleichzutun, denen ich mich manchmal so nahe fühlte.

Bis zum Schluß bin ich mit Charles de Noailles in Verbindung geblieben. Immer wenn ich in Paris war, speisten wir miteinander.

Das letzte Mal lud er mich in sein Palais ein, in dem er mich fünfzig Jahre vorher empfangen hatte. Aber es war wie eine andere Welt. Marie-Laure war tot. An den Wänden, in den Regalen war nichts geblieben von den einstigen Schätzen.

Charles war taub geworden wie ich, und wir konnten uns nur schwer verständigen. Wir haben einander gegenübergesessen, gegessen und wenig geredet.

Amerika, 1930

1930. *L'Age d'or* war noch nicht heraus. Die Noailles, die sich in ihrem Palais als erste in Paris eine Tonfilmprojektion hatten einrichten lassen, erlaubten mir, den Film in ihrer Abwesenheit den Surrealisten zu zeigen. Die kamen auch alle und fingen vor der Vorführung an, die Flaschen in der Bar zu probieren und dann in den Ausguß zu schütten. Thirion und Tzara, glaube ich, waren die Schlimmsten. Nach ihrer Rückkehr, einige Zeit später, fragten mich die Noailles, wie die Vorführung verlaufen sei – vorzüglich –, und vermieden taktvoll jede Anspielung auf die leeren Flaschen.

Dank den Noailles sah der Europa-Generaldirektor der Metro-Goldwyn-Mayer den Film. Wie viele Amerikaner bewegte er sich gern in der Gesellschaft von Adligen. Er forderte mich auf, einmal in seinem Büro vorbeizuschauen.

Nachdem ich ihm beim ersten Mal erklärt hatte, daß mich das überhaupt nicht interessierte, ging ich schließlich doch hin. Er sagte mir dann etwa folgendes:

„Ich habe *L'Age d'or* gesehen, aber der Film hat mir überhaupt nicht gefallen. Ich habe überhaupt nichts verstanden, aber beeindruckt hat er mich doch. Und so schlage ich Ihnen folgendes vor: Sie gehen nach Hollywood, um unsere phantastische Technik kennenzulernen, die die beste der Welt ist. Ich schicke Sie dorthin, ich bezahle Ihnen die Reise, Sie bleiben sechs Monate dort, verdienen zweihundertfünfzig Dollar die Woche" – das war damals sehr gut – „und haben weiter nichts zu tun als aufzupassen, wie man Filme macht. Was wir weiter mit Ihnen machen, werden wir dann sehen."

Ich war völlig überrascht und bat mir achtundvierzig Stunden Bedenkzeit aus. Am selben Abend fand bei Breton ein Treffen statt. Ich sollte mit Aragon und Sadoul zum Kongreß der revolutionären Intellektuellen nach Charkow fahren. Ich erzählte den Surrealisten vom Angebot der MGM, und niemand hatte etwas dagegen.

Ich unterzeichnete den Vertrag, und im Dezember 1930 schiffte ich mich in La Havre auf dem amerikanischen Dampfer „Leviathan" ein, dem damals größten Schiff der Welt. Ich machte die Reise, eine wundervolle Reise, zusammen mit dem spanischen Humoristen Tono und seiner Frau Leonor.

Tono war engagiert worden, um in Hollywood die spanischen Fassungen amerikanischer Filme zu bearbeiten. 1930 begann der Film zu sprechen. Damit verlor er schlagartig seinen internationalen Charakter. Beim Stummfilm brauchte man für die verschiedenen Länder nur die Zwischentitel auszuwechseln. Jetzt mußte man in denselben Dekors und derselben Beleuchtung verschiedene Fassungen desselben Films mit französischen oder spanischen Schauspielern drehen. Das hatte einen Strom von Schriftstellern und Schauspielern, die in ihrer eigenen Sprache schreiben und spielen sollten, ins sagenumwobene Hollywood zur Folge. Ich war vernarrt in Amerika, ohne es zu kennen, und hingerissen von allem: der Lebensweise, den Filmen, den Wolkenkratzern und sogar von den Uniformen der Bullen. Voller Begeisterung verbrachte ich fünf Tage in New York, im Hotel Algonquin, ständig mit einem argentinischen Dolmetscher an der Seite, weil ich kein Wort englisch sprach.

Dann nahm ich, wieder mit Tono und seiner Frau, den Zug nach Los Angeles. Es war ein Traum – ich glaube, daß Amerika das schönste Land der Welt ist. Als wir nach vier Reisetagen nachmittags um fünf ankamen, empfingen uns drei spanische Schriftsteller, die auch in Hollywood engagiert waren: Edgar Neville, López Rubio und Ugarte.

Man steckte uns sofort ins Auto, um uns zu einem Abendessen zu Neville zu fahren. „Du wirst mit deinem *supervisor* zu Abend essen", sagte mir Ugarte. Gegen sieben Uhr abends kam dann auch ein Herr mit grauen Schläfen, der mir als mein *supervisor* vorgestellt wurde, begleitet von einer hinreißenden jungen Frau. Wir setzten uns zu Tisch, und zum ersten Mal in meinem Leben aß ich Avocados.

Während Neville den Dolmetscher machte, betrachtete ich meinen *supervisor* und sagte zu mir: „Den kenne ich doch, den habe ich bestimmt schon mal gesehen." Gegen Ende der Mahlzeit erkannte ich ihn plötzlich: Es war Chaplin, und die Frau war Georgia Hale, seine Darstellerin in *The Gold Rush*. Chaplin konnte kein Wort Spanisch, aber er behauptete, Spanien ganz besonders zu mögen – es war das bekannte folkloristische Spanien, mit Füßestampfen und „Olé!“. Er und Neville kannten sich gut, deshalb war er zum Essen da.

Am nächsten Tag bezog ich mit Ugarte ein Apartment am Oakhurst Drive in Beverly Hills. Meine Mutter hatte mir Geld gegeben. Zuerst kaufte ich mir ein Auto, einen Ford, dann eine Flinte und meine erste Leica. Bald bekam ich Geld, und alles lief vorzüglich. Los Angeles gefiel mir ungemein – nicht nur wegen Hollywood.

Zwei oder drei Tage nach meiner Ankunft wurde ich einem Regisseur und Produzenten namens Lewine vorgestellt, der Irving Thalberg, dem obersten MGM-Boß, unterstellt war. Ein gewisser Frank Davis, der später mein Freund wurde, bekam den Auftrag, sich um mich zu kümmern.

Meinen Vertrag fand er „seltsam“.

„Womit wollen Sie anfangen?“ fragte er mich. „Mit dem Schnitt, dem Drehbuch, den Dreharbeiten, den Bauten?“

„Mit den Dreharbeiten!“

„Gut. Es gibt vierundzwanzig Atelierhallen auf dem MGM-Gelände. Sagen Sie, in welche Sie wollen. Man wird Ihnen einen Ausweis ausstellen, mit dem Sie überall reinkommen.“

Ich entschied mich für die Halle, in der gerade ein Film mit Greta Garbo gedreht wurde. Mit meiner Karte bewaffnet, trat ich vorsichtig ein, schließlich kannte ich den Filmbetrieb ein bißchen, und hielt mich im Hintergrund, während die Maskenbildner mit dem Star beschäftigt waren. Man bereitete wohl gerade eine Großaufnahme vor.

Trotz meiner Zurückhaltung bemerkte sie mich. Ich sah, wie sie einem Herrn mit einem hauchdünnen Schnauzer ein Zeichen machte und etwas zu ihm sagte. Der Herr mit dem dünnen Schnurrbart kam zu mir und fragte mich: „What are you doing here?“

Ich verstand nichts und konnte erst recht nichts antworten. So wurde ich vor die Tür gesetzt.

Von dem Tag an beschloß ich, ruhig zu Hause zu bleiben und nicht mehr ins Studio zu gehen, außer samstags, um mein Geld abzuholen. Man ließ mich vier Monate lang völlig in Ruhe. Niemand kümmerte sich darum, was ich machte.

Um ehrlich zu sein – ganz so war es nicht. Einmal habe ich in der spanischen Fassung eines Films eine kleine Rolle als Barmann gehabt, hinter der Theke – immer die Bars!

Einmal habe ich mir auch einen ungewöhnlichen Dekor angesehen. Auf dem Außengelände des Studios, dem *back-lot,* konnte man in einem riesigen Schwimmbecken die Hälfte eines bis in alle Einzelheiten nachgebauten Schiffes sehen. Eine Sturmszene wurde gerade vorbereitet. Das

Boot schaukelte auf starken Federn, um die Bewegung der Wellen nachzuahmen. Rundherum riesige Ventilatoren. Obendrüber riesige Wasserbehälter, die sich, wenn sich das verlorene Schiff in einem Wellental befand, darüber ausgießen sollten. Was mich beeindruckte und mich heute noch beeindruckt, sind die phantastischen Mittel und die Qualität der Tricks. Es sah aus, als wäre nichts unmöglich und man könnte die ganze Welt neu erschaffen.

Es machte mir auch großen Spaß, die mythischen Kinofiguren, vor allem die „Schurken“ wie zum Beispiel Wallace Beery, in Realität zu sehen. Ich setzte mich in die Studiohalle und ließ mir die Schuhe putzen, dabei betrachtete ich die bekannten Gesichter, die vorüberkamen. Einmal hat sich Ambrosio neben mich gesetzt. Ambrosio – so hieß er in Spanien – war der mächtige Komiker mit den furchterregenden, schwarz umränderten Augen, der oft mit Chaplin spielte. Ein andermal habe ich im Theater neben Ben Turpin gesessen, der im Leben genauso schielte wie auf der Leinwand.

Einmal bin ich, weil mich die Neugier trieb, in die Haupthalle der MGM gegangen, weil überall verkündet worden war, der allmächtige Louis B. Mayer wolle das Wort an die versammelte Mannschaft seiner Angestellten richten.

Wir waren mehrere hundert und saßen auf Bänken der Tribüne gegenüber, auf der der große Boß inmitten seiner leitenden Angestellten Platz nahm. Natürlich war Thalberg auch dabei. Alle waren da, Sekretärinnen, Techniker, Schauspieler, Arbeiter. Keiner fehlte.

An dem Tag hatte ich eine Erleuchtung – ich begriff etwas von Amerika. Verschiedene Direktoren ergriffen nacheinander das Wort und erhielten Beifall. Schließlich erhob sich auch der große Boß, und in das erwartungsvolle und ehrfürchtige Schweigen hinein sagte er:

„Meine lieben Freunde. Nach sehr langem Nachdenken glaube ich, in einer ganz einfachen, wenn nicht sogar endgültigen Formel zusammenfassen zu können, was das Geheimnis ist, das, bei Wahrung der Rechte jedes einzelnen, den ständigen Fortschritt und das dauerhafte Wachstum unserer Gesellschaft gewährleistet. Diese Formel will ich Ihnen aufschreiben.“

Hinter ihm stand eine Tafel. Louis B. Mayer drehte sich um und schrieb – wie man sich vorstellen kann, unter immer noch erwartungsvollem Schweigen – langsam mit Kreide in Großbuchstaben: COOPERATE.

Und setzte sich unter donnerndem, ehrlich gemeintem Beifall wieder hin.

Ich war starr vor Staunen.

Die Trommeln von Calanda

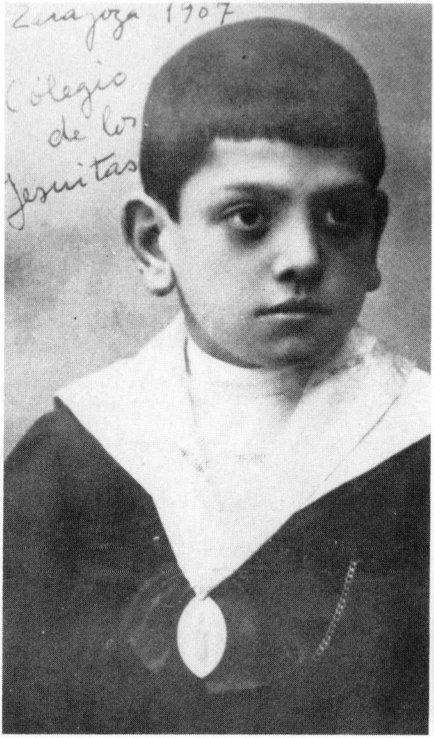

Luis Buñuel im Jahr 1907 als Schüler des Jesuitenkollegs in Saragossa

Der Vater (*Foto:* Petit)

Die Mutter

Als Artillerist in Madrid (*Foto:* Vandel)

Der Orden von Toledo 1924. *Von links nach rechts:* Salvador Dalí, Maria Luisa Gonzáles, Luis Buñuel im Priestergewand, Juan Vicens, Hinojosa (im Bürgerkrieg erschossen); *sitzend:* Moreno Villa

Buñuel und Dalí in Figueras, 1927 (*Sammlung:* Lluis Permanyer)

Federico García Lorca und Luis Buñuel 1924 in Madrid (*Archiv:* Georges Sadoul)

Als Assistent von Jean Epstein während der Dreharbeiten von *Der Fall des Hauses Usher*. Mit Marguerite Gance und Jean Debucourt (*Foto:* Dréville – Cahiers du Cinéma)

Buñuel in *Un Chien andalou*

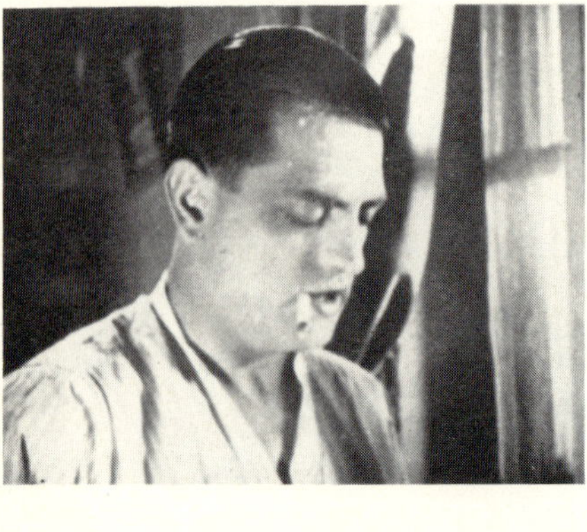

Bei den Dreharbeiten von *L'Age d'or. Stehend, ganz links:* Max Ernst. *Im Hintergrund, Mitte:* Luis Buñuel. *Auf dem Boden sitzend:* Pierre Prévert

Als „Kanake" in Paris (*Archiv:* Vendrell)

Bei den Dreharbeiten zu *L'Age d'or* im Jahr 1930 an der Costa Brava (*Foto:* Cahiers du Cinéma)

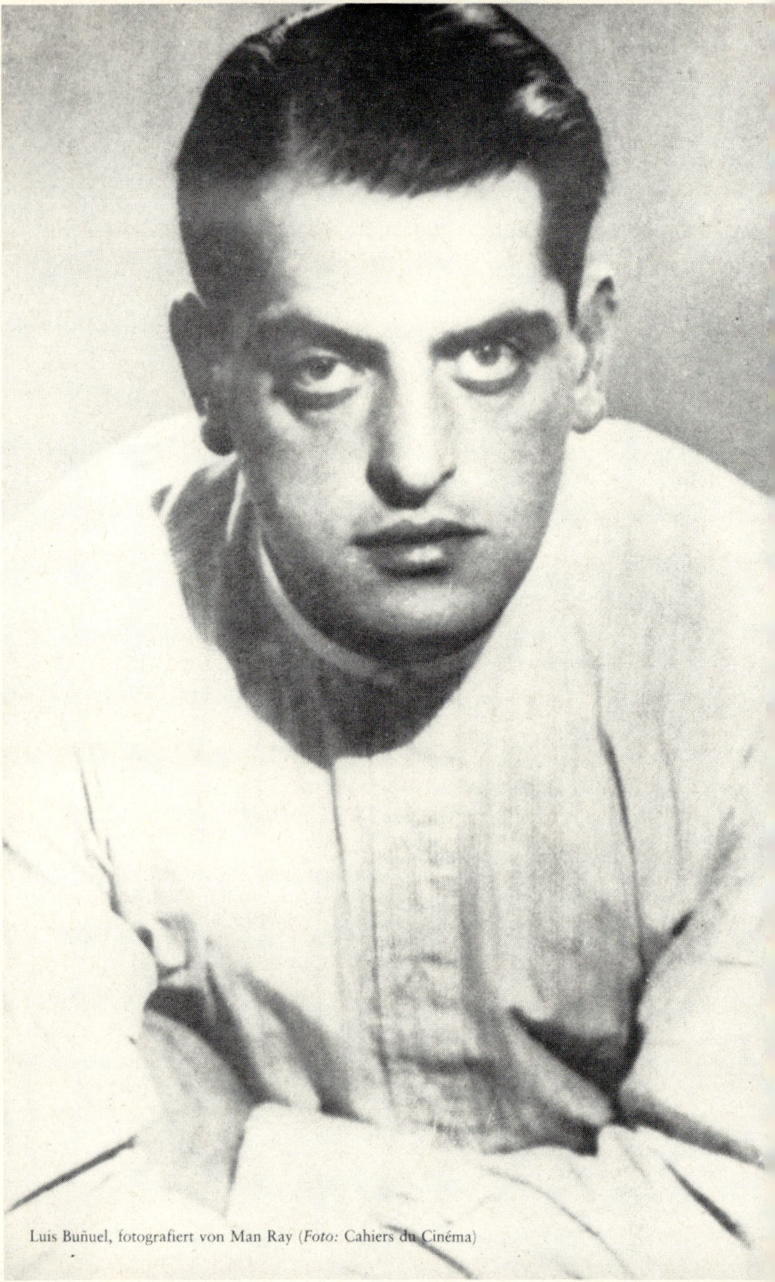

Luis Buñuel, fotografiert von Man Ray (*Foto:* Cahiers du Cinéma)

Buñuel zuhause

Buñuel verkleidet

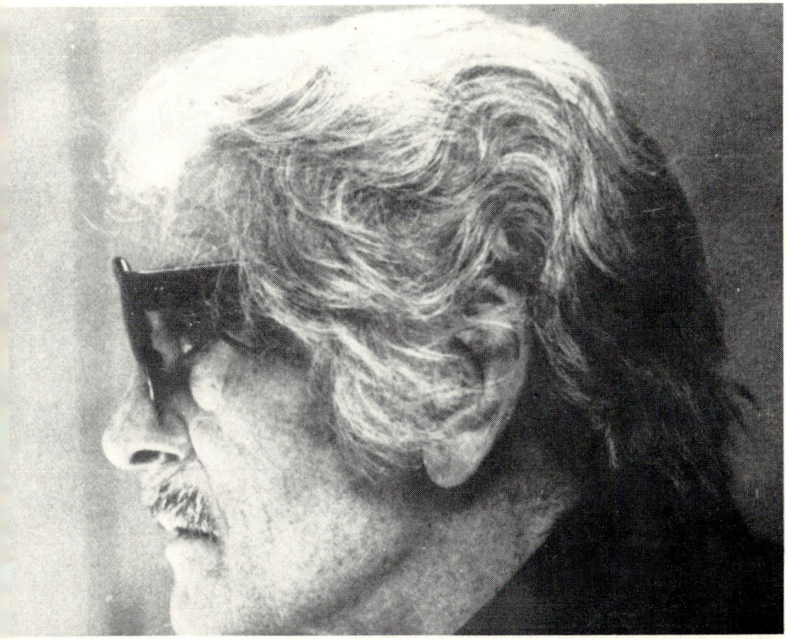

Bei den Dreharbeiten von *[cut off]*

Bei den Dreharbeiten von *Nazarín* (*Foto:* Producciones Barbachano Ponce)

Buñuel mit dem leprösen Bettler aus *Viridiana,* 1961 (*Foto:* Salvador)

Mit Jeanne Moreau während der Dreharbeiten für den Film *Journal d'une femme de chambre* (*Foto:* Perauer)

Dreharbeiten zu *La Voie lactée,* 1968

Los Angeles 1972. *Stehend von links nach rechts:* Robert Mulligan, William Wyler, George Cukor (der Gastgeber), Robert Wise, Jean-Claude Carrière, Serge Silberman, der Kritiker Charles Champlin und Rafael Buñuel. *Sitzend:* Billy Wilder, George Stevens, Luis Buñuel, Alfred Hitchcock und Ruben Mamoulian

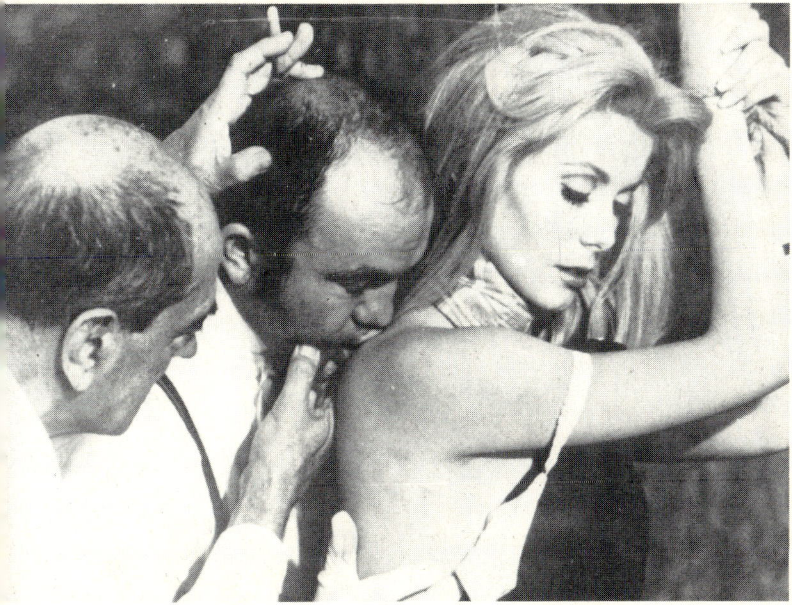

Mit Catherine Deneuve bei den Dreharbeiten zu *Belle de Jour*

Jeanne, Buñuels Frau, und sein Sohn Juan Luis in New York (*Foto:* Luis Buñuel)

Wiedersehen mit der Mutter in Spanien

Buñuel mit seiner Schwester Conchita in den Pyrenäen

Mit Carlos Saura im Jahre 1961

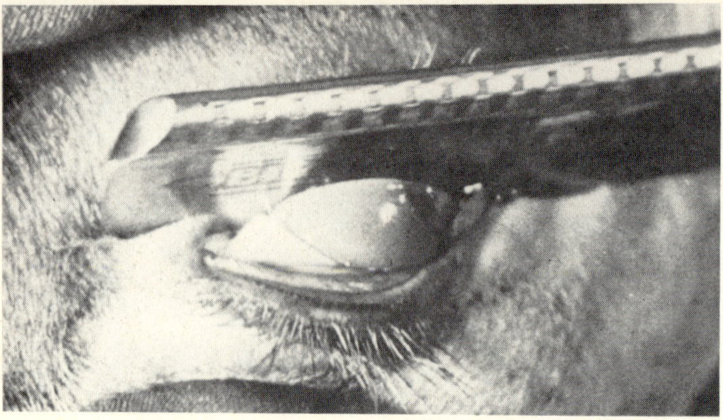

Der Schnitt durch das Auge aus *Un Chien andalou* (*Sammlung:* John Kobal)

Buñuel beim Stopfen. *Cet obscur objet du désir*, 1977 (*Foto:* Greenwich Films Production)

Alle Fotos ohne Quellenvermerk befinden sich in der Sammlung des Autors

Abgesehen von diesen lehrreichen Ausflügen in die Welt des Kinos machte ich, meist allein oder mit meinem Freund Ugarte, in meinem Ford lange Spazierfahrten, die uns bis an den Rand der Wüste führten. Jeden Tag begegnete ich neuen Gesichtern. Damals habe ich Dolores del Rio kennengelernt, die mit einem Bühnenbildner verheiratet war, dann Jacques Feyder, den französischen Regisseur, den ich bewunderte. Aus Paris wurden mir die Zeitungsartikel geschickt, die ausführlichst über den Skandal um *L'Age d'or* berichteten und mich oft unglaublich beschimpften. Ein hinreißender Skandal!

Jeden Samstag lud Chaplin uns Spanier ins Restaurant ein. In seinem Haus auf den Hügeln spielte ich oft Tennis, schwamm oder nahm Bäder in seiner Sauna, und einmal habe ich sogar bei ihm geschlafen. (An anderer Stelle, in dem bescheidenen Kapitel über mein Sexualleben, habe ich von unserer mißglückten Orgie mit den Mädchen aus Pasadena berichtet.) Bei Chaplin habe ich des öfteren auch Eisenstein getroffen, der seine Reise nach Mexiko vorbereitete, wo er *Que viva Mexico!* drehen wollte.

Nachdem mich *Potemkin* in helle Begeisterung versetzt hatte, empfand ich einen anderen Film Eisensteins, *Sonate de printemps*, als ich ihn in Frankreich, in den Studios von Épinay, sah, geradezu als Beleidigung. Es gab da einen großen weißen Flügel in einem vom Winde sanft bewegten Kornfeld zu bewundern, Schwäne auf dem Aterlierteich und noch allen möglichen anderen Dreck. Voller Wut hatte ich in den Cafés von Montparnasse nach Eisenstein Ausschau gehalten, um ihm eine Ohrfeige zu verpassen, ihn aber nicht gefunden. Später hat er dann erzählt, *Sonate de printemps* sei das Werk seines Assistenten Grigorij Alexandrow. Eine Lüge – ich habe Eisenstein selbst in Billancourt die Schwanenszene drehen sehen.

In Hollywood hatte ich meine Wut jedoch vergessen, und wir tranken gemeinsam an Chaplins Swimmingpool eisgekühlte Drinks und redeten über alles und nichts.

In einem anderen Studio, bei der Paramount, habe ich Josef von Sternberg kennengelernt, der mich an seinen Tisch bat. Kurz darauf kam jemand und teilte ihm mit, alles sei zum Drehen fertig, und er lud mich ein, mit auf den *back-lot* zu kommen.

Der Film, den er drehte, spielte in China. Eine orientalische Menge, von den Assistenten dirigiert, glitt in Booten über Kanäle, drängte sich über Brücken und durch enge Straßen.

Mir fiel auf, daß die Kameras vom Dekorateur plaziert wurden und nicht von Sternberg selbst, dessen Rolle sich darauf beschränkte, „action" zu sagen und die Schauspieler zu führen. Dabei war er noch ein

Starregisseur. Die meisten anderen waren nur Sklaven im Sold der Studiobosse. Sie führten, so gut sie es konnten, das aus, was man ihnen vorher gesagt hatte. Auf den Film hatten sie keinerlei Einfluß. Sie durften nicht einmal den Schnitt kontrollieren.

In meinen nicht gerade seltenen Mußestunden hatte ich ein ziemlich seltsames Ding erdacht und gemacht, ein Dokument, das leider verlorengegangen ist – mein Leben lang habe ich vieles verloren, weggegeben oder weggeworfen –, nämlich eine synoptische Tabelle über den amerikanischen Film.

Auf einer großen Pappe oder Holzplatte brachte ich, mittels Schnüren leicht zu bewegen, mehrere Rubriken an. Die erste Rubrik zum Beispiel für das Milieu: Pariser Milieu, Western, Gangster, Krieg, Tropen, Komödie, Mittelalter und so weiter. Die zweite Rubrik betraf die Epoche, die dritte die Hauptfiguren und so weiter – es waren etwa fünf Rubriken.

Das Grundprinzip war das folgende. Das amerikanische Kino funktionierte nach einem so mechanischen, festgelegten System, daß, wenn man ein bestimmtes Milieu, eine bestimmte Zeit, bestimmte Figuren auf eine Reihe brachte, dank meines Schnursystems todsicher auch die Hauptgeschichte herauskam.

Mein Freund Ugarte, der über mir im selben Haus wohnte, beherrschte den Mechanismus meiner synoptischen Tabelle aus dem Effeff. Ich muß noch ergänzen, daß vor allem die Auskünfte über das Schicksal der weiblichen Hauptfiguren, die man dank meiner Tabelle bekommen konnte, außerordentlich genau und zuverlässig waren.

Eines Abends lud mich Sternbergs Produzent zu einer *sneak-preview* des Films *Dishonored* mit Marlene Dietrich ein – ein Spionagefilm, sehr frei nach dem Leben der Mata Hari. Eine *sneak-preview* ist die unangekündigte Vorführung eines noch nicht gestarteten Films, bei dem die Publikumsreaktionen getestet werden, meistens am Schluß des Abendprogramms, nach dem letzten langen Film.

Spät in der Nacht komme ich mit dem Produzenten im Auto zurück, wir setzen Sternberg ab, und der Produzent sagt zu mir:

„Ist das nicht ein schöner Film?"

„Ein sehr schöner Film."

„Was für ein Regisseur!"

„Ganz zweifellos."

„Die Geschichte ist auch wirklich einmalig."

Ich erlaube mir die Bemerkung, daß sich Sternberg meiner Meinung nach nicht gerade durch die Originalität seiner Geschichten auszeichne. Er nehme häufig billige Melodramen, banale Geschichten und transformiere sie durch seine Inszenierung.

„Banale Geschichten?" schreit der Produzent. „Wie können Sie so etwas sagen? Nichts ist da banal! Im Gegenteil! Denken Sie doch nur daran, daß der Star des Films zum Schluß erschossen wird! Marlene Dietrich wird erschossen! Das hat man doch noch nie gesehen!"

„Verzeihen Sie", sage ich, „aber nach den ersten fünf Minuten wußte ich, daß sie zum Schluß erschossen würde."

„Was? Was sagen Sie da? Ich sage Ihnen, in der ganzen Geschichte des Films hat man so was noch nicht erlebt. Und Sie wollen behaupten, sie hätten es vorher gewußt? Na, hören Sie mal! Übrigens wird das Publikum meiner Meinung nach den Schluß nicht mögen. Ganz und gar nicht ..."

Er fängt an, sich darüber Sorgen zu machen, und um ihn zu beruhigen, lade ich ihn ein, noch auf einen Drink zu mir hereinzukommen. Er kommt mit, ich gehe hinauf und wecke Ugarte:

„Komm runter, ich brauche dich!"

Maulend, mit vom Schlaf knittrigen Augen, kommt er im Schlafanzug zu uns. Ich setze ihn dem Produzenten gegenüber und sage langsam zu ihm:

„Hör gut zu, es geht um einen Film."

„Ja."

„Wiener Milieu."

„Ja."

„Zeit: der Weltkrieg."

„Ja."

„Zu Beginn des Films sieht man eine Nutte. Man sieht ganz klar, daß es eine Nutte ist, sie reißt auf der Straße einen Offizier auf und ..."

Gähnend steht Ugarte auf, winkt ab und – der Produzent schaut überrascht, aber im Grunde doch beruhigt – schickt sich an, wieder nach oben ins Bett zu gehen:

„Hör auf. Zum Schluß des Films wird sie erschossen."

Zu Weihnachten 1930 hatten Tono und seine Frau für ein Dutzend Spanier, Schauspieler und Schriftsteller, sowie für Chaplin und Georgia Hale ein Essen ausgerichtet. Jeder brachte ein Geschenk für zwanzig, dreißig Dollar mit, und die Geschenke wurden dann an den Weihnachtsbaum gehängt.

Man trank – Alkohol floß trotz der Prohibition in Strömen –, und ein damals ziemlich bekannter Schauspieler namens Rivelles rezitierte auf spanisch ein bombastisches Gedicht von Eduardo Marquina zum Ruhm der alten Flandernkämpfer.

Das Gedicht widerte mich an. Ich fand es ekelhaft, wie mir alles patriotische Getue ekelhaft ist. Ich saß bei dem Essen zwischen Ugarte und einem anderen Freund, Peña, einem einundzwanzigjährigen Schauspieler. Leise sagte ich zu ihnen:

„Wenn ich mir die Nase schneuze, ist das das Zeichen. Ich stehe auf und ihr auch, und wir reißen diesen widerlichen Weihnachtsbaum zusammen."

Gesagt, getan. Ich schneuzte mich, wir drei standen auf und fingen unter den weit aufgerissenen Augen der Gäste an, den Weihnachtsbaum zu zerstören.

Leider ist es nicht einfach, einen Weihnachtsbaum in Stücke zu reißen. Vergeblich rissen wir uns die Hände wund. Darauf griffen wir nach den Paketen und zertrampelten sie am Boden.

Tiefes Schweigen ringsherum. Chaplin blickte verständnislos. Leonor, Tonos Frau, sagte zu mir:

„Luis, das ist wirklich eine Gemeinheit."

„Überhaupt nicht", antwortete ich. „Das ist alles andere als eine Gemeinheit. Das ist ein Akt des Vandalismus und der Subversion."

Der Abend endete früh.

Am nächsten Tag, ein schöner Zufall, las ich in einer Zeitung, daß in Berlin in einer Kirche während des Gottesdienstes ein Gläubiger aufgestanden war und den Weihnachtsbaum zerstört hatte.

Unser subversiver Akt hatte noch ein Nachspiel. Für den Silvesterabend lud Chaplin uns zu sich ein, und da stand wieder ein Baum und wieder mit Geschenken. Ehe wir uns zu Tisch setzten, nahm Chaplin mich beim Arm und sagte zu mir – Neville übersetzte:

„Da Sie ja gern Weihnachtsbäume zerreißen, Buñuel, machen Sie es jetzt gleich, dann werden wir hinterher nicht mehr gestört."

Ich antwortete, daß ich kein Weihnachtsbaumzerreißer sei, daß ich nur zur Schau gestellten Patriotismus nicht ertragen könne, und der Patriotismus sei mir an dem Weihnachtsabend auf die Nerven gegangen.

Es war die Zeit von *City Lights*. Ich sah den Film, als er noch geschnitten wurde. Die Szene, in der Charlie eine Pfeife verschluckt, kam mir unerträglich lang vor, aber ich traute mich nicht, es zu sagen. Neville, der derselben Meinung war, sagte mir, er habe sie schon geschnitten. Später hat er sie dann noch mehr gekürzt.

Chaplin war ein Mensch, der seiner Sache nie ganz sicher war. Er zögerte oft und fragte um Rat. Da er die Musik zu seinen Filmen im Schlaf komponierte, hatte er neben seinem Bett ein kompliziertes Aufnahmegerät aufstellen lassen. Im Halbschlaf summte er ein paar Takte vor sich hin. Auf diese Weise komponierte er für einen seiner Filme in aller Unschuld die Musik des Lieds *La Violetera* noch einmal, was ihm einen Prozeß eintrug und ihn nicht wenig Geld kostete.

Er hat sich den *Andalusischen Hund* zu Hause mindestens ein dutzendmal angesehen. Beim ersten Mal hörten wir, kaum daß die Vorführung begonnen hatte, ein ziemlich lautes Geräusch. Der chinesische Hausdiener, der auch als Vorführer fungierte, war ohnmächtig zusammengebrochen.

Später hat mir Carlos Saura erzählt, daß Chaplin seiner Tochter Geraldine als kleines Mädchen bestimmte Szenen aus dem *Andalusischen Hund* erzählte, um ihr Angst zu machen.

Ich hatte mich auch mit einem jungen Toningenieur, Jack Jordan, angefreundet. Er war seinerseits eng befreundet mit Greta Garbo, und die beiden machten lange Spaziergänge im Regen. Jordan war ein sehr sympathischer, scheinbar sehr unamerikanischer Amerikaner und kam oft zu mir, um einen mit mir zu trinken – ich hatte immer alles Nötige. Am Tag vor meiner Abreise nach Europa im März 1931 kam er, um sich zu verabschieden. Wir redeten eine Weile miteinander, und plötzlich stellte er mir eine ganz unerwartete, überraschende Frage – ich habe sie vergessen, aber sie hatte nichts mit unserer vorangegangenen Unterhaltung zu tun. Ich bin überrascht, antworte aber trotzdem. Er bleibt noch einen Augenblick und geht dann.

Am nächsten Tag, dem Tag meiner Abreise, erzählte ich diesen Vorfall einem anderen Freund, und der erklärt mir: „Ach, das ist eine ganz bekannte Sache, ein Test. Ihrer Antwort entsprechend wird Ihre Persönlichkeit beurteilt."

Da unterzieht mich ein Mann, den ich seit vier Monaten kenne, am letzten Tag einem heimlichen Test. Ein Mann, der von sich behauptete, mein Freund zu sein. Und der sich für unamerikanisch hielt.

Einer meiner wirklichen Freunde war Thomas Kilkpatrick, Drehbuchschreiber und Assistent von Frank Davis. Ich weiß nicht, durch welchen wunderbaren Zufall er perfekt spanisch sprach. Er hatte einen ziemlich bekannten Film gemacht, bei dem es um einen Mann geht, der immer kleiner wird.

Eines Tages treffe ich ihn, und er sagt zu mir:

„Thalberg möchte, daß du dir morgen mit ein paar anderen Spaniern Probeaufnahmen von Lily Damita anschaust. Er möchte wissen, ob sie im Spanischen einen Akzent hat."

„Erstens", sage ich darauf, „bin ich hier als Franzose und nicht als Spanier engagiert, und zweitens sagen Sie Herrn Thalberg bitte, daß ich mir keine Nutten anhöre."

Am Morgen darauf habe ich gekündigt und angefangen, mich für die

Abreise fertigzumachen. Die MGM war nicht nachtragend. Zum Abschied bekam ich ein Schreiben, in dem es hieß, daß man sich meiner Mitarbeit noch lange erinnern würde.

Mein Auto verkaufte ich der Frau von Neville. Auch meine Flinte verkaufte ich. Ich reiste ab mit Erinnerungen, die damals schon wunderschön waren. Wenn ich an die Zeit zurückdenke, an die Frühlingsdüfte im Laurel Canyon, an das italienische Restaurant, in dem man den Wein aus Kaffeetassen trank, an die Bullen, die mich einmal stoppten, um zu kontrollieren, ob ich auch keinen Alkohol bei mir hatte, und die mich dann nach Hause begleiteten, weil ich den Weg nicht mehr fand, wenn ich an meine Freunde Frank Davis und Kilkpatrick denke, an das so andere Leben, die amerikanische Wärme und Unschuld, spüre ich eine innere Bewegung – auch heute noch.

Ich hatte damals eine fixe Idee: Polynesien. Von Los Angeles aus hatte ich eine Reise zu den glücklichen Inseln vorbereitet, auf die ich dann aber aus zwei Gründen verzichtete. Zunächst einmal war ich verliebt – wie immer ganz keusch – in eine Freundin von Lya Lys. Und dann hatte André Breton vor meiner Abreise in Paris zwei oder drei Tage darauf verwandt, mein Horoskop zu stellen – auch das habe ich verloren –, und danach sollte ich entweder infolge einer Verwechslung von Medikamenten sterben oder aber auf fernen Meeren.

Ich verzichtete also auf die Reise und nahm den Zug nach New York, das mich wie beim ersten Mal begeisterte. Ich blieb etwa zehn Tage – es war die Zeit der Speakeasies – und schiffte mich auf der „Lafayette" nach Frankreich ein. Die Reise machte ich mit einigen französischen Schauspielern, die ebenfalls nach Europa zurückfuhren, und einem englischen Industriellen, Mr. Uncle, der Direktor einer Hutfabrik in Mexiko war und für mich dolmetschte.

Es ging ziemlich hoch her. Ich sehe mich noch frühmorgens, natürlich an einer Bar, mit einer Frau auf den Knien. Während der Überfahrt waren meine ungebrochenen surrealistischen Überzeugungen Anlaß zu einem Miniskandal. Anläßlich der Geburtstagsfeier des Kapitäns im großen Salon intonierte das Orchester die amerikanische Nationalhymne. Alle erhoben sich, nur ich blieb sitzen. Auf die amerikanische Hymne folgte die Marseillaise, und ich legte ostentativ die Füße auf den Tisch. Ein junger Mann trat zu mir und sagte auf englisch, mein Verhalten sei abscheulich. Ich antwortete, daß es für mich nichts Abscheulicheres gebe als Nationalhymnen. Dann tauschten wir noch ein paar Beleidigungen aus, und der junge Mann zog sich zurück.

Eine halbe Stunde später kam er wieder, um sich zu entschuldigen, und reichte mir die Hand. Unversöhnlich schlug ich auf die ausgestreckte Hand. In Paris erzählte ich nicht ohne Stolz – ein Stolz, der mir heute kindisch vorkommt – meinen surrealistischen Freunden diese Geschichte. Ihnen gefiel sie.

Während der Überfahrt hatte ich ein ziemlich seltsames – natürlich platonisches – Liebesabenteuer mit einer achtzehnjährigen Amerikanerin, die behauptete, verrückt nach mir zu sein. Sie reiste allein, wollte sich in Europa umsehen und stammte zweifellos aus einer Millionärsfamilie, denn bei der Ankunft erwartete sie ein Rolls mit Chauffeur.

Sie gefiel mir nicht übermäßig, aber ich leistete ihr Gesellschaft, und wir machten an Deck lange Spaziergänge. Am ersten Tag nahm sie mich in ihre Kabine mit und zeigte mir das goldgerahmte Photo eines schönen jungen Mannes. „Das ist mein Verlobter", sagte sie, „nach meiner Rückkehr werden wir heiraten." Drei Tage später, kurz vor dem Ende der Reise, ging ich noch einmal mit in ihre Kabine, und da sah ich, daß sie das Photo zerrissen hatte. Sie sagte: „Ihretwegen."

Ich antwortete lieber nicht auf diese Äußerung einer vorübergehenden Laune, dem Kopf einer zu mageren Amerikanerin entsprungen, die ich nie wiedersehen sollte.

In Paris erwartete mich meine eigene Verlobte. Da ich keinen Pfennig mehr hatte, lieh mir ihre Familie etwas, damit ich nach Spanien fahren konnte.

Im April 1930 traf ich in Madrid ein, zwei Tage vor der Abdankung des Königs und der freudig begrüßten Ausrufung der Republik.

Spanien und Frankreich, 1931–1936

Die Ausrufung der spanischen Republik verlief unblutig und wurde mit großer Begeisterung aufgenommen. Der König ging ganz einfach. Aber die Freude, die alle zunächst zu teilen schienen, klang schnell ab und machte einer Unruhe Platz, die sich bald zur Angst steigerte.

In den fünf Jahren, die dem Bürgerkrieg voraufgingen, habe ich zuerst in Paris gelebt, wo ich eine Wohnung in der Rue Pascal hatte und meinen Lebensunterhalt mit Synchronarbeiten für die Paramount verdiente, und ab 1934 dann in Madrid.

Ich bin nie zum Vergnügen gereist, und dem Tourismus, der sich um mich herum ausgebreitet hat, kann ich keinen Geschmack abgewinnen. Ich bin nicht neugierig auf Länder, die ich nicht kenne und auch nie kennenlernen werde. Dagegen kehre ich gern an Orte zurück, an denen ich einmal gelebt habe und mit denen mich Erinnerungen verbinden, und verweile dort.

Der Vicomte de Noailles hatte einen Schwager, den Prince de Ligne – belgischer Hochadel. Der Vicomte wußte, wie sehr mich damals Polynesien, die Südsee, reizte, und glaubte, bei mir eine heimliche Forscherader erkannt zu haben. So erzählte er mir, daß auf Veranlassung seines Schwagers, der Generalgouverneur von Belgisch-Kongo war, eine phantastische Expedition mit zwei- bis dreihundert Teilnehmern, Anthropologen, Geographen und Zoologen, vorbereitet werde, die ganz Schwarzafrika von Dakar bis Djibouti durchqueren sollte, und er fragte mich, ob ich nicht Lust hätte, über diese Expedition einen Dokumentarfilm zu drehen. Eine gewisse militärische Disziplin sei einzuhalten, zum Beispiel sei Rauchen unterwegs nicht erlaubt, filmen dürfe ich dagegen, was immer ich wolle.

Ich habe abgelehnt. An Afrika lockte mich überhaupt nichts. Ich habe Michel Leiris davon erzählt, er hat die Reise an meiner Statt mitgemacht, das Ergebnis war *L'Afrique fantôme.*

An den Aktivitäten der surrealistischen Gruppe habe ich bis 1932 teilgenommen. Aragon, Unik, Sadoul und Alexandre verließen die Bewegung, um sich der kommunistischen Partei anzuschließen, Éluard und Tzara sollten ihnen später folgen.

Ich sympathisierte sehr mit der Partei und war Mitglied der Sektion Film der *Association des Écrivains et des Artistes Révolutionnaires,* aber der Partei bin ich nie beigetreten. Die langen politischen Versammlungen bei der AEAR, zu denen ich manchmal mit Hernando Viñes ging, lagen mir nicht. Ich bin ungeduldig von Natur aus, und Tagesordnungen, endlose Erörterungen und Zellengeist waren mir unerträglich.

Darin ähnelte ich André Breton. Wie alle Surrealisten, flirtete auch er mit der kommunistischen Partei, die in unseren Augen die Chance für eine Revolution bot. Aber bei der ersten Versammlung, an der er teilnahm, wurde er aufgefordert, einen detaillierten Bericht über die italienische Kohleindustrie abzufassen. Das enttäuschte ihn sehr, er sagte: „Soll man doch von mir einen Bericht verlangen über etwas, wovon ich was verstehe, aber nicht über Kohle."

Bei einer Versammlung von Fremdarbeitern, die 1932 in Montreuil-sous-Bois in der Pariser Banlieue stattfand, begegnete ich Casanellas, der als einer der Mörder des Ministerpräsidenten Dato galt. Er war nach Rußland geflohen, Oberst der Roten Armee geworden und hielt sich heimlich in Frankreich auf.

Da die Versammlung sich hinzog und ich mich langweilte, stand ich auf und wollte gehen. Da sagte einer der Teilnehmer zu mir:

„Wenn du jetzt gehst und Casanellas wird verhaftet, bist du es, der ihn denunziert hat."

Da habe ich mich wieder hingesetzt.

Casanellas kam noch vor Beginn des Bürgerkriegs bei einem Motorradunfall in der Nähe von Barcelona ums Leben.

Abgesehen von den politischen Streitereien trug auch eine Schwäche der Surrealisten für einen gewissen eleganten Snobismus zu meiner Entfremdung von der Gruppe bei. Einmal war ich sehr überrascht, als ich im Schaufenster einer Buchhandlung am Boulevard Raspail schön ausgestellt die Photos von Breton und Éluard sah – ich sprach die beiden darauf an, und sie antworteten, es sei nur ihr gutes Recht, ihre Werke zur Geltung zu bringen.

Ich war auch überhaupt nicht damit einverstanden, wie die Zeitschrift *Minotaure* lanciert wurde, ein schickes, absolut bürgerliches Erzeugnis. Ich ging immer seltener zu den Versammlungen und verließ die Gruppe schließlich ebenso selbstverständlich, wie ich ihr beigetreten war. Persönlich habe ich mit allen meinen alten Freunden bis zum Schluß brüderliche Beziehungen unterhalten. Mir liegt nichts an Streitereien, Spaltungen und Abrechnungen. Heute sind wir nur noch wenige Überlebende aus der Zeit, Aragon, Dalí, Masson, Thirion, Miró und ich, aber ich bewahre eine herzliche Erinnerung an alle, die vor uns gestorben sind.

Um 1933 herum beschäftigte mich ein Filmprojekt mehrere Tage lang. In Rußland sollten – als russische Produktion – *Die Verliese des Vatikan* von André Gide verfilmt werden. Aragon und Paul Vaillant-Couturier – ihn liebe ich über alles, ein wunderbarer Mann; wenn er mich in der Rue Pascal besuchen kam, gingen unten auf der Straße zwei Polizisten in Zivil auf und ab, die ihn nie aus den Augen ließen – hatten es übernommen, die Produktion zu organisieren. Gide empfing mich und erklärte mir, er fühle sich geschmeichelt, daß die sowjetische Regierung sein Buch ausgewählt habe, aber vom Kino verstehe er persönlich nichts. Drei Tage lang, aber nie mehr als ein oder zwei Stunden, haben wir über die Verfilmung gesprochen, bis Vaillant-Couturier uns eines Morgens erklärte: „Schluß, aus dem Film wird nichts!" Auf Wiedersehen, Gide.

Meinen dritten Film habe ich dann in Spanien gedreht.

Las Hurdes

In Estremadura, zwischen Cáceres und Salamanca, liegt eine verlassene Berggegend, in der es außer Felsen, Heidekraut und Ziegen nichts gibt: Las Hurdes. Diese Höhen wurden einst von Juden, die vor der Inquisition geflüchtet waren, und Banditen bevölkert.

Ich hatte eine umfassende Studie über die Gegend gelesen, die von Legendre, dem Leiter des Madrider Institut Français, stammte. Sie hatte mich sehr interessiert. Eines Tages sprach ich in Saragossa mit meinem Freund Sánchez Ventura und mit Ramón Acín, einem Anarchisten, über die Möglichkeit, einen Dokumentarfilm über Las Hurdes zu drehen, und Acín sagte:

„Paß auf, wenn ich das große Los gewinne, bezahle ich dir deinen Film."

Zwei Monate später gewann er in der Lotterie – zwar nicht das große Los, aber doch eine beachtliche Summe – und hielt Wort.

Ramón Acín war überzeugter Anarchist. Er gab Abendkurse für Arbeiter in Zeichnen. Als 1936 der Krieg ausbrach, erschien bei ihm in Huesca ein bewaffneter Trupp von Rechtsradikalen und wollte ihn festnehmen. Es gelang ihm zu entkommen. Darauf bemächtigten sich die Faschisten seiner Frau und drohten, sie zu erschießen, wenn Acín sich nicht stelle.

Am nächsten Tag tat er es, und beide wurden erschossen.

Für *Las Hurdes* ließ ich aus Paris den Kameramann Eli Lotar kommen und als Assistenten Pierre Unik. Yves Allegret lieh uns eine Kamera. Da wir nur über zwanzigtausend Peseten verfügten, was nicht viel war, sah ich für die Dreharbeiten einen Monat vor. Für viertausend Peseten kaufte ich einen alten Fiat, den wir unbedingt brauchten und den ich selbst, wenn nötig, reparierte – ich war ein ziemlich guter Mechaniker.

In einem seit den antiklerikalen Maßnahmen Mendizábals im neunzehnten Jahrhundert verlassenen Kloster, dem Kloster von Las Batuecas, gab es einen kümmerlichen Landgasthof mit etwa zehn Zimmern. Aber was ungewöhnlich war: es gab fließend Wasser – kaltes.

Während der Dreharbeiten brachen wir jeden Morgen vor Sonnenaufgang auf. Nach zwei Stunden Autofahrt ging es dann zu Fuß weiter. Die Ausrüstung mußten wir tragen.

Diese bitterarmen Berge haben mich schnell für sich eingenommen. Das Elend ihrer Bewohner faszinierte mich, aber auch ihre Intelligenz und wie sie an ihrem verlorenen Fleck Erde hingen, ihrem „Land ohne Brot". In mindestens zwanzig Dörfern war täglich frisches Brot etwas

Unbekanntes. Manchmal brachte jemand aus Andalusien einen trockenen Laib mit, der dann zum Tauschen verwendet wurde.

Nachdem der Film abgedreht und das Geld ausgegeben war, habe ich ihn selbst auf einem Küchentisch in Madrid geschnitten. Da kein Schneidetisch zur Verfügung stand, habe ich die Bilder mit der Lupe angeschaut und sie so gut es ging zusammengeklebt. Sicher habe ich dabei interessante Bilder, weil ich sie nicht richtig sehen konnte, weggeworfen.

Eine erste Vorführung machte ich im Cine de la Prensa. Der Film war stumm, und ich kommentierte ihn selbst über Mikrophon. „Er muß richtig ausgewertet werden", sagte Acín, dem daran lag, sein Geld zurückzubekommen. Wir beschlossen, ihn dem großen spanischen Wissenschaftler Marañón zu zeigen, der zum Präsidenten des *Patronato* von Las Hurdes, einer Art Provinzrat, ernannt worden war.

Schon damals wurde die junge spanische Republik von mächtigen rechten und rechtsradikalen Strömungen erschüttert. Der Druck wurde täglich stärker. Mitglieder der von Primo de Rivera gegründeten Falange schossen auf die Verkäufer der Zeitung *Mundo obrero*. Es war leicht vorauszusehen, daß blutige Zeiten bevorstanden.

Wir dachten, Marañón werde uns dank seines Prestiges und seines Amts helfen können, die Erlaubnis zur Auswertung des Films zu bekommen, der, wie sich's gehörte, von der Zensur verboten worden war. Aber seine Reaktion war negativ. Er sagte:

„Weshalb eigentlich immer das Häßliche, das Unangenehme zeigen? Ich habe in Las Hurdes Karren voll Korn gesehen" – was nicht stimmte, nur im unteren Teil, auf der Straße von Granadilla, konnte man so etwas sehen, und auch da nur höchst selten –, „weshalb zeigen Sie nicht die Volkstänze von La Alberca, die zu den schönsten der Welt gehören?" La Alberca ist ein mittelalterliches Dorf, wie man es in Spanien häufig findet, und gehört nicht eigentlich zu Las Hurdes.

Ich erwiderte Marañón, wenn man den Bewohnern glauben wolle, besitze jedes Land die schönsten Volkstänze der Welt, und aus seinen Worten spreche ein ordinärer und abstoßender Nationalismus. Ich ging ohne ein weiteres Wort, und der Film blieb verboten.

Zwei Jahre später gab mir die spanische Botschaft in Paris das notwendige Geld, um den Film bei Pierre Braunberger zu vertonen. Der kaufte ihn dann und hat ihn auch nach und nach mit einigen Schwierigkeiten bezahlt – einmal mußte ich böse werden und habe ernsthaft damit gedroht, die Schreibmaschine seiner Sekretärin mit einem dicken Hammer zu zerschlagen, den ich in der Eisenwarenhandlung nebenan gekauft hatte.

Schließlich habe ich auch den Töchtern von Ramón Acín nach dessen Tod das Geld für den Film zurückzahlen können.

Als die republikanischen Truppen während des Bürgerkrieges mit Hilfe der anarchistischen Kolonne Durruti die Stadt Quinto besetzt hatten, fand mein Freund Mantecón, der Gouverneur von Aragonien geworden war, in den Unterlagen der Guardia Civil eine Karteikarte mit meinem Namen. Da wurde ich als gefährlicher Wüstling und gemeiner Morphinist geführt, vor allem aber als Autor dieses üblen Films, der ein veritables Verbrechen gegen das Vaterland darstelle. Ich sei, wenn man meiner habhaft werde, sofort den falangistischen Dienststellen zu übergeben. Mein weiteres Schicksal wäre klar gewesen.

Einmal habe ich auf Veranlassung von Jacques Doriot, der damals kommunistischer Bürgermeister von Saint-Denis war, den Film dort vor einem Arbeiterpublikum gezeigt. Unter den Zuschauern waren auch vier oder fünf Hurdanos, ausgewanderte Arbeiter. Einen von ihnen habe ich später, als ich die dürren Berge noch einmal besuchte, wiedergetroffen. Diese Männer gingen weg, aber sie kehrten immer wieder zurück in ihre Heimat. Eine Macht zog sie zurück in die Hölle, die ihnen gehörte.

Noch ein Wort über Las Batuecas, eins der wenigen Paradiese auf Erden, die ich kennengelernt habe. Um die in Ruinen liegende, heute wieder restaurierte Kirche herum erhoben sich inmitten der Felsen achtzehn Einsiedeleien. Früher, vor der Ausweisung durch Mendizábal, mußte jeder Einsiedler um Mitternacht, zum Zeichen, daß er auch wache, ein Glöckchen läuten.

In den Gärten wuchsen die besten Gemüse der Welt – ich sage das ohne nationale Überheblichkeit. Es gab eine Ölmühle, eine Kornmühle und sogar eine Mineralquelle. Während unserer Dreharbeiten lebte dort nur noch ein alter Mönch mit seiner Haushälterin. Es gab auch Höhlenzeichnungen: eine Ziege und einen Bienenstock.

1936 hätte ich das Ganze fast für hundertfünfzigtausend Peseten, was sehr wenig ist, erstanden. Ich hatte mit dem Besitzer, einem gewissen Don José in Salamanca, schon alles geregelt. Er hatte vorher mit einer Gruppe von Sacré-Cœur-Schwestern verhandelt, da sie aber nur Ratenzahlung anbieten konnten und ich bar bezahlen wollte, gab er mir den Vorzug.

Die Unterzeichnung sollte in drei oder vier Tagen stattfinden, alles war dazu bereit, da brach der Bürgerkrieg aus, und die Sache wurde hinfällig.

Wenn ich Las Batuecas gekauft hätte und bei Kriegsbeginn in Salamanca gewesen wäre, einer der ersten Städte, die in die Hände der Faschisten fielen, hätte man mich höchstwahrscheinlich an die Wand gestellt.

Ich bin in den sechziger Jahren noch einmal mit Fernando Rey ins Kloster von Las Batuecas zurückgekehrt. Franco hatte sich um das vergessene Land gekümmert, Straßen anlegen lassen und Schulen gebaut. Über der Pforte des Klosters, in dem jetzt Karmeliter lebten, konnte man lesen: „Wanderer, wenn Du in Gewissensnöten bist, klopfe an, es wird Dir aufgetan. Frauen sind nicht zugelassen."

Fernando klopfte an – oder vielmehr: er läutete. Die Antwort kam über eine Sprechanlage. Die Pforte ging auf. Ein Spezialist erschien, um sich unserer Probleme anzunehmen. Der Rat, den er uns erteilte, kam mir so gescheit vor, daß ich ihn einem der Mönche in *Das Gespenst der Freiheit* in den Mund gelegt habe: „Wenn alle täglich zum heiligen Joseph beteten, ginge alles überhaupt viel besser."

Produzent in Madrid

Anfang 1934 habe ich geheiratet. Der Familie meiner Frau habe ich es untersagt, an der Trauung im Rathaus des zwanzigsten Pariser Arrondissements teilzunehmen. Ich hatte nichts gegen diese Familie im besonderen, aber Familie ganz allgemein erschien mir immer als etwas Hassenswertes. Hernando und Loulou Viñes waren Trauzeugen, außerdem ein Fremder, den wir auf der Straße aufgelesen hatten. Nach dem Mittagessen im Cochon de lait am Odéon verließ ich meine Frau, ging noch mal bei Aragon und Sadoul vorbei und nahm den Zug nach Madrid.

Als ich in Paris mit meinem Freund Claudio de la Torre unter der Leitung des Mannes von Marlene Dietrich an Synchronfassungen für die Paramount arbeitete, hatte ich angefangen, ernsthaft Englisch zu lernen. Dann verließ ich die Paramount und nahm einen Posten als Leiter der Synchronabteilung der Warner Brothers in Madrid an. Es war eine ruhige Arbeit, und das Gehalt war hoch. Das machte ich acht oder zehn Monate lang. Einen neuen Film drehen? Daran dachte ich eigentlich nicht. Selbst kommerzielle Filme zu drehen kam für mich nicht in Frage – aber nichts verbot mir, andere welche drehen zu lassen.

So wurde ich Produzent, ein harter Produzent und gelegentlich auch ein ziemlich übler. Ich lernte Ricardo Urgoiti kennen, der sehr populäre Filme produzierte, und schlug ihm vor, sich mit mir zusammenzutun. Erst lachte er, aber als ich ihm erklärte, mir stünden einhundertfünfzigtausend Peseten zur Verfügung, die ich mir von meiner Mutter leihen wollte – die Hälfte der Produktionskosten eines Films –, lachte er nicht mehr und stimmte zu. Ich stellte nur eine Bedingung: Mein Name durfte nicht im Vorspann erscheinen.

Als erstes schlug ich die Verfilmung eines Stückes des Madrider Autors Carlos Arniches vor, *Don Quintín el Amargao*. Der Film wurde ein außerordentlicher kommerzieller Erfolg. Von dem Gewinn kaufte ich mir in Madrid zweitausend Quadratmeter Grund, die ich in den sechziger Jahren wieder verkauft habe.

Die Handlung des Stücks – und des Films – ist die folgende: Ein herrschsüchtiger Mann („*amargao*" heißt „bitter"), der Schrecken seiner Umgebung, kann es nicht verwinden, daß er Vater einer Tochter ist, und setzt sie in einer Straßenarbeiterhütte am Wegrand aus. Zwanzig Jahre später versucht er, sie wiederzufinden, doch ohne Erfolg.

Eine Szene, die mir gut gefiel, spielt in einem Café. Don Quintín sitzt da mit zwei Freunden. An einem Nachbartisch sitzen seine Tochter, die er nicht kennt, und ihr Mann. Don Quintín ißt eine Olive und schnippt den Kern der jungen Frau ins Auge. Das Paar steht auf und verläßt wortlos das Lokal. Don Quintíns Freunde beglückwünschen ihn zu seinem Bravourstück, als plötzlich der Mann wieder ins Café zurückkommt und Don Quintín zwingt, den Kern zu schlucken.

Danach versucht Don Quintín, den jungen Mann zu finden, um ihn umzubringen. Er verschafft sich seine Adresse und trifft auf die junge Frau, von der er immer noch nicht weiß, daß sie seine Tochter ist. Es kommt zu einer großen melodramatischen Szene zwischen Vater und Tochter. Als diese Szene gedreht wurde, sagte ich zu Ana María Custodio, die die Hauptrolle spielte – das machte ich oft, daß ich einfach in die Regie eingriff: „Das muß viel beschissener kommen, mit mehr Gefühlsmist." Worauf sie antwortete: „Mit dir kann man nicht ernsthaft arbeiten."

Der zweite Film, den ich produzierte – auch er ein großer kommerzieller Erfolg –, war ein gräßliches Melodram mit Liedern, *La hija de Juan Simón*. Angelillo, der populärste spanische Flamencosänger, war der Hauptdarsteller, und die Geschichte war von einem Lied inspiriert.

In einer ziemlich langen Nachtclubszene des Films hatte die Zigeunerin Carmen Amaya, die große Flamencotänzerin, die damals noch sehr jung war, ihr Kinodebüt. Später habe ich der Kinemathek von Mexiko eine Kopie der Sequenz geschenkt.

Meine dritte Produktion, *Quién me quiere a mi?*, die traurige Geschichte eines kleinen Mädchens, war mein einziger kommerzieller Reinfall.

Eines Abends gab Giménez Caballero, der Direktor der *Gaceta literaria*, ein Bankett zu Ehren von Valle-Inclán. Etwa dreißig Personen nahmen daran teil, darunter auch Alberti, Hinojosa und ich. Zum Schluß wurden alle aufgefordert, ein Wort zu sagen. Ich erhob mich als erster und erzählte:

„Neulich nachts spürte ich im Schlaf, wie mich etwas kratzte. Ich machte Licht und sah, daß ich über und über mit kleinen Valle-Incláns bedeckt war, die über meinen Körper liefen."

Alberti und Hinojosa äußerten ähnliche Artigkeiten, was aber von den anderen Gästen schweigend und widerspruchslos hingenommen wurde.

Am nächsten Tag begegnete ich Valle-Inclán zufällig in der Calle de Alcalá. Er zog seinen großen Hut und grüßte mich im Vorübergehen ganz gelassen, als ob nichts geschehen sei.

Während ich in Madrid arbeitete, hatte ich meine Büros in der Gran Vía und eine Wohnung mit sechs oder sieben Zimmern, wo ich mit Jeanne, meiner Frau, die ich aus Paris hatte nachkommen lassen, und unserem noch ganz kleinen Sohn Jean-Louis lebte.

Da sich die spanische Republik eine der liberalsten Verfassungen der Welt gegeben hatte, konnte die Rechte 1933 ganz legal an die Macht kommen. 1936 schlug dann bei neuen Wahlen das Pendel wieder nach links aus, zugunsten der Volksfront unter Leuten wie Prieto, Largo Caballero und Azaña.

Dieser mußte, als er Ministerpräsident geworden war, mit ständig an Heftigkeit zunehmenden Unruhen seitens der gewerkschaftlich organisierten Arbeiter fertig werden. Während 1934 die Rechten in Asturien einen Volksaufstand unter Einsatz eines großen Teils der Armee mit Geschützen und Flugzeugen niedergeschlagen hatten, war Azaña schon vorher in die Lage geraten, als Linker auf Leute aus dem Volk schießen lassen zu müssen. In Casas Viejas in der andalusischen Provinz Cádiz hatten sich im Januar 1933 aufständische Arbeiter verbarrikadiert. Ihr Unterschlupf wurde von Sturmtruppen mit Granaten angegriffen. Mehrere Aufständische, ich glaube neunzehn, kamen bei dem Angriff um. In Polemiken der Rechten wurde Azaña „der Mörder von Casas Viejas" genannt.

In dieser Atmosphäre von unaufhörlichen Streiks, bei denen es zu immer heftigeren Zusammenstößen kam, von wütenden Attentaten auf beiden Seiten und von Kirchenbränden – das Volk nahm sich instinktiv zuerst seinen Erzfeind vor –, bot ich Jean Grémillon an, nach Madrid zu kommen und eine Militärkomödie mit dem Titel *Centinela alerta* zu drehen. Grémillon, den ich von Paris her kannte und der Spanien, wo er schon einen Film gedreht hatte, sehr liebte, nahm unter der Bedingung an, den Film nicht mit seinem Namen zeichnen zu müssen – was ich ihm um so lieber zugestand, als ich selbst auch nicht im Vorspann meiner Filme erscheinen wollte. Ich habe übrigens, wenn Grémillon mal keine Lust hatte aufzustehen, einige Szenen für ihn gedreht oder sie auch von meinem Freund Ugarte drehen lassen.

Während der Dreharbeiten wurde die Lage in Spanien immer kritischer. In den letzten Monaten vor Kriegsausbruch war es nicht mehr auszuhalten. Eine Kirche, in der wir drehen wollten, wurde von der Menge niedergebrannt, und wir mußten uns eine andere suchen. Während des Schnitts wurde überall geschossen. Der Film wurde mitten im Bürgerkrieg gestartet und war ein großer Erfolg, der sich später in den lateinamerikanischen Ländern fortsetzte. Natürlich habe ich nichts davon gehabt.

Urgoiti war von unserer Zusammenarbeit begeistert und machte mir ein großartiges Angebot. Achtzehn Filme sollten wir zusammen machen. Ich dachte schon daran, die Werke von Galdós zu verfilmen – Projekte, die, wie so viele andere auch, nie verwirklicht wurden. Jahrelang hielten mich die Ereignisse, die Europa in Flammen aufgehen ließen, vom Film fern.

Liebe und Liebeleien

Ein eigenartiger Selbstmord, der sich um 1920, als ich in der Residenz wohnte, in Madrid ereignete, hat mich lange Zeit fasziniert. In einem Viertel, das Amaniel heißt, brachten ein Student und seine junge Verlobte sich im Garten eines Restaurants um. Man wußte, daß sie einander leidenschaftlich liebten. Ihre Familien kannten sich und unterhielten die besten Beziehungen. Die Autopsie ergab, daß das Mädchen noch Jungfrau war.

Allem Anschein nach gab es überhaupt kein Problem, und der Verbindung der beiden „Liebenden von Amamiel“ stand überhaupt nichts im Wege. Sie wollten bald heiraten. Weshalb dann dieser Doppelselbstmord? Ich werde dieses Geheimnis auch nicht aufklären können. Aber vielleicht ist eine leidenschaftliche, grenzenlose Liebe, die die Liebenden ganz verzehrt, mit dem Leben unvereinbar. Sie ist zu groß, zu stark fürs Leben. Nur der Tod kann sie aufnehmen.

Hier und dort, wie es gerade kommt, spreche ich in diesem Buch von Liebe und von Liebeleien, die ein Teil meines Lebens gewesen sind. Als Kind habe ich, jenseits aller sexuellen Anziehung, die heftigsten Liebesempfindungen für Mädchen, aber auch für Jungen verspürt. „*Mi alma niña y niño*", wie Lorca sagt, „meine Mädchen- und Knabenseele". Es war reinste platonische Liebe. Ich fühlte mich verliebt, wie ein Mönch die Jungfrau Maria inbrünstig lieben kann. Die bloße Vorstellung, daß ich das Geschlecht oder die Brüste eines Mädchens hätte berühren können oder ihre Zunge an der meinen spüren, widerte mich an.

Diese platonischen Liebesneigungen hielten an bis zu meiner sexuellen Initiation, die ganz normal in einem Bordell in Saragossa vonstatten ging, und sie machten dann dem üblichen sexuellen Begehren Platz, ohne aber je ganz zu verschwinden. Ziemlich oft – man wird es in diesem Buch verschiedentlich bemerken – habe ich platonische Beziehungen zu Frauen unterhalten, in die ich verliebt war. Manchmal mischten sich in diese Gefühle, die vom Herzen kamen, auch erotische Gedanken, aber nicht immer.

Andererseits hat mich, seit ich vierzehn war und bis in die jüngste Zeit, das sexuelle Verlangen nie verlassen. Ein mächtiges, alltägliches Verlangen, fordernder sogar als der Hunger und oft schwerer zu stillen. Kaum hatte ich einen Augenblick Ruhe, kaum hatte ich es mir zum Beispiel in einem Eisenbahnabteil bequem gemacht, da umgaben mich schon erotische Bilder. Es war unmöglich, diesem Begehren zu widerstehen, es zu überwinden, zu vergessen. Ich mußte ihm nachgeben. Um ihm danach in nur noch stärkerer Form erneut ausgesetzt zu sein.

In unserer Jugend hatten wir etwas gegen Homosexuelle. Ich habe schon erzählt, wie ich reagierte, als ich von dem Verdacht erfuhr, in dem Lorca stand. Dahin gehört auch, daß ich in einem Madrider Pissoir den Lockvogel gespielt habe. Meine Freunde warteten draußen, ich ging in die Bedürfnisanstalt und spielte meine Rolle als Köder. Eines Abends hat sich ein Mann zu mir herübergebeugt. Als der Unglückliche das Pissoir verließ, haben wir auf ihn eingedroschen. Heute kommt mir das absurd vor.

Damals war die Homosexualität in Spanien etwas Dunkles, Geheimes. In Madrid wußte man von drei oder vier erklärten Homosexuellen, die kein Hehl daraus machten. Einer von ihnen war ein Aristokrat, ein Marquis, der etwa fünfzehn Jahre älter als ich gewesen sein muß. Eines Tages sah ich ihn in der Straßenbahn draußen auf der Plattform und wettete mit einem Freund, mit dem ich gerade zusammen war, daß ich fünfundzwanzig Peseten verdienen würde. Ich näherte mich dem Marquis, machte ihm schöne Augen, wir kamen ins Gespräch, und schließlich trafen wir für den nächsten Tag eine Verabredung im Café. Ich ließ durchblicken, daß ich jung sei und das Studentenleben teuer, und er gab mir fünfundzwanzig Peseten.

Es versteht sich, daß ich die Verabredung nicht eingehalten habe. Eine Woche später sah ich den Marquis wieder in der Straßenbahn. Er grüßte mich wie einen Bekannten, aber ich antwortete ihm mit einer obszönen Armgeste. Danach habe ich ihn nie wieder gesehen.

Aus verschiedenen Gründen, in erster Linie sicher wegen meiner Schüchternheit, habe ich mich vielen Frauen, die mir gefielen, nicht genähert. Zweifellos auch, weil ich ihnen nicht gefiel. Dagegen ist es auch vorgekommen, daß Frauen hinter mir her waren, aus denen ich mir nichts machte. Diese Situation ist mir noch unangenehmer als die andere. Es ist mir lieber, zu lieben als geliebt zu werden.

Ich möchte nur ein einziges Abenteuer erzählen, das mir 1935 in Madrid widerfahren ist, als ich Filmproduzent war. Mir sind Produzenten und Regisseure immer widerlich gewesen, die ihre Stellung benutzten, um sich junge Mädchen, die Schauspielerinnen werden wollen, und das sind nicht wenige, gefügig zu machen. Das ist mir nur einmal passiert, und es hat nicht lange gedauert.

1935 begegne ich in Madrid also einer hübschen Statistin, kaum siebzehn oder achtzehn, und verliebe mich in sie. Nennen wir sie Pepita. Sie wirkt noch sehr unschuldig und lebt mit ihrer Mutter in einer kleinen Wohnung.

Wir beginnen, miteinander auszugehen, wir fahren zum Picknick in die Sierra und gehen zum Tanzen auf die Bälle der Bombilla in der Nähe des Flusses Manzanares, aber unsere Beziehungen halten sich völlig im Rahmen des Schicklichen. Ich war damals etwa doppelt so alt wie Pepita, und obwohl ich sehr verliebt in sie war – oder vielleicht gerade deshalb –, respektierte ich sie. Ich nahm ihre Hand, ich drückte sie an mich, ich küßte sie auf die Wange, aber trotz meines wirklichen Verlangens blieben unsere Beziehungen fast zwei Monate lang rein platonisch. Einen ganzen Sommer lang.

Eines Vormittags, wir hatten für den kommenden Tag einen Ausflug aufs Land geplant, besuchte mich ein Mann, den ich kannte und der auch beim Film war. Er war kleiner als ich und sah nicht besonders gut aus, aber er galt als Frauenheld.

Wir reden erst über Belanglosigkeiten, dann fragt er:

„Du fährst morgen mit Pepita in die Sierra?“

„Woher weißt du das?“ frage ich ihn ziemlich überrascht.

„Heute morgen im Bett hat sie es mir gesagt.“

„Heute morgen?“

„Ja, bei ihr zu Hause. Ich bin gegen neun gegangen. Da hat sie mir gesagt: ‚Morgen können wir uns nicht sehen, da mache ich einen Ausflug mit Luis.‘“

Ich konnte es nicht fassen. Offenbar war er nur gekommen, um mir das zu sagen. Ich konnte es nicht glauben und sagte:

„Das ist doch nicht möglich, sie wohnt doch bei ihrer Mutter.“

„Ja, ihre Mutter hat nebenan geschlafen.“

Im Atelier hatte ich gelegentlich gesehen, wie dieser Mann das Wort an Pepita richtete, dem aber keine Bedeutung beigemessen. So ein Schock! Ich sage nur noch:

„Und ich hielt sie für völlig unschuldig!“

„Ja“, sagt er, „ich weiß.“

Und damit geht er.

Vier Uhr nachmittags kommt Pepita mich besuchen. Ich sage ihr nichts vom Besuch ihres Geliebten, verstelle mich und sage:

„Hör zu, Pepita, ich habe dir einen Vorschlag zu machen. Du gefällst mir sehr, ich möchte, daß du meine Geliebte wirst. Ich gebe dir zweitausend Peseten im Monat, du wohnst weiter bei deiner Mutter, aber du schläfst mit mir. Ist dir das recht?“

Sie scheint überrascht, erklärt sich dann aber kurzerhand einverstanden. Gleich darauf bat ich sie, sich auszuziehen, ich half ihr dabei und hielt sie nackt in den Armen. Aber Gereiztheit und Erregung lähmten mich.

Eine halbe Stunde später schlug ich ihr vor, tanzen zu gehen. Wir stiegen in meinen Wagen, aber statt zur Bombilla fuhr ich aus Madrid hinaus. Etwa zwei Kilometer hinter der Puerta de Hierro hielt ich an, ließ Pepita am Straßenrand aussteigen und sagte:

„Pepita, ich weiß, du schläfst mit anderen Männern. Leugne nicht. Auf Wiedersehen. Das wär's.“

Ich wendete, fuhr allein nach Madrid zurück und ließ Pepita zu Fuß nach Hause gehen. Damit endeten unsere Beziehungen. Ich sah sie noch öfter im Atelier, richtete aber nie mehr das Wort an sie, außer wenn es um die Arbeit ging. So endete meine Liebesgeschichte.

Um ehrlich zu sein, ich habe mein Verhalten bereut und bereue es immer noch.

In unserer Jugend galt uns die Liebe als ein mächtiges Gefühl, das ein Leben ganz verwandeln konnte. Das sexuelle Verlangen, ohne das sie nicht denkbar war, ging zusammen mit einer Vorstellung von Vereinigung, von Eroberung, mit gegenseitigem Besitzergreifen, die uns über das Alltägliche erhob und zu großen Dingen befähigte.

Eine der berühmten Umfragen der Surrealisten begann: „Welche Hoffnung setzen Sie in die Liebe?“ Worauf ich antwortete: „Wenn ich liebe, alle Hoffnung. Wenn ich nicht liebe, überhaupt keine.“ Zu lieben schien uns unerläßlich fürs Leben, für alles Handeln, für alles Denken, für alles Suchen.

Heute steht es, wenn es stimmt, was mir erzählt wird, mit der Liebe wie mit dem Glauben an Gott. Sie scheint zu verschwinden, jedenfalls in bestimmten Gesellschaftsschichten. Man betrachtet sie gern als ein historisches Phänomen, als eine kulturelle Illusion. Man studiert sie, man analysiert sie, und wenn möglich, heilt man sie.

Ich protestiere. Wir waren nicht Opfer einer Illusion. Auch wenn es manchem schwerfällt, es zu glauben: Wir haben wirklich geliebt.

Der spanische Bürgerkrieg, 1936–1939

Im Juli 1936 landete Franco an der Spitze seiner marokkanischen Truppen, fest entschlossen, mit der Republik ein Ende zu machen und „die Ordnung“ in Spanien wiederherzustellen.

Meine Frau und mein Sohn befanden sich seit einem Monat wieder in Paris. Ich war allein in Madrid. Eines Morgens weckte mich sehr früh eine Detonation, der noch weitere folgten. Ein republikanisches Flugzeug bombardierte die Kaserne von Montaña. Ich konnte auch ein paar Kanonenschüsse hören.

In Madrid, wie in ganz Spanien, hatte die Armee Befehl, die Kasernen nicht zu verlassen. Eine Gruppe von Falangisten hatte sich in die Kaserne von Montaña geflüchtet, und seit Tagen schon wurde von dort auf Passanten geschossen. Am Morgen des 18. Juli griffen Arbeitertrupps, die sich bereits bewaffnet hatten, und republikanische Sturmeinheiten, eine von Azaña gegründete Einsatztruppe, die Kaserne an. Um zehn Uhr war alles vorbei. Die aufständischen Offiziere und die Falange-Mitglieder wurden ausnahmslos an die Wand gestellt. Der Krieg hatte begonnen.

Ich hatte Mühe, das alles zu begreifen. Während aus der Ferne das Geräusch von Schüssen herüberdrang, sah ich unten auf der Straße zwei oder drei Arbeiter ein Schneider-Geschütz ziehen, wobei ihnen, und das erschreckte mich am meisten, zwei Zigeuner und eine Zigeunerin halfen.

Die gewaltsame Revolution, die wir seit ein paar Jahren hatten kommen sehen und die ich so sehr herbeigewünscht hatte, zog an meinem Fenster, unter meinen Augen vorbei. Mich fand sie ratlos und ungläubig.

Etwa vierzehn Tage später kam der Kunsthistoriker Élie Faure, ein glühender Verteidiger der republikanischen Sache, für ein paar Tage nach Madrid. Ich besuchte ihn eines Morgens in seinem Hotel. Er stand in einer Unterhose mit an den Knöcheln zusammengebundenen Beinen am Fenster seines Zimmers und sah den Demonstrationen zu, die es inzwischen täglich gab. Er weinte vor Rührung, das Volk in Waffen zu sehen. Einmal haben wir eine Hundertschaft Bauern vorüberziehen sehen, bewaffnet mit dem, was sie gerade hatten finden können, einige mit Jagdgewehren und Revolvern, andere mit Sicheln und Heugabeln. Sie waren sichtlich um Disziplin bemüht und versuchten, im Gleichschritt und in Viererreihen zu marschieren. Ich glaube, wir haben beide geweint.

Nichts schien diese zutiefst aus dem Volk kommende Macht besiegen zu können. Aber bald schon machten die beispiellose Freude und der revolutionäre Enthusiasmus der ersten Tage einem unangenehmen Gefühl von Zerfall, Unorganisiertheit und vollständiger Unsicherheit Platz, einem Gefühl, das bis zum November 1936 andauerte. Erst danach gab es auf der republikanischen Seite wirkliche Disziplin und eine wirksame Justiz.

Ich maße mir nicht an, meinerseits die Geschichte der großen Spaltung zu schreiben, die Spanien teilte. Ich bin kein Historiker und auch kaum unparteiisch. Ich werde zu sagen versuchen, was ich gesehen habe, woran ich mich erinnere.

Ich habe zum Beispiel eine genaue Erinnerung an die ersten Monate in Madrid. Theoretisch war die Stadt in der Gewalt der Republikaner und beherbergte auch noch die Regierung, aber Francos Truppen rückten in Estremadura schnell vor, erreichten Toledo, und auch andere Städte in ganz Spanien, wie Salamanca und Burgos, fielen in die Hände ihrer Parteigänger.

In Madrid selbst lösten faschistische Sympathisanten andauernd Schießereien aus. Andererseits befanden sich Priester, reiche Grundbesitzer und alle, deren konservative Gesinnung bekannt war und die deshalb verdächtigt wurden, die Franco-Rebellen zu unterstützen, ständig in der Gefahr, hingerichtet zu werden. Gleich zu Beginn der Feindseligkeiten hatten die Anarchisten die Insassen der Gefängnisse freigelassen und sie sofort der CNT, der Nationalen Vereinigung der Arbeit, eingegliedert, die unter dem direkten Einfluß der Anarchistischen Föderation stand.

Einige Mitglieder dieser Föderation gingen so weit, daß ihnen ein Heiligenbild in einem Zimmer Grund genug war, dessen Bewohner auf die Casa de Campo zu bringen. In diesem Park vor den Toren Madrids wurden die Hinrichtungen vollzogen. Den Festgenommenen sagte man, es gehe auf eine „Spazierfahrt". Meist passierte es nachts.

Es empfahl sich, jedermann zu duzen, jedem Satz ein kräftiges *compañeros* nachzuschicken, wenn man sich an Anarchisten wandte, und ein *camaradas,* wenn die Gesprächspartner Kommunisten waren. Über viele Autos hatte man zum Schutz gegen Heckenschützen ein oder zwei Matratzen gebunden, und es war außerordentlich gefährlich, beim Abbiegen die Hand auszustrecken, weil die Geste als Faschistengruß verstanden werden und eine kräftige Salve zur Folge haben konnte. Die *señoritos,* die Söhne aus guter Familie, bemühten sich, ihre Herkunft durch abgerissene Kleidung zu verbergen. Sie setzten sich Mützen auf und machten ihre Anzüge schmutzig, um, so gut es ging, wie Arbeiter auszusehen, während andererseits die Kommunistische Partei den Arbeitern empfahl, Krawatte und weißes Hemd anzulegen.

Von Ontañón, dem bekannten Zeichner, erfuhr ich eines Tages, daß Sáenz de Heredia, der Regisseur, der für mich *La hija de Juan Simón* und *Quién me quiere a mi?* gedreht hatte, festgenommen worden war. Aus Angst war Sáenz nicht mehr nach Hause gegangen und hatte im Freien auf Parkbänken geschlafen. Er war nämlich ein Vetter ersten Grades von Primo de Rivera, dem Gründer der Falange. Trotz seiner Vorsichtsmaßnahmen war er von einer Gruppe Linkssozialisten festgenommen worden und jeden Augenblick in Gefahr, wegen seiner fatalen Verwandtschaft hingerichtet zu werden.

Sofort fuhr ich ins Rotpence-Atelier, wo ich mich gut auskannte. Die Atelierarbeiter und -angestellten hatten, entsprechend den meisten anderen Betrieben, einen Atelierrat gebildet und hielten gerade eine Versammlung ab. Ich fragte die Vertreter der verschiedenen Kategorien von Arbeitern, wie Sáenz de Heredia, den alle gut kannten, sich benommen habe. Alle sagten: „Sehr gut", ihm sei nichts vorzuwerfen.

Darauf bat ich, eine Delegation möge mich zur Calle del Marqués de Riscal begleiten, wo der Regisseur eingesperrt war, und vor den Sozialisten zu wiederholen, was sie mir gerade gesagt hätten. Sechs oder sieben mit Gewehren bewaffnete Männer folgten mir. Bei unserer Ankunft trafen wir auf eine Wache, das Gewehr nachlässig auf den Fuß gestützt. Möglichst barsch frage ich nach dem Verantwortlichen. Der kommt herbei. Zufällig hatte ich am Abend vorher mit ihm gegessen. Es war ein einäugiger Leutnant, der sich von unten emporgedient hatte.

„Ach du, Buñuel, was willst du?"

Ich erkläre es ihm. Ich sage ihm außerdem, daß wir schließlich nicht alle umbringen können. Natürlich wüßten wir von den Verwandtschaftsbeziehungen zwischen Sáenz und Primo de Rivera, aber deshalb hätte sich der Regisseur doch immer bestens geführt. Die Atelierabgeordneten sprachen ebenfalls für Sáenz, und so wurde er entlassen.

Er ging zuerst nach Frankreich und schlug sich dann auf die Seite Francos. Nach dem Krieg nahm er seinen Beruf wieder auf und drehte sogar einen Film zum Ruhme des Caudillo, *Franco, ese hombre*. In den fünfziger Jahren haben wir einmal beim Festival von Cannes zusammen zu Mittag gegessen und uns ausführlich über die Vergangenheit unterhalten.

Zu der Zeit habe ich auch Santiago Carillo kennengelernt, der damals, glaube ich, Sekretär der Vereinigten Sozialistischen Jugend war. Kurz vor Kriegsbeginn hatte ich meine zwei oder drei Revolver Druckereiarbeitern geschenkt, die bei mir beschäftigt waren. Waffenlos in einer Stadt, in der von allen Seiten geschossen wurde, ging ich zu Carillo und bat ihn um eine Waffe. Er zeigte mir seine leere Schublade und sagte: „Ich habe selbst keine mehr."

Schließlich trieb man doch ein Gewehr für mich auf. Eines Tages war ich mit Freunden auf der Plaza de la Independencia, als die *tiroteos*, die Schießereien, losgingen. Es wurde von Dächern, aus Fenstern, von der Straße geschossen, völlig durcheinander, und mir, hinter einem Baum versteckt, nützte mein Gewehr überhaupt nichts, weil ich nicht wußte, auf wen ich zielen sollte. Wozu brauchte ich da ein Gewehr? Ich habe es zurückgegeben.

Die ersten drei Monate waren die schlimmsten. Das katastrophale Fehlen jeglicher Kontrolle war für mich, wie für viele meiner Freunde, ein Alptraum. Da hatte ich die heiß ersehnte Veränderung, den Umsturz der etablierten Ordnung, und jetzt, im Zentrum des Vulkans, bekam ich es mit der Angst zu tun. Manche Gesten fand ich verrückt und großartig, wie die der Arbeiter, die sich eines Tages auf einen Lastwagen klemmten und zum Denkmal des Heiligen Herzens Jesu, zwanzig Kilometer südlich von Madrid, fuhren. Sie bildeten ein Erschießungskommando und erschossen in aller Form die hohe Christusstatue. Dagegen waren mir die wahllosen Hinrichtungen, die Plündereien und das Banditentum zuwider. Das Volk erhob sich und übernahm die Macht, aber gleich war es uneins und zerrissen. Ungerechtfertigte Abrechnungen ließen den eigentlichen Krieg vergessen, auf den allein es angekommen wäre.

Jeden Abend ging ich zur Versammlung der Liga der revolutionären Schriftsteller, wo ich auch die meisten meiner Freunde traf, Alberti,

Bergamín, den großen Journalisten Corpus Varga und den Dichter Manuel Altolaguirre. Der glaubte an Gott. Er produzierte später einen meiner mexikanischen Filme, *Subida al cielo (Der Weg, der zum Himmel führt)*, und kam in Spanien bei einem Autounfall ums Leben.

In endlosen, oft heißen Diskussionen prallten die Meinungen aufeinander. Spontaneität oder Organisation? In mir kämpften, wie immer, die theoretische und gefühlsmäßige Neigung zur Unordnung und ein grundlegendes Bedürfnis nach Ordnung und Frieden. Zwei- oder dreimal habe ich mit André Malraux zu Abend gegessen. Wir standen in einem Kampf auf Leben und Tod – und theorisierten.

Franco gewann ständig an Boden. Wenn auch einige Städte und Dörfer der Republik treu blieben, so ergaben sich doch andere kampflos den Franco-Truppen. Die faschistische Unterdrückung zeigte sich eindeutig und unnachgiebig. Jeder des Liberalismus Verdächtige wurde sofort hingerichtet. Und statt daß wir uns angesichts eines Kampfes, in dem es um Leben und Tod ging, unbedingt und so schnell wie möglich organisierten, vertaten wir unsere Zeit – und die Anarchisten verfolgten die Priester. Eines Tages kam meine Putzfrau und sagte: „Kommen Sie schnell runter, gleich in der Straße nebenan hat man einen Priester erschossen.“ So antiklerikal ich war, und das seit meiner frühesten Jugend, mit diesem Massaker war ich nicht einverstanden.

Man darf andererseits nicht glauben, die Priester hätten nicht auch ihre Rolle im Kampf gespielt. Wie alle anderen, so griffen auch sie zu den Waffen. Einige schossen von ihren Kirchtürmen herunter, und man hat sogar Dominikaner mit Maschinengewehren schießen sehen. Einige Mitglieder des Klerus haben sich auf die republikanische Seite gestellt, aber die Mehrheit war eindeutig faschistisch. Es war der totale Krieg. Unmöglich, mitten im Kampf neutral zu bleiben und sich der *„tercera España“* anzuschließen, dem „dritten Spanien“, von dem einige vage träumten.

An manchen Tagen bekam ich es mit der Angst. In meiner bürgerlichen Wohnung fragte ich mich manchmal: Was, wenn sie plötzlich mitten in der Nacht bei mir eindringen und mich auf eine „Spazierfahrt“ mitnehmen? Was könnte ich dagegen tun? Was sollte ich sagen?

Natürlich hat es auch auf der anderen, der faschistischen Seite an Greueltaten nicht gefehlt. Die Republikaner begnügten sich damit, Erschießungen vorzunehmen; die Rebellen dagegen entwickelten ein besonderes Raffinement im Foltern. In Badajoz zum Beispiel wurden Rote in die Arena getrieben und nach dem Ritual der Corrida in den Tod geschickt.

Tausende von Geschichten waren im Umlauf. Ich erinnere mich noch der folgenden. Nonnen eines Klosters in Madrid oder der Umgebung ziehen in einer Prozession in die Kapelle und bis vor die Statue der Heiligen Jungfrau mit dem Jesuskind auf dem Arm. Mit Hammer und Meißel löst die Oberin das Kind aus den Armen der Mutter, nimmt es an sich und sagt zur Jungfrau: „Wenn der Krieg gewonnen ist, kriegst du es wieder."

Bestimmt haben sie es ihr zurückgegeben.

Innerhalb des republikanischen Lagers traten ernste Divergenzen zutage. Kommunisten und Sozialisten wollten vor allem den Krieg gewinnen und so schnell wie möglich zum Frieden zurückkehren, während die Anarchisten, als ob sie schon festen Boden unter den Füßen hätten, anfingen, ihren idealen Staat zu organisieren.

Einmal bestellte mich Gil Bel, der Leiter der Gewerkschaftszeitung *El Syndicalista,* ins Café Castilla und sagte zu mir:

„Wir haben in Torrelodones eine Anarchistenkolonie gegründet. An die zwanzig Häuser sind schon bezogen. Du solltest auch eins nehmen."

Ich war sehr überrascht. Erst einmal gehörten die Häuser verjagten, manchmal auch erschossenen oder geflüchteten Leuten. Und dann lag Torrelodones am Fuß der Sierra Guadarrama, nur wenige Kilometer von den faschistischen Linien entfernt. Und da, in Reichweite der Geschütze, organisierten die Anarchisten in aller Ruhe ihre Utopie!

Einmal aß ich mit dem Musiker Remacha zu Mittag, einem der Direktoren der Filmsono, wo ich gearbeitet hatte. Der Sohn des Wirts war im Kampf gegen die Franco-Truppen in der Sierra Guadarrama schwer verwundet worden. Da kommen ein paar bewaffnete Anarchisten rein, lassen ihr *„Salud, compañeros"* los und verlangen vom Wirt Wein. Die Wut steigt mir in den Kopf, und ich sage ihnen, sie täten besser daran, in der Sierra zu kämpfen, statt den Weinkeller eines ehrlichen Mannes zu leeren, dessen Sohn mit dem Tode ringt.

Sie hörten es sich an, ohne zu reagieren, und gingen wieder, aber unter Mitnahme der Flaschen, für die sie „Bons" dalließen, Papierfetzen, die nicht viel wert waren.

Jeden Abend kamen ganze Anarchistenbrigaden aus der Sierra Guadarrama, wo die Kämpfe stattfanden, herunter und leerten die Keller der Hotels. Ihr Verhalten war der Hauptgrund, weshalb wir uns mehr den Kommunisten zuwandten.

Die Kommunisten waren anfangs zahlenmäßig schwach, aber von Woche zu Woche wurden sie stärker; sie waren organisiert und diszipliniert und schienen mir – und scheinen mir heute noch – in jeder

Beziehung untadelhaft. Sie konzentrierten ihre ganze Energie auf die Kriegführung. Es ist traurig, aber man muß es sagen: Die Anarcho-Syndikalisten haßten sie wahrscheinlich mehr als die Faschisten.

Dieser Haß hatte schon ein paar Jahre vor dem Kriege eingesetzt. 1935 löste die FAI (Federación Anarquista Ibérica) unter den Bauarbeitern einen sehr harten Streik aus. Eine kommunistische Delegation begab sich zur FAI – ich habe diese Geschichte von Ramón Acín gehört – und erklärte den Streikführern:

„Unter euch sind drei Polizeispitzel."

Sie nannten ihnen die Namen, aber die Anarchisten erwiderten wütend:

„Na und? Das wissen wir. Aber uns sind Polizeispitzel lieber als Kommunisten."

Trotz meiner theoretischen Sympathie für die Anarchie fand ich das willkürliche, unberechenbare Verhalten und den Fanatismus dieser Leute unerträglich. Manchmal genügte der Ingenieurstitel oder ein Universitätsdiplom, um jemanden auf die Casa de Campo zu bringen. Als die republikanische Regierung beim Anrücken der Faschisten beschloß, Madrid zu verlassen und den Regierungssitz nach Barcelona zu verlegen, errichteten die Anarchisten in der Nähe von Cuenca auf der einzigen noch befahrbaren Straße Straßensperren. In Barcelona, das ist nur ein Beispiel unter vielen, liquidierten sie den Direktor und die Ingenieure eines Stahlwerks, nur um zu beweisen, daß das von den Arbeitern übernommene Werk auch ohne sie funktionieren könne. Sie stellten ein Panzerauto her und zeigten es voller Stolz einem sowjetischen Delegierten. Der ließ sich eine Parabellum geben und durchschoß mühelos die Panzerung.

Man glaubt sogar – aber es gibt auch andere Meinungen –, daß ein Anarchistengrüppchen für den Tod des großen Durruti verantwortlich war, den eine Kugel traf, als er in der Calle de la Princesa aus dem Wagen stieg, um der belagerten Studentenstadt zu Hilfe zu eilen. Diese bedingungslosen Anarchisten – die ihre Töchter „Acracia" (Nicht-Macht) oder „Vierzehnter September" nannten – hatten es Durruti übelgenommen, daß es ihm gelungen war, Disziplin in seine Truppen zu bringen.

Wir hatten auch die Willkürakte der POUM zu fürchten, einer theoretisch trotzkistischen Gruppe. Im Mai 1937 kam es sogar dazu, daß Mitglieder dieser Bewegung, der sich die Anarchisten der FAI angeschlossen hatten, in den Straßen von Barcelona Barrikaden gegen die republikanische Armee errichteten, die diese dann bekämpfen und überwinden mußte.

Mein Freund, der Schriftsteller Claudio de la Torre, dem ich zur Hochzeit gerade ein Bild von Max Ernst geschenkt hatte, wohnte in einem einsam gelegenen Haus vor Madrid. Sein Großvater war Freimaurer gewesen, was für die Faschisten überhaupt das schlimmste war – die Freimaurer haßten sie mindestens so sehr wie die Kommunisten.

Weil seine Frau bei den Anarchisten kämpfte, beschäftigte Claudio eine sehr respektable Köchin. Einmal fuhr ich zum Mittagessen zu ihm hinaus, als ich plötzlich, schon draußen auf dem Land, einen Wagen der POUM auf mich zukommen sah, weithin erkennbar an seinem aufgemalten Zeichen. Mir war gar nicht wohl dabei, denn ich hatte nur sozialistische und kommunistische Ausweispapiere bei mir, die in den Augen der POUM nicht zählten – im Gegenteil, sie hätten mir sogar Schwierigkeiten einbringen können. Der Wagen hielt neben mir, der Fahrer fragte mich nach irgend etwas, ich glaube nach dem Weg, und fuhr dann weiter. Ich atmete auf.

Ich möchte wiederholen, daß ich hier nur meine persönliche Eindrükke wiedergebe, aber ich glaube, sie stimmen überein mit denen mancher anderer, die sich damals als Linke betrachteten. Vor allem herrschten Unsicherheit und Konfusion, die noch verstärkt wurden durch unsere internen Kämpfe und die Reibereien zwischen den verschiedenen Richtungen – trotz der faschistischen Bedrohung vor unseren Toren.

Ich sah vor meinen Augen meinen alten Traum verwirklicht und empfand dabei nur Trauer.

Eines Tages brachte uns ein Republikaner, der es geschafft hatte, durch die Linien zu kommen, die Nachricht von Lorcas Tod.

Lorca

Kurz vor *Ein andalusischer Hund* hatte ein unerheblicher Streit uns für eine Weile getrennt. Als empfindlicher Andalusier glaubte er dann – oder behauptete es wenigstens –, der Film richte sich gegen ihn. Er sagte:

„Buñuel hat einen so kleinen" – mit den Fingern zeigte er, einen wie kleinen – „Film gemacht. Er heißt *Ein andalusischer Hund,* und der Hund bin ich."

1934 waren wir wieder gänzlich versöhnt. Auch wenn ich zuweilen fand, daß er sich von der großen Schar seiner Bewunderer zu sehr einwickeln ließ, verbrachten wir viel Zeit miteinander. Oft stiegen wir mit Ugarte in meinen Ford und suchten für ein paar Stunden Erholung in der gotischen Einsamkeit von El Paular in der Sierra. Das ehemalige Kloster zerfiel, aber sechs oder sieben Räume waren notdürftig hergerichtet und standen der Kunstakademie zur Verfügung. Wenn man einen Schlafsack mitbrachte, konnte man dort sogar schlafen. Der Dichter Peinado – den ich dort vierzig Jahre später zufällig wieder getroffen habe – fuhr sehr oft in das alte verlassene Kloster.

Es war schwierig, sich über Malerei und Dichtung zu unterhalten, während man doch den Sturm heraufziehen spürte. Vier Tage vor Francos Landung entschloß sich Lorca, der sich nie für Politik hatte begeistern können, ganz plötzlich, nach Hause, nach Granada, zu fahren. Ich versuchte ihm das auszureden und sagte:

„Federico, grauenhafte Dinge bereiten sich vor. Bleib hier. Hier in Madrid bist du noch am ehesten in Sicherheit."

Auch andere Freunde versuchten ihn zurückzuhalten, aber vergeblich. Ganz nervös und verstört fuhr er ab.

Die Nachricht von seinem Tod war ein schrecklicher Schock für uns.

Von allen Lebewesen, denen ich begegnet bin, steht Federico für mich am höchsten. Ich spreche nicht von seinen Stücken und seinen Gedichten, ich spreche von ihm. Er selbst war das Meisterwerk. Es fällt mir schwer, mir jemanden vorzustellen, der ihm vergleichbar wäre. Ob er sich ans Klavier setzte, um Chopin zu imitieren, ob er eine Pantomime improvisierte oder eine kurze Theaterszene, er war immer unwiderstehlich. Was er auch vorlas, immer kam Schönheit über seine Lippen. Er besaß Leidenschaft, Lebenslust, Jugend. Er war wie eine Flamme.

Als ich ihm in der Residenz zum ersten Mal begegnete, war ich ein ziemlich ungeschlachter Provinzathlet. Durch die Kraft unserer Freundschaft hat er mich verwandelt, hat mich eine andere Welt kennen gelehrt. Ich verdanke ihm viel mehr, als ich ausdrücken kann.

Seine sterblichen Reste sind nie gefunden worden. Über seinen Tod hat es alle möglichen Legenden gegeben, und Dalí hat gemeinerweise sogar von einem homosexuellen Verbrechen geredet, was völlig absurd ist. In Wahrheit starb Federico, weil er ein Dichter war. Damals hörte man von der anderen Seite den Schrei: „Tod der Intelligenz!"

In Granada hatte er sich zu einem Mitglied der Falange geflüchtet, dem Dichter Luis Rosales Camacho, dessen Familie mit der seinen befreundet war. Da glaubte er sich in Sicherheit. Männer – von welcher Partei, ist unerheblich – unter der Führung eines gewissen Alonso nahmen ihn eines Nachts fest, und zusammen mit ein paar Arbeitern mußte er auf einen Lastwagen steigen.

Federico hatte große Angst vor dem Leiden und vor dem Tod. Ich kann mir vorstellen, was er empfunden haben muß – mitten in der

Nacht, auf einem Lastwagen, der ihn zu dem Olivenhain fuhr, wo man ihn niedergemacht hat.

Der Gedanke daran läßt mich nicht los.

Gegen Ende September wurde ich nach Genf bestellt, der Außenminister der Republik, Álvarez del Vayo, wolle mich sehen, den Grund würde ich in Genf erfahren.

Ich fuhr mit dem Zug, einem wahnsinnig überfüllten Zug, einem richtigen Kriegszug. Ich saß einem Offizier der POUM gegenüber – er war vom Arbeiter zum Major befördert worden –, ein Typ mit einer wilden Ausdrucksweise, der unentwegt schimpfte, die republikanische Regierung sei eine Sauerei und müsse unter allen Umständen vernichtet werden. Ich erwähne ihn überhaupt nur, weil ich ihn später in Paris als Spitzel gebrauchen sollte.

In Barcelona, wo ich umsteigen mußte, traf ich José Bergamín und Muñoz Suay, die mit einem Dutzend Studenten ebenfalls auf dem Weg nach Genf waren, um an einem politischen Treffen teilzunehmen. Sie fragten mich, was ich für Ausweispapiere hätte, und als ich es ihnen sagte, rief Muñoz Suay: „Die lassen dich nie über die Grenze! Dazu brauchst du ein Visum von den Anarchisten."

Wir kommen also in Port-Bou an, ich steige als erster aus und sehe auf dem von Bewaffneten umstellten Bahnhof drei Figuren hinter einem Tisch sitzen, wie die Mitglieder eines kleinen Tribunals. Es sind Anarchisten. Ihr Chef ist ein bärtiger Italiener.

Auf ihre Aufforderung hin zeige ich meine Papiere, und sie sagen:

„Damit lassen wir dich nicht durch."

Die spanische Sprache ist sicher die an Flüchen reichste der Welt. Im Unterschied zu anderen Sprachen, in denen Flüche und Lästerungen meist kurz und getrennt aufeinander folgen, nimmt die spanische Lästerung leicht die Form einer langen Rede an, in der sich beachtliche Grobheiten, die sich hauptsächlich auf Gott, Christus, den Heiligen Geist, die Jungfrau Maria und die Apostel beziehen, den Papst nicht zu vergessen, aneinanderreihen und eine Folge von beeindruckenden skatologischen Sätzen bilden können. Die Lästerung ist eine spanische Kunst. In Mexiko zum Beispiel, wo doch die spanische Kultur schon vor nunmehr vier Jahrhunderten Fuß gefaßt hat, habe ich nie ordentlich fluchen gehört. In Spanien kann eine schöne Lästerung bis zu zwei oder drei Zeilen lang sein. Wenn die Umstände es verlangen, kann daraus eine richtige Litanei werden.

Eine derartige Lästerung, aufs heftigste hervorgestoßen, war es, was die drei Anarchisten in Port-Bou sich in aller Ruhe anhörten.

Danach ließen sie mich passieren.

Da ich von Lästerung rede, sollte ich noch erwähnen, daß man in alten spanischen Städten, in Toledo zum Beispiel, über den Haupteingängen mancher Häuser lesen konnte: „Betteln und Lästern verboten", und das unter Androhung von Geldstrafe oder kurzer Gefängnishaft – ein Beweis für die Macht und die Allgegenwart blasphemischer Äußerungen. Als ich 1960 nach Spanien zurückkehrte, kam es mir vor, als werde auf der Straße weniger geflucht. Aber vielleicht habe ich mich getäuscht – ich hörte nicht mehr so gut wie früher.

In Genf habe ich den Minister nur etwa zwanzig Minuten gesehen. Er forderte mich auf, nach Paris zu gehen und mich dem neuen Botschafter zur Verfügung zu stellen, den die Republik in Kürze ernennen werde. Dieser Botschafter sollte Araquistain sein, ein Linkssozialist, den ich kannte, ein ehemaliger Journalist und Schriftsteller. Er brauchte Leute seines Vertrauens.

Ich fuhr sofort nach Paris.

Paris während des Bürgerkriegs

Ich sollte dort bis Kriegsende bleiben. Offiziell hatte ich in meinem Büro in der Rue de la Pépinière die Aufgabe, alle in Spanien gedrehten republikanischen Propagandafilme zu erfassen. In Wirklichkeit waren meine Funktionen weit komplexer. Einerseits war ich eine Art Protokollchef und hatte in der Botschaft die Diners zu organisieren, das heißt aufzupassen, daß man zum Beispiel André Gide nicht neben Aragon setzte, und außerdem kümmerte ich mich um „Information" und Propaganda.

In dieser Zeit bin ich, um für Unterstützung aller Art für die republikanische Sache zu werben, viel gereist, in die Schweiz, nach Antwerpen, nach Stockholm, mehrere Male nach London. Verschiedentlich bin ich auch mit einem bestimmten Auftrag in Spanien gewesen.

Meistens beförderte ich in meinen Koffern Tausende in Paris gedruckte Flugblätter. In Antwerpen hatten wir die rückhaltlose Unterstützung der belgischen Kommunisten. Dank der Mithilfe einiger Seeleute sind unsere Flugblätter sogar auf einem deutschen Schiff, das nach Spanien fuhr, befördert worden.

Während einer meiner Reisen nach London gaben ein Labour-Abgeordneter und der Präsident der Film Society, Ivor Montagu, ein Bankett, auf dem ich in Englisch eine kleine Rede halten mußte. Etwa zwanzig Sympathisanten waren da, unter ihnen Roland Penrose, der in *L'Age d'or* gespielt hatte; neben mir saß der Schauspieler Conrad Veidt.

Meine Mission in Stockholm war ganz anderer Art. In der Gegend von Biarritz und Bayonne wimmelte es von Faschisten, und wir brauchten Geheimagenten zu unserer Information. Ich fuhr nach Stockholm, um einer schönen Schwedin namens Karen, die Mitglied der kommunistischen Partei Schwedens war, die Rolle der Spionin anzutragen. Die Frau des Botschafters kannte sie und hatte sie empfohlen. Karen nahm den Auftrag an, und wir fuhren zusammen per Schiff und Eisenbahn. Unterwegs hatte ich einen wirklichen Konflikt auszuhalten zwischen meiner wie immer lebhaften sexuellen Begierde und meiner Pflicht. Die Pflicht siegte. Wir haben uns nicht einmal geküßt, und ich litt stumm. Karen reiste ab in das Département Basses-Pyrénées und schickte regelmäßig alle Informationen, die ihr zu Ohren kamen. Ich habe sie nie wiedergesehen.

Was Karen betrifft, so muß ich noch hinzufügen, daß der zuständige kommunistische Agitprop-Mann, mit dem wir in ständigem Kontakt waren, vor allem wegen Waffenkäufen – eine Menge kleiner Gangster schwärmte damals, wie heute, ums Waffengeschäft herum, und wir mußten ständig vor ihnen auf der Hut sein –, daß dieser Mann mir vorwarf, eine „Trotzkistin" nach Frankreich geholt zu haben. In der Tat hatte die schwedische kommunistische Partei erst kurz zuvor, während ich schon unterwegs war, einen Kurswechsel vollzogen, und ich hatte davon nichts mitbekommen.

Im Unterschied zur französischen Regierung, die es aus Feigheit, aus Angst vor den französischen Faschisten, aus Furcht vor internationalen Verwicklungen ablehnte, sich zu engagieren und zugunsten der Republik zu intervenieren, was den Lauf der Dinge sehr schnell geändert hätte, half uns das französische Volk. Vor allem war die Hilfe der Arbeiter, die Mitglieder der CGT waren, erheblich und ganz uneigennützig. Es kam zum Beispiel nicht selten vor, daß ein Eisenbahner oder ein Taxifahrer zu mir kam und sagte: „Gestern abend sind zwei Faschisten mit dem Zug um 20.15 Uhr angekommen, sie sehen so und so aus und sind in dem und dem Hotel abgestiegen." Ich notierte alles und informierte Araquistain, in dem wir sicher unseren besten Botschafter in Paris hatten.

Die Nichtintervention Frankreichs und der anderen demokratischen Mächte lähmte uns. Obwohl Roosevelt sich für die spanische Republik ausgesprochen hatte, gab er dem Druck der amerikanischen Katholiken nach und intervenierte nicht, ebensowenig wie Léon Blum in Frankreich. Wir haben nie ein direktes Eingreifen erwartet, aber wir hätten hoffen können, daß Frankreich Waffentransporte gestattete oder sogar die Entsendung von „Freiwilligen", wie es Deutschland und Italien für die andere Seite taten. Der Krieg wäre ganz anders verlaufen.

Ich muß auch, wenigstens kurz, über das Schicksal der nach Frankreich Geflüchteten sprechen. Viele wurden bei ihrer Ankunft ganz einfach in Lager gesteckt. Sie fielen später in großer Zahl den Nazis in die Hände und kamen in Deutschland um, vor allem in Mauthausen.

Allein die von den Kommunisten organisierten, gut ausgebildeten und disziplinierten Internationalen Brigaden lieferten sowohl wertvolle Hilfe als auch ein gutes Beispiel. Man muß Malraux ehrend erwähnen – wenn auch einige der von ihm ausgewählten Flieger nichts als Söldner waren – und alle die anderen, die sich auf eigene Initiative dem Kampf anschlossen. Es waren viele, und sie kamen aus allen Ländern. In Paris habe ich Hemingway, Dos Passos und Joris Ivens, der einen Dokumentarfilm über die republikanische Armee drehte, Passierscheine ausgehändigt. Ich denke auch an Corniglion-Molinier, der sich sehr tapfer geschlagen hat. Ich habe ihn später in New York wiedergetroffen, am Tag darauf reiste er ab, um sich de Gaulle anzuschließen. Er behauptete, der Niederlage der Nazis absolut sicher zu sein, und lud mich ein, ihn nach dem Krieg in Paris zu besuchen und einen Film mit ihm zu machen. Als ich ihn das letzte Mal, beim Festival in Cannes, traf, war er Minister und saß mit dem Präfekten des Département Alpes-Maritimes zusammen. Fast empfand ich so etwas wie Scham, in Gesellschaft solcher Honoratioren gesehen zu werden.

Von den zahlreichen Verwicklungen und Abenteuern, deren Zeuge und manchmal auch Teilnehmer ich war, will ich nur die erzählen, die mir als die interessantesten erscheinen. Das meiste spielte sich bei strengster Geheimhaltung ab, und noch heute fällt es mir schwer, bestimmte Namen zu nennen.

Wir filmten während des Krieges in Spanien unter der Mitwirkung auch von zwei sowjetischen Kameraleuten. Die Filme waren dazu bestimmt, in der ganzen Welt, aber auch in Spanien gezeigt zu werden. Nachdem ich monatelang nichts von dem aufgenommenen Material gehört hatte, meldete ich mich eines Tages beim Chef der sowjetischen Handelsmission an. Er ließ mich eine Stunde warten; erst nachdem ich mich bei einem Sekretär beschwert hatte, empfing er mich schließlich sehr frostig, fragte nach meinem Namen und meinte dann:

„Was machen Sie in Paris? Sie wären besser in Spanien an der Front."

Ich antwortete, daß es nicht an ihm sei, meine Aktivitäten zu beurteilen, daß ich auf Anweisung handle und daß ich in Erfahrung bringen möchte, was mit den für die Republik gedrehten Filmen passiert sei.

Er antwortete ausweichend, und ich ging wieder.

Als ich in meinem Büro war, schrieb ich sofort vier Briefe, einen an die *Humanité*, einen an die *Prawda*, einen an den sowjetischen Botschafter und einen an den spanischen Minister. Ich wies darin auf die, wie mir schien, Sabotage innerhalb der sowjetischen Handelsmission hin. Befreundete französische Kommunisten bestätigten meinen Eindruck und sagten: „Ja, so ähnlich läuft das überall." Die Sowjetunion hatte Feinde oder zumindest Gegner in den Reihen ihrer eigenen offiziellen Repräsentanten. Übrigens wurde dieser Missionschef, der mich so schlecht behandelt hatte, einige Zeit danach Opfer einer der großen Stalinschen Säuberungen.

Die drei Bomben

Eine besonders komplexe Geschichte ist die von den drei Bomben. Sie wirft ein bezeichnendes Licht auf das Verhalten der französischen Polizei – und der Polizei überhaupt.

Eines Tages kommt ein gutaussehender, sehr eleganter junger Kolumbianer in mein Büro. Er hatte nach dem Militärattaché gefragt, aber da wir keinen Militärattaché mehr hatten – er war unter Verdacht geraten und deshalb entlassen worden –, hat man ihn zu mir geschickt. Er hat ein Köfferchen bei sich, das er im kleinen Salon der Botschaft auf den Tisch stellt und öffnet. Darin sind drei kleine Bomben. Der Kolumbianer sagt zu mir:

„Das sind Bomben mit sehr großer Sprengkraft. Damit haben wir das Attentat in Perpignan gegen das spanische Konsulat durchgeführt und auch das auf den Zug Bordeaux–Marseille."

Ganz überrascht frage ich ihn, was er wolle und weshalb er mir die Bomben bringe. Er erklärt mir, daß er seine Zugehörigkeit zu den Faschisten keineswegs verheimliche, Mitglied der Legion Condor sei – ich hätte gleich darauf schwören können – und nur aus Haß auf seinen Chef so handle, den er auf den Tod nicht ausstehen könne. Er fügt noch hinzu:

„Mir liegt vor allem daran, daß er verhaftet wird. Fragen Sie mich nicht nach meinen Gründen. Wenn Sie wissen wollen, wer es ist, kommen Sie morgen um fünf Uhr in die Coupole, da sitzt er rechts von mir. Auf Wiedersehen. Die Bomben lasse ich Ihnen hier."

Nachdem er gegangen ist, informiere ich sofort Araquistain, den Botschafter. Der telephoniert mit dem Polizeipräfekten. Die Bomben werden unverzüglich vom Sprengstoffdezernat untersucht. Es stimmt, was der Terrorist gesagt hat: Die Bomben haben eine bis dahin unbekannte Sprengkraft.

Am nächsten Tag bitte ich den Sohn des Botschafters und eine befreundete Schauspielerin, ohne ihnen den Grund zu nennen, mit mir auf ein Glas in die Coupole zu gehen. Als wir reinkommen, sehe ich sofort den Kolumbianer mit einer kleinen Gruppe von Leuten vorn im Café sitzen. Rechts von ihm – sein Chef also – sitzt ein Mann, den ich komischerweise kenne, ein lateinamerikanischer Schauspieler. Meine Freundin, die Schauspielerin, kennt ihn auch, und wir schütteln ihm im Vorübergehen die Hand.

Der Denunziant verzieht keine Miene.

Von der Botschaft aus informiere ich den Polizeipräfekten, einen Sozialisten, ich nenne ihm den Namen des Chefs dieser terroristischen Aktionsgruppe und das Hotel, in dem er wohnt. Er versichert, man werde ihn sofort festnehmen. Aber nichts passiert. Einige Zeit später sehe ich den Terroristenchef in aller Seelenruhe mit seinen Freunden im Café des Sélect an den Champs-Élysées. Mein Freund Sánchez Ventura kann bezeugen, daß ich an dem Tag vor Wut geweint habe. In was für einer Welt leben wir eigentlich, habe ich mich gefragt. Da ist ein notorischer Krimineller, und die Polizei nimmt ihn nicht fest. Weshalb?

Der Denunziant kommt wieder zu mir ins Büro und sagt:

„Morgen kommt mein Chef in die Botschaft, um sich ein Visum für Spanien zu besorgen."

Die Information stimmte. Der lateinamerikanische Schauspieler, der im Besitz eines Diplomatenpasses war, erschien in der Botschaft und bekam auch ohne Schwierigkeiten sein Visum. Er ging nach Madrid in besonderer Mission; worin sie bestand, habe ich nie erfahren. An der Grenze wurde er von der republikanischen spanischen Polizei festgenommen, die wir benachrichtigt hatten, und auf Intervention seiner Regierung fast gleich wieder freigelassen. In Madrid führte er seine Mission durch und kam dann ruhig wieder nach Paris zurück. War er unverwundbar? Welche Macht beschützte ihn? Ich war verzweifelt.

Ich mußte zu der Zeit nach Stockholm reisen. In Schweden las ich in der Zeitung, daß ein Sprengkörper von außerordentlicher Kraft in der Nähe des Étoile ein kleines Gebäude zerstört habe, das Sitz einer Gewerkschaft gewesen war. Es hieß noch, wenn ich mich recht erinnere, daß das Gebäude in sich zusammengestürzt sei und zwei Polizisten dabei den Tod gefunden hätten. Ohne den Schatten eines Zweifels erkannte ich die Hand des Terroristen.

Es passierte immer noch nichts. Der Mann setzte seine Aktivitäten fort – geschützt von der Indifferenz der französischen Polizei, die, wie die Polizei manches anderen europäischen Staates, mehr für die starken Regimes übrig hatte.

Nach Kriegsende bekam der lateinamerikanische Schauspieler als Mitglied der Fünften Kolonne ganz selbstverständlich von Franco einen Orden.

Zur selben Zeit wurde ich von der französischen Rechten heftig angegriffen. *L'Age d'or* war nicht vergessen. Von meiner „Profanierungslust" war die Rede und meinem „Analkomplex", und die Zeitung *Gringoire* – oder war es der *Candide*? – erinnerte in einem Leitartikel, der den ganzen unteren Teil der Seite einnahm, daran, daß ich vor einigen Jahren mit der Absicht nach Paris gekommen sei, „die französische Jugend zu korrumpieren".

Meine surrealistischen Freunde sah ich auch weiterhin. Eines Tages rief Breton mich in der Botschaft an und sagte:

„Mein lieber Freund, es geht das leidige Gerücht um, Péret sei als Mitglied der POUM von spanischen Republikanern erschossen worden."

Die POUM genoß wegen ihrer theoretisch-trotzkistischen Tendenzen unter den Surrealisten gewisse Sympathien, und es stimmte: Benjamin Péret war nach Barcelona gefahren, und man sah ihn dort täglich unter lauter POUM-Leuten auf der Plaza de Cataluña. Auf Bretons Bitte hin versuchte ich Informationen zu bekommen. Ich erfuhr, daß Péret nach Huesca an die aragonische Front gefahren sei, und auch, daß er so laut und offen das Verhalten der POUM-Mitglieder kritisierte, daß einige von ihnen die Absicht geäußert hatten, ihn zu erschießen. Ich konnte Breton garantieren, daß Péret nicht von Republikanern hingerichtet worden sei. Und tatsächlich kehrte er auch nach Frankreich zurück.

Hin und wieder aß ich mit Dalí in der Rôtisserie Périgourdine an der Place Saint-Michel zu Mittag. Da machte er mir eines Tages ein seltsames Angebot:

„Ich möchte dich gern einem superreichen Engländer vorstellen, einem großen Freund der spanischen Republik, der dir einen Bomber anbietet."

Ich erklärte mich bereit, diesen Engländer, Edward James, der mit Leonora Carrington befreundet war, zu treffen. Er hatte eben Dalís ganze Jahresproduktion 1938 gekauft und sagte mir, daß er tatsächlich auf einem tschechoslowakischen Flughafen ein ultramodernes Bombenflugzeug zu unserer Verfügung halte. Da er wisse, daß die Republik dringend Flugzeuge brauche, gebe er es uns gegen einige Meisterwerke des Prado-Museums, mit denen er dann in Paris und in anderen Städten

Ausstellungen zu machen gedenke. Die Bilder würden unter den Schutz des Haager Gerichtshofes gestellt. Nach Kriegsende gebe es zwei Möglichkeiten: Gewännen die Republikaner, würden die Bilder in den Prado zurückkehren, wenn nicht, blieben sie als Eigentum der Republik im Exil.

Ich teilte Álvarez del Vayo, unserem Außenminister, diesen originellen Vorschlag mit. Er erklärte mir, daß er allerdings im Augenblick nichts besser gebrauchen könne als ein Bombenflugzeug, aber unter keinen Umständen bereit sei, Bilder aus dem Prado wegzugeben. „Was würde man von uns sagen? Was würden die Zeitungen schreiben? Daß wir unser nationales Erbe verschleudern, um uns Waffen zu besorgen. Vergessen wir's."

Aus der Sache wurde nichts.

Edward James lebt immer noch. Er besitzt in der ganzen Welt Schlösser und sogar eine Ranch in Mexiko.

Meine Sekretärin in der Rue de la Pépinière war die Tochter des Schatzmeisters der französischen kommunistischen Partei. Der hatte in seiner Jugend zur Bonnot-Bande gehört, und meine Sekretärin konnte sich erinnern, wie sie als ganz kleines Mädchen von Raymond-la-Science auf dem Arm getragen worden war. Ich selbst habe zwei ehemalige Mitglieder der Bonnot-Bande gekannt, Rirette Maîtrejean und den, der sich in seinen Cabaret-Nummern „der unschuldige Sträfling" nannte.

Eines Tages bekamen wir von Juan Negrín, dem Ministerpräsidenten, die Mitteilung, daß er sich sehr für eine Ladung Kali interessiere, die von Italien aus zu einem faschistischen Hafen in Spanien unterwegs sei. Negrín bat um Informationen.

Ich sprach darüber mit meiner Sekretärin, und die rief ihren Vater an. Zwei Tage später erschien er bei mir im Büro und sagte: „Fahren wir doch mal raus in die Banlieue, ich möchte, daß Sie jemanden treffen." Wir fuhren mit dem Auto zu einem Ort, den Namen habe ich vergessen, etwa eine Dreiviertelstunde außerhalb von Paris. In einem Café stellte er mir einen seriösen und eleganten Amerikaner vor, der französisch mit einem schweren Akzent sprach. Der Amerikaner erklärte mir:

„Ich höre, Sie würden gern etwas über eine Ladung Kali wissen."

„Das stimmt."

„Nun, ich glaube, ich kann Ihnen Auskunft über dieses Schiff geben."

Und er sagte mir alles, was er über die Ladung und die Route des Schiffes wußte, ganz genaue Angaben, die wir dann an Negrín weitergaben.

Einige Jahre später habe ich ihn dann bei einer großen Cocktail-Party im Museum of Modern Art in New York wiedergesehen. Ich erkannte ihn, er erkannte mich auch, ließ sich aber nichts anmerken.

Noch später, nach Kriegsende, habe ich ihn ein weiteres Mal getroffen. Er saß mit seiner Frau in der Coupole. Bei dieser Gelegenheit haben wir miteinander geredet. Der Amerikaner leitete vor dem Krieg eine Fabrik in der Umgebung von Paris. Er unterstützte die spanische Republik, und deshalb kannte ihn der Vater meiner Sekretärin.

Ich wohnte in Meudon. Wenn ich abends nach Hause fuhr, kam es vor, daß ich meinen Wagen anhielt, die Hand am Revolver, um mich zu vergewissern, daß niemand mir folgte. Wir lebten inmitten von Geheimnissen, Intrigen und undurchschaubaren Pressionen. Stündlich wurden wir über den Verlauf des Krieges informiert. Uns wurde klar, daß es die Großmächte, Deutschland und Italien ausgenommen, vorzogen, sich bis zum Schluß herauszuhalten, und sahen alle Hoffnung schwinden.

Es darf nicht verwundern, daß die spanischen Republikaner, wie ich auch, dem deutsch-sowjetischen Pakt eher positiv gegenüberstanden. Wir waren so enttäuscht von der Haltung der westlichen Demokratien, die die Sowjetunion auch noch mit Verachtung straften und jeden wirksamen Kontakt mit ihr ablehnten, daß wir hinter Stalins Geste die Absicht sahen, Zeit zu gewinnen und Kräfte für die große Schlacht zu sammeln, die auf jeden Fall kommen würde.

Auch die französische kommunistische Partei befürwortete in ihrer Mehrheit diesen Pakt. Aragon hat es laut und deutlich gesagt. Eine der wenigen abweichenden Stimmen im Innern der Partei war die von Paul Nizan. Aber welcher Meinung wir auch waren, wir spürten alle, daß dieser Pakt nicht dauern würde, daß er in die Brüche gehen würde wie alles andere auch.

Ich habe mir meine Sympathien für die kommunistische Partei bis Ende der fünfziger Jahre bewahrt. Danach habe ich mich immer weiter von ihr entfernt. Fanatismus stößt mich ab, wo immer ich ihm begegne. Alle Religionen beanspruchen die Wahrheit für sich, so auch der Marxismus. In den dreißiger Jahren ertrugen es die marxistischen Doktrinäre zum Beispiel nicht, wenn man vom Unbewußten sprach, von psychischen Tiefenströmungen im Individuum. Alles sollte gesellschaftlich-ökonomischen Mechanismen gehorchen. Mir erschien das absurd. Man vergaß den halben Menschen.

Ich komme zum Ende meiner Abschweifung. Die Abschweifung ist die mir natürliche Art und Weise zu erzählen, ein wenig wie im spanischen pikaresken Roman. Doch mit wachsendem Alter, bei dem unausbleiblichen Nachlassen des unmittelbaren Gedächtnisses, muß ich mich in acht nehmen. Ich beginne eine Geschichte, und schon verlasse ich sie, weil irgendeine Seitenlinie mich mehr reizt, danach habe ich meinen Ausgangspunkt vergessen und weiß nicht mehr, wo ich bin. Dann frage ich meine Freunde: „Weshalb erzähle ich euch das eigentlich?"

Ich hatte gewisse Geheimfonds zu meiner Verfügung, derer ich mich ohne Quittung bedienen konnte. Keiner meiner Aufträge glich dem anderen. Einmal habe ich sogar auf eigenen Wunsch als Negríns Leibwächter fungiert. Zusammen mit dem sozialistischen Maler Quintilla – wir waren beide bewaffnet – habe ich Negrín am Gare d'Orsay überwacht, ohne daß er das geringste bemerkt hätte.

Mehrmals bin ich nach Spanien gefahren, um Papiere hinüberzubringen. Dabei bin ich übrigens, zusammen mit Juanito Negrín, dem Sohn des Ministerpräsidenten, zum erstenmal geflogen. Eben waren wir über die Pyrenäen hinweg, als gemeldet wurde, ein faschistisches Jagdflugzeug sei von Mallorca her im Anflug. Aber der Jäger drehte wieder ab, vielleicht wegen der Flak in Barcelona.

Bei einer dieser Reisen begab ich mich gleich nach meiner Ankunft in Valencia zum Chef des Agitprop, erklärte ihm, daß ich in besonderer Mission komme und ihm aus Paris stammende Dokumente zeigen möchte, die ihn interessieren könnten. Am nächsten Morgen um neun stiegen wir ins Auto, und er fuhr mich zu einer Villa ein paar Kilometer außerhalb von Valencia. Dort stellte er mich einem Russen vor, der sich meine Dokumente genau ansah und dann sagte, daß er sie gut kenne. Wir hatten etwa zehn solcher Kontaktstellen. Ich nehme an, daß das bei den Faschisten mit den Deutschen ganz ähnlich war. Auch die Geheimdienste, auf beiden Seiten, machten ihre Lehre.

Als eine republikanische Brigade auf der anderen Seite von Gavarni belagert wurde, schafften französische Sympathisanten Waffen über den Berg. Während ich mit Ugarte dorthin unterwegs war, fuhr uns eine Luxuslimousine an, deren Chauffeur eingenickt war. Ugarte bekam Prellungen ab, und wir mußten drei Tage warten, ehe wir weiterfahren konnten.

Während des Krieges mußten die Schmuggler in den Pyrenäen hart ran. Sie beförderten Menschen und Propagandamaterial. In der Gegend von Saint-Jean-de-Luz ließ ein französischer Polizeiwachtmeister, dessen Name mir leider entfallen ist, die Schmuggler unbehelligt durch, wenn sie republikanische Flugblätter auf die andere Seite mitnahmen. Um ihm meine Dankbarkeit zu bezeugen – eine offizielle Ehrung wäre mir lieber gewesen –, habe ich ihm einen prachtvollen Säbel zum Geschenk gemacht, den ich an der Place de la République mit eigenem Geld gekauft und ihm „für der spanischen Republik geleistete Dienste“ übergeben habe.

Eine andere Geschichte, Garcías Geschichte, zeigt, wie komplex unsere Beziehungen zu den Faschisten manchmal waren.

García war ein ganz gemeiner Gangster, ein Schuft, der behauptete, Sozialist zu sein. In den ersten Kriegsmonaten hatte er mit einer kleinen Gruppe von Mördern die berüchtigte *Brigada del Amanecer* (Brigade des Sonnenaufgangs) gegründet. Morgens in aller Frühe drangen sie gewaltsam in Bürgerhäuser ein, nahmen die Männer auf eine „Spazierfahrt“ mit, vergewaltigten die Frauen und stahlen alles, was ihnen in die Hände fiel.

Ich war in Paris, als ein französischer Gewerkschaftler, der, glaube ich, in einem Hotel arbeitete, uns berichtete, ein Spanier mit einem ganzen Koffer voll gestohlener Schmuckstücke sei dabei, sich nach Südamerika abzusetzen. Es handelte sich um García, der, nachdem er ein Vermögen gemacht hatte, Spanien verlassen hatte und unter falschem Namen reiste.

García, den die Faschisten unbedingt erwischen wollten, war eine Schande für die Republik. Ich machte dem Botschafter Meldung von der Mitteilung des Gewerkschaftlers. Das Schiff machte Station in Santa Cruz de Tenerife, das in den Händen der Faschisten war. Der Botschafter zögerte nicht, sie über eine neutrale Botschaft zu informieren. Bei der Ankunft in Santa Cruz wurde García identifiziert, festgenommen und gehängt.

Der Pakt von Calanda

Bei Beginn der Unruhen erhielt die Guardia Civil den Befehl, Calanda zu verlassen und sich in Saragossa zu sammeln. Ehe sie abzogen, übergaben die Offiziere die Macht und die Verantwortung für Ruhe und Ordnung im Ort einer hauptsächlich aus den Notabeln bestehenden Ratsversammlung.

Die hatte zunächst nichts Eiligeres zu tun, als ein paar notorische Aktivisten einzusperren, darunter einen allgemein bekannten Anarchisten, ein paar sozialistische Bauern und den einzigen Kommunisten, den es in Calanda gab.

Als bei Kriegsbeginn die anarchistischen Truppen Barcelona erreichten und Calanda bedrohten, begaben sich die Notabeln ins Gefängnis und erklärten den Gefangenen:

„Wir befinden uns im Krieg und wissen nicht, wer gewinnen wird. Deshalb schlagen wir euch einen Pakt vor. Wir lassen euch frei, und wir, die Bewohner von Calanda, verpflichten uns gegenseitig, wie immer der Kampf auch ausgehen mag, alle Anwendung von Gewalt zu vermeiden."

Die Gefangenen waren sofort einverstanden und wurden auf freien Fuß gesetzt. Als die Anarchisten ein paar Tage später in den Ort eindrangen, erschossen sie zuerst einmal zweiundachtzig Personen. Unter den Opfern waren neun Dominikaner, die meisten der Honoratioren – ich habe später die Liste gesehen –, Ärzte, Grundbesitzer und sogar einige eher arme Leute, deren einziges Verbrechen ihre Frömmigkeit gewesen war.

Der Pakt hatte Calanda aus dem gewalttätigen Gang der Welt heraushalten, es in einer Art begrenztem Frieden außerhalb des Konflikts isolieren sollen. Das war schon nicht mehr möglich. Es ist eine Illusion, zu glauben, der Geschichte, seiner Zeit entkommen zu können.

Ich möchte noch von einer sehr ungewöhnlichen Begebenheit in Calanda erzählen – ich weiß nicht, ob sich das so auch in anderen Dörfern ereignet hat –, nämlich von der öffentlichen Ausrufung der freien Liebe. Eines schönen Tages tritt auf Befehl der Anarchisten der Ausrufer auf den Dorfplatz, setzt seine kleine Trompete an die Lippen, bläst und verkündet dann:

„Compañeros, ab heute wird in Calanda die freie Liebe verordnet."

Man kann sich leicht vorstellen, daß diese Proklamation mit höchstem Erstaunen aufgenommen wurde, aber ich glaube kaum, daß sie nennenswerte Konsequenzen gehabt hat. Man fiel auf offener Straße über ein paar Frauen her, verlangte von ihnen freie Liebe – niemand wußte genau, was das war – und ließ sie, als sie sich sträubten, wieder laufen. Aber es brachte Unruhe in die Geister. Der Übergang von der unnachgiebigen Strenge des Katholizismus zur freien Liebe der Anarchisten war keine Kleinigkeit. Um wieder Ordnung in die Gemüter zu bringen, erklärte sich mein Freund Mantecón, der Gouverneur von Aragonien, bereit, von unserem Balkon herunter eine Rede zu halten. Er erklärte offen, für ihn sei freie Liebe eine Absurdität, und es gebe wichtigere Dinge zu tun: zum Beispiel zu kämpfen.

Als sich die Franco-Truppen dann ihrerseits Calanda näherten, flohen selbstverständlich alle Anhänger der Republik. Wer blieb und die Faschisten aufnahm, hatte keinen Grund zu Befürchtungen. Dennoch wurden, wie mir ein Lazaristenmönch erzählte, der mich später in New York besuchte, noch einige hundert – aus insgesamt fünftausend Bewohnern, von denen allerdings viele geflohen waren –, die aus faschistischer Sicht eigentlich alle „unschuldig" waren, an die Wand gestellt. So unerbittlich war das Bedürfnis, die republikanische Pest ein für allemal mit der Wurzel auszurotten.

Meine Schwester Conchita wurde in Saragossa festgenommen. Republikanische Flugzeuge hatten die Stadt bombardiert – eine Bombe hatte sogar das Dach der Kathedrale durchschlagen, ohne zu explodieren, worauf die Leute von einem Wunder sprachen –, und der Mann meiner Schwester, der Offizier war, wurde angeklagt, etwas mit der Sache zu tun gehabt zu haben. Zufällig war er zu der Zeit gerade von den Republikanern eingesperrt gewesen. Meine Schwester wurde freigelassen, aber sie war nur haarscharf der Hinrichtung entkommen.

Der Lazaristenmönch, der mir, zusammengerollt, das Porträt brachte, das Dalí in der Studentenresidenz von mir gemalt hatte – ein Picasso, ein Tanguy und ein Miró waren definitiv verloren, aber das war mir egal –, erzählte mir, wie es während des Krieges in Calanda zugegangen war, und fügte ganz naiv hinzu:

„Fahren Sie da bloß nicht hin!"

Daß ich dazu keine Neigung verspürte, versteht sich von selbst. Lange Jahre sollten vergehen, ehe ich nach Spanien zurückkehren konnte.

1936 hat das spanische Volk zum erstenmal in seiner Geschichte das Wort ergriffen. Instinktiv hat es zuerst die Kirche und die Großgrundbesitzer angegriffen, die Vertreter der gegnerischen Ordnung seit eh und je. Mit den niedergebrannten Kirchen und Klöstern, mit den niedergemetzelten Priestern verwies es auf seinen Erbfeind.

Auf der anderen, der faschistischen Seite wurden die Verbrechen von den vermögenderen, den kultivierteren Spaniern begangen. Sie wurden – das Beispiel Calandas steht für ganz Spanien – größtenteils ohne wirkliche Notwendigkeit eiskalt begangen.

Das läßt mich heute aus einer gewissen Distanz feststellen, daß das Volk im Grunde großzügiger ist. Die Gründe, die es für seine Auflehnung hatte, liegen offen zutage. Wenn mir auf der republikanischen Seite in den ersten Kriegsmonaten gewisse Exzesse tiefen Schrecken einjagten – ich habe das nicht zu verbergen versucht –, so hat sich doch ziemlich bald, von November 1936 an, eine gesetzliche Ordnung durchgesetzt, und die summarischen Erschießungen haben aufgehört. Im übrigen führten wir Krieg gegen Rebellen.

Mein Leben lang hat mich die berühmte Photographie sehr beeindruckt, auf der man vor der Kathedrale von Santiago de Compostela kirchliche Würdenträger in vollem Ornat neben ein paar Offizieren mit zum faschistischen Gruß erhobener rechter Hand stehen sieht – Gott und Vaterland Seite an Seite. Sie brachten uns nur Unterdrückung und Blutvergießen.

Ich bin nie ein fanatischer Gegner Francos gewesen. In meinen Augen stellte er nicht den Teufel in Menschengestalt dar. Ich bin sogar bereit zu glauben, daß er es dem ausgebluteten Spanien erspart hat, von den Nazis besetzt zu werden. Selbst ihm gegenüber gestatte ich mir eine gewisse Unentschiedenheit der Beurteilung.

Heute sage ich mir, versunken in den Träumereien meines unaggressiven Nihilismus, daß die besseren Lebensbedingungen, die höhere Kultur auf der anderen Seite, derjenigen Francos, den Schrecken hätte in Grenzen halten müssen. Das war aber nicht der Fall, im Gegenteil. Und deshalb habe ich, allein vor meinem Martini dry, meine Bedenken, was die Segnungen von Geld und Kultur betrifft.

Atheist von Gottes Gnaden

Der Zufall ist der große Meister aller Dinge. Danach erst kommt die Notwendigkeit. Sie besitzt nicht die gleiche Reinheit. Wenn ich unter all meinen Filmen für *Das Gespenst der Freiheit* eine besondere Zuneigung empfinde, so vielleicht deshalb, weil er dieses widerspenstige Thema angeht.

Das ideale Drehbuch, über das ich immer wieder nachgesonnen habe, müßte von einem ganz unscheinbaren, banalen Vorfall ausgehen. Zum Beispiel: Ein Bettler überquert die Straße. Er sieht, wie eine Hand aus dem geöffneten Fenster einer Luxuslimousine eine nur halb aufgerauchte Zigarre hinauswirft. Der Bettler bleibt stehen, um die Zigarre aufzuheben. Da fährt ein anderes Auto ihn an, und er ist tot.

An diesen Unfall läßt sich eine endlose Reihe von Fragen knüpfen. Warum sind der Bettler und die Zigarre einander begegnet? Was machte der Bettler zu dieser Zeit auf der Straße? Warum hat der Mann, der die Zigarre rauchte, sie gerade in diesem Augenblick weggeworfen? Jede Antwort auf diese Frage zieht andere Fragen, immer mehr Fragen nach sich. Wir gelangen an immer neue Schnittpunkte, von denen Wege zu anderen führen, in andere phantastische Labyrinthe, in denen wir uns für unseren Weg entscheiden müssen. Indem wir offen zutage liegenden Gründen folgen, die in Wirklichkeit nur eine Reihe, eine unendliche Häufung von Zufällen sind, können wir in schwindelerregender Weise, ohne anzuhalten, immer weiter zurückgehen in der Zeit, durch die Geschichte hindurch, durch alle Kulturen, bis zu den Urtierchen am Anfang.

Es ist natürlich auch möglich, das Drehbuch in die andere Richtung fortzuspinnen. Wie der Umstand, daß eine Zigarre aus einem Autofenster geworfen wird und dies den Tod eines Bettlers zur Folge hat, den Lauf der Geschichte total verändern und schließlich das Ende der Welt herbeiführen kann.

Ein großartiges Beispiel für diesen historischen Zufall findet sich für mich in einem kleinen und dichten Buch, das meiner Meinung nach die Quintessenz einer gewissen französischen Kultur darstellt, *Pontius Pilatus* von Roger Caillois. Pontius Pilatus, erzählt Callois, hat gute Gründe, sich die Hände zu waschen und Jesus verurteilen zu lassen. Sein politischer Berater empfiehlt es ihm, weil er sonst Unruhen in Judäa befürchtet. Judas betet, auf daß Gottes Pläne in Erfüllung gehen mögen. Und auch Marmuk, der chaldäische Prophet, ist derselben Meinung und sieht eine lange Reihe von Ereignissen voraus, die auf den Tod des Messias folgen werden, Ereignisse, die schon eingetreten sind, da er sie sieht und er ja ein Prophet ist.

Allen diesen Argumenten kann Pilatus nur seine Ehrenhaftigkeit und seine Gerechtigkeitsliebe entgegensetzen. Nach einer schlaflosen Nacht trifft er seine Entscheidung und läßt Jesus frei. Der wird von seinen Jüngern mit Freude empfangen. Er lebt weiter, lehrt und stirbt in hohem Alter. Er gilt als großer heiliger Mann, und zu seinem Grab kommen ein, zwei Jahrhunderte hindurch die Pilger. Dann ist er vergessen.

Und die Weltgeschichte nimmt natürlich einen ganz anderen Verlauf.

Dieses Buch hat meine Phantasie lange beschäftigt. Ich weiß genau, was man mir über den historischen Determinismus oder über Gottes allmächtigen Willen sagen kann, die Pilatus veranlaßt haben, sich die Hände zu waschen. Er hätte sie sich aber auch nicht zu waschen brauchen. Wenn er Becken und Wasser zurückgewiesen hätte, hätte er den Lauf der Welt grundlegend geändert.

Der Zufall hat es gewollt, daß er sich die Hände wusch. Wie Caillois sehe ich in dieser Geste überhaupt keine Notwendigkeit.

Wenn auch unsere Geburt ganz zufällig ist, dem willkürlichen Zusammentreffen eines Eis mit einem Spermium zu verdanken – warum gerade dieses unter Millionen? –, so tritt die Rolle des Zufalls doch zurück, wenn die menschlichen Gesellschaften sich bilden, der Fötus und dann das Kind sich den Gesetzen unterworfen sehen. Das trifft auf alle Arten zu. Die Gesetze, die Bräuche, die historischen und gesellschaftlichen Bedingungen einer gewissen Entwicklung, eines gewissen Fortschritts, alles, was vermeintlich zur Durchsetzung, zum Vorwärtsschreiten, zur Stabilität einer Kultur beiträgt, der wir durch das Glück oder das Mißgeschick unserer Geburt angehören, alles das bildet einen täglichen und hartnäckigen Kampf gegen den Zufall. Nie ganz vernichtet, zählebig und listenreich, versucht er sich der gesellschaftlichen Notwendigkeit anzupassen.

Aber wir müssen uns, glaube ich, davor hüten, in diesen Gesetzen, die notwendig sind, um unser Zusammenleben zu ermöglichen, eine grundlegende und wesentliche Notwendigkeit zu sehen. In Wirklichkeit scheint es mir nicht notwendig, daß es diese Welt gibt, nicht notwendig, daß wir gerade hier leben und sterben. Da wir nur Kinder des Zufalls sind, hätte die Erde, hätte das Universum auch ohne uns weiter bestehen können bis an das Ende aller Zeiten. Eine unvorstellbare Vorstellung, ein leeres, unendliches, theoretisch nutzloses Universum, das von keiner Intelligenz durchdrungen würde, das für sich existierte, ein dauerndes Chaos, ein unerklärlicher Abgrund ohne Leben. Vielleicht gehen andere Welten, die sich unserem Wissen entziehen, so ihren unbegreifbaren Gang. Faszination des Chaos, die wir nicht selten tief in unserem Inneren spüren!

Einige träumen von einem unbegrenzten Universum, andere stellen es als durch Zeit und Raum begrenzt dar. Ich sehe mich da zwischen zwei Geheimnissen, die mir gleich undurchdringlich scheinen. Einerseits ist das Bild vom endlichen Universum unvorstellbar. Andererseits stürzt mich die Idee von einem begrenzten Universum, das eines Tages nicht mehr sein wird, auch wieder in ein undenkbares Nichts, das mich fasziniert und erschreckt. Ich gehe von einem zum anderen, ich weiß nicht.

Stellen wir uns vor, es gäbe den Zufall nicht, die ganze Geschichte der Welt wäre plötzlich logisch und vorhersehbar geworden und ließe sich in ein paar mathematische Formeln auflösen. In dem Fall wäre es notwendig, an Gott zu glauben, die aktive Existenz eines großen Uhrmachers, eines höchsten organisierenden Wesens als unabweisbar anzusehen.

Aber hätte Gott, der alles kann, in einer Laune nicht auch eine dem Zufall ausgelieferte Welt erschaffen können? Nein, sagen uns die Philosophen. Der Zufall kann keine Schöpfung Gottes sein, weil er die Negation Gottes ist. Diese Begriffe sind antinomisch. Sie schließen einander aus.

Da ich nicht glaube – und überzeugt bin, daß auch der Glaube, wie alles andere, weitgehend dem Zufall entspringt –, sehe ich nicht, wie ich aus diesem Kreis herauskomme. Deshalb versuche ich nicht, in ihn einzudringen.

Die Konsequenz, die ich für meinen eigenen Gebrauch daraus ziehe, ist sehr einfach: Glauben und Nichtglauben ist dasselbe. Wenn man mir in diesem Augenblick die strahlende Existenz Gottes bewiese, würde das absolut nichts an meinem Verhalten ändern. Ich kann nicht glauben, daß Gott mich unentwegt überwacht, daß er sich um meine Gesundheit, meine Wünsche, meine Irrtümer kümmert. Ich kann nicht glauben, jedenfalls akzeptiere ich es nicht, daß er mich in alle Ewigkeit strafen könnte.

Wer bin ich für ihn? Nichts, ein Schatten aus Lehm. Mein Auftritt ist so kurz, daß keine Spur von ihm bleibt. Ich bin ein armer Sterblicher, ich zähle weder im Raum noch in der Zeit. Gott kümmert sich nicht um uns. Wenn es ihn gibt, dann ist es so, als gäbe es ihn nicht.

Eine Schlußfolgerung, die ich früher schon einmal in die Formel gefaßt habe: „Ich bin ein Atheist von Gottes Gnaden." Eine Formel, die nur scheinbar einen Widerspruch enthält.

Dem Zufall zur Seite steht sein Bruder, das Geheimnis. Der Atheismus, jedenfalls der meine, bringt einen zwangsläufig dahin, das Unerklärbare zu akzeptieren. Das ganze Universum ist Geheimnis.

Da die Annahme einer organisierenden Gottheit, deren Wirken mir noch geheimnisvoller schiene als das Geheimnis, für mich nicht in Frage kommt, muß ich wohl in einer gewissen Finsternis leben. Die akzeptiere ich. Keine Erklärung, nicht einmal die einfachste, gilt für alle. Von zwei Geheimnissen habe ich meins gewählt, weil es mir zumindest meine moralische Freiheit läßt.

Man gibt mir zu bedenken: Und die Wissenschaft? Versucht sie nicht auf anderen Wegen, das Geheimnis, das uns umgibt, zu reduzieren?

Vielleicht. Aber die Wissenschaft interessiert mich nicht. Sie kommt mir anmaßend vor, analytisch und oberflächlich. Sie ignoriert den Traum, den Zufall, das Lachen, das Gefühl und den Widerspruch, all die Dinge, die mir teuer sind. In der *Milchstraße* sagt eine Figur: „Mein Haß auf die Wissenschaft und meine Verachtung der Technik werden mich schließlich noch zu diesem absurden Glauben an Gott bringen." Daraus wird nichts. In meinem Fall ist es sogar völlig unmöglich. Ich habe mich für meinen Platz entschieden, er ist im Geheimnis. Ich muß es respektieren.

Mit der Manie, alles verstehen zu wollen und damit herabzuwürdigen, mittelmäßig zu machen – mein Leben lang hat man mich mit blöden Fragen belästigt: warum dies? warum das? –, sind wir von der Natur geschlagen. Wären wir in der Lage, unser Geschick dem Zufall anzuvertrauen und das Geheimnis unseres Lebens mutig anzunehmen, wären wir einem bestimmten Glück nahe, das der Unschuld ähnelt.

Irgendwo zwischen Zufall und Geheimnis schleicht die Imagination sich ein, die völlige Freiheit des Menschen. Diese Freiheit hat man, wie die anderen, herabzumindern, auszulöschen versucht. Das Christentum hat zu diesem Zweck die Gedankensünde erfunden. Früher verbot mir, was ich für mein Gewissen hielt, bestimmte Bilder: meinen Bruder zu töten, mit meiner Mutter zu schlafen. Ich sagte mir: wie fürchterlich! – und schob wütend diese seit ewigen Zeiten verdammten Gedanken weg.

Erst im Alter von sechzig oder fünfundsechzig Jahren habe ich die Unschuld der Imagination ganz begriffen und hingenommen. All die Jahre habe ich gebraucht, um zuzugeben, daß das, was in meinem Kopf vorgeht, mich allein betrifft, daß das durchaus keine, wie man sagt, „bösen Gedanken" sind, durchaus keine Sünde ist und daß ich meiner Phantasie, auch wo sie blutrünstig und pervers ist, ihren Lauf lassen sollte.

Seither ist mir alles recht, ich sage mir: Ich schlafe mit meiner Mutter – na und? Sofort verlassen mich, von meiner Gleichgültigkeit verscheucht, die Mord- und Inzestbilder.

Die Imagination ist unser oberstes Prinzip. Unerklärlich wie der Zufall, der sie provoziert. Mein Leben lang habe ich mich bemüht, die zwanghaften Bilder, die sich mir aufdrängen, einfach aufzunehmen, ohne sie verstehen zu wollen. So habe ich Fernando Rey während der Dreharbeiten zu *Dieses obskure Objekt der Begierde* in Sevilla, einer plötzlichen Eingebung folgend, einen großen Jutesack, den die Beleuchter liegengelassen hatten, nehmen und beim Weggehen über die Schulter werfen lassen.

Da ich aber das Irrationale dieser Geste empfand und meine Bedenken hatte, habe ich die Szene in zwei Fassungen gedreht, einer mit und einer ohne Sack. Bei der Mustervorführung am nächsten Tag war sich das ganze Team – mit mir – einig, daß die Szene mit dem Sack besser sei. Warum? Unmöglich, das zu sagen, ohne irgendwelche Klischees der Psychoanalyse oder anderer Erklärungsweisen zu bemühen.

Psychiater und Analytiker aller Richtungen haben viel über meine Filme geschrieben. Ich danke ihnen, aber ich lese ihre Werke nicht. Es interessiert mich nicht. In einem anderen Kapitel spreche ich über die Psychoanalyse, die eine Therapie einer bestimmten Klasse ist. Hierher gehört auch, daß ein paar Analytiker mich schließlich – aus reiner Verzweiflung – für „unanalysierbar“ erklärt haben, als gehöre ich einer anderen Kultur, einer anderen Zeit an, was schließlich auch nicht unmöglich ist.

In meinem Alter lasse ich sie reden. Meine Phantasie ist immer da und stärkt mich mit ihrer unangreifbaren Unschuld bis ans Ende meiner Tage. Verstehen – welcher Horror! Welches Glück, fürs Unerwartete offen zu sein. Diese alten Neigungen sind bei mir mit den Jahren immer deutlicher hervorgetreten. Ich ziehe mich langsam zurück. Letztes Jahr habe ich ausgerechnet, daß ich in sechs Tagen, das sind einhundertvierundvierzig Stunden, nur drei Stunden in der Unterhaltung mit Freunden verbracht habe. Die übrige Zeit: Einsamkeit, Träumerei, ein Glas Wasser oder ein Kaffee, zweimal täglich der Apéritif, eine Erinnerung, die mich überkommt, ein Bild, das mich besucht, eins kommt zum anderen, und schon ist der Abend da.

Sollten die voraufgehenden Seiten konfus und langweilig wirken, bitte ich um Verzeihung. Solche Überlegungen gehören ebenso zu einem Leben wie das scheinbar Belanglose.

Ich bin kein Philosoph. Die Fähigkeit zu abstrahieren geht mir ab. Wenn gewisse philosophische Geister oder solche, die sich dafür halten, beim Lesen dieser Seiten lächeln müssen, dann freut es mich, daß ich ihnen einen angenehmen Augenblick verschafft habe. Es kommt mir vor, als sei ich wieder im Jesuitenkolleg in Saragossa. Der Lehrer ruft einen Schüler auf und sagt: „Widerlegen Sie mir Buñuel!“ Und dazu braucht er nur zwei Minuten.

Ich hoffe nur, ich habe mich klar genug ausgedrückt. Ein spanischer Philosoph, José Gaos, der noch nicht lange tot ist, schrieb, wie alle Philosophen, einen unverständlichen Jargon. Als ihm das einmal jemand vorwarf, antwortete er: „Sei’s drum. Die Philosophie ist für die Philosophen.“

Dem möchte ich den Satz von André Breton entgegenstellen: „Ein Philosoph, den ich nicht verstehe, ist ein Schuft.“ Da bin ich völlig seiner Meinung – auch wenn ich manchmal etwas Mühe habe, Breton zu verstehen.

Wieder in Amerika, 1939–1946

1939 war ich in Bayonne in den Basses-Pyrénées. Meine Aufgabe als Propagandaleiter bestand darin, kleine mit Flugblättern beladene Ballons über die Grenze schicken zu lassen. Kommunistische Freunde – sie wurden später alle von den Nazis erschossen – ließen an Tagen, an denen der Wind günstig stand, die Ballons hoch.

Mir kam das ziemlich lächerlich vor. Die Ballons trieben einfach ab, die Flugblätter fielen irgendwo runter, auf Felder, in Wälder. Und was soll ein Stück Papier, das irgendwoher kommt, schon für eine Wirkung haben? Der Erfinder dieses Systems war ein amerikanischer Journalist, ein Freund Spaniens, der sich ganz in den Dienst der Republik gestellt hatte.

Ich ging zum spanischen Botschafter in Paris, dem letzten, Marcelino Pascua, dem ehemaligen Leiter des Gesundheitswesens in Spanien, und teilte ihm meine Zweifel mit. Gab es nichts Besseres zu tun?

Damals wurden in den Vereinigten Staaten Filme über den Bürgerkrieg gedreht. Henry Fonda hatte in einem dieser Filme gespielt. In Hollywood war *Cargo of Innocence* in Vorbereitung, ein Film über die Evakuierung von Bilbao.

In diesen Filmen wimmelte es, was das Lokalkolorit betraf, von Schnitzern. So schlug Pascua vor, ich solle doch wieder nach Hollywood gehen und mich als *technical* oder *historical adviser* engagieren lassen. Ich hatte noch etwas Geld, den Rest meines Gehalts von drei Jahren. Ein paar Freunde, darunter Sánchez Ventura und eine Amerikanerin, die viel für die spanische Republik getan hat, taten das Fehlende hinzu, um die Reise für mich, meine Frau und meinen Sohn zu finanzieren.

Mein alter Supervisor, Frank Davis, war der Produzent von *Cargo of Innocence*. Er stellte mich sofort als technischen Berater ein, wenn er mir auch erklärte, für die Amerikaner spiele das keine besondere Rolle. Er gab mir das fast fertige Drehbuch zu lesen, und ich wollte mich gerade an die Arbeit machen, als eine Order aus Washington eintraf. Der amerikanische Produzentenverband, der den Weisungen der Regierung natürlich folgte, untersagte ganz einfach alle Filme über den Spanienkrieg, egal, ob sie für die Republik oder die Faschisten waren.

Ich blieb noch einige Monate in Hollywood. Das Geld ging mir langsam aus. Da ich keine Mittel für die Rückreise nach Europa hatte, versuchte ich, mir meinen Lebensunterhalt zu verdienen. Ich traf eine Verabredung mit Chaplin, um ihm ein paar Gags zu verkaufen, aber Chaplin, der sich geweigert hatte, einen Aufruf zur Unterstützung der spanischen Republik zu unterschreiben – wogegen zum Beispiel John Wayne Präsident eines Pro-Franco-Komitees war –, versetzte mich.

Da ich von Zufällen sprach: Einer meiner Gags, der auf einen Traum zurückging, bestand darin, daß aus einem Revolver das Geschoß so schlapp herauskommt, daß es beim Austritt aus der Mündung gleich zu

Boden fällt. Den gleichen Gag gibt es in *The Great Dictator*, wo eine Kugel aus einer riesigen Kanone rollt. Ein reiner Zufall. Chaplin wußte von meiner Idee nichts.

Es war unmöglich, Arbeit zu finden. Ich ging zu René Clair, der damals einer der berühmtesten Regisseure der Welt war. Er lehnte alle Projekte ab, die man ihm anbot. Keins sagte ihm zu. Aber er gestand mir, in den kommenden drei Monaten müsse er unter allen Umständen einen Film machen, sonst würde man ihn als einen „europäischen Bluff" betrachten. Der Film, für den er sich dann entschied, war *I Married a Witch,* den ich nicht so schlecht fand. Er hat dann die ganze Kriegszeit hindurch in Hollywood gearbeitet.

Ich war isoliert und mittellos. Und ausgerechnet an mich wandten sich die Noailles mit der Frage, ob ich nicht für Aldous Huxley eine interessante Arbeit finden könnte. Köstlich, diese Ahnungslosigkeit! Wie hätte ich, unbekannt und ohne Beziehungen, einem berühmten Schriftsteller helfen können?

Dann erfuhr ich, daß mein Jahrgang, meine *Quinta,* eingezogen wurde. Ich hätte an die Front gemußt. Ich schrieb unserem Botschafter in Washington, daß ich mich zur Verfügung stelle, und bat um meine und meiner Frau Repatriierung. Ich bekam zur Antwort, daß in der gegenwärtigen unklaren Situation keine Veranlassung dazu bestünde. Man würde mich benachrichtigen, sobald man mich brauche.

Ein paar Wochen später war der Krieg vorbei.

Ich wollte weg von Hollywood, wo ich nichts zu tun fand, und beschloß, nach New York zu gehen und dort Arbeit zu suchen. Eine dunkle Zeit. Ich war bereit, alles zu machen.

New York hatte lange den – unberechtigten? – Ruf einer gastfreundlichen und großzügigen Stadt, in der man leicht Arbeit finden könne. Ich lernte einen katalanischen Mechaniker, einen gewissen Gali, kennen. Er und ein Freund, der Geiger war, waren um 1920 in New York angekommen und hatten schon am Tag nach ihrer Ankunft Arbeit gefunden, der Freund im Philharmonic Orchestra und Gali, der Mechaniker, als Tänzer in einem großen Hotel.

Die Zeiten hatten sich geändert. Gali machte mich mit einem anderen Katalanen bekannt, einem kleinen Ganoven, der wiederum einen halben Gangster kannte, der die Gewerkschaft der Köche leitete. Ich bekam einen Brief und sollte mich damit in irgendeinem Hotel vorstellen. Mit dieser Protektion würde ich bestimmt Arbeit in der Küche bekommen.

Ich bin dann doch nicht hingegangen. Ich war einer Frau wiederbegegnet, der ich sehr viel verdanke, einer Engländerin, Iris Barry, die mit dem Vizepräsidenten des Museum of Modern Art, Dick Abbott, verheiratet war. Iris Barry hatte mir ein Telegramm geschickt, in dem sie versprach, mich unterzubringen.

Ich ging gleich zu ihr.

Sie erzählte mir von einem großen Projekt. Nelson Rockefeller beabsichtigte, ein Propagandakomitee für die lateinamerikanischen Länder zu gründen, das *Coordination of Inter-American Affairs* heißen sollte. Man wartete nur noch auf die Zustimmung der Regierung, die immer ein ausgesprochenes Desinteresse an Propaganda und vor allem am Film gezeigt hatte. Aber in Europa war inzwischen der Zweite Weltkrieg ausgebrochen.

Iris Barry schlug mir vor, für das Komitee zu arbeiten, über dessen Gründung in Kürze entschieden werden sollte, und ich nahm an.

„Und damit man schon mal von Ihnen gehört hat, möchte ich Sie um folgendes bitten. Ein Erster Sekretär der deutschen Botschaft" – Iris nahm mir das Versprechen ab, die Sache geheimzuhalten – „hat uns heimlich zwei deutsche Propagandafilme zukommen lassen, *Triumph des Willens* von Leni Riefenstahl und einen zweiten, der die Eroberung Polens durch die Naziarmee zeigt. Sie wissen, daß man in amerikanischen Regierungskreisen, im Gegensatz zu den deutschen, nicht an die Wirksamkeit filmischer Propaganda glaubt. Wir werden ihnen beweisen, daß sie sich irren. Nehmen Sie die beiden deutschen Filme, und schneiden Sie sie um, sie sind zu lang, kürzen Sie sie um die Hälfte, auf zehn oder zwölf Rollen, und wir zeigen sie den Leuten, die das sehen sollten, damit ihnen die Wirkung klar wird."

Ich bekam eine deutsche Assistentin, denn wenn mein Englisch auch dank eifrigen Besuchs von Abendkursen allmählich recht ordentlich wurde, so hatte ich von Deutsch fast gar keine Ahnung – dabei ist es eine Sprache, die mich anzieht. Hitlers und Goebbels' Reden sollten auch in gekürzter Form eine Kontinuität behalten.

Ich arbeitete daran zwei oder drei Wochen im Schneideraum. Die Filme waren ideologisch grauenhaft, aber phantastisch gemacht, beeindruckend. Während des Nürnberger Parteitags hatte man, nur um die Kamera anbringen zu können, vier riesige Säulen errichtet. Ich habe einen neuen Schnitt gemacht, neue Anschlüsse. Alles ging sehr gut. Die gekürzten Filme wurden als Beispiele allen möglichen Leuten gezeigt, Senatoren, in Konsulaten. René Clair und Charlie Chaplin haben sie sich zusammen angesehen, mit genau entgegengesetzter Reaktion. René Clair war entsetzt von der Wirkungskraft der Filme und sagte zu mir: „Zeigen Sie das niemandem, sonst sind wir verloren!" Chaplin dagegen lachte wie ein Irrer. Er ist vor Lachen sogar vom Stuhl gefallen. Weshalb? War es wegen *The Great Dictator*? Ich kann es noch heute nicht verstehen.

In der Zwischenzeit hatte Nelson Rockefeller die zur Gründung des Komitees notwendige Zustimmung der Regierung bekommen.

Zu der Zeit wurde vom Museum of Modern Art eine Art Party veranstaltet. Iris Barry erklärte mir, sie werde mich jetzt mit einem Millionär bekannt machen, der mit Rockefeller zu tun habe, und der werde endgültig über mein Geschick entscheiden.

Wie ein König thronte dieser Mann am Tage des Cocktails in einem der Säle des Museums. Die Leute standen Schlange, um ihm vorgestellt zu werden.

„Wenn ich Ihnen ein Zeichen mache", sagte Iris Barry, „stellen Sie sich in die Schlange."

Ich gehorchte dem geheimnisvollen Zeremoniell und wartete, wobei mir Charles Laughton und Elsa Lanchester Gesellschaft leisteten, mit denen ich auch später noch oft zusammen war. Auf ein Zeichen von Iris reihte ich mich in die Schlange ein und stand schließlich vor dem Millionär.

„How long have you been here, Mr. Buñuel?"

„For about six months."

„How wonderful."

Noch am selben Tag, gleich nach dem Cocktail, hatten wir in der Bar des Plaza in Iris Barrys Gegenwart eine ernsthaftere Unterredung. Er fragte mich, ob ich Kommunist sei. Ich sagte, ich sei spanischer Republikaner. Am Ende der Unterhaltung war ich beim Museum of Modern Art angestellt. Vom folgenden Tag an hatte ich ein Büro, etwa zwanzig Untergebene und den Titel *„Chief Editor"*.

Meine Aufgabe bestand darin, mit Iris Barrys Hilfe antinationalsozialistische Propagandafilme auszuwählen – dabei habe ich auch Joseph Losey kennengelernt, der mir einen Kurzfilm brachte –, die dann in drei Sprachen, englisch, spanisch und portugiesisch, verliehen wurden. Sie waren für Nord- und Südamerika bestimmt. Zwei haben wir selbst gemacht.

Ich wohnte Ecke 86th Street und Second Avenue, mitten im Nazivierttel. Zu Kriegsbeginn gab es in den New Yorker Straßen sehr häufig Sympathiekundgebungen für das Naziregime, die auf heftige Gegendemonstrationen stießen. Sie hörten auf, als sich Amerika im Krieg mit Deutschland befand.

Es gab Verdunkelung in New York, man hatte Angst vor Bombenangriffen. Im Museum of Modern Art wurde, wie überall, immer öfter Fliegeralarm geübt.

Alexander Calder, ein guter Freund, der uns bei sich aufgenommen hatte, zog aus, um sich in Connecticut niederzulassen. Ich kaufte Möbel, und wir übernahmen seine Wohnung. Inzwischen hatte ich mehrere von den Surrealisten wieder getroffen, André Breton, Max Ernst, Marcel Duchamp, Kurt Seligmann. Der seltsamste, der größte Bohemien der Gruppe, der Maler Yves Tanguy, lebte ebenfalls in New York, und zwar verheiratet mit einer richtigen italienischen Fürstin, die versuchte, ihm den Alkohol zu verbieten. Einmal haben wir für ihre Ankunft ein Ehrenspalier gebildet. Alle versuchten wir, so gut es ging, mitten im Krieg unsere Aktivitäten fortzusetzen. Mit Duchamp und Fernand Léger, der auch in New York lebte, hatten wir sogar einmal vor, auf dem Dach eines Wolkenkratzers einen pornographischen Film zu drehen. Aber das Risiko war uns dann doch zu groß: zehn Jahre Gefängnis.

In New York habe ich auch Antoine de Saint-Exupéry wiedergetroffen, den ich von früher her kannte und der uns mit seinen Zaubertricks in Erstaunen versetzte. Ich traf Claude Lévy-Strauss, der sich hin und wieder an unseren surrealistischen Umfragen beteiligte, und Leonora Carrington, die aus einer Heilanstalt in Santander, wo ihre Familie sie hatte einsperren lassen, entlaufen war.

Leonora, die inzwischen von Max Ernst getrennt war, lebte allem Anschein nach mit dem mexikanischen Schriftsteller Renato Leduc zusammen. Eines Tages erschien sie in dem Haus, in dem wir uns zu treffen pflegten – bei einem gewissen Mr. Reiss –, ging geradeswegs ins Bad und nahm voll angezogen eine Dusche. Dann setzte sie sich klatschnaß in einen Sessel im Wohnzimmer und sah mich starr an. Kurz darauf nahm sie meinen Arm und sagte zu mir auf spanisch:

„Sie sehen gut aus, Sie erinnern mich an meinen Wärter."

Sehr viel später, während der Dreharbeiten zur *Milchstraße,* erzählte mir Delphine Seyrig, daß sie als ganz kleines Mädchen bei einer dieser Zusammenkünfte auf meinen Knien gesessen habe.

Dalí

Auch Dalí, der schon berühmt war, lebte in New York.

Schon mehrere Jahre vorher waren unsere Wege auseinandergegangen. Das begann schon im Feburar 1934. Am Tag nach den Unruhen in Spanien ging ich zu ihm. Ich war wegen der Ereignisse ganz durcheinander. Dalí, der schon mit Gala verheiratet war, modellierte gerade eine nackte Frau auf allen Vieren, genauer gesagt, er war gerade dabei, den

Umfang ihres Hinterteils zu vergrößern. Meiner Aufregung begegnete er mit absoluter Gleichgültigkeit.

Während des Bürgerkriegs hat er verschiedentlich seine Sympathien für die Faschisten zum Ausdruck gebracht. Er schlug der Falange sogar ein ziemlich extravagantes Ehrenmal vor. Zunächst sollten die Gebeine aller Toten des Krieges miteinander vermengt werden. Dann sollte zwischen Madrid und El Escorial bei jedem Kilometer ein Sockel errichtet werden, also insgesamt etwa fünfzig, und auf jedem sollte ein aus echten Knochen gemachtes Skelett stehen. Die Skelette sollten immer größer werden, das erste, gleich nach Madrid, nicht größer als ein paar Zentimeter und das letzte vor El Escorial dann drei oder vier Meter groß.

Wie man sich vorstellen kann, wurde das Projekt abgelehnt.

In seinem Buch *Das geheime Leben von Salvador Dalí,* das damals erschien, stellte er mich als Atheisten dar – das war in gewisser Weise ein noch schlimmerer Vorwurf als der, jemand sei Kommunist.

Ein gewisser Mr. Prendergast, Vertreter der katholischen Interessen in Washington, begann zu der Zeit, seinen Einfluß in Regierungskreisen geltend zu machen, damit das Museum mich vor die Tür setze. Ich selbst hatte von alledem keine Ahnung. Meinen Freunden gelang es ein Jahr lang, jedes Aufsehen um die Angelegenheit zu vermeiden und die Sache auch vor mir geheimzuhalten.

Eines Tages komme ich in mein Büro und finde meine beiden Sekretärinnen in Tränen aufgelöst. Sie zeigen mir einen Artikel in der Filmzeitschrift *Motion Picture Herald,* in dem steht, daß eine merkwürdige Figur namens Luis Buñuel, der Autor eines absolut skandalösen Films mit dem Titel *Ein andalusischer Hund,* eine verantwortungsvolle Stellung im Museum of Modern Art innehabe.

Ich zucke die Achseln – schon früher bin ich beschimpft worden, das ist mir egal –, aber meine Sekretärinnen versichern mir: Nein, das ist sehr ernst. Ich gehe in den Vorführraum, und der Vorführer, der den Artikel auch gelesen hat, empfängt mich mit mahnend erhobenem Zeigefinger: „*Bad boy!*“

Ich gehe zu Iris Barry. Auch sie finde ich in Tränen. Man hätte meinen können, ich sei zum Tod auf dem elektrischen Stuhl verurteilt worden. Sie erzählt mir, daß das State Department unter dem Druck von Mr. Prendergast schon seit einem Jahr, seit dem Erscheinen von Dalís Buch, vom Museum meine Entlassung verlange. Durch den Artikel sei die Affäre nun an die Öffentlichkeit gelangt.

Es war der Tag, an dem die amerikanischen Flotten in Afrika landeten. Iris rief den Museumsdirektor, Mr. Alfred Barr, an, der mir empfahl, mich zur Wehr zu setzen.

Ich zog es vor zu kündigen und befand mich von einem Tag auf den anderen wieder auf der Straße. Wieder eine schwarze Zeit, und das um so mehr, als mein Ischias zeitweilig so schlimm war, daß ich mich nur mit Krücken fortbewegen konnte. Durch die Vermittlung von Vladimir Pozner bekam ich eine Anstellung, bei der ich den Kommentar zu Filmen für die amerikanische Armee aufzunehmen hatte, über das Pionierkorps, die Artillerie und so weiter. Die Filme wurden in ganz Lateinamerika gezeigt. Ich war dreiundvierzig.

Nach meiner Kündigung verabredete ich mich eines Tages mit Dalí in der Bar des Sherry Netherland. Er erscheint pünktlich und bestellt Champagner. Ich bin wütend, drauf und dran, ihn zu verprügeln, und sage ihm, er sei ein Schwein – seinetwegen säße ich auf der Straße. Den Satz, den er mir zur Antwort gab, werde ich nie vergessen.

„Hör mal zu", sagte er, „dieses Buch habe ich geschrieben, um *mir* einen Denkmalsockel zu errichten. Nicht dir."

Die für ihn bestimmte Ohrfeige habe ich in der Tasche behalten. Der Champagner tat seine Wirkung, ebenso die Erinnerungen und die Gefühle, und wir haben uns fast freundschaftlich getrennt. Aber der Bruch war tief. Ich habe Dalí nur noch einmal wiedergesehen.

Picasso war Maler und nur Maler. Dalí ging weit darüber hinaus. Gewisse Seiten seines Charakters sind abscheulich, seine Manie der Selbstreklame, des Exhibitionismus, die angestrengte Bemühung um originelle Gesten und Sätze, die für mich so alt sind wie „Liebe deinen Nächsten wie dich selbst" – trotzdem ist er ein authentisches Genie, ein Schriftsteller, ein Plauderer, ein Denker ohnegleichen. Lange Zeit sind wir enge Freunde gewesen, und unsere gemeinsame Arbeit am Drehbuch zum *Andalusischen Hund* hat bei mir die wundervolle Erinnerung einer vollkommenen Übereinstimmung der Neigungen hinterlassen.

Es ist wenig bekannt, daß er so unpraktisch ist wie kaum ein zweiter. Er gilt als toller Geschäftsmann, als harter Geldmensch. In Wirklichkeit hatte er, bevor er Gala traf, überhaupt keinen Sinn für Geld. Wenn er eine Fahrkarte brauchte, mußte sich Jeanne, meine Frau, darum kümmern. Als wir in Madrid einmal mit Lorca zusammen waren, sagte Federico zu ihm, er solle auf der gegenüberliegenden Straßenseite der Calle de Alcalá Karten fürs Apollo kaufen, wo eine Operette, eine Zarzuela, gegeben wurde.

Dalí geht und bleibt eine gute halbe Stunde weg, dann kommt er ohne Karten zurück und erklärt: „Da komme ich nicht mit. Ich weiß nicht, wie man das macht."

In Paris mußte ihn eine Tante an der Hand nehmen, damit er über die Straße kam. Wenn er zahlte, vergaß er, sich das Wechselgeld herausgeben zu lassen, und dergleichen mehr. Unter dem Einfluß Galas, die ihn hypnotisierte, fiel er von einem Extrem ins andere und machte aus dem Geld – oder vielmehr dem Gold – den Gott, der die ganze zweite Hälfte seines Lebens beherrschen sollte. Aber ich bin sicher, daß ihm der wirkliche Sinn fürs praktische Leben auch heute noch abgeht.

Einmal ging ich zu ihm in sein Hotel am Montmartre und traf ihn mit nacktem Oberkörper und einem Verband auf dem Rücken an. Er hatte geglaubt, eine Wanze oder irgendein anderes Tier auf seinem Rücken zu spüren – in Wirklichkeit war es ein Pickel oder eine Warze –, und sich mit einer Rasierklinge den Rücken aufgeschnitten und geblutet wie ein Irrer. Der Hotelbesitzer hatte einen Arzt rufen lassen. Das alles wegen einer eingebildeten Wanze.

Er hat so viele Lügen erzählt – dabei kann er in Wirklichkeit gar nicht lügen. Zum Beispiel hat er, um das amerikanische Publikum zu schokkieren, geschrieben, beim Anblick der Dinosaurierskelette in einem Naturgeschichtsmuseum habe ihn eine so heftige sexuelle Erregung ergriffen, daß er Gala unbedingt auf dem Flur habe sodomisieren müssen. Das stimmt ganz sicher nicht. Aber er ist so von sich selbst begeistert, daß ihn alles, was er sagt, mit der blinden Macht der Wahrheit schlägt.

Sein Sexualleben war praktisch nicht vorhanden. Er war ein Phantast mit leicht sadistischen Neigungen. Er war gänzlich asexuell – in seiner Jugend machte er sich unentwegt über seine Freunde lustig, die liebten und hinter Frauen her waren –, bis zu dem Tag, an dem Gala ihn entjungferte. Da schrieb er mir einen sechs Seiten langen Brief, in dem er mir auf seine Weise alle Wunder der körperlichen Liebe erklärte.

Gala ist die einzige Frau, mit der er richtig geschlafen hat. Hin und wieder hat er auch andere Frauen charmiert, amerikanische Millionärinnen vor allem, aber er begnügte sich dann etwa damit, sie in seiner Wohnung zu entkleiden, zwei Spiegeleier zu braten, sie ihnen auf die Schultern zu applizieren und sie dann ohne ein weiteres Wort wieder wegzuschicken.

Als er in den dreißiger Jahren zum erstenmal nach New York kam – ein Galerist hatte die Reise arrangiert –, wurde er Millionären vorgestellt, von denen er schon damals fasziniert war, und zu einem Maskenball eingeladen. Ganz Amerika stand noch unter dem Schock der Entführung des Lindbergh-Babys. Gala erschien auf dem Ball in Kinderkleidern und mit blutigen Striemen auf Gesicht, Hals und Schultern, und Dalí stellte sie vor:

„Sie ist verkleidet als das ermordete Lindbergh-Baby."

Man fand das gar nicht komisch. Es ging um eine geradezu sakrosankte Gestalt, eine Geschichte, an der man sich nicht vergreifen durfte.

Nachdem ihm der Galerist den Kopf gewaschen hatte, trat Dalí schnell den Rückzug an und erklärte den Journalisten in kryptopsychoanalytischen Begriffen, Galas Kostüm sei vom X-Komplex inspiriert und sie sei ein freudscher Transvestit.

Wieder in Paris, wurde er vor die Gruppe zitiert. Sein Vergehen war schwer: Er hatte öffentlich einen surrealistischen Akt abgeleugnet. André Breton hat mir selbst erzählt – ich war nicht dabei –, Salvador Dalí sei bei dieser Zusammenkunft auf die Knie gefallen und habe mit gefalteten Händen und tränennassen Augen geschworen, die Journalisten hätten nicht die Wahrheit geschrieben, er habe ausdrücklich erklärt, es handle sich um das ermordete Lindbergh-Baby.

Als er in den sechziger Jahren in New York wohnte, haben ihn einmal drei Mexikaner besucht, die einen Film vorbereiteten: Carlos Fuentes, der das Drehbuch geschrieben hatte, Juan Ibáñez, der Regie führen sollte, und der Produktionschef Amerigo.

Sie hatten nur eine Bitte an Dalí: ihn filmen zu dürfen, wenn er in die Bar des San Regis käme und, wie immer mit einem kleinen Panther oder Leoparden an einer Goldkette, an seinen Stammplatz ginge.

Dalí empfing sie in der Bar und schickte sie sofort zu Gala, „die sich um solche Dinge kümmert".

Gala empfängt sie, läßt sie Platz nehmen und fragt, was sie wünschten.

Sie tragen ihre Bitte vor, Gala hört zu und fragt dann plötzlich:

„Essen Sie gern Steak? Ein gutes, dickes, zartes Steak?"

Leicht aus der Fassung gebracht und in der Annahme, das sei eine Essenseinladung, bejahen die drei.

Darauf Gala:

„Sehen Sie, Dalí ißt auch sehr gern Steak. Und wissen Sie, was ein gutes Steak kostet?"

Sie wissen nicht, was sie sagen sollen.

Darauf verlangt sie einen unerhörten Preis, zehntausend Dollar, und die drei ziehen unverrichteter Dinge wieder ab.

Dalí hat einmal geschrieben, es gebe für ihn nichts Aufregenderes als das Schauspiel eines Eisenbahnwagens dritter Klasse voller toter, bei einem Unfall zerquetschter Arbeiter. Dabei hatte er, wie Lorca, eine fürchterliche Angst vor physischen Schmerzen und vor dem Sterben.

Den Tod entdeckte er an dem Tag, an dem ein Fürst, den er kannte, eine Art Experte für alle Fragen des mondänen Lebens, nämlich der Fürst Mdivani, den der Maler José-Maria Sert nach Katalonien eingeladen hatte, bei einem Autounfall ums Leben kam. An dem Tag waren Sert und die meisten Gäste an Bord einer Yacht auf dem Meer. Dalí war in Palamós geblieben, um zu arbeiten. Ihm wurde die Nachricht vom Tod des Fürsten Mdivani gebracht. Er fuhr zur Unfallstelle und erklärte, er sei fassungslos.

Der Tod des Fürsten war für ihn ein richtiger Tod. Das war etwas anderes als ein Waggon voller Arbeiterleichen.

Seit fünfunddreißig Jahren haben wir uns nicht mehr gesehen. Als ich 1966 in Madrid mit Carrière am Drehbuch zu *Belle de Jour* arbeitete, bekam ich aus Cadaqués und – der Gipfel des Snobismus – auf französisch ein seltsames, gestelztes Telegramm, in dem er mich bat, doch unverzüglich zu ihm zu kommen, um mit ihm die Fortsetzung zum *Andalusischen Hund* zu schreiben. „Ich habe Ideen", erklärte er, „über die Du Freudentränen vergießen wirst", und er sei auch bereit, falls ich nicht nach Cadaqués fahren könne, sofort nach Madrid zu kommen.

Ich habe ihm mit einem spanischen Sprichwort geantwortet: *„agua pasada no mueve molino"* – „verflossenes Wasser bewegt keine Mühle".

Etwas später schickte er mir noch ein Telegramm und gratulierte mir zu dem Goldenen Löwen, den *Belle de Jour* in Venedig bekommen hatte. Er wollte auch, daß ich bei einer Zeitschrift mitmachte, die er lancieren wollte und die „Rhinocéros" heißen sollte. Ich habe ihm nicht geantwortet.

Für die große Pariser Dalí-Ausstellung, 1979 im Beaubourg, habe ich das Porträt, das er von mir gemalt hat, als wir Studenten in Madrid waren, zur Verfügung gestellt – ein sehr genaues Porträt, für das er die ganze Leinwand in kleine Vierecke aufteilte und meine Nase, meine Lippen ganz genau nachmaß. Auf meine Bitte hin fügte er ein paar langgezogene Wolken hinzu, wie sie mir auf einem Bild von Mantegna gefallen hatten.

Anläßlich dieser Ausstellung hätten wir uns wiedersehen sollen. Aber da das bei einem offiziellen Bankett geschehen sollte, mit Photographen und Publicity, habe ich es abgelehnt hinzugehen.

Trotz unserer Jugenderinnerungen, trotz der Bewunderung, die ich auch heute noch für einen Teil seines Werkes hege, kann ich ihm doch seinen maßlosen egozentrischen Exhibitionismus, sein zynisches Überlaufen zum Faschismus und vor allem seine ausgesprochene Verachtung für die Freundschaft nicht verzeihen.

In einem Interview habe ich vor ein paar Jahren gesagt, ich würde, bevor ich stürbe, gern noch ein Glas Champagner mit ihm trinken. Er hat das Interview gelesen und gesagt: „Ich auch, aber ich trinke nicht mehr."

Hollywood – Fortsetzung und Ende, 1944/45

So war ich 1944 in New York ohne Beschäftigung und litt obendrein unter heftigen Ischiasanfällen. Der Präsident der Gesellschaft der New Yorker Chiropraktiker hätte es fast geschafft, für den Rest des Lebens einen Krüppel aus mir zu machen, so brutal waren seine Methoden. An Krücken humpelnd bin ich eines Tages ins Büro der Warner Brothers gekommen. Man bot mir an, nach Los Angeles zurückzukehren und mich wieder um die spanischen Fassungen zu kümmern. Ich war einverstanden.

Die Reise machte ich mit meiner Frau und meinen beiden Söhnen – der zweite, Rafael, war 1940 in New York geboren worden – im Zug. Ich litt derart unter dem Ischias, daß ich auf einem Holzbrett liegen mußte. Glücklicherweise hat mich dann in Los Angeles ein anderer Chiropraktiker, eine Frau, mit einer sehr sanften Behandlung in zwei oder drei Monaten geheilt.

Dieses Mal blieb ich zwei Jahre in Los Angeles. Das erste Jahr lebte ich normal von meiner Arbeit. Das zweite lebte ich, nachdem ich die Arbeit wieder verloren hatte, von den Ersparnissen des ersten. Mit der Produktion der verschiedenen Fassungen ging es zu Ende. Bei Kriegsende wurde deutlich, daß alle Welt nach amerikanischen Produkten und nach amerikanischen Schauspielern verlangte. In Spanien zum Beispiel war dem Publikum ein spanisch sprechender Humphrey Bogart, auch wenn er schlecht synchronisiert war und unglaubwürdig wirkte, unverkennbar lieber als ein spanischer Schauspieler in derselben Rolle.

Die Synchronisation hatte endgültig gewonnen. Und bald wurden die Filme auch nicht mehr in Hollywood synchronisiert, sondern in den Ländern, in denen sie herauskamen.

Gescheiterte Projekte

Im Verlauf dieses dritten Aufenthalts bin ich viel mit René Clair zusammengewesen und auch mit Erich von Stroheim, für den ich eine große Sympathie hegte. Auch Bertolt Brecht habe ich kennengelernt, der einige Zeit in Kalifornien war. Ich hatte mich damit abgefunden, nie wieder Filme zu drehen, aber hin und wieder notierte ich doch eine Idee, wie etwa die Geschichte des verlorengegangenen Mädchens, das von seinen Eltern gesucht wird und dabei die ganze Zeit bei ihnen ist – das Motiv habe ich sehr viel später im *Gespenst der Freiheit* verwendet –, oder auch einen Zweiakter, in dem menschliche Figuren sich genau wie Insekten verhalten sollten, wie eine Biene, wie eine Spinne.

Ich habe auch mit Man Ray über ein Filmprojekt gesprochen. Als ich eines Tages mit dem Auto spazierenfuhr, entdeckte ich die riesige Müllkippe von Los Angeles, einen fast zwei Kilometer langen Graben, zwei- bis dreihundert Meter tief. Da gab es alles, Abfälle, Konzertflügel, sogar ganze Häuser. An mehreren Stellen brannten Müllfeuer. Auf dem Grund des Grabens konnte man an einer freien Stelle inmitten der Abfallberge zwei oder drei kleine Häuser erkennen, in denen Leute wohnten.

Aus einem der Häuser sah ich ein vierzehn- oder fünfzehnjähriges Mädchen herauskommen, und ich stellte mir eine Liebesgeschichte vor, die sie in diesem Weltuntergangsdekor erlebte. Man Ray wollte mit mir zusammenarbeiten, aber es war unmöglich, Geld aufzutreiben.

Mit Rubin Barcia, einem spanischen Autor, der ebenfalls mit Synchronisation zu tun hatte, habe ich zu der Zeit auch an einem Drehbuch zu einem Geisterfilm gearbeitet, *Die Mitternachtsverlobte*, in dem, wenn ich mich recht erinnere, ein junges Mädchen, das gestorben ist, wieder erscheint – im Grunde war die Geschichte ganz rational, am Schluß klärte sich alles auf. Auch dafür ergab sich keine Möglichkeit der Realisierung.

Ich habe auch versucht, für Robert Florey zu arbeiten, der *The Beast with Five Fingers* vorbereitete. Aus Freundschaft bot er mir an, eine Sequenz des Films, in dem Peter Lorre spielen sollte, zu schreiben. Ich dachte mir eine Szene aus – mit einer lebendigen Hand, der Bestie –, die in einer Bibliothek spielte. Peter Lorre und Robert Florey gefiel, was ich geschrieben hatte. Sie gingen zu ihrem Produzenten, ich mußte vor dem Büro warten. Als sie nach kurzer Zeit wieder herauskamen, zeigte Florey mit dem Daumen nach unten. Wieder nichts.

Später, in Mexiko, habe ich den Film gesehen. Meine Szene war zur Gänze drin. Ich war schon bereit zu prozessieren, aber irgendwer sagte mir: „Allein in New York hat die Warner Brothers vierundsechzig Rechtsanwälte. Wenn Sie meinen, greifen Sie die ruhig an . . ."

Ich habe nichts unternommen.

Zu der Zeit traf ich in Los Angeles Denise Tual. Ich kannte sie aus Paris, sie war mit Pierre Batcheff verheiratet gewesen, der die Hauptrolle im *Andalusischen Hund* gespielt hatte. Später hatte sie Roland Tual geheiratet.

Ich war sehr froh, sie wiederzusehen. Sie fragte mich, ob ich in Paris *Bernarda Albas Haus* von Lorca verfilmen wollte. Ich mochte das Stück, das in Paris großen Erfolg gehabt hatte, nicht besonders, aber ich nahm Denises Angebot an.

Da sie für drei oder vier Tage nach Mexiko mußte – man kann das Spiel des Zufalls mit all seinen subtilen Details nur bewundern –, begleitete ich sie. Aus dem Hotel Montejo in Mexiko, wo ich damals zum ersten Mal war, rief ich in New York Federicos Bruder Paquito an. Er sagte mir, Londoner Produzenten böten ihm für die Rechte doppelt soviel wie Denise. Ich verstand, damit war die Sache gestorben, und sagte es Denise.

Wieder einmal war ich ohne Aussichten in einer fremden Stadt. Da brachte mich Denise mit dem Produzenten Oscar Dancigers zusammen, dem ich vor dem Krieg in Paris im Deux Magots begegnet war, wo Jacques Prévert uns einander vorgestellt hatte.

Oscar sagte zu mir: „Ich habe was für Sie. Wollen Sie in Mexiko bleiben?"

Wenn man mich fragt, ob ich es bedaure, kein Hollywoodregisseur geworden zu sein wie viele andere Filmleute, die aus Europa kamen, antworte ich, daß ich es nicht weiß. Der Zufall spielt nur einmal und korrigiert sich selten. Ich glaube aber, daß in Hollywood, im amerikanischen System, auch wenn ich über Mittel verfügt hätte, die mit den Budgets, die mir in Mexiko zur Verfügung standen, überhaupt nicht vergleichbar gewesen wären, meine Filme ganz anders ausgefallen wären. Wie? Das weiß ich nicht. Ich habe sie nicht gemacht. So gibt es auch keinen Grund zum Bedauern.

Viele Jahre später hat mich Nicholas Ray in Madrid zum Essen eingeladen. Wir sprachen über alles mögliche, und dann fragte er mich:

„Wie schaffen Sie es nur, Buñuel, mit so kleinen Budgets so interessante Filme zu machen?"

Ich sagte, daß sich mir das Problem gar nicht stelle. Ich könnte sie nur so machen oder gar nicht. Meine Geschichten richteten sich nach den Summen, die mir zur Verfügung standen. In Mexiko hatte ich nie mehr als vierundzwanzig Drehtage – außer bei *Robinsón Crusoe*, die Gründe werde ich noch erklären. Aber ich wußte, daß die Begrenztheit meiner Mittel zugleich die Voraussetzung meiner Freiheit war. Ich sagte zu Ray:

„Sie sind ein berühmter Regisseur" – er stand damals auf dem Höhepunkt seines Ruhms – „machen Sie doch ein Experiment. Sie können sich doch alles erlauben. Versuchen Sie, diese Freiheit zu gewinnen. Sie haben gerade einen Film für fünf Millionen Dollar gedreht. Machen Sie jetzt einen für vierhunderttausend Dollar, dann sehen Sie selbst den Unterschied."

„Wo denken Sie hin", rief er entsetzt. „Wenn ich das machte, würden alle in Hollywood glauben, es ging bergab mit mir, es stünde schlecht um mich. Mit mir wäre es aus – ich würde nie wieder drehen!"

Er meinte das sehr ernst. Die Unterhaltung machte mich traurig. Ich glaube, ich hätte mich nie in dieses System einfügen können.

Ich habe in meinem Leben nur zwei Filme in englischer Sprache für amerikanische Firmen gedreht, zwei Filme übrigens, die ich besonders mag, *Robinsón Crusoe* im Jahre 1952 und *The Young One* 1960.

Robinsón Crusoe

Der Produzent George Pepper und der Drehbuchautor Hugo Butler, der fließend Spanisch sprach, machten mir den Vorschlag, *Robinsón Crusoe* zu verfilmen. Erst war ich nicht sonderlich begeistert, aber im Lauf der Arbeit hat die Geschichte mich dann mehr interessiert, ich habe ein paar sexuelle Elemente – geträumte und reale – hineingebracht und eine Szene, in der Robinson im Fieber seinen Vater vor sich sieht.

Während der Dreharbeiten an der mexikanischen Pazifikküste unweit Manzanillos hatte ich mich praktisch nach dem Kameramann zu richten, Alex Phillips, einem Amerikaner, der in Mexiko lebte und Spezialist für Großaufnahmen war. Es war eine Art Versuchsfilm, zum ersten Mal sollte in Amerika auf Eastmancolor gedreht werden. Es dauerte immer sehr lange, bis Phillips mir sagte, daß wir drehen konnten – daher die lange Dauer der Drehzeit, drei Monate, was es bei mir sonst nie gegeben hat –, und die Muster wurden jeden Tag nach Los Angeles geschickt.

Robinsón Crusoe wurde ein großer Erfolg, eigentlich überall. Der Film, dessen Herstellungskosten nicht einmal dreihunderttausend Dollar betragen hatten, lief mehrmals im amerikanischen Fernsehen. Zu den eher unangenehmen Erinnerungen an die Drehzeit gehört, neben der Tötung eines kleinen Wildschweins, auch die Angst um den mexikanischen Schwimmer, Robinsons Double, der zu Beginn des Films die riesigen Wellen durchqueren mußte. Drei Tage im Jahr, im Juli, gibt es an dieser Stelle der Küste ungeheuer hohe Wellen. Der Mann, der aus einem kleinen Hafen in der Umgebung kam und Übung darin hatte, machte es phantastisch.

Für diesen Erfolgsfilm in englischer Sprache, den Oscar Dancigers koproduziert hat, habe ich alles in allem zehntausend Dollar bekommen, eine ziemlich lächerliche Summe. Aber Verhandlungen um Geld haben mir nie gelegen, und ich hatte weder Agenten noch Anwalt, um mich durchzusetzen. Als Pepper und Butler von meiner Entlohnung erfuhren, boten sie mir zwanzig Prozent ihres Anteils an den Einspielergebnissen an, aber das habe ich abgelehnt.

Ich habe nie im Leben über das Geld, das mir vertraglich zugesagt wurde, diskutiert. Dazu bin ich einfach nicht in der Lage. Ich habe entweder angenommen oder abgelehnt, aber ich habe nie verhandelt. Ich glaube, ich habe nie für Geld etwas gemacht, was mir nicht recht war. Wenn ich einmal abgelehnt habe, kann kein Angebot mich umstimmen. Ich kann wohl sagen, daß ich das, was ich nicht für einen Dollar mache, auch nicht für eine Million mache.

The Young One (Das junge Mädchen)

Viele meinen, *The Young One* sei in South Carolina in den Vereinigten Staaten gedreht. Das stimmt nicht. Der Film wurde ausschließlich in Mexiko gedreht, in der Gegend von Acapulco und in den Churubusco-Ateliers von Mexiko City. Pepper war der Produzent, Butler hat mit mir zusammen das Drehbuch geschrieben.

Die Techniker waren allesamt Mexikaner und die Schauspieler Amerikaner – mit Ausnahme von Claudio Brook, der den Pastor spielte und perfekt englisch spricht. Mit Claudio habe ich dann noch öfter gedreht, bei *Simon in der Wüste*, dem *Würgeengel* und der *Milchstraße*.

Die Darstellerin des dreizehn- oder vierzehnjährigen Mädchens hatte weder Schauspielerfahrung noch irgendein besonderes Talent. Ihre fürchterlichen Eltern ließen sie keine Minute aus den Augen, sie hielten sie an, fleißig zu arbeiten und allen Anweisungen des Regisseurs genau zu folgen. Manchmal weinte sie. Vielleicht lag es gerade an ihrer mangelnden Erfahrung und ihrer Angst, daß sie in dem Film so intensiv ist. Das erlebt man oft mit Kindern. Kinder und Zwerge waren in meinen Filmen immer die besten Darsteller.

Heute macht es sich gut, wenn man behauptet, ein Antimanichäer zu sein. Jeder kleine Schriftsteller, der sein erstes Buch schreibt, erklärt einem, daß es seiner Meinung nach nichts Schlimmeres gebe als den Manichäismus – ohne daß er übrigens wirklich weiß, was das ist. Es ist so zur Mode geworden, daß mich manchmal eine große Lust packt, zu behaupten, ich sei Manichäer, und mich entsprechend zu verhalten.

Wie dem auch sei, im amerikanischen Moralsystem, das für den Kinogebrauch bestens kodifiziert worden war, gab es damals nur Gute und Böse. *The Young One* war als Reaktion auf diese alte Gewohnheit gedacht. Die Schwarzen waren gut und schlecht, genau wie der Weiße, der zum Schwarzen sagt, als der wegen einer vermeintlichen Vergewaltigung aufgehängt werden soll: „Du bist für mich kein menschliches Wesen."

Daß er sich allem Manichäismus verweigerte, war wahrscheinlich der Hauptgrund für den Mißerfolg dieses Films. Als er in New York 1960 zu den Weihnachtsfeiertagen herauskam, wurde er von allen Seiten angegriffen. Niemand mochte ihn. Eine Harlemer Zeitung schrieb sogar, ich gehöre mit dem Kopf nach unten an einem Laternenpfahl der Fifth Avenue aufgehängt. Mein Leben lang habe ich mich mit solchen aggressiven Reaktionen herumschlagen müssen.

Ich habe diesen Film mit Liebe gemacht. Aber er hat kein Glück gehabt. Für das herrschende Moralsystem war er nicht akzeptabel. In Europa hatte er auch nicht mehr Erfolg, und heute sieht man ihn fast gar nicht mehr.

Weitere Projekte

Ein anderes von meinen amerikanischen Projekten, aus denen nichts wurde, war *Tod in Hollywood* nach Evelyn Waughs Roman, der eine Liebesgeschichte in der amerikanischen Beerdigungsbranche erzählt und der mir sehr gefiel.

Ich habe das Buch zusammen mit Hugo Butler geschrieben, und George Pepper fuhr los, um es einer der großen Hollywoodfirmen zu verkaufen. Aber der Tod war als Thema tabu, man ließ es lieber in Frieden ruhen.

Pepper bekam beim Direktor einer großen Gesellschaft morgens um zehn Uhr einen Termin. Er ist pünktlich da und wird in einen Raum geführt, in dem schon andere warten. Ein paar Minuten vergehen. Plötzlich geht ein Fernseher an, das Gesicht des Direktors erscheint auf dem Bildschirm, und er sagt:

„Guten Tag, Mr. Pepper. Vielen Dank, daß Sie gekommen sind. Wir haben Ihr Projekt zur Kenntnis genommen, aber im Augenblick interessiert es uns nicht. Wir hoffen, ein andermal mit Ihnen zusammenarbeiten zu können. Auf Wiedersehen, Mr. Pepper."

Und, klack, schaltet sich der Fernseher wieder aus.

Sogar der Amerikaner George Pepper fand das Verfahren ziemlich überraschend. Ich finde die Geschichte haarsträubend.

Schließlich haben wir die Rechte an dem Buch wieder verkauft, und Tony Richardson hat den Film gedreht. Ich habe nie Gelegenheit gehabt, ihn zu sehen.

Ein anderes Projekt, an dem mir sehr lag, war die Verfilmung von

Lord of the Flies. Peter Brook hat den Film dann gemacht, ich habe ihn auch nie gesehen.

Ein Buch, das ich las, hat mich tief getroffen, wie ein Faustschlag. Das war *Johnny zieht in den Krieg* von Dalton Trumbo. Ein Soldat hat im Krieg fast alle Teile seines Körpers verloren. Aber er ist, wie er da in seinem Krankenhausbett liegt, bei Bewußtsein und versucht mit denen, die um ihn herum sind, die er nicht sieht und nicht hört, zu kommunizieren.

Ich sollte den Film 1962 oder 1963 für Alatriste machen. Dalton Trumbo, der einer der renommiertesten Drehbuchautoren Hollywoods war, hatte das Drehbuch geschrieben und kam mehrmals nach Mexiko, um mit mir zu arbeiten. Ich habe ausgiebig geredet, und er hat sich nur Notizen gemacht. Obwohl er zuletzt dann doch nur weniges von meinen Ideen verwendete, wollte er freundlicherweise unser beider Namen unter das Drehbuch setzen. Aber das wollte ich nicht.

Das Projekt zerschlug sich. Zehn Jahre später schaffte es Dalton Trumbo, den Film selbst zu drehen. Ich habe ihn in Cannes gesehen und Trumbo zu seiner Pressekonferenz begleitet. Es waren noch ein paar interessante Sachen in dem Film, der aber zu lang war und unter einigen illustrativen akademischen Traumsequenzen litt.

Und noch ein letztes amerikanisches Projekt. Woody Allen schlug mir vor, in *Annie Hall* meine eigene Rolle zu spielen. Ich sollte für zwei Arbeitstage dreißigtausend Dollar bekommen, hätte aber eine Woche in New York bleiben müssen. Nach einigem Zögern habe ich abgelehnt. Marshall McLuhan hat dann sich selbst gespielt, im Foyer eines Kinos. Ich habe den Film später gesehen und mochte ihn überhaupt nicht.

Mehrmals haben mir amerikanische und europäische Produzenten angeboten, *Unter dem Vulkan* von Malcolm Lowry zu verfilmen, der zur Gänze in Cuernavaca spielt. Ich habe das Buch immer wieder gelesen, um auf eine wirklich filmische Lösung zu kommen. Die äußere Handlung wirkt, wenn man nur sie beibehält, ausgesprochen banal. Alles geht im Inneren der Hauptperson vor. Aber wie sollte man die Konflikte der Innenwelt in Bilder umsetzen?

Ich habe acht verschiedene Drehbuchfassungen gelesen. Keine hat mich überzeugt. Wie ich weiß, hat die Schönheit des Buches außer mir noch andere Regisseure gereizt – und alle haben bisher aufgegeben.

Die Rückkehr

Als ich 1940 beim Museum of Modern Art eingestellt wurde, hat man mich – damit ich offiziell als Einwanderer anerkannt werden konnte – einer peinlich genauen Prüfung unterzogen und mir alle möglichen Fragen, vor allem auch über meine Beziehungen zum Kommunismus, gestellt. Danach fuhr ich mit meiner Familie nach Kanada und reiste nach ein paar Stunden Aufenthalt an den Niagarafällen wieder ein. Eine reine Formalität.

1955 stellte sich das Problem von neuem, aber entschieden strenger. Ich kam aus Paris, von den Dreharbeiten zu *Cela s'appelle l'aurore*, als ich im Flughafen festgenommen wurde. Man brachte mich in einen kleinen Raum und eröffnete mir, daß ich zum Fördererkomitee der Zeitschrift *España libre* gehöre, einem entschiedenen Anti-Franco-Blatt, das die Vereinigten Staaten angegriffen habe. Da ich auch zu den Unterzeichnern eines Manifestes gegen die Atombombe gehörte, mußte ich eine neue Befragung über mich ergehen lassen, bei der mir dieselben Fragen über meine politischen Ansichten gestellt wurden. Ich kam auf die berühmte Schwarze Liste. Jedes Mal, wenn ich durch die Vereinigten Staaten kam, wurde ich den gleichen diskriminierenden Maßnahmen unterworfen und wie ein Gangster behandelt. Erst 1975 bin ich aus der Schwarzen Liste gestrichen worden.

Nach Los Angeles bin ich erst 1972 wieder gekommen, anläßlich der Festivalaufführung von *Der diskrete Charme der Bourgeoisie*. Ich bin mit Vergnügen den ruhigen Alleen von Beverly Hills wiederbegegnet, dem Eindruck von Ordnung und Sicherheit, der amerikanischen Liebenswürdigkeit. Eines Tages erhielt ich von George Cukor eine Einladung zum Essen, die mich sehr überraschte, da ich ihn nie kennengelernt hatte. Er lud auch Serge Silberman und Jean-Claude Carrière ein, mit denen ich in Los Angeles war, und meinen Sohn Rafael, der dort lebt. Außerdem, hieß es, würden „ein paar Freunde" kommen.

Es war dann ein sehr ungewöhnliches Mittagessen. Wir kamen, von Cukor herzlich empfangen, als die ersten in seinem phantastischen Anwesen an und sahen dann, halb getragen von einem muskulösen Schwarzen, einer Art Sklaven, einen Greis hereinwanken, über einem Auge eine Klappe, in dem wir John Ford erkannten. Ich war ihm nie begegnet. Zu meiner großen Überraschung – ich hatte angenommen, er wüßte nicht einmal, daß es mich gibt – setzte er sich zu mir aufs Sofa und versicherte mir, er sei glücklich, daß ich wieder in Hollywood sei. Er sprach davon, daß er wieder einen Film vorbereite, *„a big western"*, aber ein paar Monate später ist er dann gestorben.

Wir sprachen noch miteinander, als wir kleine, schlurfende Schritte auf dem Parkett hörten. Ich drehte mich um und sah Hitchcock hereintreten. Ganz rosig und rund, kam er mit ausgestreckten Armen auf mich zu. Auch ihm war ich nie zuvor begegnet, aber ich wußte, daß er in der Öffentlichkeit schon öfter mein Lob gesungen hatte. Er setzte sich zu mir und bestand darauf, beim Essen zu meiner Linken zu sitzen. Er legte einen Arm um meine Schultern, lehnte mehr oder weniger an mir und hörte nicht auf, mir von seinem Weinkeller und seiner Diät – er aß sehr wenig – zu erzählen. Vor allem aber sprach er immer wieder von Tristanas abgeschnittenem Bein: „Ach, dieses Bein ..."

Dann kamen noch William Wyler, Billy Wilder, George Stevens, Rouben Mamoulian, Robert Wise und ein jüngerer Regisseur, Robert Mulligan. Nach dem Aperitif setzten wir uns im diffusen Licht eines von Kandelabern erleuchteten Eßzimmers zu Tisch. Mir zu Ehren fand diese seltsame Versammlung von Geistern statt, die sich so nie zuvor getroffen hatten und alle von den *„good old times"* redeten. Von *Ben Hur* bis zur *West Side Story*, von *Some Like It Hot* bis *Notorious*, von *Stage Coach* bis *Giant*: wie viele Filme waren um diesen Tisch herum versammelt!

Nach dem Essen hatte jemand die Idee, einen Pressephotographen kommen zu lassen, damit er ein Familienphoto mache. Dieses Photo wurde dann zu dem *collector's item* des Jahres. Leider ist John Ford nicht drauf. Sein schwarzer Sklave hatte ihn schon während des Essens wieder abgeholt. Er sagte ein leises „Auf Wiedersehen" und entfernte sich, an den Tisch anstoßend, für immer.

Während des Essens wurden mehrere Toasts ausgebracht. George Stevens hob sein Glas „auf den, der uns, trotz aller Unterschiede in Herkunft und Anschauungen, um diesen Tisch vereint hat".

Ich bin aufgestanden und habe ihm zugetrunken, da ich aber der kulturellen Solidarität, auf die man immer viel zu sehr baut, mißtraue, habe ich gesagt: „Ich trinke, aber mit Vorbehalt."

Am nächsten Tag hat Fritz Lang mich eingeladen, ihn zu besuchen. Er war zu schwach, um zu dem Essen bei Cukor zu kommen. Ich war in dem Jahr zweiundsiebzig geworden, Lang war über achtzig.

Wir trafen uns zum ersten Mal. Wir redeten eine Stunde miteinander, und ich konnte ihm sagen, einen wie entscheidenden Einfluß seine Filme auf den Verlauf meines Lebens gehabt hatten. Bevor ich ging, habe ich ihn, was sonst eigentlich nicht meine Art ist, um ein Photo mit seiner Widmung gebeten.

Er war überrascht, aber er holte eins und signierte es. Es war ein Altersphoto, und ich fragte ihn, ob er nicht noch eins aus den Zwanzigern hätte, aus der Zeit vom *Müden Tod* und von *Metropolis*. Er fand eins und schrieb eine wundervolle Widmung darauf. Danach bin ich dann wieder in mein Hotel gefahren.

Leider weiß ich nicht mehr genau, was ich mit den Photos gemacht habe. Das eine habe ich einem mexikanischen Filmer, Arturo Ripstein, gegeben. Das andere muß noch irgendwo sein.

Mexiko, 1946–1961

Ich fühlte mich von Lateinamerika früher so wenig angezogen, daß ich zu meinen Freunden oft gesagt habe: „Sollte ich mal verschwinden, dann sucht mich überall, nur da nicht." Und nun wohne ich seit sechsunddreißig Jahren in Mexiko. Ich bin 1949 sogar mexikanischer Staatsbürger geworden. Viele Spanier, darunter einige meiner besten Freunde, wählten nach Beendigung des Bürgerkrieges Mexiko als Land ihres Exils. Diese Spanier kamen aus allen sozialen Schichten. Unter ihnen waren Arbeiter, aber auch Schriftsteller und Wissenschaftler, die sich ohne allzu große Mühe in ihrem neuen Land zurechtfanden.

Als Oscar Dancigers mir anbot, in Mexiko einen Film zu drehen, sollte ich gerade meine *second papers* für die Vereinigten Staaten bekommen und amerikanischer Staatsbürger werden. Da traf ich Fernando Benítez, den großen mexikanischen Ethnologen, und der fragte mich, ob ich nicht in Mexiko bleiben möchte. Als ich ja sagte, schickte er mich zu Héctor Pérez Martínez, einem Minister, der sicher eines Tages Präsident geworden wäre, wenn der Tod es nicht anders bestimmt hätte. Er empfing mich schon am nächsten Tag und versicherte mir, es werde keine Schwierigkeiten bereiten, ein Visum für meine ganze Familie zu bekommen. Ich traf mich wieder mit Oscar, gab ihm meine Zusage und fuhr nach Los Angeles, um meine Frau und meine beiden Söhne zu holen.

Von 1946 bis 1964, von *Gran Casino* bis *Simon in der Wüste*, habe ich in Mexiko zwanzig Filme gedreht – von zweiunddreißig im ganzen. Mit Ausnahme von *Robinsón Crusoe* und *The Young One*, über die ich schon gesprochen habe, wurden alle diese Filme in spanischer Sprache und mit mexikanischen Schauspielern und Technikern gedreht. Die Drehzeit variierte – *Robinsón Crusoe* wiederum ausgenommen – zwischen achtzehn und vierundzwanzig Tagen, was außerordentlich kurz ist, die Mittel waren beschränkt und die Gagen mehr als bescheiden. Zweimal habe ich drei Filme in einem Jahr gemacht.

Ich mußte von meiner Arbeit leben und eine Familie ernähren; so habe ich Filme von sehr unterschiedlicher Qualität gedreht. Es kam vor, daß ich Sujets akzeptierte, die ich mir nicht selbst ausgesucht hatte, und daß ich mit Schauspielern arbeitete, die für ihre Rollen nicht unbedingt geeignet waren. Dennoch habe ich meines Wissens nicht eine Szene gedreht, die nicht mit meiner Überzeugung oder meiner persönlichen Moral vereinbar gewesen wäre. In diesen Filmen, so ungleich sie sind, ist nichts, dessen ich mich schämen müßte. Ich möchte auch erwähnen, daß meine Beziehungen zu den mexikanischen Technikern meist ausgezeichnet waren.

Ich habe wirklich keine Lust, alle meine Filme Revue passieren zu lassen und zu sagen, was ich von ihnen halte. Das ist nicht meine Aufgabe, und außerdem glaube ich auch nicht, daß Leben und Arbeit ineinander aufgehen. Ich möchte von meinen in Mexiko gedrehten Filmen nur erzählen, was mir im Gedächtnis haften geblieben ist, was mich berührt hat – meist ist es nur eine Einzelheit. Vielleicht können die Erinnerungen dazu beitragen, daß man Mexiko einmal auf eine andere Weise sehen lernt, auf dem Umweg übers Kino.

Für meinen ersten mexikanischen Film, *Gran Casino*, hatte Oscar Dancigers zwei große lateinamerikanische Stars engagiert, den außerordentlich populären Sänger Jorge Negrete, einen echten mexikanischen *charro*, der, ehe er sich zu Tisch setzte, das *benedicite* sang und nie ohne seinen Reitlehrer auftrat, und die argentinische Sängerin Libertad Lamarque. Es war also ein Musikfilm. Ich schlug dafür eine Geschichte von Michel Veber vor, die auf den Ölfeldern spielte.

Der Vorschlag wurde angenommen. Zum ersten Mal fuhr ich ins *balneario* von San José Purúa im Staat Michoacán, ein großes Kurhotel in einem phantastischen subtropischen Cañon, wo ich mehr als zwanzig Filme schreiben sollte. Nicht zu Unrecht gilt dieser in üppigste Vegetation eingebettete Ort als ein Paradies. Autobusse bringen regelmäßig amerikanische Touristen her, die hier vierundzwanzig „traumhafte“ Stunden verbringen. Alle nehmen zur selben Zeit dasselbe radioaktive Bad, trinken dasselbe Mineralwasser, gefolgt von demselben *daiquiri* und demselben Essen, und am nächsten Morgen fahren sie in aller Frühe wieder ab.

Seit Madrid, seit etwa fünfzehn Jahren, hatte ich nicht mehr hinter einer Kamera gestanden. Wenn seine Geschichte auch bar jeden Interesses ist, technisch ist der Film, glaube ich, nicht allzu schlecht.

In der sehr melodramatischen Geschichte kommt Libertad aus Argentinien, um den Mörder ihres Bruders zu suchen. Sie verdächtigt zunächst Negrete, dann vertragen sich die beiden Helden aber, und es kommt zur unvermeidlichen Liebesszene. Da konventionelle Liebesszenen mich zu Tode langweilen, bemühte ich mich, dieser einen Knacks zu versetzen.

Ich wies Negrete an, während der Szene nach einem Stöckchen zu greifen und es mechanisch in den Ölschmier zu seinen Füßen zu tauchen. Dann drehte ich eine Naheinstellung mit einer anderen Hand, die mit dem Stock im Schlamm rührt. Im Kino denkt man natürlich unweigerlich an etwas anderes als Öl.

Trotz der beiden berühmten Stars hatte der Film nur mäßigen Erfolg. Ich wurde „bestraft" und war zweieinhalb Jahre ohne Arbeit, bohrte in der Nase und starrte in die Luft. Wir lebten von dem Geld, das mir meine Mutter schickte. Jeden Tag kam Moreno Villa mich besuchen.

Mit Juan Larrea, einem der bedeutendsten spanischen Dichter, machte ich mich daran, ein Drehbuch zu schreiben. *Ilegible hijo de fluta (Unlesbarer Flötensohn)* gab sich als eine Art surrealistischer Film. Ein paar Einfälle waren ganz gut, aber die Hauptidee war fragwürdig. Sie besagte: Mit dem alten Europa ist es zu Ende, ein neuer Geist steht auf in Südamerika. Oscar Dancigers bemühte sich vergeblich, eine Finanzierung zustande zu bringen. Sehr viel später, 1980, veröffentlichte die mexikanische Zeitschrift *Vuelta* das Drehbuch. Aber Larrea hatte, ohne mich zu fragen, ein paar symbolische Elemente eingefügt, die mir sehr mißfielen.

1949 erzählte mir Oscar Dancigers von einem neuen Projekt. Der große mexikanische Schauspieler Fernando Soler sollte für ihn einen Film drehen und darin gleichzeitig die Hauptrolle spielen. Da er fand, daß das für einen Menschen etwas viel war, suchte er nach einem braven und gefügigen Regisseur. Oscar trug mir die Rolle an, und ich sagte sofort zu.

Der Film hieß *El Gran Calavera.*

Ich glaube nicht, daß er auch nur von geringstem Interesse ist. Aber er hatte einen solchen Erfolg, daß Oscar zu mir sagte: „Jetzt machen wir einen richtigen Film zusammen. Suchen wir ein Sujet."

Los Olvidados (Die Vergessenen)

Oscar reizte die Idee, einen Film über arme und sich selbst überlassene Kinder zu machen, die von kleinen Gaunereien leben – mir selbst hatte *Sciuscià* von Vittorio de Sica sehr gefallen.

Vier oder fünf Monate habe ich mich, manchmal mit meinem Dekorateur, dem Kanadier Edward Fitzgerald, manchmal mit Luis Alcoriza, meist aber allein, in den „verlassenen Städten“ umgetan, diesen bitterarmen zusammengezimmerten Barackenstädten am Stadtrand von Mexiko. Leicht verkleidet, in meinen ältesten Sachen, habe ich mich umgesehen, hingehört, Fragen gestellt, mich mit den Leuten angefreundet. Manches von dem, was ich gesehen habe, wurde unverändert in den Film übernommen. Zu den vielen Beschimpfungen, die ich zu hören bekam, als der Film herauskam, gehörte auch, daß Ignacio Palacio schrieb, es sei unverzeihlich, daß ich in einer Holzbaracke drei Messingbetten aufgestellt hatte. Dabei stimmte das. Ich hatte sie so in einer Holzbaracke gesehen. Es gab Paare, die sich den letzten Bissen vom Munde absparten, um sich nach der Hochzeit solche Betten kaufen zu können.

Als ich das Drehbuch schrieb, wollte ich ein paar ganz kurze unerklärliche Bilder unterbringen, bei denen der Zuschauer sich fragen sollte: „Habe ich richtig gesehen?“ Wenn zum Beispiel die Jungen dem Blinden folgen und dabei an einer Baustelle vorbeikommen, wollte ich auf dem Baugerüst ein Hundert-Mann-Orchester verteilen, das spielt, ohne daß man es hört. Oscar Dancigers verbot mir das aus Angst vor einem Mißerfolg.

Er verbot mir auch, einen Zylinder im Bild erscheinen zu lassen, wenn die Mutter von Pedro, der die Hauptfigur ist, ihren heimkehrenden Sohn verstößt. Wegen dieser Szene hat übrigens die Friseuse gekündigt. Sie behauptete, eine mexikanische Mutter würde sich nie so verhalten. Dabei hatte ich kurz zuvor in der Zeitung gelesen, daß eine mexikanische Mutter ihr noch ganz kleines Kind aus einem Zug geworfen hatte.

Sowieso war das ganze Team, auch wenn alle ordentlich arbeiteten, gegen den Film. Ein Techniker fragte mich zum Beispiel: „Warum machen Sie nicht einen richtigen mexikanischen Film statt so was Erbärmliches?“ Pedro de Urdemalas, der mir geholfen hat, für die Dialoge mexikanische Ausdrücke zu finden, wollte seinen Namen nicht im Vorspann haben.

Der Film wurde in einundzwanzig Tagen gedreht. Er war termingerecht fertig, wie alle meine Filme. Ich habe, wenn ich mich richtig erinnere, nie auch nur um eine einzige Stunde überzogen. Auch habe ich nie mehr als drei oder vier Tage für den Bildschnitt benötigt und nie mehr als zwanzigtausend Meter Filmmaterial verbraucht, was nicht viel ist.

Für das Drehbuch und die Regie von *Los Olvidados* habe ich alles in allem zweitausend Dollar bekommen. Ich war auch nicht am Einspielergebnis beteiligt.

Der Film wurde in Mexiko ganz kümmerlich gestartet, blieb nur vier

Tage auf dem Spielplan und rief sofort die heftigsten Reaktionen hervor. Eines der großen Probleme Mexikos, damals wie heute, ist ein extremer Nationalismus, der einen tiefsitzenden Minderwertigkeitskomplex verrät. Verschiedene Verbände und Vereine verlangten meine sofortige Ausweisung. Die Presse griff den Film an. Die wenigen Zuschauer verließen das Kino, als kämen sie von einer Beerdigung. Nach einer privaten Vorführung würdigte mich die Frau des Malers Diego Rivera keines Worts, während sich eine andere Frau, Berta, die mit dem spanischen Dichter Luis Felipe verheiratet war, voller Empörung mit ausgestreckten Krallen auf mich stürzte und mich anschrie, der Film sei ein Verbrechen, eine Gemeinheit gegen Mexiko. Ich bemühte mich, ruhig und unbewegt dazustehen, während sie drei Zentimeter vor meinen Augen gefährlich mit ihren Nägeln fuchtelte. Glücklicherweise trat der Maler David Alfaro Siqueiros, der auch in der Vorführung gewesen war, dazwischen und beglückwünschte mich herzlich. Vielen mexikanischen Intellektuellen hat, wie ihm, der Film sehr gefallen.

Ende 1950 kam ich nach Paris, um ihn zu zeigen. Als ich nach mehr als zehnjähriger Abwesenheit wieder durch die Straßen ging, kamen mir die Tränen. Alle meine surrealistischen Freunde sahen den Film im Studio 28 und waren, glaube ich, ergriffen. Aber gleich am nächsten Morgen teilte mir Georges Sadoul mit, daß er eine ernste Sache mit mir zu besprechen habe. Wir trafen uns in einem Café in der Nähe des Étoile, und er gestand mir, erregt und völlig außer sich, die kommunistische Partei verlange von ihm, nicht über den Film zu schreiben. Ganz überrascht fragte ich nach dem Grund.

„Weil es ein bürgerlicher Film ist“, sagte er.

„Inwiefern ein bürgerlicher Film?“

„Zunächst einmal“, sagte er, „wenn man durch ein Schaufenster sieht, wie ein Homosexueller sich an einen der Jungen heranmacht, kommt ein Polizist, und der Homosexuelle ergreift die Flucht. Das heißt, daß die Polizei eine nützliche Rolle spielt, und das darf nicht sein. Und dann am Schluß, im Erziehungsheim, zeigst du einen Direktor, der nett und menschlich ist und der dem Kind erlaubt, sich Zigaretten zu holen ...“

Ich sagte Sadoul, wie albern und lächerlich mir diese Einwände vorkamen, aber er konnte nichts machen. Zum Glück sah der sowjetische Regisseur Wsewolod Pudowkin ein paar Monate später den Film und schrieb in der *Prawda* einen begeisterten Artikel. Von einem Tag zum anderen wechselte die kommunistische Partei ihre Haltung. Sadoul war sehr froh darüber.

Das ist eine der Verhaltensweisen kommunistischer Parteien, die ich nie habe akzeptieren können. Eine andere, die mich genauso schockiert und die mit der eben erwähnten oft zusammengeht, besteht darin, nach dem „Verrat" eines Genossen zu behaupten, er habe sich die ganze Zeit verstellt, er sei von Anfang an ein Verräter gewesen.

Als ein anderer Gegner des Films erwies sich der mexikanische Botschafter Torres Bodet, ein kultivierter Mann, der lange in Spanien gelebt und sogar in der *Gaceta Literaria* geschrieben hatte. Auch er fand, daß *Los Olvidados* eine Schande für Mexiko sei.

Alles änderte sich nach dem Festival von Cannes, wo der mexikanische Dichter Octavio Paz – ein Mann, von dem mir Breton als erster erzählt hatte und den ich seit langem bewunderte – eigenhändig einen von ihm verfaßten Artikel am Kinoausgang verteilte. Es ist ein sehr schöner Artikel, sicher der beste, den ich über den Film gelesen habe. Der Film hatte großen Erfolg, bekam phantastische Kritiken und den Regiepreis.

Den einzigen Verdruß, den einzigen Ärger bereitete mir der französische Verleiher mit dem Untertitel, den er für den Film als notwendig erachtete, er nannte ihn *Los Olvidados oder Habt Mitleid mit ihnen*. Lächerlich.

Nach dem europäischen Erfolg wurde mir auch von mexikanischer Seite die Absolution erteilt. Die Beschimpfungen hörten auf, der Film kam in einem guten Kino noch einmal heraus und blieb zwei Monate auf dem Spielplan.

Im selben Jahr drehte ich *Susana (Susanna, Tochter des Lasters)*, einen Film, über den ich nichts weiter zu sagen habe, als daß ich es bedaure, die Karikatur des Schlusses, wenn alles auf wundersame Weise gut ausgeht, nicht noch weiter getrieben zu haben. Weniger gewitzte Zuschauer könnten die Auflösung ernst nehmen.

In einer der ersten Szenen, wenn Susana im Gefängnis ist, sah das Drehbuch eine große Spinne vor, die über den Schatten der Gitterstäbe kriecht, der am Boden ein Kreuz bildet. Als ich nach der Spinne fragte, sagte der Produzent: „Wir haben keine finden können." Trotz meines Ärgers wollte ich mich schon darauf einstellen, ohne die Spinne auszukommen, als der Requisiteur mir sagte, daß sehr wohl eine da sei, in einem kleinen Käfig – der Produzent hatte gelogen, weil er Angst hatte, ich würde damit Zeit vertun.

Wir haben den Käfig dann außerhalb des Bildfeldes geöffnet, ich habe die Spinne mit einem Stöckchen angetrieben, und sie hat den Schatten des Gitters auf Anhieb genau da überquert, wo ich es wollte. Das Ganze hat nur eine knappe Stunde gedauert.

Drei Filme im Jahr 1951. Zunächst *La hija del engaño*, ein schlechter Titel von Dancigers, hinter dem sich eine neue Fassung von *Don Quintín* verbirgt, dem Stück von Arniches, nach dem ich schon in den dreißiger Jahren in Madrid einen Film produziert hatte. Dann kam *Una mujer sin amor*, sicher mein schlechtester Film. Ich sollte das Remake eines guten Films von André Cayatte nach *Pierre und Jean* von Maupassant machen. Man wollte im Atelier einen Schneidetisch aufstellen, damit ich den Film Einstellung für Einstellung nachdrehen könnte. Das habe ich natürlich abgelehnt und meine eigene Fassung gedreht, aber mit nur mittelmäßigem Erfolg.

Dagegen erinnere ich mich gern an *Subida al cielo (Der Weg, der zum Himmel führt)*, die Geschichte einer Busreise, die ich ebenfalls 1951 gedreht habe. Er war von Ereignissen inspiriert, die der Produzent des Films, Manuel Altolaguirre – ein alter Freund aus Spanien, der mit einer steinreichen Kubanerin verheiratet war –, selbst erlebt hatte. Er spielt im Staat Guerrero, der auch heute noch einer der gewalttätigsten von Mexiko ist.

Die Drehzeit war kurz, das Modell des Busses kümmerlich, es bewegte sich ruckweise die Bergflanke entlang, dazu kamen noch die Überraschungen, die es beim Drehen in Mexiko immer gibt. Für eine lange Szene, in der ein kleines Mädchen, das an einem Schlangenbiß gestorben ist, auf einem Friedhof beerdigt werden soll, auf dem sich ein Wanderkino eingerichtet hat, sah der Drehplan drei Nächte vor. Im letzten Augenblick wurde mir erklärt, daß die drei Nächte auf Betreiben der Gewerkschaft auf zwei Stunden gekürzt worden waren. Das Ganze mußte in einer einzigen Einstellung zusammengezogen werden und die vorgesehene Kinovorführung entfallen. Der Not gehorchend, habe ich mir in Mexiko ein Arbeitstempo angewöhnt, dessen Ergebnisse ich nachträglich manchmal bedaure.

Bei den Dreharbeiten zu *Subida al cielo* passierte auch, daß der Assistent des Produktionsleiters im Hotel Las Palmeras in Acapulco als Geisel für unbezahlte Rechnungen festgehalten wurde.

Im allgemeinen – natürlich gibt es glücklicherweise auch Ausnahmen von dieser Regel – würde ein mexikanischer Schauspieler auf der Leinwand nichts machen, was er nicht auch im Leben machen würde.

Als ich 1952 *El Bruto (El Bruto, der Starke)* drehte, verwahrte sich Pedro Armendáriz, der gelegentlich auch im Atelier mit seinem Revolver herumschoß, energisch dagegen, Hemden mit kurzen Ärmeln zu tragen, weil die, wie er sagte, nur von Päderasten getragen würden.

Die Vorstellung, daß man ihn für einen Päderasten halten könnte, schien ihn überhaupt zu peinigen. In dem Film begegnet er auf der

Flucht vor den Schlachthofarbeitern einer jungen Waise; er drückt ihr die Hand auf den Mund, um sie am Schreien zu hindern, und als die Verfolger sich dann entfernen, soll er zu ihr sagen, weil er ein Messer im Rücken stecken hat:

„*Arráncame eso que llevo ahí detrás*" – „Zieh das dahinten raus."

Bei den Proben bekommt er plötzlich einen Wutanfall und schreit:

„*Yo no digo ‚detrás'!*" – „Ich sage nicht ‚hinten'!"

Er fürchtete, die bloße Verwendung des Wortes *detrás* hätte seinem Ruf schaden können. Ich konnte auf das Wort ohne weiteres verzichten.

Él (Er)

Él, den ich 1952 nach *Robinsón Crusoe* gedreht habe, ist einer meiner Lieblingsfilme. Eigentlich hat er gar nichts Mexikanisches, denn die Handlung könnte sich überall ereignen. Es ist das Porträt eines Paranoikers.

Die Paranoiker sind wie die Dichter. Sie werden so geboren, und dementsprechend interpretieren sie die Realität immer im Sinn ihrer Obsession, auf die sie alles beziehen. Nehmen wir an, die Frau eines Paranoikers setzt sich ans Klavier und spielt ein bestimmtes Thema. Der Ehemann ist dann sofort überzeugt, daß es sich dabei um ein Zeichen handelt, das sie dem auf der Straße versteckten Liebhaber gibt.

Él enthielt etliche dem Leben entlehnte Einzelheiten und auch ein gut Teil Erfindung. Wie etwa zu Beginn die Szene des *mandatum*, der Fußwaschung in der Kirche, bei der der Paranoiker sofort, wie ein Falke eine Lerche, sein Opfer erspäht. Ich frage mich, ob dieser Einfall eine reale Grundlage hatte.

Der Film wurde auf dem Festival von Cannes, ich weiß nicht weshalb, bei einer Veranstaltung zu Ehren der Kriegsveteranen und Kriegsversehrten gezeigt. Die haben laut protestiert. Der Film kam überhaupt schlecht an. Bis auf ein paar Ausnahmen war die Presse negativ. Jean Cocteau, der mir in seinem *Opium* ein paar Seiten gewidmet hatte, erklärte sogar, mit *Él* hätte ich „Selbstmord begangen". Später änderte er dann allerdings seine Meinung.

Einen Trost bekam ich in Paris von Jacques Lacan, der den Film bei einer Vorführung vor zweiundfünfzig Psychiatern in der Cinémathèque sah. Er unterhielt sich ausführlich mit mir über den Film, aus dem für ihn die Wahrheit sprach, und er hat ihn später verschiedentlich seinen Studenten vorgeführt.

In Mexiko war er eine Katastrophe. Oscar Dancigers kam am ersten Tag völlig verwirrt aus der Vorführung und sagte: „Sie lachen!" Ich ging ins Kino, es lief gerade die Szene, in der – eine ferne Erinnerung an die Badekabinen in San Sebastián – der Mann eine lange Nadel durchs Schlüsselloch steckt, um den unbekannten Beobachter, den er hinter der Tür vermutet, ins Auge zu stechen, und tatsächlich lachten die Leute wie wahnsinnig.

Es bedurfte des ganzen Ansehens von Arturo de Córdoba, der die Hauptrolle spielte, daß der Film überhaupt zwei oder drei Wochen auf dem Spielplan blieb.

Was die Paranoiker betrifft, so kann ich noch davon berichten, wie ich es einmal ganz schön mit der Angst gekriegt habe. Es war um 1952, etwa in der Zeit von *Él*. Ich wußte, daß in unserem Viertel ein Offizier wohnte, der der Figur meines Films ziemlich ähnlich war. Er erklärte zum Beispiel, er fahre ins Manöver, kam dann aber abends zurück und sagte mit verstellter Stimme von draußen durch die Tür zu seiner Frau: „Dein Mann ist weg, mach auf . . ."

Diese Geschichte und noch ein paar andere erzählte ich einem Freund, der daraus einen Artikel für eine Zeitung machte. Da mir inzwischen gewisse mexikanische Sitten vertraut waren, begann ich mich zu fürchten. Das konnte unangenehme Folgen für mich haben. Wie würde er reagieren? Was sollte ich machen, wenn er jetzt, mit einem Revolver in der Hand, bei mir klopfte und Rechenschaft verlangte?

Es ist nichts passiert. Vielleicht las er eine andere Zeitung.

Da ich Cocteau erwähnte: 1954 war er beim Festival von Cannes Präsident der Jury, der auch ich angehörte. Eines Tages sagte er, er möchte mit mir sprechen, und wir trafen eine Verabredung in der Bar des Carlton, nachmittags, zu einer ruhigen Zeit. Pünktlich, wie das meine Art ist, war ich zur Stelle, konnte Cocteau aber nirgends entdecken, obwohl nur wenige Tische besetzt waren. Ich wartete eine halbe Stunde und ging dann wieder.

Abends fragte er mich, weshalb ich denn nicht gekommen sei. Ich erzählte ihm, wie es gewesen war, und er behauptete, daß er es zur selben Zeit genau wie ich gemacht, mich aber auch nicht gesehen hätte. Ich bin sicher, daß er nicht log. Wir vergewisserten uns, daß wir uns, was Zeit und Ort betraf, nicht mißverstanden hatten, und fanden nicht die geringste Erklärung für unser auf so mysteriöse Weise verpaßtes Rendezvous.

Schon 1930 hatte ich mit Pierre Unik ein Drehbuch nach dem Roman *Sturmhöhe* geschrieben. Wie alle Surrealisten reizte mich dieses Buch sehr, und ich wollte einen Film danach drehen. Die Gelegenheit dazu bot sich 1953 in Mexiko. Ich nahm mir das Drehbuch wieder vor, das sicher das beste war, mit dem ich je gearbeitet habe. Leider mußte ich mit Schauspielern vorliebnehmen, die Oscar für einen Musikfilm engagiert hatte, Jorge Mistral, Ernesto Alonso, eine Rumbasängerin und -tänzerin – *una rumbera* –, Lilia Prado, die ein junges romantisches Mädchen zu spielen hatte, und eine polnische Schauspielerin, Irasema Dillian, die trotz ihres slawischen Typs die Tochter eines mexikanischen Mischlings darstellen mußte. Von den Problemen, die es dann bei den Dreharbeiten zu lösen gab, möchte ich lieber gar nicht erst sprechen. Das Ergebnis war mehr als fragwürdig.

In einer Szene des Films liest ein alter Mann einem Kind ein Stück aus der Bibel vor, das für mich eins der schönsten ist, viel schöner noch als das *Lied der Lieder*. Es findet sich im *Buch der Weisheit*, 2,1–7, das in manchen Ausgaben fehlt. Der Autor dieser großartigen Zeilen legt sie den Frevlern in den Mund, anders wären sie nicht aussprechbar. Man braucht aber nur die ersten Wörter in Klammern zu setzen und dann weiterzulesen.

In ihrer geistigen Verwirrung haben sie zu sich gesagt: Die Zeit unseres Lebens ist kurz und voller Not; gegen den Tod des Menschen gibt es kein Heilmittel, und noch hat man keinen gekannt, der aus dem Grab zurückgekehrt wäre.

Durch Zufall sind wir geboren, und danach werden wir sein, als wären wir nie gewesen, denn der Atem in unserer Nase ist nur ein Rauch, und unsere Rede ist wie ein vergänglicher Funke, den unser Herzschlag entfacht.

Verlöscht er, so zerfällt unser Leib zu Asche, und der Geist verweht wie dünne Luft.

Unser Name ist bald vergessen, niemand erinnert sich mehr unserer Taten, unser Leben geht vorüber wie die Spur einer Wolke und löst sich auf wie ein Nebel, den die Strahlen der Sonne verscheuchen und ihre Wärme vernichtet.

Unsere Zeit geht vorüber wie ein Schatten, und unmöglich ist es, vor dem Ende stehenzubleiben, denn es ist besiegelt, und keiner kehrt von dort zurück.

Drum auf, laßt uns die Güter genießen, die wir besitzen. Bedienen wir uns der Geschöpfe und der Jugend.

Füllen wir uns mit dem besten Wein, begießen wir uns mit Essenzen, und lassen wir die schönste Zeit nicht ungenutzt vergehen.

Bekränzen wir uns mit Rosen, ehe sie verwelken.

Nicht einer sei ausgeschlossen von unseren Ausschweifungen, hinterlassen wir Zeichen unserer Lust überall, denn das ist unser Teil, das steht uns zu.

Nicht ein Wort muß man in diesem Atheismusbekenntnis aus ferner Zeit ändern. Man könnte meinen, man läse eine der schönsten Seiten des göttlichen Marquis.

Im selben Jahr, nach *La ilusión viaja en tranvía* (*Die Illusion fährt mit der Straßenbahn*), drehte ich *El río y la muerte* (*Der Fluß des Todes*), der auf dem Festival von Venedig gezeigt wurde. Die Ausgangsidee des Films war die Feststellung, wie leicht es ist, seinen Nächsten zu töten, und er enthielt eine große Zahl von bedenkenlos und zum Teil grundlos begangenen Morden. In Venedig lachte das Publikum bei jedem neuen Mord und schrie: „Noch einen! Noch einen!"

Dabei sind die meisten im Film erzählten Vorfälle authentisch, und nebenbei erlauben sie einen aufschlußreichen Blick auf diesen Aspekt der mexikanischen Sitten. Den schnellen Griff nach der Pistole gibt es nicht nur in Mexiko. Er ist in einem großen Teil Lateinamerikas verbreitet, vor allem in Kolumbien. Es gibt auf diesem Kontinent Länder, in denen das menschliche Leben, das eigene wie das des Nächsten, geringer geachtet wird als anderswo. Man tötet wegen der kleinsten Kleinigkeit, wegen eines schiefen Blicks oder ganz einfach, „weil man Lust dazu hat". Die mexikanischen Zeitungen berichten jeden Morgen ein paar solcher Vorfälle, die einen Europäer immer in Erstaunen versetzen. Ein besonderes Beispiel: Ein Mann wartet friedlich an einer Bushaltestelle. Ein anderer tritt auf ihn zu und bittet um eine Auskunft: „Fährt hier der Bus nach Chapultepec ab?" „Ja", antwortet der Mann. „Und nach Soundso?" „Ja", antwortet der Mann wieder. „Und nach San Angel?" „Oh, nein", antwortet der Gefragte. „So", sagt der andere, „das ist für die drei", und feuert ihm drei Kugeln in den Leib; der Mann ist auf der Stelle tot. Ein reiner surrealistischer Akt, hätte Breton gesagt.

Eine der ersten Geschichten, die ich nach meiner Ankunft in der Zeitung las, war diese: Ein Mann geht in die Nummer 39 einer Straße und fragt nach einem Herrn Sánchez. Der Hausmeister versichert ihm, daß er keinen Herrn Sánchez kenne und daß der sicher in Nummer 41 wohne. Der Mann geht nach Nummer 41 und fragt nach Herrn Sánchez. Der Hausmeister von 41 antwortet, daß Sánchez doch auf 39 wohnen und der andere Hausmeister sich geirrt haben müsse.

Der Mann geht wieder nach 39 und erklärt dem Hausmeister, was er gehört hat. Der Hausmeister bittet ihn, doch *un momento* zu warten, geht in einen Nebenraum, holt seinen Revolver und schießt den Besucher über den Haufen.

Was mich an der Geschichte am meisten verblüffte, war der Ton, in dem der Journalist sie berichtete, so als ob er dem Hausmeister recht gäbe. Der Titel lautete: *Lo mata por preguntón* – Getötet, weil er zuviel fragte.

Eine Szene im Film erinnert an einen Brauch im Staat Guerrero – in diesem Staat werden von Zeit zu Zeit Kampagnen zur *depistolización* durchgeführt, nach denen jeder nichts Eiligeres zu tun hat, als sich zu repistolisieren. In dieser Szene tötet ein Mann einen anderen und flieht dann. Die Familie des Toten nimmt die Leiche und trägt sie von einem Haus zum anderen, zum Abschied von Freunden und Nachbarn. Vor jeder Tür wird getrunken, man umarmt einander, und manchmal wird auch gesungen. Schließlich kommt man vor dem Haus des Mörders an, dessen Tür trotz aller Rufe verschlossen bleibt.

Der Bürgermeister eines Dorfes erklärte mir einmal, als sei es das Natürlichste von der Welt: „*Cada domingo tiene su muertito*“ – „jeder Sonntag hat seinen kleinen Toten“.

Nicht einverstanden bin ich mit der These, die der Film zu vertreten scheint und die dem Buch entstammt, auf dem er basiert: Wenn wir uns nur informieren und bilden, wenn wir alle Akademiker werden, dann hört das Töten von selbst auf. Das glaube ich nicht.

Im Zusammenhang mit *El río y la muerte* möchte ich gern noch ein paar persönliche Anekdoten erzählen, meist Erinnerungen von Dreharbeiten. Ich möchte nebenbei gestehen, daß ich seit meiner Kindheit Waffenliebhaber gewesen bin. In Mexiko habe ich bis vor kurzem immer eine Waffe bei mir gehabt. Aber ich möchte auch darauf hinweisen, daß ich sie nie benutzt habe, um sie auf einen Menschen zu richten.

Und da viel vom mexikanischen *machismo* die Rede ist, sei auch daran erinnert, daß dieses „männliche“ Benehmen und als Konsequenz die Situation der Frau in Mexiko unverkennbar auf Spanien zurückgehen. Der *machismo* rührt aus einem sehr starken und eitlen Gefühl von Manneswürde her. Der Mann ist außerordentlich empfindlich und reizbar, und nichts ist gefährlicher als ein Mexikaner, der einen ruhig ansieht und mit sanfter Stimme, etwa weil man es abgelehnt hat, noch einen zehnten Tequila mit ihm zu trinken, den – immer ernst gemeinten – Satz ausspricht:

„*Me esta usted ofendiendo*“ – „Sie sind dabei, mich zu beleidigen“.

In einem solchen Fall empfiehlt es sich, doch das zehnte Glas zu trinken.

Neben diesen Fällen von mexikanischem *machismo* gibt es noch die seltsamsten Beispiele von Schnelljustiz. Daniel, mein Assistent bei *Subida al cielo*, hat mir die folgende Geschichte erzählt. Einmal geht er am Sonntag mit sieben oder acht anderen Männern auf die Jagd. Mittags machen sie eine Pause, um zu essen. Plötzlich sehen sie sich von bewaffneten und berittenen Männern umgeben, die ihnen ihre Gewehre und ihre Stiefel abnehmen.

Einer der Jäger ist mit einer hochgestellten Persönlichkeit der Gegend befreundet. Sie erzählen ihm den unerfreulichen Vorfall. Die hochgestellte Persönlichkeit stellt noch ein paar Fragen zu den Personen und sagt dann:

„Erweisen Sie mir die Ehre, am nächsten Sonntag auf ein Glas zu mir zu kommen."

Sie gehen am folgenden Sonntag zu ihm, der Mann empfängt sie liebenswürdig und traktiert sie mit Kaffee und Likör, dann bittet er sie ins Nebenzimmer. Da finden sie ihre Stiefel und Gewehre. Die Jäger möchten natürlich wissen, wer die Angreifer waren und ob sie sie sehen können. Der Mann erwidert ihnen lächelnd, daß das die Sache nicht wert sei.

Man hat sie nie wiedergesehen. Auf diese Weise „verschwinden" in Lateinamerika jedes Jahr Tausende von Leuten. Die Liga für Menschenrechte und amnesty international bemühen sich vergeblich. Die Leute verschwinden weiter.

In Mexiko wird ein Mörder nach der Zahl der Leben taxiert, die er „schuldet". Man sagt, er „schuldet" soundso viele Leben. Es hat Mörder gegeben, die hundert Leben „schuldeten". Wenn in einem derartigen Fall der Polizeichef den Mörder endlich packt, wird nicht lange gefakkelt.

Während der Dreharbeiten zu *La Mort en ce jardin (Der Tod in diesem Garten)* in der Nähe des Catemacosees erfuhr der örtliche Polizeichef, der in der Gegend schon gründlich aufgeräumt hatte, daß der französische Schauspieler Georges Marchal Schußwaffen liebte, und lud diesen, als sei es das Natürlichste von der Welt, zu einer Menschenjagd ein. Marchal lehnte entsetzt ab. Ein paar Stunden später sahen wir die Polizisten wieder vorbeikommen. Der Polizeichef erwähnte nebenher, daß die Angelegenheit zufriedenstellend erledigt worden sei.

Ich habe einmal in einem Filmatelier einen ziemlich guten Regisseur, Chano Ureta, mit einem für jedermann sichtbaren Colt im Gürtel arbeiten sehen. Als ich ihn fragte, wofür er die Waffe brauche, antwortete er:

„Man kann nie wissen, was passiert."

Als ich *Ensayo de un crimen (Das verbrecherische Leben des Archibaldo de la Cruz)* drehte, zwang mich die Gewerkschaft, eine Musik zu dem Film aufzunehmen. Dreißig Musiker kamen ins Tonstudio. Weil es heiß war, zogen sie ihre Jacken aus: Drei Viertel von ihnen hatten einen Revolver im Futteral unter der Achsel stecken.

Mein Kameramann Agustín Jiménez beklagte sich einmal darüber, wie unsicher die mexikanischen Straßen vor allem nachts seien. Wenn man damals, in den fünfziger Jahren, zum Beispiel an einem Auto vorbeikam, das eine Panne hatte, und die Leute einem winkten, hielt man besser nicht an. Es kam vor, wenn auch selten, daß es eine Falle war.

Um zu zeigen, wie recht er habe, erzählte Jiménez, was seinem Schwager passiert war:

„Er kommt neulich abends aus Toluca nach Mexiko zurück" – das ist eine große, sehr befahrene Straße, fast eine Autobahn –, „da sieht er am Straßenrand ein Auto stehen und Leute, die winken. Natürlich gibt er Gas. Und als er auf ihrer Höhe ist, schießt er ein paarmal. Man sollte nachts wirklich nicht mehr Auto fahren."

Dann gab es etwas, was man „mexikanisches Roulette" nennen könnte. Vargas Vila, ein bekannter argentinischer Schriftsteller, kam um 1920 nach Mexiko, und etwa zwanzig mexikanische Intellektuelle gaben ihm zu Ehren ein Bankett. Nach Beendigung des Mahls und kräftigem Alkoholkonsum fällt ihm auf, daß die Mexikaner miteinander tuscheln. Dann schlägt einer Vila vor, für einen Moment den Raum zu verlassen.

Vila möchte wissen, was sie vorhaben. Einer der Intellektuellen zieht darauf seinen Revolver, entsichert ihn und erklärt:

„Sehen Sie, der Revolver ist geladen. Man wirft ihn in die Luft, er fällt auf den Tisch. Es kann sein, daß nichts passiert. Es kann aber auch sein, daß sich beim Aufprall ein Schuß löst."

Vargas Vila erhob lebhaft Einspruch, und so wurde das Spiel auf eine andere Gelegenheit vertagt.

Es gibt mehrere bekannte Leute, die diesem Feuerwaffenkult, der lange Zeit typisch für Mexiko war, gehuldigt haben. Der Maler Diego Rivera zum Beispiel, der einmal auf einen Lastwagen schoß, und Emilio „Indio" Fernandez, der Regisseur von *María Candelaria* und *La Perla*, den seine Leidenschaft für den Colt 45 ins Gefängnis gebracht hat.

Nach seiner Rückkehr vom Festival in Cannes, wo einer seiner Filme den Preis für die beste Photographie bekommen hatte – sein Kameramann war Gabriel Figueroa, mit dem ich auch oft gearbeitet habe –, empfing Fernandez in dem schloßartigen Haus, das er sich in Mexiko

City hatte bauen lassen, vier Journalisten. Man redet, die Journalisten kommen auch auf den Photographiepreis zu sprechen, und Fernandez behauptet, eigentlich sei es überhaupt ein Regiepreis oder ein Großer Preis. Die Journalisten bezweifeln das, aber er beharrt darauf und sagt schließlich:

„Einen Augenblick, ich zeige Ihnen die Papiere."

Kaum hat er das Zimmer verlassen, äußert einer der Journalisten den Verdacht, Fernandez sei bestimmt nicht die Urkunde, sondern seinen Revolver holen gegangen. Fluchtartig verlassen sie das Haus, aber doch nicht schnell genug, denn der Regisseur schießt aus einem Fenster im ersten Stock und verletzt einen an der Brust.

Die Geschichte vom „mexikanischen Roulette" hat mir einer der bedeutendsten mexikanischen Schriftsteller, Alfonso Reyes, berichtet, mit dem ich oft in Paris und in Spanien zusammengetroffen bin. Er hat mir auch erzählt, wie er einmal zu Beginn der zwanziger Jahre den damaligen Staatssekretär im Erziehungsministerium, Vasconcelos, in dessen Büro aufsuchte. Sie redeten eine Weile, kamen auf mexikanische Sitten und Gebräuche zu sprechen, und Reyes meinte:

„Hier scheint außer dir und mir jeder einen Revolver zu tragen."

„Sprich bitte nur für dich selbst", antwortete Vasconcelos und zeigte ihm einen 45er, der unter seiner Weste steckte.

Eine der schönsten Geschichten dieser Art, die eine ganz eigene Dimension besitzen, hat mir der Maler Siqueiros erzählt. Sie spielt gegen Ende der Revolution, ihre Akteure sind zwei Offiziere, alte Freunde, die zusammen auf der Militärschule waren, aber auf verschiedenen Seiten gekämpft haben – sagen wir: der eine unter Obregón und der andere unter Villa. Der eine hat den anderen gefangengenommen und muß ihn hinrichten – nur die Offiziere wurden hingerichtet, während man die gemeinen Soldaten begnadigte, sofern sie bereit waren, „Viva" und dazu den Namen des jeweils siegreichen Generals zu rufen.

Am Abend läßt der siegreiche Offizier den Gefangenen aus seiner Zelle holen und lädt ihn ein, mit ihm zu trinken. Die beiden Männer umarmen sich und setzen sich einander gegenüber. Sie sind ganz niedergeschlagen. Mit Tränen in der Stimme sprechen sie von ihrer Jugend, von ihrer Freundschaft und von dem erbarmungslosen Geschick, das den einen zwingt, zum Henker des anderen zu werden.

„Wer hätte gedacht, daß ich dich eines Tages würde hinrichten lassen müssen!" sagt der eine.

„Tu deine Pflicht", antwortet der andere, „es bleibt dir nichts anderes übrig."

Sie trinken weiter, bis dann im Rausch schließlich, überwältigt von der Ausweglosigkeit der Situation, der Gefangene zu seinem Freund sagt:

„Hör zu, mein Freund, gewähre mir eine letzte Gunst. Mir wäre lieber, du selbst würdest mich töten."

Da erhebt sich, mit Tränen in den Augen, der siegreiche Offizier, nimmt seinen Revoler und erfüllt den Wunsch seines alten Kameraden.

Nach dieser langen Abschweifung – und der nochmaligen Versicherung, daß ich Waffen immer sehr gemocht habe und ich mir insofern sehr mexikanisch vorkomme – hat man hoffentlich nicht den Eindruck, daß mein Bild von Mexiko sich nur aus einer langen Reihe von *tiroteos* zusammensetzt. Abgesehen davon, daß diese Sitte seit der Schließung der Waffengeschäfte – im Prinzip müssen alle Waffen registriert werden, aber man schätzt, daß allein in Mexiko City mehr als fünfhunderttausend in illegalem Besitz sind – im Absterben begriffen ist, sollte man auch sagen, daß die wirklich abscheulichen und widerlichen Verbrechen – Landru, Petiot, ganze Mordserien, Metzger, die Menschenfleisch verkaufen –, wie sie in industrialisierten Ländern vorkommen, in Mexiko außerordentlich selten sind. Mir ist nur ein einziges Beispiel bekannt. Im Norden des Landes entdeckte man vor einigen Jahren, daß die Insassinnen eines Bordells, die man *las Poquianches* nannte, reihenweise verschwanden. Es stellte sich schließlich heraus, daß die Bordellwirtin, wenn sie die Mädchen nicht anziehend genug fand, nicht fleißig genug oder zu alt, sie einfach umbringen und im Garten vergraben ließ. Die Affäre rief einiges Aufsehen hervor und zog auch politisch Kreise. Aber im allgemeinen sind mexikanische Morde ganz einfach, klar wie ein Pistolenschuß und ohne diese „scheußlichen Details", wie man sie in Frankreich, England, Deutschland und den Vereinigten Staaten findet.

Die Bewohner von Mexiko werden mehr als andere Völker von dem Wunsch und dem Bedürfnis geleitet, zu lernen und Fortschritte zu machen. Dazu kommt eine außerordentliche Freundlichkeit, ein Sinn für Freundschaft und Gastlichkeit, die vom spanischen Bürgerkrieg an – hier muß des großen Lázaro Cárdenas ehrend gedacht werden – bis hin zum Staatsstreich Pinochets in Chile aus Mexico ein vorbildliches Asylland gemacht haben. Man kann sogar sagen, daß die Spannungen, die es zwischen eingeborenen Mexikanern und den *gachupines*, den eingewanderten Spaniern, gegeben hat, verschwunden sind.

Von allen lateinamerikanischen Ländern ist Mexiko wahrscheinlich das stabilste. Seit fast sechzig Jahren herrscht hier Friede. Die Militäraufstände und der *caudillismo* sind nur noch eine blutige Erinnerung. Die Wirtschaft und das öffentliche Bildungswesen sind entwickelt. Mexiko unterhält ausgezeichnete Beziehungen zu Staaten mit den unterschiedlichsten Regierungssystemen. Und es gibt Öl, viel Öl.

Wer Mexiko kritisiert, muß sich vorsehen, denn bestimmte Bräuche, die einem Europäer skandalös erscheinen, werden von der Verfassung geduldet. So zum Beispiel der Nepotismus. Es gilt als normal und selbstverständlich, daß der Präsident Mitgliedern seiner Familie leitende Posten gibt. Dagegen hat niemand etwas. Das ist nun mal so.

Ein chilenischer Flüchtling hat einmal das mexikanische System im Spaß als „durch Korruption gemilderten Faschismus" definiert. Da ist zweifellos etwas Wahres dran. Als ein faschistisches Element könnte man die Machtstellung des Präsidenten bezeichnen. Er kann zwar unter keinen Umständen wiedergewählt und deshalb auch nicht zum Tyrannen werden, aber während seiner sechsjährigen Amtszeit kann er tun und lassen, was er will.

Dafür hat vor einigen Jahren der Präsident Luis Etcheverría, ein von den besten Absichten erfüllter Mann – ich habe ihn ein bißchen gekannt, er schickte mir hin und wieder französischen Wein – ein schlagendes Beispiel geliefert. Als in Spanien – Franco war noch an der Macht – trotz weltweiter Proteste fünf anarchistische Aktivisten hingerichtet worden waren, hat Etcheverría sofort, innerhalb weniger Stunden, eine ganze Reihe von Vergeltungsmaßnahmen ergriffen: Abbruch der Handelsbeziehungen, Einstellung des Postverkehrs mit Spanien, Einstellung des Flugverkehrs, Ausweisung bestimmter Spanier aus Mexiko. Es fehlte nur noch, daß er ein mexikanisches Luftgeschwader losgeschickt hätte, um Madrid zu bombardieren.

Zu diesem Übermaß an Macht, das man „demokratische Diktatur" nennen könnte, kommt die Korruption. Man hat behauptet, die *mordida*, das Schmiergeld, sei der Hauptschlüssel zum mexikanischen Leben. Es gibt sie auf allen Ebenen, und nicht nur in Mexiko. Sie wird von allen Mexikanern anerkannt, und jeder Mexikaner ist Opfer oder Nutznießer der Korruption. Schade, sonst könnte die mexikanische Verfassung, eine der besten der Welt, eine beispielhafte Demokratie in Lateinamerika garantieren.

Ob es in Mexiko Korruption gibt oder nicht, das Problem können allein die Mexikaner lösen. Alle sind sich dessen bewußt, was vielleicht auf eine zumindest partielle Beseitigung hoffen läßt. Möge das Land des amerikanischen Kontinents den ersten Stein werfen, das sich frei von dieser Lepra weiß – die Vereinigten Staaten inbegriffen.

Was die exzessive Machtbefugnis des Präsidenten betrifft: Wenn das Volk sie hinnimmt, so liegt es auch allein beim Volk, damit fertig zu werden. Wir sollten nicht päpstlicher sein als der Papst. Übrigens, auch wenn ich Mexikaner bin – nicht von Geburt, sondern aus eigenem Entschluß –, so halte ich mich doch für vollkommen unpolitisch.

Mexiko ist eins der Länder mit dem stärksten und sichtbarsten Bevölkerungszuwachs. Diese Bevölkerung, die meist sehr arm ist, denn die natürlichen Reichtümer des Landes sind äußerst schlecht verteilt, flieht vom Land und läßt die *ciudades perdidas* um die großen Städte und vor allem um die Stadt Mexiko City herum chaotisch anwachsen. Niemand kann heute sagen, wieviele Einwohner diese uferlose Metropole hat. Es heißt, daß sie die bevölkerungsreichste der Welt sei, ihre Bevölkerungszahl auf schwindelerregende Weise zunehme – mehr als tausend arbeitssuchende Bauern kommen täglich vom Land und lassen sich irgendwo nieder – und um das Jahr 2000 herum die Dreißig-Millionen-Grenze erreichen werde. Wenn man dann noch – eine direkte Folge dieser Entwicklung – an die dramatische Umweltverschmutzung denkt, gegen die nie wirksame Maßnahmen ergriffen wurden, an den Wassermangel, an den wachsenden Abstand zwischen den Einkommen, an den Preisanstieg bei den Grundnahrungsmitteln Mais und Bohnen, an die allgegenwärtige Macht der Vereinigten Staaten, dann wäre die Behauptung bestimmt abwegig, Mexiko habe all seine Probleme gelöst. Fast hätte ich die Unsicherheit vergessen, die sich immer mehr ausbreitet. Um das festzustellen, braucht man nur in die Zeitung zu sehen.

1955 habe ich *Das verbrecherische Leben des Archibaldo de la Cruz* gedreht, dem der Roman, meines Wissens der einzige, des mexikanischen Dramatikers Rodolfo Usigli zugrunde liegt. Für mich bleibt er mit der Erinnerung an einen seltsamen Vorgang verbunden. In einer Szene des Films verbrannte Ernesto Alonso, der Hauptdarsteller des Films, in einem Brennofen eine Schaufensterpuppe, die genau das Aussehen der Schauspielerin Miroslava Stern hatte. Kurz nach den Dreharbeiten brachte Miroslava Stern sich aus Liebeskummer um und wurde, auf ihren Wunsch hin, eingeäschert.

1955 und 1956, nachdem ich wieder mit Europa Kontakt aufgenommen hatte, habe ich zwei Filme in französischer Sprache gedreht, den einen in Korsika, *Cela s'appelle l'aurore*, nach einem Roman von Emmanuel Roblès, und einen anderen in Mexiko, *La Mort en ce jardin.*

Ich habe *Cela s'appelle l'aurore* nie wieder gesehen, aber es war ein Film, der mir gefiel. Claude Jaeger, der mein Freund wurde und verschiedentlich kleine Rollen in meinen Filmen gespielt hat, kümmerte sich um die Produktion. Marcel Camus war mein erster Assistent, und ihm zur Seite stand ein großer Junge mit langen Beinen, der sich immer sehr langsam bewegte und Jacques Deray hieß. Bei diesem Film sind mir auch Georges Marchal und Julien Bertheau zum ersten Mal begegnet, mit denen ich dann ebenfalls öfter gearbeitet habe. Lucía Bosé war damals mit dem Stierkämpfer Luis Miguel Dominguín verlobt, der mich vor den Dreharbeiten dauernd anrief und fragte: „Und wer ist der Liebhaber? Georges Marchal? Was ist das für ein Typ?"

Das Drehbuch habe ich zusammen mit Jean Ferry, einem Freund der Surrealisten, geschrieben. Über einem recht bezeichnenden Vorfall haben wir uns zerstritten. Ferry hatte eine, wie er meinte, „großartige Liebesszene" geschrieben. In Wirklichkeit waren es drei Seiten ziemlich schlechten Dialogs, den ich fast ganz gestrichen habe. Statt dessen sieht man, wie Georges Marchal nach Hause kommt, müde auf einen Stuhl fällt, sich die Socken auszieht, sich von Lucía Bosé die Suppe bringen läßt und ihr eine kleine Schildkröte schenkt. Claude Jaeger, der Schweizer ist, half mir, die wenigen Dialogsätze zu schreiben, die notwendig waren. Ferry war wütend, er schrieb an den Produzenten, beklagte sich über die Socken, die Suppe und die Schildkröte, und über unsere Sätze sagte er: „Vielleicht ist das Belgisch oder Schweizerisch, aber bestimmt kein Französisch." Er wollte sogar seinen Namen aus dem Vorspann zurückziehen, aber das hat der Produzent nicht erlaubt. Ich bleibe dabei, daß die Szene mit der Suppe und der Schildkröte besser ist.

Außerdem bekam ich Schwierigkeiten mit der Familie Paul Claudels. In dem Film sieht man seine Werke gleich neben einem Paar Handschellen auf dem Schreibtisch des Polizeikommissars. Die Tochter Claudels schrieb mir einen Brief – nichts Neues, die üblichen Beschimpfungen.

Was *La Mort en ce jardin* betrifft, so erinnere ich mich vor allem an die scheußlichen Probleme, die ich mit dem Drehbuch hatte, und Schlimmeres gibt es wirklich nicht. Es gelang mir einfach nicht, sie zu lösen. Oft stand ich um zwei Uhr morgens auf, um die Szenen zu schreiben, die ich bei Tagesanbruch dann Gabriel Arout gab, der mein Französisch korrigierte. Tagsüber wurden sie dann gedreht. Raymond Queneau kam für vierzehn Tage nach Mexiko und versuchte – vergeblich –, mir herauszuhelfen. Sein Humor und seine rücksichtsvolle Art sind mir unvergeßlich. Nie sagte er: „Das mag ich nicht, das ist nicht gut." Statt dessen fing er jeden Satz an mit: „Ich frage mich, ob . . ."

Er hatte einen wirklich ingeniösen Einfall. Simone Signoret spielt eine Nutte in einer kleinen Bergarbeiterstadt, in der es Unruhen gegeben hat. Sie macht ihre Einkäufe in einem Lebensmittelladen. Sie kauft Sardinen, Nadeln, was man so braucht, und schließlich ein Stück Seife. In dem

Augenblick hört man Trompeten, Militär rückt ein, um die Ordnung in der Stadt wiederherzustellen. Worauf sie gleich, statt einem, fünf Stück Seife verlangt.

Leider mußte diese kurze Szene Queneaus aus irgendeinem Grund geschnitten werden.

Ich glaube, Simone Signoret hatte überhaupt keine Lust, *La Mort en ce jardin* zu machen – sie wäre viel lieber mit Yves Montand in Rom geblieben. Bei der Zwischenlandung in New York steckte sie so auffällig wie möglich ein paar kommunistische oder sowjetische Papiere in ihren Paß, in der Hoffnung, die amerikanischen Behörden würden sie deshalb nicht einreisen lassen. Aber man ließ sie ohne Einwand durch.

Da sie bei den Dreharbeiten ziemlich unruhig war und die anderen Schauspieler ablenkte, habe ich einmal den Chefbeleuchter eine Entfernung von hundert Metern von der Kamera ausmessen und die Sitze für die französischen Schauspieler in diesem Abstand aufstellen lassen.

Dafür bin ich bei *La Mort en ce jardin* einem Mann begegnet, der einer meiner besten Freunde wurde: Michel Piccoli. Wir haben fünf oder sechs Filme zusammen gemacht. Ich mag seinen Humor, seine unauffällige Großzügigkeit, seine leichte Verrücktheit und den Respekt, den er mir nie entgegenbringt.

Nazarín

Mit *Nazarín*, der 1958 in der Stadt Mexiko und in mehreren besonders schönen Dörfern der Gegend von Cuautla entstand, habe ich zum ersten Mal einen Roman von Galdós verfilmt. Während dieser Dreharbeiten habe ich etwas gemacht, worüber Gabriel Figueroa entsetzt war. Er hatte eine ästhetisch perfekte Einstellung vorbereitet, mit dem Popocatepetl und den unvermeidlichen weißen Wolken im Hintergrund – und ich habe die Kamera einfach umgedreht und sie auf eine ganz banale Szenerie gerichtet, die mir ehrlicher und passender erschien. Die vorgefertigte filmische Schönheit habe ich nie gemocht. Sie läßt einen nicht selten vergessen, was der Film erzählen will, und bedeutet mir persönlich nichts.

Die Figur des Nazarín habe ich im wesentlichen so beibehalten, wie sie von Galdós entwickelt wurde, seine vor fast hundert Jahren formulierten Ideen aber unserer Zeit angepaßt. Im Buch träumt Nazarín zum Schluß davon, er zelebriere eine Messe. Diesen Traum habe ich durch die Almosenszene ersetzt. Außerdem habe ich die ganze Geschichte mit neuen Elementen durchsetzt: mit einem Streik und, während der Pestepidemie, einer Szene, die von de Sades *Dialog zwischen einem Priester und einem Sterbenden* angeregt war und in der die Sterbende nach ihrem Liebhaber verlangt und von Gott nichts wissen will.

Von all den Filmen, die ich in Mexiko gedreht habe, gehört dieser zu denen, die ich am meisten mag. Er kam übrigens gut an, wenn es auch nicht an Mißverständnissen gefehlt hat, was den eigentlichen Gehalt des Films anging. So wäre er beim Festival von Cannes, wo er einen Großen Internationalen Preis erhielt, den man eigens zu diesem Zweck geschaffen hatte, beinahe auch mit dem Preis des katholischen Filmbüros ausgezeichnet worden. Drei Mitglieder der Jury traten hartnäckig für den Film ein, aber sie wurden überstimmt.

Jacques Prévert, ein entschiedener Antiklerikaler, war gar nicht damit einverstanden, daß ich einen Priester zur Hauptfigur eines Films gemacht hatte. In seinen Augen waren alle Priester schlecht. „Was sollen wir uns noch um deren Probleme kümmern", meinte er.

Das Mißverständnis, in dem einige einen Versuch der Kirche sahen, mich zu „vereinnahmen", ging noch weiter. Nach der Wahl von Papst Johannes XXIII. bekam ich in Mexiko eines Tages Besuch. Ich wurde aufgefordert, mich nach New York zu begeben, wo ein Kardinal, der Nachfolger des abscheulichen Francis Joseph Spellman, mir einen Ehrenpreis für den Film überreichen wollte. Natürlich habe ich abgelehnt. Aber Manuel Barbachano Ponce, der Produzent des Films, ist hingefahren.

Pro und contra

In der Zeit des Surrealismus war es bei uns üblich, streng zwischen gut und schlecht, richtig und falsch, schön und häßlich zu unterscheiden. Es gab Bücher, die man lesen mußte, und andere, die man nicht las, Dinge, die man tat, und Dinge, die man unterließ. Ich denke zurück an dieses Spiel, wenn ich in diesem Kapitel einige meiner Neigungen und Abneigungen aufzähle, wie sie mir der Zufall – ein Zufall wie jeder andere – in die Feder fließen läßt. Ich empfehle jedem, das gleiche irgendwann auch einmal zu machen.

Sehr geliebt habe ich die „Souvenirs entomologiques" von Jean-Henri Fabre, ein unvergleichliches Buch, das in der Leidenschaft des Beobachtens und der grenzenlosen Liebe zum lebenden Wesen der Bibel weit überlegen ist. Lange habe ich gesagt, dies sei das einzige Buch, das ich auf eine einsame Insel mitnehmen würde. Inzwischen habe ich meine Meinung geändert: Ich nähme überhaupt kein Buch mehr mit.

Ich habe de Sade geliebt. Ich war fünfundzwanzig, als ich in Paris zum ersten Mal etwas von ihm gelesen habe. Es war ein noch gewaltigerer Schock als die Lektüre von Darwin.

In Berlin waren *Die einhundertzwanzig Tage von Sodom* in einer ganz kleinen Auflage zum ersten Mal gedruckt worden. Eines Tages sah ich eins dieser Exemplare bei Roland Tual, den ich mit Robert Desnos zusammen besuchte. Das Exemplar war eine Reliquie, Marcel Proust und andere hatten den so schwer zugänglichen Text darin gelesen. Ich bekam es geliehen.

Bis dahin wußte ich nichts von de Sade. Beim Lesen erfaßte mich ein tiefes Erstaunen. An der Universität hatte man uns im allgemeinen keins der großen Meisterwerke der Literatur vorenthalten, von Camões bis Dante, von Homer bis Cervantes. Wie war es also möglich, daß ich nichts von der Existenz dieses außerordentlichen Buches wußte, das die Gesellschaft überlegen und systematisch unter allen Gesichtspunkten untersuchte und einem kulturellen Kahlschlag gleichkam? Für mich war es ein beachtlicher Schock. Die Universität hatte mich belogen! Gleich erschienen mir andere „Meisterwerke" bar allen Wertes und aller Bedeutung. Ich habe versucht, die *Göttliche Komödie* wiederzulesen, aber es kam mir vor, als gäbe es kein weniger poetisches Buch auf der Welt – noch weniger poetisch als die Bibel. Und dann erst die *Lusiaden*! Und das *Befreite Jerusalem*!

Ich sagte mir: Vor allem anderen hätte man mir de Sade zu lesen geben müssen. So viel überflüssige Lektüren!

Ich wollte mir sofort noch andere Bücher von de Sade besorgen, aber da sie streng verboten waren, fand man sie nur in ganz seltenen Ausgaben aus dem achtzehnten Jahrhundert. Ein Buchhändler in der Rue Bonaparte, bei dem Breton und Éluard mich einführten, setzte mich auf eine Warteliste für *Justine*, hat sie mir aber nie besorgt. Dagegen hielt ich das Originalmanuskript der *Einhundertzwanzig Tage von Sodom* in der Hand und hätte es fast sogar gekauft. Der Vicomte de Noailles hat es schließlich erworben – eine ziemlich dicke Papierrolle.

Bei Freunden habe ich mir *Die Philosophie im Boudoir* ausgeliehen, von der ich begeistert war, den *Dialog zwischen einem Priester und einem Sterbenden, Justine* und *Juliette.* Ich liebte vor allem die Szene zwischen Juliette und dem Papst, in der dieser seinen Atheismus eingesteht. Übrigens habe ich eine Enkelin, die Juliette heißt, aber die Verantwortung für diese Namenswahl trägt mein Sohn Jean-Louis.

Breton besaß ein Exemplar der *Justine*, René Crevel ebenfalls. Als wir hörten, daß Crevel Selbstmord begangen hatte, war Dalí als erster in seiner Wohnung. Nach ihm kam Breton, vor den anderen Mitgliedern der Gruppe. Eine Freundin Crevels traf ein paar Stunden später mit dem Flugzeug aus London ein. Ihr fiel in dem Durcheinander nach dem Tod als erster auf, daß *Justine* verschwunden war. Jemand hatte das Buch gestohlen. Dalí? Unmöglich. Breton? Absurd, er hatte das Buch selbst. Und doch mußte jemand, der Crevel nahestand und sich in seiner Bibliothek genau auskannte, das Exemplar entwendet haben. Bis heute ist der Schuldige straffrei ausgegangen.

Großen Eindruck gemacht hat mir auch de Sades Testament, in dem er verfügt, daß seine Asche irgendwo verstreut werde und die Menschheit seine Werke und selbst seinen Namen vergessen solle. Ich möchte für mich das gleiche verlangen können. Ich finde alle Gedenkfeiern und alle Denkmäler für große Männer falsch und gefährlich. Wozu sollen sie gut sein? Es lebe das Vergessen! Nur im Nichts sehe ich Würde.

Wenn auch mein Interesse an de Sade nachgelassen hat – aller Enthusiasmus verflüchtigt sich –, so kann ich doch nicht vergessen, welche kulturelle Revolution er für mich bedeutet hat. Der Einfluß, den er auf mich ausübte, war zweifellos beträchtlich. Auf meinen Film *L'Age d'or* hin, in dem die Sade-Zitate nicht zu übersehen sind, griff mich Maurice Heine in einem Artikel an, in dem er behauptete, der göttliche Marquis wäre damit wohl gar nicht einverstanden gewesen; er habe nämlich alle Religionen bekämpft und sich nicht, wie ich, auf das Christentum beschränkt. Worauf ich geantwortet habe, meine Absicht sei es nicht gewesen, die Gedanken eines toten Autors zu respektieren, sondern einen Film zu machen.

Ich habe Wagner geliebt und in mehreren meiner Filme – vom ersten bis zum letzten, vom *Andalusischen Hund* bis zum *Obskuren Objekt der Begierde* – seine Musik verwendet. Ich kannte mich in seinen Werken gut aus.

Was mich gegen Ende meines Lebens besonders melancholisch stimmt, ist, daß ich keine Musik mehr hören kann. Seit langem schon, seit mehr als zwanzig Jahren, kann mein Ohr die Töne nicht mehr erkennen – wie wenn die Buchstaben in einem geschriebenen Text sich vertauschten und das Schriftbild sich verwirrte. Würde mir irgendein Wunder mein Hörvermögen wiedergeben, wäre mein Alter gerettet. Ich glaube, die Musik wäre ein ganz sanftes Morphium, von dem ich fast furchtlos in den Tod geleitet würde. Als letzte Rettung bleibt mir wohl doch nur eine Wallfahrt nach Lourdes.

Als ich jung war, habe ich Geige gespielt und später in Paris Banjo gezupft. Ich mochte Beethoven, César Franck, Schumann, Debussy und viele andere.

Das Verhältnis zur Musik hat sich seit meiner Jugend vollständig verwandelt. Wenn wir hörten, daß das große Madrider Symphonieorchester, das einen ausgezeichneten Ruf besaß, zu einem Konzert nach Saragossa kommen würde, erfaßte uns schon Monate vorher eine wohltuende Aufregung, eine wahre Wollust der Erwartung. Wir bereiteten uns vor, wir zählten die Tage, wir besorgten uns die Partituren, wir summten die Musik vor uns hin. Der Abend des Konzerts war eine unvergleichliche Freude.

Heute braucht man nur auf einen Knopf zu drücken, und schon hört man bei sich zu Hause jede Musik der Welt. Ich sehe sehr deutlich, was dabei verlorengegangen ist. Und was hat man gewonnen? Um zur Schönheit zu gelangen, sind meiner Meinung nach drei Bedingungen absolut unerläßlich: Hoffnung, Kampf und Eroberung.

Ich esse gern früh, gehe zeitig zu Bett und stehe ebenso zeitig auf. Darin bin ich absolut unspanisch.

Ich liebe den Norden, die Kälte und den Regen. Darin bin ich Spanier. In einem dürren Land geboren, kann ich mir nichts Schöneres vorstellen als endlose feuchte, nebelverhangene Wälder. Wenn ich in meiner Kindheit, das habe ich schon erzählt, nach San Sebastián im äußersten Norden Spaniens in die Ferien fuhr, war ich beim Anblick von Farn und Moos auf den Baumstämmen ganz gerührt. Ich mag die skandinavischen Länder, auch wenn ich sie nicht gut kenne, und Rußland. Im Alter von sieben Jahren habe ich ein Märchen geschrieben, ein paar Seiten lang, das in der Transsibirischen Eisenbahn spielt, wie sie durch verschneite Steppen fährt.

Ich liebe das Geräusch des Regens. In meiner Erinnerung ist es eins der schönsten Geräusche der Welt. Ich höre es mit dem Apparat, aber das ist nicht das gleiche.

Der Regen zeugt die großen Nationen.

Ich mag wirklich die Kälte. Während meiner ganzen Jugend, selbst im strengsten Winter, ging ich ohne Mantel, nur in Hemd und Jacke. Ich spürte die Kälte auf mich eindringen, aber ich widerstand, und das war ein angenehmes Gefühl. Meine Freunde nannten mich *el sin-abrigo*, den Mantellosen. Einmal haben sie mich ganz nackt im Schnee photographiert.

Im winterlichen Paris, als die Seine zuzufrieren begann, bin ich einmal zum Gare d'Orsay gegangen, wo die Züge aus Spanien ankamen, um Juan Vicens abzuholen. Die Kälte war so heftig, daß ich auf dem Bahnsteig hin und her rennen mußte, was aber auch nicht verhindern konnte, daß ich mir eine Rippenfellentzündung holte. Als ich wieder auf die Beine kam, habe ich mir die erste warme Kleidung meines Lebens gekauft.

In den dreißiger Jahren fuhr ich mit Pepín Bello und einem anderen Freund, Luis Salinas, einem Artilleriehauptmann, im Winter oft in die Sierra Guadarrama. Um ehrlich zu sein: nicht um Wintersport zu treiben. Sofort nach der Ankunft verbarrikadierten wir uns in der Hütte bei einem großen Holzfeuer und mit ein paar guten Flaschen in Reichweite. Von Zeit zu Zeit gingen wir für ein paar Minuten nach draußen, um frische Luft zu schnappen, eingewickelt in einen großen Schal, die *bufanda*, die man, wie Fernando Rey in *Tristana*, bis über die Nase zog.

Natürlich begegneten die echten Wintersportler uns nur mit Verachtung.

Warme Länder mag ich nicht – eine logische Folge aus dem eben Gesagten. Daß ich in Mexiko lebe, ist nur ein Zufall. Ich mache mir nichts aus der Wüste, dem Sand, der arabischen und der indischen Kultur und erst recht nichts aus der japanischen. Darin bin ich kein Mensch meiner Zeit. Im Grunde bin ich nur für die griechisch-römisch-christliche Kultur empfänglich, in der ich aufgewachsen bin.

Über alles liebe ich die Reiseberichte über Spanien, die englische und französische Reisende im achtzehnten und neunzehnten Jahrhundert geschrieben haben. Und da wir schon bei Spanien sind: *Ich liebe den Schelmenroman*, vor allem den *Lazarillo de Tormes, El Buscón* von Quevedo und *Gil Blas*, der zwar von einem Franzosen stammt, von Lesage, aber in der ausgezeichneten Übersetzung aus dem achtzehnten Jahrhundert – sie stammt von Pater Isla – zu einem spanischen Werk geworden ist. Für mich ist der Roman eine glänzende Darstellung Spaniens. Ich habe ihn sicher gut zehnmal gelesen.

Blinde mag ich nicht besonders – wie übrigens die meisten Tauben. Einmal habe ich in Mexiko zwei Blinde nebeneinander sitzen sehen, und einer war dabei, den anderen zu masturbieren. Da war ich doch etwas befremdet.

Ich frage mich immer, ob die Blinden, wie man behauptet, wirklich glücklicher sind als die Tauben. Ich glaube es nicht. Einen ungewöhnlichen Blinden habe ich gekannt, er hieß Las Heras. Er hatte mit achtzehn Jahren das Augenlicht verloren und mehrfach versucht, sich umzubringen. Schließlich hängten seine Eltern Schlösser vor die Fensterläden seines Zimmers.

Danach gewöhnte er sich an seinen neuen Zustand. In Madrid, in den zwanziger Jahren, begegnete man ihm oft. Jede Woche ging er in das Café Pombo in der Calle Carretas, wo Gómez de la Serna seinen Kreis um sich versammelte. Er schrieb ein wenig. Wenn wir abends durch die Straßen zogen, war er dabei.

Eines Morgens in Paris, als ich an der Place de la Sorbonne wohnte, klingelte es bei mir. Ich mache auf, es ist Las Heras. Erstaunt bitte ich ihn herein. Er erzählt mir, daß er gerade eingetroffen sei, ganz allein, und geschäftlich in Paris zu tun habe. Sein Französisch ist fürchterlich. Er bittet mich, ihn zum Autobus zu bringen; ich begleite ihn, und er fährt davon, ganz allein in einer Stadt, die er nicht kennt und die er nicht sieht.

Es kam mir unglaublich vor. Was für ein Blinder!

Von all den Blinden der Welt mag ich einen besonders wenig, das ist Jorge Luis Borges. Natürlich ist er ein guter Schriftsteller, aber die Welt ist voll von guten Schriftstellern. Und nur deshalb, weil er ein guter Schriftsteller ist, respektiere ich niemanden. Dazu bedarf es anderer Qualitäten. Borges, den ich vor sechzig Jahren zwei- oder dreimal getroffen habe, kommt mir ziemlich dünkelhaft und selbstherrlich vor. Seine Äußerungen haben für mich etwas Professorales – „*sienta cátedra*", wie man im Spanischen sagt – und etwas Exhibitionistisches. Ich mag seinen reaktionären Ton nicht und auch nicht seine Verachtung Spaniens. Gut reden kann er, wie viele Blinde. Wenn er mit Journalisten spricht, kommt er in seinen Antworten zwanghaft stets auf den Nobelpreis zu sprechen. Es ist ganz klar, davon träumt er.

Dagegen hat es einen tiefen Eindruck auf mich gemacht, daß Jean-Paul Sartre, als die schwedische Akademie ihm den Nobelpreis verlieh, die Auszeichnung und das Geld ablehnte. Als ich davon in der Zeitung las, habe ich Sartre sofort ein Glückwunschtelegramm geschickt.

Natürlich kann es sehr gut sein, daß ich, wenn ich Borges heute begegnete, meine Meinung über ihn völlig ändern würde.

Ich kann nicht an Blinde denken, ohne daß mir ein Satz von Benjamin Péret einfällt. Ich zitiere aus dem Gedächtnis, wie übrigens immer: „Wird nicht die Mortadella von Blinden gemacht?" Für mich ist diese Behauptung in Frageform so wahr wie ein Evangelium. Natürlich wird mancher den Bezug zwischen den Blinden und der Mortadella absurd finden. Für mich ist er das magische Beispiel eines absolut irrationalen Satzes, über den plötzlich und geheimnisvoll der Glanz der Wahrheit fällt.

Ich verabscheue Schulmeisterei und Wissenschaftsjargon. Über manche Artikel in den *Cahiers du Cinéma* habe ich Tränen lachen müssen. Als Ehrenpräsident des *Centro de Capacitación Cinematográfica*, der Filmhochschule von Mexiko, bin ich einmal zu dessen Besichtigung eingeladen worden. Man stellte mir vier oder fünf Professoren vor. Darunter war ein korrekt gekleideter junger Mann, der vor Schüchternheit errötete. Auf meine Frage, was er unterrichte, antwortete er: „Semiologie des klonischen Bildes." Ich hätte ihn umbringen können.

Der Wissenschaftsjargon, der ein typisch pariserisches Phänomen ist, treibt in den unterentwickelten Ländern traurige Blüten. Er ist ein eindeutiges Zeichen kultureller Kolonisation.

Ich kann Steinbeck auf den Tod nicht leiden, vor allem wegen eines Artikels, den er in Paris geschrieben hat. Da erzählt er doch wahrhaftig, er hätte einen kleinen Jungen gesehen, der am Élysées-Palast vorbeigekommen sei und dabei mit der Baguette, die er in der Hand trug, vor dem Wachtposten präsentiert habe. Steinbeck fand die Geste „ergreifend". Bei mir hat die Lektüre dieses Artikels einen heiligen Zorn ausgelöst. Wie kann man nur so schamlos sein?

Steinbeck wäre nichts ohne die amerikanischen Kanonen. Und da stecke ich ihn mit Dos Passos und Hemingway in denselben Sack. Wären sie in Paraguay oder in der Türkei geboren, wer würde sie dann lesen? Die Macht ihres Landes macht die großen Autoren. Der Romancier Galdós ist Dostojewski ebenbürtig. Aber wer außerhalb Spaniens kennt ihn schon?

Ich liebe die romanische und die gotische Kunst, besonders die Kathedralen von Segovia und Toledo, Kirchen, die eine ganze lebendige Welt für sich sind.

Die französischen Kathedralen besitzen nur die kalte Schönheit ihrer architektonischen Form. Was ich in Spanien einzigartig finde, ist der Retabel, ein Schauspiel mit endlosen Mäandern, in deren barocken Windungen man sich träumend verlieren kann.

Ich liebe Klöster und hege eine ganz besondere Zuneigung zum Kloster von El Paular. Von all den unvergeßlichen Orten, die ich gekannt habe – „*Lugares entrañables*" sagt man auf spanisch –, ist dies einer von denen, für die ich am meisten empfunden habe. Als ich mit Carrière in El Paular arbeitete, haben wir uns fast jeden Tag die Zeit genommen, um fünf Uhr zum Meditieren dorthin zu gehen. Es ist ein ziemlich großes gotisches Kloster ohne Kreuzgang; es besteht aus gleichförmigen Gebäuden mit hohen Spitzbogenfenstern, die mit alten Holzläden geschlossen werden. Die Dächer, die man sieht, sind mit römischen Ziegeln gedeckt. Die Fensterläden sind zerbrochen, und Gras wächst aus den Mauern. Es herrscht ein Schweigen wie aus alten Zeiten.

In der Mitte des Klosters befindet sich auf einem kleinen gotischen Aufbau, der mit Steinplatten gedeckt ist, eine Monduhr. Eine Seltenheit, wie die Mönche einem erklären, die es dort nur wegen der besonders klaren Nächte gibt.

Alte Buchsbaumhecken ziehen sich zwischen jahrhundertealten Kropfzypressen hin.

Drei nebeneinanderliegende Gräber haben uns bei unseren Besuchen stets von neuem angezogen.

Das erste und stattlichste birgt seit dem sechzehnten Jahrhundert die sterblichen Reste eines Priors des Klosters. Sicher gibt es erbauliche Legenden, die an sein Wirken erinnern.

Im zweiten sind zwei Frauen beigesetzt, Mutter und Tochter. Sie kamen bei einem Autounfall ein paar hundert Meter vom Kloster entfernt ums Leben. Da niemand Anspruch auf ihre Leichen erhob, hat man ihnen im Kloster einen Platz gegeben.

Auf dem dritten Grab mit einem sehr einfachen Stein, der schon von trockenem Gras zugewachsen ist, steht ein amerikanischer Name. Der Mann, der unter diesem Stein ruht, so erzählen die Mönche, sei zur Zeit des Atombombenabwurfs auf Hiroshima einer von Trumans Beratern gewesen. Wie viele von denen, die damit zu tun hatten, wie auch der Pilot des Flugzeugs, wurde er gemütskrank. Er ließ seine Familie und seine Arbeit im Stich, verschwand und irrte eine Zeitlang durch Marokko. Von dort kam er nach Spanien. Eines Abends klopfte er an die Klosterpforte. Die Mönche nahmen den Erschöpften auf. Ein paar Wochen später starb er.

Einmal luden die Mönche Carrière und mich – wir wohnten im Hotel nebenan – zum Mittagessen im großen gotischen Refektorium ein. Es war ein recht gutes Essen mit Lamm und Kartoffeln. Während des Mahls durfte nicht gesprochen werden, und einer der Benediktiner las irgend etwas aus den Kirchenvätern vor, aber hinterher gingen wir in ein Nachbarzimmer mit Fernsehapparat, wo bei Kaffee und Schokolade ausgiebig geredet wurde. Diese sehr einfachen Mönche stellten Käse und Gin her – letzteres wurde ihnen verboten, weil sie keine Steuern zahlten –, und verkauften ihre Erzeugnisse sonntags neben Postkarten und geschnitzten Stöcken an Touristen. Der Prior hatte gehört, welchen diabolischen Ruf meine Filme hatten, aber er lächelte darüber nur und sagte fast entschuldigend, er ginge nie ins Kino.

Ich hasse Pressephotographen. Einmal haben mich zwei Photographen im wahrsten Sinn des Wortes angefallen, als ich auf einer Straße unweit von El Paular spazierenging. Sie sprangen um mich herum und beschossen mich unentwegt, obwohl ich in Ruhe gelassen werden wollte. Leider war ich schon zu alt, um es ihnen zu zeigen. Ich habe bedauert, daß ich nicht bewaffnet war.

Ich liebe Pünktlichkeit. Das ist bei mir, ehrlich gesagt, geradezu eine Manie. Ich kann mich nicht erinnern, je im Leben zu spät gekommen zu sein. Wenn ich zu früh dran bin, gehe ich vor der Tür auf und ab, bis der vereinbarte Zeitpunkt erreicht ist.

Ich liebe Spinnen und liebe sie auch wieder nicht. Es ist eine Besessenheit, die ich mit meinen Geschwistern teile. Faszination und Ekel in einem. Bei unseren Familientreffen können wir uns stundenlang über Spinnen unterhalten. Detaillierte und haarsträubende Beschreibungen!

Ich liebe Bars, Alkohol und Tabak, aber dabei handelt es sich um einen so wesentlichen Bereich, daß ich ihm ein ganzes Kapitel gewidmet habe.

Mir graut's vor der Menge. Damit meine ich jede Ansammlung von mehr als sechs Personen. Riesige Menschenmassen – ich erinnere mich an ein berühmtes Photo von Weegee, das den Strand von Coney Island am Sonntag zeigt – sind mir unbegreiflich und erschrecken mich.

Ich liebe kleine Werkzeuge, Pinzetten, Scheren, Lupen, Schraubenzieher. Sie begleiten mich ebenso treu wie die Zahnbürste überall hin. Ich bringe sie sorgfältig in einer Schublade unter und gebrauche sie auch.

Ich liebe Arbeiter, ich bewundere ihr Können und beneide sie darum.

Ich liebe *Paths of Glory* von Kubrick, *Roma* von Fellini, den *Panzerkreuzer Potemkin* von Eisenstein, *La Grande bouffe* von Ferreri, ein Denkmal für den Hedonismus und eine große Tragödie des Fleisches, *Goupi-Mains-Rouges* von Becker und *Jeux Interdits* von Clément. Ich habe, das sagte ich schon, die ersten Filme von Fritz Lang sehr gemocht, Buster Keaton, die Marx Brothers, die *Handschrift von Saragossa* – den Roman von Jan Potocki und die Verfilmung von Wojciech Has, die ich dreimal gesehen habe, was ungewöhnlich ist, und die Alatriste auf meine Veranlassung hin im Tausch gegen *Simon in der Wüste* für Mexiko erworben hat.

Ich liebe Renoirs Vorkriegsfilme und *Persona* von Bergman sehr. Von Fellini mag ich auch *La Strada, Le notti di Cabiria* und *La dolce vita. I Vitelloni* habe ich nie gesehen, das tut mir leid. Dagegen bin ich aus *Casanova* lange vor Schluß rausgegangen.

Von Vittorio de Sica liebte ich *Sciuscià* und *Umberto D.* besonders – und die *Ladri di biciclette*, einen Film, mit dem er es geschafft hat, aus einem Arbeitsgerät einen Star zu machen. Ich kannte de Sica gut und fühlte mich ihm sehr nahe.

Stroheims und Sternbergs Filme habe ich sehr gemocht. *Underworld* fand ich seinerzeit großartig.

From Here to Eternity habe ich nicht ausstehen können, ein militaristisches, nationalistisches Melodram, das leider großen Erfolg hatte.

Wajda und seine Filme schätze ich sehr. Ich bin Andrzej Wajda nie begegnet. Aber schon vor langer Zeit hat er beim Festival von Cannes öffentlich erklärt, daß es meine ersten Filme waren, die in ihm den Wunsch weckten, Kino zu machen. Das erinnerte mich an meine eigene Bewunderung für die frühen Filme von Fritz Lang, die über mein Leben entschieden. In dieser geheimen Kontinuität, die von einem Film zum anderen führt, von einem Land zum anderen, liegt für mich etwas Besonderes. Wajda hat mir einmal eine Postkarte geschickt mit der ironischen Unterschrift „Ihr Schüler". In seinem Fall rührt mich das um so mehr, als ich die Filme von ihm, die ich gesehen habe, großartig fand.

Manon von Clouzot und *L'Atalante* von Jean Vigo gefielen mir gut. Vigo habe ich bei den Dreharbeiten besucht. In der Erinnerung erscheint er mir als ein physisch sehr schwacher, ganz junger und liebenswürdiger Mann.

Zu meinen Lieblingsfilmen gehören der englische Film *Dead of Night*, eine köstliche Zusammenstellung von mehreren Schauergeschichten, und *White Shadows of the South Seas*, den ich viel besser finde als *Tabu* von Murnau. Besonders gemocht habe ich auch *Portrait of Jenny* mit Jennifer Jones, einen verkannten Film voller Geheimnis und Poesie. Als ich irgendwann einmal meine Vorliebe für diesen Film äußerte, schrieb mir David O. Selznick einen Dankesbrief.

Roma, città aperta von Roberto Rossellini gefiel mir nicht. Den billigen Kontrast zwischen dem Widerstandskämpfer, der gefoltert wird, und dem deutschen Offizier, der im Nachbarzimmer mit einer Frau auf den Knien Champagner trinkt, fand ich widerlich.

Von Carlos Saura, der Aragonier ist wie ich und den ich schon lange kenne – er hat mich sogar dazu gebracht, in seinem Film *Llanto por un bandido* die Rolle eines Henkers zu spielen –, habe ich *La caza* und *La prima Angélica* gemocht. Seine Filme liegen mir, abgesehen von einigen Ausnahmen wie *Cría cuervos*. Seine letzten zwei oder drei Filme habe ich nicht mehr gesehen. Ich sehe überhaupt nichts mehr.

Ein schöner Film war für mich auch John Hustons *The Treasure of the Sierra Madre*, der ganz in der Nähe von San José Purúa gedreht wurde. Huston ist ein großer Regisseur und ein außerordentlich warmherziger Mensch. Es war zum großen Teil sein Verdienst, daß *Nazarín* in Cannes gezeigt wurde. Er hatte den Film in Mexiko gesehen und hat dann einen ganzen Morgen darauf verwandt, mit Europa zu telephonieren. Das habe ich ihm nicht vergessen.

Ich liebe Geheimgänge, Bücherwände, die sich lautlos öffnen, Treppen, die in die Tiefe führen, versteckte Tresors – ich habe zu Hause selbst einen, ich sage nicht wo.

Ich liebe Waffen und das Schießen. Ich habe bis zu fünfundsechzig Revolver und Gewehre besessen, den größten Teil meiner Sammlung aber 1964 verkauft, weil ich überzeugt war, ich würde in jenem Jahr sterben. Ich habe überall Schießübungen durchgeführt, sogar in meinem Büro, wo ich eine besondere Metallbox auf ein Bücherbord stellte. Man sollte nie in einem geschlossenen Raum schießen. Auf diese Weise habe ich in Saragossa das Gehör auf einem Ohr verloren.

Meine Spezialität war immer das Reflexschießen mit dem Revolver. Man geht, dreht sich unvermittelt um und schießt auf eine Zielpuppe – ein bißchen wie im Western.

Ich liebe Stockdegen. Ich besitze etwa ein halbes Dutzend davon. Ich fühle mich sicherer, wenn ich beim Spazierengehen einen dabei habe.

Ich mag keine Statistiken. Sie sind eine Plage unserer Zeit. In der Zeitung kann man keine Seite mehr lesen, ohne darauf zu stoßen. Außerdem sind sie alle falsch, das darf man mir glauben. Ebensowenig mag ich Abkürzungen – auch so eine moderne, hauptsächlich amerikanische Manie. In Texten des neunzehnten Jahrhunderts gibt es sie nicht.

Ich mag Blindschleichen, und ganz besonders mag ich Ratten. Abgesehen von den letzten Jahren, habe ich mein Leben lang Ratten bei mir gehabt. Ich habe sie vollständig gezähmt und ihnen meistens ein Stück vom Schwanz abgeschnitten – Rattenschwänze sind sehr häßlich. Die Ratte ist ein aufregendes und sympathisches Tier. Als ich in Mexiko schließlich mehr als vierzig hatte, habe ich sie in den Bergen freigesetzt.

Ich verabscheue die Vivisektion. Als Student mußte ich einmal einen Frosch kreuzigen und bei lebendigem Leibe mit einer Rasierklinge aufschneiden, um seine Herzfunktion zu beobachten. Es war ein Experiment – übrigens ein absolut überflüssiges –, das ich mein Leben lang nicht werde vergessen können und das ich mir bis heute nicht verziehen habe. Ich billige von ganzem Herzen die Haltung eines meiner Neffen, der ein großer amerikanischer Neurologe ist, auf dem besten Wege zum Nobelpreis, aber wegen der Vivisektion seine Forschungen eingestellt hat. Es gibt Fälle, wo man auf die Wissenschaft scheißen muß.

Ich habe die russische Literatur sehr geliebt. Als ich nach Paris kam, kannte ich sie viel besser als Breton und Gide. Es gibt geheime Übereinstimmungen zwischen Spanien und Rußland – über Europa hinweg oder unter ihm her.

Ich ging gern in die Oper. Seit meinem dreizehnten Lebensjahr nahm mein Vater mich mit in die Oper. Angefangen habe ich mit den Italienern und aufgehört mit Wagner. Zweimal habe ich Opernlibretti plagiiert, *Rigoletto* in *Los Olvidados* – ich meine die Episode mit dem Sack – und *Tosca* in *La Fièvre monte à El Pao (Das Fieber steigt in El Pao)*, wo ich von der gleichen Grundsituation ausging.

Gewisse Kinofassaden finde ich fürchterlich, vor allem in Spanien. Sie haben manchmal etwas schrecklich Protziges. Ich schäme mich dann richtig und beschleunige meinen Schritt.

Ich mag Cremetörtchen gern, die in Spanien *pastelazo* heißen. Verschiedentlich war ich sehr versucht, in einem Film eine *pastelazo*-Szene unterzubringen. Im letzten Augenblick habe ich dann immer darauf verzichtet. Schade!

Verkleidungen finde ich herrlich, und zwar schon seit meiner Kindheit. In Madrid habe ich mich manchmal als Priester verkleidet und bin so auf die Straße gegangen – dafür hätte ich fünf Jahre Gefängnis bekommen können. Ich habe mich auch als Arbeiter verkleidet. Niemand in der Straßenbahn beachtete mich. Ich war einfach nicht vorhanden.

Ebenfalls in Madrid führten ein Freund und ich uns gern als *paletos* auf, als Flegel, Grobiane. Wir gingen in eine Kneipe, und ich sagte augenzwinkernd zu der Wirtin: „Geben sie meinem Freund eine Banane, dann können Sie was sehen!“ Er nahm die Banane und aß sie auf, ohne sie zu schälen.

Einmal habe ich mich als Offizier verkleidet und zwei Kanoniere angepfiffen, weil sie mich nicht gegrüßt hatten, und sie auf die Wache geschickt. Ein andermal begegneten Lorca, der ebenfalls verkleidet war, und ich einem jungen, damals berühmten Dichter, der früh sterben sollte. Federico fing an, ihn zu beschimpfen. Er hat uns nicht erkannt.

Viel später in Mexiko, als Louis Malle in den Churubusco-Ateliers, wo jeder mich kannte, *Viva Maria* drehte, bin ich einfach mit einer Perücke ins Studio gekommen. Malle ging an mir vorbei, ohne mich zu erkennen. Überhaupt erkannte mich niemand, weder die Techniker, mit denen ich immer zu tun gehabt hatte, noch Jeanne Moreau, mit der ich schon gedreht hatte, nicht einmal mein Sohn Jean-Louis, der Malles Assistent war.

Sich zu verkleiden ist eine aufregende Sache. Jeder sollte es einmal tun, weil es einem einen Einblick in ein anderes Leben erlaubt. Als Arbeiter bekommt man zum Beispiel automatisch die billigsten Streichhölzer angeboten. Niemand läßt einem den Vortritt. Die Mädchen sehen einen nicht an. Die Welt gehört den anderen.

Bankette und Preisverleihungen kann ich auf den Tod nicht ausstehen. Manchmal kam es bei solchen Auszeichnungen zu komischen Vorfällen. 1978 verlieh mir der mexikanische Kultusminister den Nationalen Kunstpreis, eine prachtvolle Goldmedaille, auf der mein Name als „*Buñuelos*" eingraviert war, was „Krapfen" bedeutet. Man hat es noch in der folgenden Nacht verbessert.

Ein andermal hat man mir in New York am Ende eines grauenhaften Banketts ein reich verziertes pergamentenes Dokument überreicht, auf dem geschrieben stand, ich hätte „*incommensurably*" zur Entwicklung der zeitgenössischen Kultur beigetragen – nur war das Wort falsch geschrieben. Auch das mußte man verbessern.

Ich habe mich auch manchmal vorzeigen lassen, etwa beim Festival von San Sebastián, anläßlich irgendeiner „Hommage", und ich bedaure das. Den Gipfel des Exhibitionismus erreichte aber Clouzot, als er die Presse zu sich bestellte, um seine Konversion zu verkünden.

Ich liebe die Regelmäßigkeit und gehe gern an Orte, die ich schon kenne. In Toledo und Segovia mache ich immer dieselben Wege. Ich bleibe an denselben Stellen stehen, ich sehe dieselben Dinge an, ich esse immer das gleiche. Wenn man mich zu einer Reise in ein fernes Land einlädt, etwa nach Neu-Delhi, erwidere ich: „Und was mache ich in Neu-Delhi um drei Uhr nachmittags?"

Ich liebe Hering in Öl, wie man ihn in Frankreich zubereitet, und Sardinen *en escabeche*, wie man sie in Aragonien macht, mariniert in Öl mit Knoblauch und Thymian. Auch esse ich gern geräucherten Lachs und Kaviar, aber im allgemeinen sind meine kulinarischen Neigungen einfach, wenig raffiniert. Zwei Spiegeleier mit *chorizo* machen mich glücklicher als alle Langusten à la reine de Hongrie oder Jungentenpasteten à la Chambord.

Ich hasse die Informationsflut. Nichts ist beängstigender als die Zeitungslektüre. Wenn ich Diktator wäre, würde ich die Presse bis auf eine Tageszeitung und eine Illustrierte verbieten, und beide würden streng zensiert. Diese Zensur beträfe aber nur die Nachrichten – die Meinungsfreiheit bliebe unangetastet. Die Sensationspresse ist eine Schande. Beim Anblick der gigantischen Balkenüberschriften – in Mexiko werden da alle Rekorde gebrochen – würde ich am liebsten kotzen. All dieses Geschrei über das Elend, nur um etwas mehr Papier zu verkaufen! Was soll das? Außerdem wird eine Nachricht von der nächsten verdrängt.

Einmal habe ich zum Beispiel während des Festivals von Cannes im *Nice-Matin* eine – für mich jedenfalls – sehr interessante Meldung gelesen: Jemand hatte versucht, eine der Kuppeln von Sacré-Cœur auf dem Montmartre zu sprengen. Am nächsten Tag wollte ich wissen, wer sich diese originelle und respektlose Handlung ausgedacht hatte, welche Gründe er hatte, woher er stammte, und kaufte mir deshalb die gleiche Zeitung. Ich suchte – nicht ein einziges Wort! Irgendeine Flugzeugentführung hatte Sacré-Cœur einfach verschluckt. Man hat nie wieder etwas von der Sache gehört.

Ich liebe die Beobachtung von Tieren, vor allem von Insekten. Aber mich interessiert nicht ihr physiologisches Funktionieren oder ihre Anatomie in allen Details. Was ich liebe, ist die Beobachtung ihres Verhaltens.

Ich bedaure, daß ich in meiner Jugend manchmal zur Jagd gegangen bin.

Ich mag Leute nicht, egal wer es ist, die die Wahrheit gepachtet zu haben glauben. Sie langweilen mich und machen mir Angst. Ich bin ein fanatischer Antifanatiker.

Ich habe für Psychologie, Analyse und Psychoanalyse nichts übrig. Natürlich habe ich ein paar gute Freunde, die Psychoanalytiker sind, und einige haben von ihrem Standpunkt aus über meine Filme geschrieben. Das sei ihnen auch unbenommen. Andererseits brauche ich wohl nicht zu sagen, wie wichtig für mich in meiner Jugend die Lektüre Freuds und die Entdeckung des Unbewußten war.

Aber ebenso wie mir die Psychologie oft als eine willkürliche Disziplin erscheint, die durch das menschliche Verhalten ständig widerlegt wird und nichts hergibt für die Erfindung lebendiger Charaktere, ebenso erscheint mir die Psychoanalyse als eine Therapie, die einer Gesellschaftsklasse, einer Kategorie von Individuen vorbehalten ist, zu der ich nicht gehöre. Statt langer Ausführungen begnüge ich mich mit einem Beispiel.

Während des Zweiten Weltkriegs, als ich beim Museum of Modern Art arbeitete, kam mir die Idee, einen Film über die Schizophrenie zu machen, ihren Ursprung, ihre Entwicklung, ihre Behandlung. Ich erzählte Professor Schlesinger davon, einem Freund des Museums. Er sagte mir: „Es gibt in Chicago ein phantastisches Psychoanalytisches Institut, das von dem berühmten Dr. Alexander, einem direkten Freud-Schüler, geleitet wird. Ich fahre gern mit Ihnen dorthin."

Wir reisen also nach Chicago. Das Institut ist in drei oder vier luxuriösen Etagen eines Hochhauses untergebracht. Alexander empfängt uns und erzählt: „Unsere Subvention läuft dieses Jahr aus. Wir möchten gern etwas unternehmen, damit sie erneuert wird. Ihr Projekt interessiert uns. Unsere Bibliothek und unsere Ärzte stehen Ihnen zur Verfügung."

Da C. G. Jung den *Andalusischen Hund* gesehen und darin eine gute Demonstration eines Falles von Dementia praecox gefunden hatte, schlug ich Alexander vor, ihm eine Kopie des Films zu schicken. Er fand das großartig.

Auf dem Weg zur Bibliothek irrte ich mich in der Tür. Ich sah gerade noch eine sehr elegante Dame in der Behandlung auf einer Couch liegen und einen wütenden Arzt, der auf mich zustürzte, und machte die Tür schnell wieder zu.

Schließlich erfuhr ich, daß dieses Institut nur von Millionären und deren Frauen aufgesucht wurde. Wenn etwa eine dieser Frauen dabei erwischt wurde, wie sie in einer Bank versuchte, eine Geldnote mitgehen zu lassen, sagte der Kassenbeamte nichts. Man benachrichtigte diskret den Ehemann, und der schickte seine Frau in die Psychoanalyse.

Ich fuhr nach New York zurück. Ein paar Tage darauf kam ein Brief von Dr. Alexander. Er hatte den *Andalusischen Hund* gesehen und erklärte – das waren genau seine Worte –, er sei „*scared to death*" – „zu Tode erschrocken" – und wünsche keine weiteren Beziehungen mit diesem Herrn Buñuel.

Ich frage nur ganz einfach: Ist das etwa die Sprache eines Mediziners, eines Psychologen? Hat man vielleicht Lust, Leuten sein Leben zu erzählen, die von einem Film zu Tode erschrocken sind? Kann man so jemanden ernst nehmen?

Natürlich habe ich den Film über die Schizophrenie nicht gemacht.

Ich mag Manien. Einige kultiviere ich geradezu – und bin hier und da schon darauf zu sprechen gekommen. Manien können einem helfen zu leben. Leute, die so etwas nicht kennen, tun mir leid.

Ich liebe die Einsamkeit, vorausgesetzt, hin und wieder besucht mich ein Freund, um mit mir darüber zu sprechen.

Ich habe einen unüberwindlichen Horror vor mexikanischen Hüten. Damit will ich sagen, daß ich die offizielle, organisierte Folklore verabscheue. Ich mag einen mexikanischen *charro*, wenn ich ihm draußen auf dem Land begegne. Ich kann ihn aber nicht ertragen, wenn er mit einem noch größeren Hut, über und über bedeckt mit goldenen Verzierungen, auf der Bühne eines Nachtlokals auftritt. Entsprechendes gilt für die aragonische *jota*.

Ich liebe Zwerge. Ich bewundere ihre Selbstsicherheit. Ich finde sie sympathisch und intelligent und arbeite gern mit ihnen. Die meisten sind gern, was sie sind. Die Zwerge, die ich gekannt habe, hätten um nichts auf der Welt mit Menschen normaler Größe tauschen wollen. Sie besitzen eine große sexuelle Potenz. Der Zwerg aus dem Film *Nazarín* hatte in Mexiko zwei Geliebte von üblicher Größe, die er abwechselnd besuchte. Es gibt Frauen, die Zwerge lieben. Vielleicht, weil ein Zwerg für sie Geliebter und Kind in einer Person ist.

Der Tod als Schauspiel stößt mich ab und fasziniert mich zugleich. Die Mumien von Guanajuato in Mexiko, die sich dank der besonderen

Eigenschaften des Bodens auf einer Art Friedhof erstaunlich gut erhalten haben, machten mir einen tiefen Eindruck. Man sieht die Krawatten, die Knöpfe, das Schwarze unter den Fingernägeln, und es kommt einem vor, als könnte man einen Freund besuchen, der schon fünfzig Jahre tot ist.

Einer meiner Jugendfreunde, Ernesto García, war der Sohn des Verwalters des Friedhofs von Saragossa, auf dem viele Leichen in Mauernischen bestattet waren. Eines Morgens, um 1920, machten Arbeiter einige Nischen frei, um neuen Platz zu schaffen. Ernesto sah, wie das Skelett einer Nonne, an dem noch Fetzen ihrer Tracht hingen, und das eines Zigeuners mit seinem Stock zusammen über den Boden rollten und eng umschlungen liegen blieben.

Ich verabscheue Reklame und tue mein Möglichstes, ihr aus dem Weg zu gehen. Die Gesellschaft, in der wir leben, ist durch und durch von Reklame geprägt. „Und warum dann dieses Buch?" wird man fragen. Nun, erst einmal hätte ich es allein niemals geschrieben. Und dann ist das eben einer jener vielen unaufgelösten Widersprüche, mit denen ich gelebt habe und die mich nie gestört haben. Sie sind Teil meiner selbst, meiner angeborenen und erworbenen Ambiguität.

Die einzige der sieben Todsünden, *die ich wirklich verabscheue, ist der Neid.* Alles andere sind individuelle Sünden, die niemandem wehtun, mit Ausnahme vielleicht des Zorns. Der Neid aber ist die einzige Sünde, die unweigerlich dahin führt, den Tod eines anderen zu wünschen, dessen Glück einen unglücklich macht.

Ich stelle mir zum Beispiel einen Multimillionär in Los Angeles vor, dem jeden Morgen ein bescheidener Briefträger die Zeitung bringt. Eines schönen Tages erscheint der Briefträger nicht mehr. Der Millionär fragt seinen Butler nach dem Grund. Der Briefträger, antwortet der Butler, hat zehntausend Dollar in der Lotterie gewonnen, er wird nicht mehr kommen. Darauf beginnt der Multimillionär den Briefträger aus tiefster Seele zu hassen. Er beneidet ihn um die zehntausend Dollar so sehr, daß er ihm den Tod wünschen könnte.

Der Neid ist die spanische Sünde par excellence.

Ich hasse die Politik. Auf diesem Gebiet bin ich seit vierzig Jahren von allen Illusionen geheilt. Ich glaube nicht mehr daran. Vor zwei oder drei Jahren fiel mir ein Spruchband auf, das linke Demonstranten durch die Straßen von Madrid trugen: „*Contra Franco estábamos mejor*" – „Gegen Franco waren wir besser".

Spanien – Mexiko – Frankreich, 1960–1977

1960 war ich zum ersten Mal nach vierundzwanzig Jahren wieder in Spanien.

Seit meiner Emigration hatte ich verschiedentlich ein paar Tage mit meiner Familie in Pau oder Saint-Jean-de-Luz verbracht. Meine Mutter und meine Geschwister kamen über die französische Grenze, um mich zu besuchen. Exilleben.

1960 – ich war seit zehn Jahren naturalisierter Mexikaner – beantragte ich bei der spanischen Botschaft in Paris ein Visum und bekam es anstandslos. Meine Schwester Conchita erwartete mich in Port-Bou, um Alarm zu schlagen, falls man mir Schwierigkeiten machen oder mich verhaften sollte. Aber nichts passierte. Einige Monate später statteten mir zwei Polizisten in Zivil einen Besuch ab und erkundigten sich höflich, wovon ich meinen Lebensunterhalt bestritt. Das war meine einzige offizielle Berührung mit dem Spanien Francos.

Nach meiner Einreise fuhr ich zunächst nach Barcelona, dann über Saragossa nach Madrid. Ich brauche wohl nicht zu sagen, wie sehr mich das Wiedersehen mit den Orten meiner Kindheit und meiner Jugend bewegte, und wie zehn Jahre zuvor bei meiner Rückkehr nach Paris kamen mir die Tränen, wenn ich durch bestimmte Straßen ging.

Während dieses ersten Aufenthalts, der nur ein paar Wochen dauerte, habe ich durch Francisco Rabal – Nazarín – einen ungewöhnlichen Menschen kennengelernt, der mein Produzent und Freund wurde: den Mexikaner Gustavo Alatriste.

Ich war ihm schon ein paar Jahre zuvor, bei den Dreharbeiten zu *Archibaldo de la Cruz*, begegnet. Er besuchte damals eine Schauspielerin, die er dann heiratete, von der er aber später wieder geschieden wurde, um die mexikanische Sängerin und Schauspielerin Silvia Pinal zu heiraten. Sein Vater war ein Veranstalter von Hahnenkämpfen gewesen, und auch Gustavo war ein großer Freund des Hahnenkampfs und Geschäftsmann in verschiedenen Branchen. Er besaß zwei Illustrierte, Grundstücke, eine Möbelfabrik und hatte sich gerade entschlossen, ins Filmgeschäft einzusteigen. Heute besitzt er sechsunddreißig Kinos in Mexiko, ist Verleiher, Regisseur und inzwischen sogar Schauspieler. Bald wird er seine eigenen Ateliers besitzen.

Alatriste bot mir damals an, einen Film zu drehen. Er war eine erstaunliche Mischung aus Durchtriebenheit und Naivität. In Madrid kam es vor, daß er in die Messe ging, um Gott zu bitten, seine finanziellen Probleme zu lösen. Einmal fragte er mich in vollem Ernst, ob es äußere Merkmale gebe, an denen man einen Herzog von einem Marquis oder einem Baron unterscheiden könne. Als ich ihm antwortete, solche Merkmale gebe es nicht, war er es zufrieden.

Er sah gut aus, war charmant und konnte fürstliche Geschenke machen. Zum Beispiel konnte er ein ganzes Luxusrestaurant für uns beide reservieren lassen, weil er wußte, daß ich meiner Taubheit wegen nicht gern zu viele Leute um mich hatte. Genauso konnte er sich aber auch in seinem Büro auf der Toilette verstecken, weil er einem Journalisten zweihundert Pesos nicht zahlen wollte, die er ihm schuldete. Er war mit Politikern befreundet, großspurig und voller Charme. Als er mir damals vorschlug, einen Film für ihn zu drehen, hatte er vom Kino keine Ahnung.

Typisch für ihn ist folgende Geschichte: Einmal teilte er mir mit, er werde am nächsten Tag von Mexiko abfliegen, und verabredete sich mit mir in Madrid. Drei Tage später erfahre ich ganz zufällig, daß er noch in Mexiko ist. Aus gutem Grund: Er ist *arraigado*, „angewurzelt", das heißt, er darf nicht ausreisen, weil er jemandem Geld schuldet. Am Flughafen versucht er, einen Beamten zu schmieren, und bietet ihm zehntausend Pesos – vier- oder fünfhundert Dollar. Der Beamte, Vater von acht Kindern, geht zuerst zögernd darauf ein, lehnt dann aber doch ab. Als ich Alatriste darauf anspreche, gibt er freimütig alles zu und erzählt auch noch, daß die Summe, die er schuldete, nicht einmal achttausend Pesos betrug, also weniger, als er dem Beamten geboten hatte.

Einige Jahre später bot mir Alatriste ein ziemlich hohes Monatsgehalt dafür, daß er von Zeit zu Zeit meinen filmischen und moralischen Rat einholen dürfe. Das habe ich abgelehnt – aber er bekommt meinen Rat gratis, wann immer er es wünscht.

Viridiana

Bei der Rückkehr von Madrid nach Mexiko erreichte mich auf dem Schiff ein Telegramm von Figueroa, in dem er mir irgendeine Dschungelgeschichte vorschlug. Ich lehnte ab, und da mir Alatriste in allen Punkten vollständige Freiheit versprochen hatte – was er dann auch gehalten hat –, entschloß ich mich, ein Drehbuch mit einem eigenen Stoff zu schreiben, nämlich die Geschichte einer Frau, die ich in Erinnerung an eine wenig bekannte Heilige, von der man uns früher im Kolleg von Saragossa erzählt hatte, Viridiana nannte.

Mein Freund Julio Alejandro half mir, eine alte erotische Träumerei weiterzuentwickeln, von der ich schon berichtet habe und bei der es darum ging, daß ich mit Hilfe eines Narkotikums die spanische Königin mißbrauchte – ich habe davon schon berichtet. Darauf setzten wir eine zweite Geschichte. Als das Drehbuch fertig war, sagte Alatriste:

„Wir drehen in Spanien."

Das war für mich problematisch. Ich nahm an unter der Bedingung, daß wir mit der Produktionsfirma des spanischen Regisseurs Juan Antonio Bardem zusammenarbeiteten, die für ihre Anti-Franco-Haltung bekannt war. Trotzdem kamen, als meine Entscheidung bekannt wurde, von seiten der republikanischen Emigranten in Mexiko Proteste. Wieder einmal wurde ich angegriffen und beleidigt, nur gingen die Angriffe diesmal von denen aus, zu denen ich mich selber zählte.

Freunde verteidigten mich, und es kam um die Frage: Darf Buñuel in Spanien drehen, ist das nicht Verrat?, zu einer heftigen Polemik. Ich erinnere mich einer Karikatur des Zeichners Isaac, die etwas später in einer Zeitung erschien. Erst sieht man eine Zeichnung von Franco, der mich auf spanischem Boden erwartet. Ich komme aus Amerika und bringe die Rollen von *Viridiana*, und empörte Stimmen schreien: „Verrat! Bestechung!" Die Stimmen schreien weiter auf der zweiten Zeichnung, wo man sieht, wie Franco mich liebenswürdig empfängt und ich ihm die Rollen überreiche – die auf der dritten Zeichnung vor seiner Nase explodieren.

Der Film wurde in einem Madrider Atelier und auf einem sehr schönen Besitz außerhalb der Stadt gedreht. Atelier und Haus gibt es heute nicht mehr. Ich hatte ein normales Budget und ausgezeichnete Schauspieler zu meiner Verfügung und sieben oder acht Wochen Drehzeit. Wieder arbeitete ich mit Francisco Rabal und zum ersten Mal mit Fernando Rey und Silvia Pinal. Einige der älteren Schauspieler in den Nebenrollen kannte ich schon aus der Zeit von *Don Quintín* und den anderen Filmen, die ich in den dreißiger Jahren produziert hatte. Ganz besonders erinnere ich mich an den ausgefallenen Typ, halb Bettler, halb Irrer, der den Leprakranken spielte. Man hatte ihm erlaubt, im Hof des Ateliers zu kampieren. Schauspielerführung war bei ihm nicht möglich, und doch finde ich ihn in dem Film wunderbar. Einige Zeit nach den Dreharbeiten saß er einmal in Burgos auf einer Parkbank, als zwei französische Touristen vorbeikamen, die den Film gesehen hatten. Sie erkannten ihn wieder und gratulierten ihm. Sofort packte er seine kärgliche Habe zusammen, warf sein Bündel über die Schulter und machte sich auf den Weg mit der Bemerkung: „Ich gehe nach Paris. Da bin ich bekannt."

Unterwegs starb er.

In dem Artikel, aus dem ich in dem Kapitel über meine Kindheit bereits zitiert habe, berichtet meine Schwester Conchita auch von den Dreharbeiten zu *Viridiana*. Ich lasse ihr ein zweites Mal das Wort.

Für die Zeit der Dreharbeiten zog ich als „Sekretärin" meines Bruders nach Madrid. Luis' Madrider Existenz glich, wie sonst meistens auch, der eines Einsiedlers. Wir wohnten im siebzehnten Stock des einzigen Wolkenkratzers der Hauptstadt – Luis wie ein asketischer Mönch auf seiner Säule.

Seine Schwerhörigkeit wurde schlimmer, und so sah er nur die Leute, die er unbedingt sehen mußte. Vier Betten gab es in der Wohnung, aber Luis schlief, nur mit einem Bettuch und einer Decke, bei geöffnetem Fenster auf dem Boden. Er stand oft von seinem Schreibtisch auf und betrachtete die Landschaft: die Berge in der Ferne und näher gelegen die Casa de Campo und den königlichen Palast.

Seine Studentenjahre kamen ihm wieder in Erinnerung, und er schien glücklich zu sein. Er sagte, das Licht von Madrid sei einzigartig, während ich fand, daß es vom Morgengrauen bis zur Abenddämmerung ziemlich oft wechselte. Jeden Morgen beobachtete Luis den Sonnenaufgang.

Wir aßen um sieben Uhr zu Abend, was in Spanien sehr ungewöhnlich ist: Salate, Käse, dazu ein schöner Rioja. Mittags aßen wir immer in einem guten Restaurant. Unser Lieblingsgericht war gegrilltes Spanferkel. Seit der Zeit schleppe ich einen Kannibalismuskomplex mit mir herum und träume manchmal von Saturn, wie er seine Kinder verschlingt.

Luis' Schwerhörigkeit besserte sich ein wenig, und wir fingen an, Leute einzuladen: alte Freunde, junge Leute aus dem Filminstitut, die Mitarbeiter des Films. Ich las das Drehbuch zu Viridiana, *aber es gefiel mir nicht. Mein Neffe Jean-Louis sagte, ein Drehbuch seines Vaters sei eine Sache und was er daraus mache eine andere. Und so war es dann auch.*

Ein paarmal war ich bei den Dreharbeiten zugegen. Luis hatte eine Engelsgeduld und wurde nie wütend. Immer wieder ließ er Szenen noch einmal drehen.

Einer der zwölf Armen, die in dem Film mitspielen, „der Leprose", ist ein echter Bettler. Als mein Bruder erfuhr, daß „der Leprose" nur ein Drittel dessen bezahlt bekam, was die anderen kriegten, regte er sich allerdings doch auf. Um ihn zu beruhigen, versicherten ihm die Produzenten, man werde am letzten Drehtag für den Bettler sammeln. Luis' Empörung wurde daraufhin nur noch größer, weil er es unannehmbar fand, eine Arbeit mit einem Almosen zu bezahlen. Er bestand darauf, daß der Bettler wie alle anderen jede Woche seine Gage bekam.

Die „Kostüme" im Film sind echt. Wir haben sie in den Vorstädten und unter den Brücken zusammengesucht. Den Armen und Bettlern gaben wir neue Kleider für ihre alten Klamotten. Die wurden desinfiziert, aber nicht gewaschen, so daß den Schauspielern wirklich der Geruch des Elends anhaftete.

Während der Arbeit im Atelier habe ich meinen Bruder nicht gesehen. Er stand um fünf Uhr auf, ging vor acht aus dem Haus, kam nie vor elf, zwölf Uhr zurück und legte sich gleich nach dem Essen auf den Boden schlafen.

Wir haben uns aber auch amüsiert und Zeit für unsere Spiele gefunden. Eins dieser Spiele bestand darin, sonntagmorgens von unserer Wohnung im siebzehnten Stock aus Papierflugzeuge fliegen zu lassen. Wir wußten nicht mehr so richtig, wie man sie machte, deshalb flogen sie schwerfällig, plump und in bizarren Kurven. Wir warfen sie gleichzeitig in die Luft, und Verlierer war der, dessen Flugzeug zuerst „landete". Seine Strafe bestand darin, daß er die gleiche Menge Papier, die man für ein Flugzeug brauchte, entweder mit Senf oder, wenn ich es war, mit Zucker und Honig bestrichen aufessen mußte.

Auch machte es Luis Spaß, an einem schwer zu erratenden Ort Geld zu verstecken. Man mußte es auf Anhieb, nur durch reines Überlegen, finden. Ich habe mein Sekretärinnengehalt auf diese Weise spürbar aufbessern können.

Conchita mußte während der Dreharbeiten aus Madrid abreisen, weil unser Bruder Alfonso in Saragossa gestorben war. Später ist sie dann wieder zu mir in den Torre von Madrid zurückgekommen, diesen Wolkenkratzer mit hellen, großen Wohnungen, die man inzwischen in traurige Büros umgewandelt hat. Mit ihr und mehreren Freunden genossen wir oft die einfache, aber köstliche Küche Doña Julias in einer der besten Tavernen von Madrid. Aus der Zeit kenne ich auch den Chirurgen José Luis Barros, der heute einer meiner engsten Freunde ist.

Alatriste verdarb Doña Julia und gab ihr einmal auf eine Rechnung von zweihundert Peseten achthundert Peseten Trinkgeld. Beim nächsten Mal präsentierte sie mir eine astronomische Rechnung, *una cuenta de Gran Capitán*. Trotz meiner Überraschung habe ich sie anstandslos bezahlt, habe aber Paco Rabal, der Doña Julia gut kannte, davon erzählt.

Er fragte sie nach dem Grund für diese monumentale Rechnung, und sie antwortete ganz ungeniert:

„Da er den Señor Alatriste kennt, dachte ich, er ist Millionär."

Ich besuchte damals jeden Tag die wahrscheinlich letzte *peña* von Madrid. Sie tagte in einem altmodischen Café, dem Café Viana, und wurde von José Bergamín, José Luis Barros, dem Komponisten Pittaluga, dem Matador Luis Miguel Dominguín und anderen Freunden frequentiert. Wenn ich eintrat, grüßte ich die bereits Anwesenden verstohlen, indem ich das Erkennungszeichen der Freimaurer andeutete, obwohl ich nie einer gewesen bin. In Franco-Spanien bedeutete das ein gewisses Risiko.

Die spanische Zensur war damals berühmt für ihre Kleinlichkeit. Als Schluß für meinen Film hatte ich mir zunächst ausgedacht, daß Viridiana einfach an die Tür ihres Vetters klopft – die Tür geht auf, sie tritt ein, und die Tür schließt sich wieder.

Diesen Epilog lehnte die Zensur ab, was mich darauf brachte, mir einen neuen, viel bösartigeren auszudenken, der ganz eindeutig eine *menage à trois* insinuiert. Viridiana macht bei einem Kartenspiel mit, zu dem sich der Vetter und die andere Frau, seine Geliebte, zusammengesetzt haben, und der Vetter sagt zu ihr: „Ich war ganz sicher, daß du schließlich doch mit uns *tute* spielst."

Viridiana rief in Spanien einen ziemlich großen Skandal hervor, dem von *L'Age d'or* vergleichbar, was mich bei den in Mexiko lebenden Republikanern wieder rehabilitierte. Wegen eines bösen Artikels im *Osservatore Romano* wurde der Film, der in Cannes als spanischer Film die Goldene Palme bekommen hatte, vom Minister für Tourismus und Information sofort verboten. Gleichzeitig wurde der Generaldirektor des spanischen Filmwesens vorzeitig pensioniert, weil er in Cannes auf die Bühne gegangen war, um den Preis entgegenzunehmen.

Die Affäre machte ein solches Aufsehen, daß Franco sich den Film selbst vorführen ließ. Ich glaube, er hat ihn sich zweimal angesehen, und wie mir die spanischen Coproduzenten erzählten, fand er ihn gar nicht so besonders verwerflich – nach allem, was er gesehen hatte, muß er ihm wohl ziemlich harmlos vorgekommen sein. Aber er lehnte es ab, die Entscheidung seines Ministers rückgängig zu machen, und *Viridiana* blieb in Spanien verboten.

In Italien kam der Film zunächst in Rom heraus, wo er gut ging, und dann in Mailand. Der Staatsanwalt der Stadt verbot ihn, griff mich vor Gericht an und erreichte es, daß ich zu einem Jahr Gefängnis verurteilt wurde für den Fall, daß ich je den Fuß auf italienischen Boden setzen sollte. Die Entscheidung wurde einige Zeit darauf vom obersten Gerichtshof wieder aufgehoben.

Als Gustavo Alatriste den Film zum ersten Mal sah, war er ziemlich verblüfft und enthielt sich jeden Kommentars. Dann sah er den Film wieder in Paris, zweimal in Cannes und schließlich in Mexiko. Nach der letzten, der fünften oder sechsten, Vorführung kam er ganz zufrieden auf mich zu und sagte:

„Luis, ich hab's geschafft, es ist phantastisch, ich habe alles verstanden."

Jetzt war es an mir, verblüfft zu sein. Für mich erzählte der Film eine ganz einfache Geschichte. Was war daran so schwer zu verstehen?

Vittorio de Sica sah den Film in Mexiko und war hinterher entsetzt und bedrückt. Er fuhr mit meiner Frau Jeanne im Taxi – wir wollten noch irgendwo ein Glas trinken – und fragte sie unterwegs, ob ich denn wirklich so ein Ungeheuer sei und sie manchmal heimlich verprügelte. Sie antwortete:

„Wenn eine Spinne umgebracht werden muß, ruft er mich, und ich muß es tun."

In Paris habe ich in der Nähe meines Hotels einmal ein Plakat für einen meiner Filme gesehen mit der Schlagzeile: „Der grausamste Regisseur der Welt." Eine Dummheit, die mich sehr traurig gemacht hat.

El ángel exterminador (Der Würgeengel)

Ich habe es manchmal bedauert, daß ich den *Würgeengel* in Mexiko gedreht habe. Ich stellte ihn mir eher in Paris oder London vor, mit europäischen Schauspielern, mit einem gewissen Luxus in den Kostümen und der Ausstattung. In Mexiko habe ich mich trotz des sehr schönen Hauses und obwohl ich mich um Schauspieler bemüht hatte, die vom Äußeren her nicht unbedingt mexikanisch wirkten, mit einer gewissen Ärmlichkeit abfinden müssen. Etwa, was die mittelmäßige Qualität der Servietten betrifft: Ich konnte überhaupt nur eine zeigen, und die habe ich auch noch bei der Maskenbildnerin ausleihen müssen.

Das Drehbuch, das wie bei *Viridiana* ganz von mir ist, handelte von einer Gruppe von Leuten, die sich eines Abends nach einem Theaterbesuch bei einem von ihnen zum Souper treffen. Nach dem Essen gehen sie in den Salon, und aus irgendeinem Grund können sie ihn nicht mehr verlassen. Der Film hieß zuerst *Die Schiffbrüchigen von der Straße der Vorsehung*. Im Jahr zuvor hatte mir José Bergamín in Madrid von einem Theaterstück erzählt, das er *Der Würgeengel* nennen wollte. Ich fand den Titel großartig und sagte zu ihm:

„Wenn ich das auf einem Plakat lesen würde, ginge ich sofort in das Theater."

Von Mexiko aus fragte ich bei ihm an, wie es mit seinem Stück stehe und was mit dem Titel sei. Er antwortete mir, er hätte es nicht geschrieben, und außerdem sei der Titel nicht von ihm, sondern aus der Apokalypse; ich könnte ihn ohne weiteres nehmen. Ich dankte ihm und tat es.

Für ein großes Diner in New York hatte die Gastgeberin sich einmal einfallen lassen, ihre Gäste mit irgendwelchen überraschenden Vorfällen zu amüsieren. So hat sich die Geschichte mit dem Diener, der mit einem Tablett voller Speisen der Länge nach hinfällt, wirklich ereignet. In meinem Film finden das die Gäste aber gar nicht komisch. Die Hausherrin hat auch noch einen anderen Gag mit einem Bären und zwei Schafen vorbereitet, über den man aber nichts Näheres erfährt – was einige Kritiker, die überall Symbole entdecken wollten, nicht davon abgehalten hat, in dem Bären den Bolschewismus zu sehen, der der von ihren Widersprüchen gelähmten kapitalistischen Gesellschaft auflauert.

In meinem Leben wie in meinen Filmen habe ich mich immer von Dingen angezogen gefühlt, die sich wiederholen. Ich weiß nicht, warum das so ist, ich versuche es auch gar nicht erst zu erklären. Im *Würgeengel* gibt es mindestens zehn Wiederholungen. Da sieht man zum Beispiel zwei Männer, die einander vorgestellt werden, sich die Hand drücken und „Angenehm!" sagen. Einen Augenblick später treffen sie erneut aufeinander und kennen sich nicht. Beim dritten Mal schließlich begrüßen sie sich wie zwei alte Freunde.

Ebenso sieht man zweimal, unter verschiedenen Blickwinkeln, wie die Gäste in die Halle treten und der Hausherr den Maître d'hôtel ruft. Als der Film fertig geschnitten war, nahm mich Figueroa, der Chefkameramann, auf die Seite und sagte:

„Luis, da ist was Fürchterliches passiert!"

„Was denn?"

„Die Einstellung, wie sie ins Haus kommen, ist doppelt."

Wie hat er auch nur eine Sekunde lang glauben können – er, der die beiden Einstellungen gedreht hatte –, daß dem Cutter und mir ein so grober Fehler hätte unterlaufen können?

In Mexiko fand man den Film schlecht gespielt. Ich finde das nicht. Die Schauspieler waren nicht erstklassig, aber im ganzen doch recht gut. Übrigens kann man, glaube ich, von einem Film nicht sagen, daß er sowohl interessant als auch schlecht gespielt sei.

Der *Würgeengel* gehört zu meinen wenigen Filmen, die ich mir später noch einmal angesehen habe. Jedesmal bedaure ich die Unzulänglichkeiten, die ich schon erwähnte, und die sehr kurze Drehzeit. Was ich in dem Film sehe, ist, daß eine Gruppe von Leuten nicht tun kann, was sie möchte: ein Zimmer verlassen – es ist die unerklärliche Unmöglichkeit, eine ganz einfache Lust zu befriedigen. Das gibt es oft in meinen Filmen. In *L'Age d'or* versucht ein Paar zusammenzukommen, und es gelingt ihm nicht. In *Dieses obskure Objekt der Begierde* ist es das sexuelle Verlangen eines alternden Mannes, das nie Erfüllung findet. Archibaldo de la Cruz versucht vergeblich zu töten. Die Personen im *Diskreten Charme der Bourgeoisie* wollen unter allen Umständen zusammen essen und kommen nicht dazu. Vielleicht ließen sich noch weitere Beispiele finden.

Simón del desierto (Simon in der Wüste) – Le Journal d'une femme de chambre (Tagebuch einer Kammerzofe)

Nach der ersten Vorführung des *Würgeengel* beugte sich Gustavo Alatriste zu mir und sagte:

„*Don Luis, esto es un cañón*. Ich habe nichts verstanden."

„*Cañón*" bedeutet etwas sehr Starkes, einen Schock, einen Knüller.

Zwei Jahre später, 1964, bot mir Alatriste die Möglichkeit, in Mexiko einen Film über die erstaunliche Figur Symeons des Stiliten zu drehen, eines Einsiedlers aus dem vierten Jahrhundert, der mehr als vierzig Jahre auf einer Säule in der syrischen Wüste verbrachte.

Diese Geschichte war mir nicht aus dem Kopf gegangen, seit mir Lorca in der Residenz die *Legenda aurea* zu lesen gegeben hatte. Er mußte jedesmal lachen, wenn er vorlas, daß die Exkremente des Einsiedlers, die an der Säule hinunterflossen, dem herablaufenden Wachs an einer Kerze glichen. Dabei wird, da er sich von ein paar Salatblättern nährte, die man ihm in einem Korb hinaufschickte, sein Stuhlgang wohl eher Ziegenkötteln geglichen haben.

In New York ging ich einmal an einem besonders trüben Regentag in die Bibliothek Ecke 42nd Street, um etwas nachzuschlagen. Es gab sehr wenige Bücher über den heiligen Symeon. Als ich in den Katalogsaal kam, war es etwa fünf Uhr nachmittags. Ich suchte in der Kartei nach der Karte des Buchs, das ich brauchte – es war das beste zu dem Thema überhaupt, nämlich die Arbeit des Paters Festugières. Die Karte war nicht an ihrem Platz. Ich drehte mich um, und direkt neben mir stand ein Mann. Der hatte die Karte in der Hand. Wieder so eine Koindizenz!

Ich habe ein komplettes Drehbuch für einen abendfüllenden Film geschrieben. Leider bekam Alatriste während der Dreharbeiten finanzielle Schwierigkeiten, und ich mußte den Film auf die Hälfte kürzen. Ich hatte eine Szene im Schnee vorgesehen, Pilgerzüge und sogar den – historischen – Besuch des byzantinischen Kaisers. Auf all diese Szenen habe ich verzichten müssen, was vielleicht das abrupte Ende etwas erklärt.

Aber auch so wie er ist, bekam der Film beim Festival von Venedig fünf Preise, was sonst keinem meiner Filme widerfahren ist. Und dann war niemand da, um die Preise entgegenzunehmen. Später wurde er zusammen mit *Une Histoire immortelle* von Orson Welles in einem Programm gezeigt.

Heute kommt es mir vor, als sei *Simon in der Wüste* bereits eine jener Begegnungen, welche die beiden Pilger in der *Milchstraße* auf ihrem gewundenen Weg nach Santiago de Compostela haben.

1963 mietete der französische Produzent Serge Silberman, der mich gern kennenlernen wollte, im Torre von Madrid ein Appartement und besorgte sich meine Adresse. Zufällig lag sein Appartement dem meinen genau gegenüber. Er klingelte bei mir, wir leerten eine ganze Flasche Whisky miteinander, und dabei entstand ein herzliches Einvernehmen, das nie getrübt worden ist.

Er bot mir an, mit ihm einen Film zu drehen, und wir einigten uns auf eine Verfilmung von Octave Mirbeaus *Tagebuch einer Kammerzofe*, einem Buch, das ich schon lange kannte. Aus verschiedenen Gründen entschloß ich mich, die Zeit der Handlung zur Gegenwart hin zu verschieben, sie gegen Ende der zwanziger Jahre spielen zu lassen, in einer Zeit, die ich selbst gut gekannt habe. Dadurch ergab sich die Gelegenheit, die rechtsextremen Demonstranten am Schluß – in Erinnerung an *L'Age d'or* – „Vive Chiappe!" schreien zu lassen.

Wir müssen Louis Malle dafür danken, daß er uns in *L'Ascenseur pour l'échafaud* Jeanne Moreaus Gang vor Augen geführt hat. Ich bin immer für den Gang von Frauen empfänglich gewesen, für den Gang und den Blick. Im *Tagebuch einer Kammerzofe* habe ich mir in der Stiefelettenszene ein besonderes Vergnügen daraus gemacht, Jeanne Moreau beim Gehen zu filmen. Wenn sie geht, zittert ihr Fuß leicht auf dem Absatz des Schuhs. Ein Mangel an Stabilität, der beunruhigt. Sie ist eine wunderbare Schauspielerin; ich brauchte ihr nur zu folgen, fast ohne sie zu korrigieren. Über die Figur der Kammerzofe habe ich von ihr Dinge erfahren, die ich nicht geahnt hatte.

Mit diesem Film, den ich im Herbst 1963 in Paris und der Nähe von Milly-la-Forêt gedreht habe, wurde ich mit den französischen Mitarbeitern näher bekannt, von denen ich mich später nicht mehr getrennt habe, mit Pierre Lary, meinem ersten Assistenten, Suzanne Durremberger, einem ausgezeichneten Scriptgirl, und dem Drehbuchautor Jean-Claude Carrière, der die Rolle des Pfarrers spielte. Ich habe die Dreharbeiten als ruhig, gut organisiert und harmonisch in Erinnerung. Bei diesem Film bin ich auch der Schauspielerin Muni begegnet, die so etwas wie mein Maskottchen geworden ist, eine ungewöhnliche Person mit ausgeprägtem Eigenwillen. Sie spielte die niedrigste der Dienerinnen und fragte den faschistischen Küster – das ist eine meiner liebsten Dialogstellen:

„Aber weshalb reden Sie immer davon, die Juden zu töten?"

„Sind Sie etwa keine Patriotin?" fragt sie der Küster.

„Doch."

„Na und?"

Nach diesem Film habe ich *Simon in der Wüste* gedreht, meinen letzten mexikanischen Film. Dann wollten Silberman und sein Partner Saffra wieder einen Film mit mir machen. Diesmal wählte ich den *Mönch* von Matthew Gregory Lewis, einen der berühmtesten englischen Schauerromane. Es war ein Buch, das die Surrealisten außerordentlich schätzten und das Antonin Artaud ins Französische übersetzt hatte. Ich hatte schon mehrfach daran gedacht, es zu verfilmen. Einige Jahre zuvor hatte ich Gérard Philipe davon erzählt, ebenso von dem schönen Roman *Der Husar auf dem Dach* von Jean Giono – das hatte mit meiner alten Vorliebe für Epidemien, für die Pest in allen Formen zu tun. Philipe hörte mir damals nur zerstreut zu, ihm war ein politischer Film lieber. So entschloß er sich zu *La Fièvre monte à El Pao* – ein wertvolles Thema und ein ziemlich gut gemachter Film, glaube ich, über den ich aber nicht viel zu sagen wüßte.

Belle de Jour

Der Mönch kam nicht zustande – Ado Kyrou hat ihn dann einige Jahre später gedreht –, und ich nahm 1966 das Angebot der Brüder Robert und Raymond Hakim an, Joseph Kessels *Belle de Jour* zu verfilmen. Ich fand den Roman ziemlich melodramatisch, aber gut konstruiert. Zudem bot er mir die Möglichkeit, gewisse Tagträume Séverines, der Hauptfigur, die Catherine Deneuve spielte, in Bilder umzusetzen und so dem Porträt einer jungen masochistischen Großbürgerin deutlichere Konturen zu verleihen.

Der Film erlaubte mir auch, ein paar Fälle von sexuellen Perversionen ziemlich genau zu beschreiben. Mein Interesse am Fetischismus war ja schon in der Anfangsszene von *Él* und der Stiefelettenszene im *Tagebuch einer Kammerzofe* nicht zu übersehen, aber ich möchte doch betonen, daß der Reiz, den sexuelle Perversionen auf mich ausüben, rein theoretischer und äußerlicher Natur ist. Sie amüsieren und interessieren mich, aber in meinem eigenen Sexualverhalten bin ich von perversen Neigungen völlig frei. Das Gegenteil wäre verwunderlich. Ich glaube, ein Perverser zeigt seine Perversion nicht gern öffentlich her; sie ist sein Geheimnis.

Eins bedaure ich im Zusammenhang mit diesem Film. Ich hätte die erste Szene gern im Restaurant des Pariser Gare de Lyon gedreht, aber der Besitzer hat es mir rundweg abgeschlagen. Bis heute wissen viele Pariser nichts von diesem Ort, der für mich einer der schönsten der Welt ist. Um 1900 haben innerhalb des Bahnhofs, im ersten Stock, Maler, Bildhauer und Dekorateure einen Opernsaal zum Ruhm der Eisenbahn und der uns durch sie erschlossenen Länder geschaffen. Wenn ich in Paris bin, gehe ich oft dorthin, manchmal allein. Ich esse immer am selben Tisch, mit Blick auf die Geleise.

In *Belle de Jour* arbeitete ich wieder, wie schon in *Nazarín* und *Viridiana*, mit Paco Rabal zusammen: Ich liebe den Schauspieler, und ich liebe den Menschen. Er nennt mich „mein Onkel", und ich nenne ihn „mein Neffe". Bei der Arbeit mit Schauspielern habe ich überhaupt keine besondere Methode. Alles hängt von ihrer Qualität ab, von dem, was sie mir bieten, und von den Anstrengungen, die ich machen muß, um sie zu führen, wenn sie schlecht ausgewählt sind. Jedenfalls folgt die Schauspielerführung immer einer persönlichen Sicht des Regisseurs, von der er sich leiten läßt, ohne sie immer erklären zu können.

Ich ärgerte mich über ein paar idiotische Schnitte in diesem Film, auf denen die Zensur bestanden haben soll. Vor allem spielte die Szene zwischen Georges Marchal und Catherine Deneuve, in der sie im Sarg liegt und er sie seine Tochter nennt, in einer Privatkapelle, nach einer Messe, die unter einer großartigen Kopie des Christus von Grünewald zelebriert wurde. Dessen gemarterter Körper hat mich schon immer sehr beeindruckt. Daß die Messe fortfiel, änderte die Stimmung der Szene empfindlich.

Mir werden zu meinen Filmen viele unnütze Fragen gestellt, aber am meisten und am hartnäckigsten bin ich nach dem Kästchen gefragt worden, das der asiatische Bordellbesucher bei sich hat. Er macht es auf und zeigt den Mädchen seinen Inhalt, ohne daß wir hineinblicken können. Die Mädchen schreien auf und lehnen entsetzt ab, während Séverine durchaus interessiert ist. Ich weiß nicht, wie oft besonders Frauen mich gefragt haben: „Was ist in dem Kästchen?“ Da ich es nicht weiß, kann ich nur antworten: „Was Sie wollen.“

Der Film wurde in den Ateliers von Saint-Maurice gedreht, die es heute nicht mehr gibt – *„die es heute nicht mehr gibt“:* eine Wendung, die in diesem Buch wie ein Refrain wiederkehrt –, während Louis Malle in der Nachbarhalle *Le Voleur* drehte, bei dem mein Sohn Jean-Louis sein Assistent war. *Belle de Jour* war wahrscheinlich der größte kommerzielle Erfolg meines Lebens, was ich aber mehr den Nutten in dem Film zuschreibe als meiner Arbeit.

Seit dem *Tagebuch einer Kammerzofe* besteht mein Leben praktisch nur noch aus den Filmen, die ich gedreht habe. Deshalb beschleunige ich jetzt den Rhythmus meiner Erzählung, der sonst monoton würde. Ernsthafte Arbeitsprobleme habe ich nicht mehr gehabt, und mein Leben verlief nun einfach und regelmäßig: Von meinem Wohnsitz in Mexiko fuhr ich jedes Jahr zum Drehbuchschreiben und zu Dreharbeiten für ein paar Monate nach Spanien und Frankreich. Meinen Gewohnheiten getreu stieg ich immer in denselben Hotels ab und ging in dieselben Cafés, die aus der Vergangenheit noch übriggeblieben waren.

Bei all meinen europäischen Filmen habe ich sehr viel angenehmere Arbeitsbedingungen gehabt, als ich sie aus Mexiko gewohnt war. Über jeden dieser Filme ist viel geschrieben worden. Ich behandele sie deshalb nur kurz, der Vollständigkeit halber.

Wenn ich auch glaube, daß bei der Herstellung eines Films nichts wichtiger ist als ein gutes Drehbuch, bin ich selbst doch nie ein Mann des Schreibens gewesen. Für fast alle meine Filme – mit Ausnahme von vieren – habe ich einen Schriftsteller, einen Drehbuchautor gebraucht, der mir helfen mußte, die Geschichte und die Dialoge schwarz auf weiß festzulegen. Das heißt nicht, daß dieser Mitarbeiter nur ein Sekretär gewesen wäre, der zu notieren gehabt hätte, was ich sagte. Im Gegenteil, er hatte das Recht und die Aufgabe, meine Einfälle zu kritisieren und Gegenvorschläge zu machen, auch wenn die endgültige Entscheidung von mir getroffen wurde.

Im Lauf meines Lebens habe ich mit achtzehn verschiedenen Autoren gearbeitet. Ich erinnere mich vor allem an Julio Alejandro, den Theatermann, einen ausgezeichneten Dialogschreiber, und an Luis Alcoriza, der energisch und empfindlich war und nun schon seit langem seine eigenen Filme schreibt und inszeniert. Der, mit dem ich mich am meisten identifiziert habe, ist zweifellos Jean-Claude Carrière. Wir haben seit 1963 sechs Filme zusammen geschrieben.

Das Entscheidende an einem Drehbuch scheint mir zu sein, daß durch zügiges Fortschreiten das Interesse des Zuschauers wachgehalten wird und daß seine Aufmerksamkeit auch nicht einen Augenblick nachläßt. Über den Inhalt eines Films läßt sich streiten, über seine Ästhetik, soweit vorhanden, seinen Stil, seine moralische Tendenz. Aber unter keinen Umständen darf er langweilen.

La Voie lactée (Die Milchstraße)

Die Idee zu dem Film über die Häresien der christlichen Religion geht auf das Kompendium von Marcelino Menéndez y Pelayo zurück, *Historia de los heterodoxos españoles*, das ich kurz nach meiner Ankunft in Mexiko gelesen habe. Bei dieser Lektüre lernte ich vieles, was ich nicht wußte, besonders über die Martyrien der Häretiker, die von ihrer Wahrheit ebenso, wenn nicht noch mehr, überzeugt waren wie die Christen. Was mich im Verhalten des Häretikers immer fasziniert hat, waren dieses Überzeugtsein von der eigenen Wahrheit und der bizarre Charakter bestimmter Gedankengänge. Später bin ich dann auf einen Satz von Breton gestoßen, in dem er trotz seiner Aversion gegen die Religion zugibt, daß der Surrealismus mit den Häretikern „gewisse Berührungspunkte" habe.

Alles, was man im Film sieht und hört, stützt sich auf authentische Dokumente. Bei dem exhumierten und öffentlich verbrannten Leichnam eines kirchlichen Würdenträgers, nach dessen Tod man Schriften von seiner Hand gefunden hatte, die von Häresie befleckt waren, handelte es sich um den Erzbischof Carranza von Toledo. Wir begannen mit ausgiebigen Recherchen, ausgehend vom *Dictionnaire des hérésies* des Abbé Pluquet. Im Herbst 1967 schrieben wir dann im Parador von Cazorla in der spanischen Provinz Jaén eine erste Fassung. Wir, Carrière und ich, waren allein in den andalusischen Bergen. Die Straße hörte beim Hotel auf. Ein paar Jäger brachen morgens bei Sonnenaufgang auf und kehrten bei Anbruch der Dunkelheit zurück, manchmal mit dem rührenden Kadaver eines Steinbocks. Den ganzen Tag sprachen wir über die Heilige Dreifaltigkeit, die doppelte Natur Christi, die Mysterien der Heiligen Jungfrau. Silberman war mit dem Projekt einverstanden, was uns überraschte, und wir stellten das Drehbuch im Februar 1968 in San José Purúa fertig. Die Barrikaden des Mai 1968 gefährdeten den Film, dann wurde er im Lauf des Sommers in Paris und Umgebung gedreht. Paul Frankeur und Laurent Terzieff verkörpern zwei Pilger von heute, die sich zu Fuß nach Santiago de Compostela aufmachen und denen im

Verlauf ihrer Reise, losgelöst von Zeit und Raum, eine Reihe von Figuren begegnen, die die entscheidenden Häresien illustrieren. Die Milchstraße, zu der wir ja gehören sollen, hieß früher „Sankt-Jakobs-Weg“, weil sie den Pilgern, die von überall her aus Nordeuropa kamen, die Richtung nach Spanien und nach Santiago wies. Daher der Titel.

In diesem Film arbeitete ich wieder mit Pierre Clémenti, Julien Bertheau, Claudio Brook und dem getreuen Michel Piccoli zusammen sowie zum ersten Mal auch mit Delphine Seyrig, einer ganz außergewöhnlichen Schauspielerin. Zum zweiten und letzten Mal ließ ich Christus selbst auftreten, dargestellt von Bernard Verley. Ich wollte ihn als ganz normalen Mann zeigen, der lacht und rennt, der sich verläuft, der sich sogar anschickt, sich zu rasieren, ganz anders, als man ihn sonst im Bild darzustellen pflegt.

Da wir schon von Christus sprechen: Ich habe den Eindruck, daß er sich in der letzten Zeit im Verhältnis zu den anderen Personen der Dreifaltigkeit nach und nach eines bevorzugten Platzes bemächtigt hat. Man redet nur noch von ihm. Gottvater gibt es zwar noch, aber sehr unbestimmt und weit entfernt. Und was den unglücklichen Heiligen Geist betrifft, um den kümmert sich überhaupt niemand mehr. Er bettelt an den Wegkreuzungen.

Dank der Presse und den Anstrengungen Silbermans, der zweifellos der beste Promoter im Filmgeschäft ist, den ich kenne, hatte der Film trotz seines anspruchsvollen und entlegenen Themas einen beachtlichen Publikumserfolg. Wie *Nazarín* rief er sehr widersprüchliche Reaktionen hervor. Carlos Fuentes sah in ihm einen antireligiösen Kampffilm, während Julio Cortázar sich zu der Behauptung verstieg, der Film käme ihm vor, als sei er vom Vatikan bezahlt.

Derlei Auseinandersetzungen um die Absichten interessieren mich immer weniger. Meiner Meinung nach war *Die Milchstraße* weder für dieses noch gegen jenes. Abgesehen von den authentischen Situationen und doktrinären Disputen, die im Film vorkommen, ist er für mich vor allem eine Wanderung durch den Fanatismus, bei der sich jeder gewaltsam und unerbittlich an sein Stückchen Wahrheit klammert – bereit, dafür zu töten oder zu sterben. Außerdem fand ich, daß der Weg, den die beiden Pilger zurücklegen, gleichermaßen für politische wie für künstlerische Ideologien stehen kann.

In Kopenhagen – wie uns Henning Carlsen erzählte, der das Kino leitete – kam der Film im französischen Original mit dänischen Untertiteln heraus. Gleich in den ersten Tagen kamen etwa ein Dutzend Zigeuner, Männer, Frauen und Kinder, die weder dänisch noch französisch sprachen, kauften Eintrittskarten und sahen sich den Film an. Sie sahen ihn siebzehn- oder achtzehnmal nacheinander. Carlsen hätte gern den Grund für ihre Anhänglichkeit erfahren, aber es gelang ihm nicht, weil er ihre Sprache nicht verstand. Schließlich ließ er sie umsonst rein. Von dem Tag an kamen sie nicht wieder.

Tristana

Wenn *Tristana*, ein Briefroman, auch sicher nicht zu den besten Romanen von Galdós gehört, so reizte mich die Figur des Don Lope doch schon seit langem. Außerdem reizte mich die Idee, die Handlung von Madrid nach Toledo zu verlegen und so der geliebten Stadt zu huldigen.

Zunächst wollte ich ihn mit Silvia Pinal und Ernesto Alonso drehen. Später kam dann in Spanien eine andere Produktion zustande. Ich dachte an Fernando Rey, der in *Viridiana* so ausgezeichnet war, und an eine junge italienische Schauspielerin, die mir ganz besonders gefiel: Stefania Sandrelli. Wegen des Skandals um *Viridiana* wurde das Projekt verboten.

Das Verbot wurde 1969 aufgehoben, und ich gab beiden Produzenten, Eduardo Ducay und Gurruchaga, meine Zustimmung.

Auch wenn Catherine Deneuve meiner Vorstellung nach überhaupt nicht in Galdós' Welt paßt, war es mir doch ein Vergnügen, wieder mit ihr zu arbeiten. In mehreren Briefen hatte sie mir von ihren Gedanken zu der Rolle geschrieben.

Die Dreharbeiten fanden fast ausschließlich in Toledo statt, der Stadt, die für mich vibriert von Erinnerungen an die zwanziger Jahre, und in einem Madrider Atelier, in dem der Bühnenbildner Enrique Alarcón ganz genau ein Café Zocodovers rekonstruiert hatte.

Wie in *Nazarín* entspricht die Hauptfigur – ich finde Fernando Rey in der Rolle großartig – ziemlich genau ihrem Vorbild in Galdós' Roman, aber an der Struktur und am Klima des Werkes habe ich doch beträchtliche Veränderungen vorgenommen und das Geschehen wie beim *Tagebuch einer Kammerzofe* in eine Zeit verlegt, die ich erlebt habe und in der sich soziale Spannungen schon deutlich zeigten.

Mit Julio Alejandros Hilfe habe ich zahlreiche Dinge in *Tristana* verwendet, die mir mein Leben lang viel bedeutet haben, wie etwa den Glockenturm von Toledo und das Grabmal des Kardinals Tavera, über das Tristana sich beugt. Da ich den Film nicht wiedergesehen habe, kann ich neute nur schwer darüber sprechen, aber ich erinnere mich, daß ich besonders den zweiten Teil mochte, von der Stelle an, wo die junge Frau, nachdem man ihr das Bein abgeschnitten hat, wieder nach Hause zurückkehrt. Ich höre noch ihren Gang im Flur, das Geräusch der Krücken und die Unterhaltung der Priester, die fröstelnd vor ihrer Schokolade sitzen.

Wenn ich mir die Dreharbeiten in die Erinnerung zurückrufe, fällt mir sofort ein Streich ein, den ich Fernando Rey gespielt habe. Er ist mir ein sehr teurer Freund, und er wird es mir verzeihen, wenn ich die Geschichte erzähle. Wie viele Schauspieler genießt Fernando seine Popularität. Er hat es gern, und das ist normal, wenn man ihn auf der Straße erkennt und sich nach ihm umdreht.

Ich habe also dem Produktionsleiter gesagt, er solle sich mit einer Schulklasse in Verbindung setzen, und die Schüler sollten, wenn ich gerade mit Fernando zusammensäße, alle nacheinander kommen und um ein Autogramm bitten – aber nur mich. Gesagt, getan.

Fernando und ich sitzen draußen in einem Café. Ein junger Mann taucht auf und bittet mich um meine Unterschrift, ich gebe sie ihm gern, und er entfernt sich wieder, ohne für Fernando, der gleich neben mir sitzt, auch nur einen Blick übrig zu haben. Eben ist der eine weg, kommt der nächste Schüler und macht es genauso.

Beim dritten brach Fernando in Lachen aus. Er hatte kapiert, daß es ein Streich war, und zwar aus einem sehr einfachen Grund: Daß jemand mich um ein Autogramm bittet und ihn nicht erkennt, das schien ihm schlechterdings unmöglich. Womit er auch recht hatte.

Le Charme discret de la bourgeoisie (Der diskrete Charme der Bourgeoisie)

Nach *Tristana*, der in Frankreich leider nur synchronisiert gezeigt wurde, kehrte ich zu Silberman zurück und habe mich seither auch nicht mehr von ihm getrennt. Ich war wieder in Paris, in meinem Viertel, dem Montparnasse, im Hôtel l'Aiglon, mit Blick auf den Friedhof, aß zeitig in der Coupole, der Palette, der Closerie des Lilas, machte meine täglichen Spaziergänge und verbrachte meine Abende allein. Während der Dreharbeiten machte ich mir abends meist selbst etwas zu essen. Mein Sohn Jean-Louis, der mit seiner Familie in Paris wohnt, arbeitete oft mit mir.

Im Zusammenhang mit dem *Würgeengel* habe ich schon erwähnt, wie sehr Handlungen und Sätze, die sich wiederholen, mich reizen. Wir suchten nach einem Vorwand für eine sich wiederholende Handlung, als Silberman uns etwas erzählte, was ihm passiert war. Er hatte Leute zu sich zum Essen eingeladen, sagen wir an einem Dienstag, vergaß aber, es seiner Frau zu sagen, und vergaß außerdem, daß er selbst an diesem Dienstag woanders zum Essen eingeladen war. Die Gäste kommen also mit Blumen beladen gegen neun Uhr an. Seine Frau ist im Negligée, weiß von nichts, hat selbst schon gegessen und will ins Bett gehen.

Daraus entstand die erste Szene von *Der diskrete Charme der Bourgeoisie.* Man brauchte das nur weiterzuentwickeln, sich verschiedene Situationen auszudenken – ohne der Wahrscheinlichkeit allzuviel Gewalt anzutun –, in denen eine Gruppe von Freunden Gelegenheit zu einem gemeinsamen Essen zu finden versucht, was ihr aber nicht gelingt. Die Arbeit war sehr langwierig. Wir haben fünf verschiedene Drehbuchfassungen geschrieben. Es ging darum, das richtige Gleichgewicht zu finden zwischen der Realität der Situation, die logisch und alltäglich sein mußte, und der Häufung von unerwarteten Widerständen, die aber nie phantastisch oder ausgefallen wirken sollten. Der Traum kam uns zu Hilfe und sogar der Traum im Traum. Und dann war ich noch besonders froh, daß ich in diesem Film das Rezept meines Martini dry unterbringen konnte.

Die Dreharbeiten habe ich in sehr angenehmer Erinnerung. Da es in dem Film viel ums Essen geht, brachten die Schauspieler, vor allem Stéphane Audran, oft Stärkungen und Erfrischungen mit ins Atelier. Wir machten es uns zur Gewohnheit, gegen fünf eine kleine Pause einzulegen, um uns für zehn Minuten zurückzuziehen.

Seit dem *Diskreten Charme der Bourgeoisie*, der 1972 in Madrid gedreht wurde, habe ich mir angewöhnt, die Videotechnik zu Hilfe zu nehmen. Mit fortschreitendem Alter war ich nicht mehr beweglich genug, die Proben mit der Kamera zu dirigieren. Ich setzte mich also vor den Monitor, wo ich genau dasselbe Bild wie der Kameramann sah, und korrigierte die Einstellungen und die Position der Schauspieler von meinem Sessel aus. Diese Technik ersparte mir viel Anstrengung und Zeit.

Es war eine Angewohnheit der Surrealisten, Titel aus einem oder mehreren überraschenden Wörtern zu erfinden, durch die dann ein Bild oder ein Buch in völlig neuem Licht erschien. Ich hatte verschiedentlich versucht, das aufs Kino anzuwenden, beim *Andalusischen Hund* und bei *L'Age d'or* natürlich, aber auch beim *Würgeengel.*

Während der Arbeit am Drehbuch hatten wir nie an die Bourgeoisie gedacht. Am letzten Abend, im Parador von Toledo – es war der Tag, an dem de Gaulle starb –, nahmen wir uns vor, den Titel für den Film zu finden. Einer, der mir im Gedanken an die Carmagnole gekommen war, lautete *Nieder mit Lenin oder Die Jungfrau in den Pferdestall*, ein anderer einfach *Der Charme der Bourgeoisie*. Carrière machte mich darauf aufmerksam, daß da ein Adjektiv fehle, und unter Tausenden fiel die Wahl auf „diskret". Es schien uns, als bekäme der Film mit diesem Titel, *Der diskrete Charme der Bourgeoisie*, eine neue Form oder sogar einen neuen Gehalt. Man betrachtete ihn anders.

Ein Jahr darauf, als der Film dann in Hollywood *nominated*, das heißt, für den Oscar vorgeschlagen wurde und wir schon am nächsten Projekt arbeiteten, spürten uns vier mir bekannte mexikanische Journalisten auf und kamen zum Essen nach El Paular. Während des Essens stellten sie Fragen und machten sich Notizen. Selbstverständlich fragten sie auch:

„Don Luis, meinen Sie, daß Sie den Oscar bekommen werden?"

„Ja, davon bin ich überzeugt", antwortete ich ganz ernst. „Ich habe schon die fünfundzwanzigtausend Dollar bezahlt, die man verlangt hat. Die Amerikaner haben alle möglichen Fehler, aber ihr Wort halten sie."

Die Mexikaner haben mir das abgenommen. Vier Tage später meldeten die mexikanischen Zeitungen, ich hätte mir für fünfundzwanzigtausend Dollar einen Oscar gekauft. Skandal in Los Angeles, Telex über Telex. Silberman, dem das gar nicht gefiel, kam aus Paris angereist und wollte wissen, was in mich gefahren sei. Ich sagte ihm, daß es nur ein harmloser Scherz gewesen war.

Die Aufregung legte sich dann wieder, drei Wochen vergingen, der Film bekam den Oscar, worauf ich dann wieder jedem, der es hören wollte, erklären konnte:

„Die Amerikaner mögen alle möglichen Fehler haben, aber ihr Wort halten sie."

Le Fantôme de la liberté (Das Gespenst der Freiheit)

Dieser Titel, der schon in einem Satz der *Milchstraße* vorkommt („Ihre Freiheit ist bloß ein Gespenst"), sollte eine heimliche Hommage für Marx sein und auf „Ein Gespenst geht um in Europa – das Gespenst des Kommunismus" anspielen, den Anfang des Kommunistischen Manifests. Die Freiheit, die in der ersten Szene des Films politische und soziale Freiheit ist – die Szene geht auf eine wahre Begebenheit zurück: das spanische Volk schrie bei der Rückkehr der Bourbonen, aus Haß auf die liberalen Ideen, die durch Napoleon ins Land gekommen waren, wirklich: „Es leben die Ketten!" –, diese Freiheit nahm bald einen anderen

Sinn an und wurde zur Freiheit des Künstlers, des schöpferischen Menschen, wobei die eine so illusionär ist wie die andere.

Dieser sehr ambitionierte Film, der schwierig zu schreiben und zu drehen war, war für mich ein wenig enttäuschend. Unvermeidlicherweise waren einige Episoden stärker als andere. Dennoch ist es einer meiner Lieblingsfilme. Ich finde seinen Gang interessant; ich mag die Liebesszene im Schlafzimmer des Gasthofs zwischen Neffe und Tante; ich mag auch die Suche nach dem verlorengegangenen kleinen Mädchen, das die ganze Zeit da ist – eine Idee, die ich schon lange hatte –, den Besuch der beiden Polizeipräfekten auf dem Friedhof – eine entfernte Erinnerung an den Sacramental de San Martín – und den Schluß im Zoologischen Garten, den eindringlichen Blick des Straußen, der aussieht, als habe er falsche Wimpern.

Wenn ich heute daran zurückdenke, kommt es mir vor, als bildeten *Die Milchstraße, Der diskrete Charme der Bourgeoisie* und *Das Gespenst der Freiheit*, die alle drei nach Originalstoffen entstanden sind, eine Art Trilogie oder besser ein Triptychon, wie es sie im Mittelalter gab. Dieselben Themen kehren in allen drei Filmen wieder und gelegentlich sogar dieselben Sätze. Sie sprechen von der Suche nach der Wahrheit, die man fliehen muß, sobald man sie gefunden zu haben glaubt, vom unnachgiebigen gesellschaftlichen Ritual. Sie sprechen vom unerläßlichen Suchen, vom Zufall, von der persönlichen Moral, vom Geheimnis, das respektiert werden muß.

Und noch eine Bagatelle für die Filmgeschichte: Die vier Spanier, die zu Beginn von den Franzosen erschossen werden, sind José Luis Barros (der Große), Serge Silberman (mit dem Band über der Stirn), José Bergamín als Priester und ich selbst, versteckt hinter einem Bart und unter einer Mönchskutte.

Cet obscur objet du désir (Dieses obskure Objekt der Begierde)

Nach dem *Gespenst der Freiheit*, das 1974 entstand, als ich also vierundsiebzig Jahre alt war, wollte ich mich eigentlich endgültig zur Ruhe setzen. Es bedurfte der ganzen Hartnäckigkeit meiner Freunde und vor allem Serge Silbermans, damit ich mich noch einmal an die Arbeit machte.

Ich griff auf ein altes Projekt zurück, die Verfilmung von *La Femme et le pantin* von Pierre Louys, und realisierte es schließlich 1977 mit Fernando Rey und zwei Schauspielerinnen in einer Rolle, Angela Molina und Carole Bouquet. Viele Zuschauer haben übrigens gar nicht bemerkt, daß es zwei verschiedene Schauspielerinnen sind.

Nach einer Wendung von Pierre Louys – „ein blasses Objekt der Begierde" – heißt der Film *Dieses obskure Objekt der Begierde*. Ich finde das Drehbuch recht gut konstruiert, jede Szene hat einen Anfang, eine Entwicklung und einen Schluß. Der Film hält sich zwar getreu ans Buch, weist aber doch eine gewisse Zahl von Interpolationen auf, die seinen Ton vollständig verändert haben. Die letzte Szene vor der Schlußexplosion, in der eine Frauenhand sorgfältig den Riß in einem blutigen Spitzenmantel stopft – die letzte Einstellung, die ich gedreht habe –, berührt mich, ohne daß ich sagen könnte warum; sie bewahrt ihr Geheimnis.

Lange nach *L'Age d'or* handelt dieser Film wieder davon, wie jemand vergeblich versucht, in den Besitz des Körpers einer Frau zu gelangen. Es ging mir darum, im Verlauf des ganzen Films eine Atmosphäre des Terrors und der Unsicherheit entstehen zu lassen, wie wir sie alle kennen und in der Welt erlebt haben. Und dann explodierte am 16. Oktober 1977 im Ridge Theater in San Francisco, wo der Film lief, eine Bombe. Vier Rollen des Films wurden gestohlen, und an den Wänden fand man Beschimpfungen wie: „Diesmal bist du zu weit gegangen." Eine dieser Kritzeleien war mit „Mickey Mouse" gezeichnet. Verschiedene Hinweise ließen vermuten, daß der Anschlag von einer Gruppe organisierter Homosexueller verübt worden war. Überhaupt haben Homosexuelle den Film nicht gemocht. Der Grund dafür wird mir immer verborgen bleiben.

Schwanengesang

Nach jüngsten Informationen besitzen wir inzwischen genug Atombomben, um nicht nur alles Leben auf der Erde zu zerstören, sondern den Planeten auch aus seiner Bahn zu schleudern und nackt und kalt im All davontreiben zu lassen. Das kommt mir phantastisch vor, und fast hätte ich Lust zu applaudieren. Eins steht jetzt fest: Die Wissenschaft ist der Feind des Menschen. Sie schmeichelt den Allmachtsgelüsten, die zu unserer Zerstörung führen. Im übrigen bestätigt eine neuere Untersuchung, daß von siebenhunderttausend „hochqualifizierten" Wissenschaftlern, die gegenwärtig auf der Erde arbeiten, fünfhundertzwanzigtausend sich bemühen, die Todeswaffen zu verbessern, die Menschheit zu vernichten, und nur einhundertachtzigtausend nach Wegen zur Erhaltung unseres Lebens suchen.

Die Trompeten der Apokalypse ertönen seit einigen Jahren vor unseren Toren, und wir verstopfen uns die Ohren. Diese neue Apokalypse galoppiert, wie die alte, in Gestalt von vier Reitern heran, die Überbevölkerung – als erstem, als dem Anführer, der das schwarze Banner schwenkt –, der Wissenschaft, der Technik und der Medien. All die anderen Übel, die über uns hereinbrechen, sind nur deren Folgen. Die Medien rechne ich ohne Zögern zu den apokalyptischen Reitern. Das letzte Drehbuch, an dem ich gearbeitet habe, das ich aber nicht mehr werde verfilmen können, basiert auf einem dreifachen Zusammenspiel, dem von Wissenschaft, Terrorismus und Medien. Diese werden oft als eine Errungenschaft und Wohltat gepriesen, die Information wird manchmal sogar als etwas, worauf man ein „Recht" hat, hingestellt. In Wahrheit sind die Medien vielleicht überhaupt der bösartigste der vier Reiter, denn er folgt den drei anderen auf dem Fuße und ernährt sich von dem, was diese hinterlassen. Würde ein Pfeil ihn niederstrecken, so würde der Ansturm, der uns erwartet, bestimmt noch etwas aufgeschoben werden.

Die Bevölkerungsexplosion erschreckt mich so, daß ich schon oft gesagt habe, auch in diesem Buch, ich träumte zuweilen von einer weltweiten Katastrophe, durch die zwei Milliarden Erdbewohner, und wäre ich selbst darunter, hinweggerafft würden. Ich muß hinzufügen, daß diese Katastrophe in meinen Augen nur dann Sinn und Wert hätte, wenn sie von einer Naturkatastrophe bewirkt würde, einem Erdbeben, einer unerhörten Plage, einem verheerenden, unbesiegbaren Virus. Ich respektiere und bewundere die Naturkräfte. Was ich aber nicht vertragen kann, sind diese erbärmlichen Fabrikanten der Katastrophe, die täglich an unserem Massengrab schaufeln und – diese heuchlerischen Verbrecher! – behaupten, anders sei es nicht zu machen.

Meiner Vorstellung nach hat das menschliche Leben nicht mehr Wert als das Leben einer Fliege. In der Realität respektiere ich alles Leben, auch das der Fliege, die ein feenhaft geheimnisvolles, wunderbares Tier ist.

Allein und alt, kann ich mir nur noch entweder die Katastrophe vorstellen oder das Chaos. Eins von beiden scheint mir unausweichlich. Natürlich weiß ich, daß für die Greise die Sonne wärmer schien in den fernen Tagen ihrer Jugend. Ich weiß auch, daß es, wenn ein Jahrtausend zu Ende geht, üblich ist, das Ende anzukündigen. Mir kommt es jedoch so vor, als führe das ganze Jahrhundert ins Elend. Das Böse hat den alten, großen Kampf gewonnen. Die Kräfte der Zerstörung und des Zerfalls haben gesiegt. Der menschliche Geist ist nicht im geringsten zur Klarheit hin fortgeschritten. Eher hat er sich zurückentwickelt. Erschöpfung, Furcht und Verfall ringsum. Woher sollen Güte und Intelligenz uns geschenkt werden, die uns eines Tages retten könnten? Sogar der Zufall kommt mir ohnmächtig vor.

Ich wurde bei Anbruch dieses Jahrhunderts geboren, das mir manchmal wie ein Moment erscheint. Je mehr Jahre vergehen, desto schneller vergehen sie. Wenn ich von Ereignissen meiner Jugend spreche, die mir ganz nah vorkommen, muß ich sagen: „Das war vor fünfzig oder sechzig Jahren.“ Dann wieder kommt mir das Leben lang vor. Dieses Kind, dieser Jüngling, die dieses und jenes getan haben, das war doch nicht ich.

Als ich 1975 mit Silberman in New York war, führte ich ihn in ein italienisches Restaurant, in dem ich fünfunddreißig Jahre zuvor oft gewesen war. Der Wirt war tot, aber seine Frau erkannte mich sofort, begrüßte mich und führte uns an einen Tisch. Da hatte ich den Eindruck, als seien erst ein paar Tage vergangen, seit ich zuletzt da war. Die Zeit ist nicht immer gleich.

Daß die Welt sich verändert hat, seit ich die Augen aufschlug – was bringt es, darauf zu beharren?

Bis ich fünfundsiebzig war, fand ich das Alter nicht schlimm. Es brachte mir sogar eine gewisse Befriedigung, eine neue Ruhe, und ich empfand das Verschwinden des Geschlechtstriebs und all der anderen Lüste wie eine Befreiung. Es verlangt mich nun nach nichts mehr, weder nach einem Haus am Meer noch nach einem Rolls-Royce und ganz bestimmt nicht nach Kunstgegenständen. Ich sage mir und widerrufe damit den Schrei meiner Jugend: „Nieder mit dem *amour fou*! Es lebe die Freundschaft!“

Bis ich fünfundsiebzig war, sagte ich, wenn ich auf der Straße oder in einer Hotelhalle einen besonders gebrechlichen Greis sah, zu meinen Begleitern: „Haben Sie Buñuel gesehen? Nicht zu fassen! Letztes Jahr war er noch so gut beisammen! Mit dem geht's bergab.“ Ich machte mir einen Spaß daraus, den vorzeitig Vertrottelten zu spielen. Mehrmals habe ich *Das Alter* von Simone de Beauvoir gelesen, für mich ist das ein wunderbares Buch. Mein Alter legte mir Zurückhaltung auf, im Schwimmbad zeigte ich mich nicht mehr in der Badehose, ich reiste immer weniger, aber mein Leben blieb aktiv und ausgewogen. Meinen letzten Film habe ich mit siebenundsiebzig gemacht.

Danach, in den letzten fünf Jahren, hat das wirkliche Alter begonnen.

Die verschiedensten Leiden, nicht unbedingt gravierende, haben eingesetzt. Angefangen hat es mit den Beinen, mit meinen Beinen, die einmal so kräftig waren, dann kamen die Augen und sogar der Kopf – chronische Vergeßlichkeit, Koordinationsschwächen. 1979 mußte ich wegen einer Blasengeschichte drei Tage ins Krankenhaus, zu einer Spülung. Ich habe einen Horror vorm Krankenhaus. Am dritten Tag habe ich die Strippen, die Schläuche rausgerissen und bin nach Hause gegangen. 1980 wurde ich an der Prostata operiert. 1981 fing wieder die Blase an. An allen Ecken und Enden kündigt sich Schlimmes an. Und ich bin mir meiner Hinfälligkeit bewußt.

Ich kann meine Diagnose mühelos selbst stellen. Ich bin alt, das ist meine Hauptkrankheit. Nur noch zu Hause, in meinem täglichen Trott, fühle ich mich wohl. Ich stehe auf, trinke einen Kaffee, mache eine halbe Stunde lang Übungen. Ich wasche mich, trinke noch einen Kaffee und esse ein bißchen. Dann ist es halb zehn oder zehn Uhr. Ich mache einen kurzen Spaziergang um den Häuserblock, und dann langweile ich mich bis zum Mittag. Meine Augen haben nachgelassen, lesen kann ich nur noch mit einer Lupe und einer Speziallampe, die mich rasch ermüden. Seit langem hindert meine Taubheit mich daran, Musik zu hören. Also warte ich, denke nach und erinnere mich, und eine verrückte Ungeduld läßt mich immer wieder auf die Uhr sehen.

Zwölf Uhr ist die geheiligte Stunde des Aperitifs, den ich ganz langsam in meinem Arbeitszimmer einnehme. Nach dem Mittagessen döse ich bis drei Uhr ein wenig in meinem Sessel. Drei bis fünf ist die Zeit, in der ich mich am meisten langweile. Ich lese ein paar Zeilen, beantworte einen Brief, nehme Dinge in die Hand. Ab fünf werden meine Blicke auf die Uhr immer häufiger: Wie lange ist es noch bis sechs Uhr, bis zum zweiten Aperitif? Manchmal bemogele ich mich um eine Viertelstunde. Zuweilen besuchen mich ab fünf Uhr Freunde, und wir reden. Um sieben das Abendessen mit meiner Frau, dann früh zu Bett.

Wegen meiner Augen, wegen meines Gehörs, wegen meiner Abneigung gegen Verkehr und Menschenmassen bin ich seit vier Jahren nicht mehr im Kino gewesen, und ich sehe nie fern.

Manchmal vergeht eine ganze Woche, ohne daß ich einen einzigen Besuch bekomme. Ich fühle mich verlassen. Dann kommt jemand, den ich nicht erwartet habe, den ich eine Weile nicht gesehen habe. Und am nächsten Tag kommen vier, fünf Freunde auf einmal mich besuchen und bleiben eine Stunde. Zum Beispiel Luis Alcoriza, der früher als Drehbuchautor mit mir gearbeitet hat. Und Juan Ibáñez, unser bester Theaterregisseur, der zu jeder Tageszeit Cognac trinken kann. Und auch Pater Julián, ein moderner Dominikaner, der ein ausgezeichneter Maler und Graveur ist und zwei ausgefallene Filme gemacht hat. Öfter haben wir uns über den Glauben und die Existenz Gottes unterhalten. Da er bei mir auf einen unerschütterlichen Atheismus stößt, hat er einmal gesagt:

„Ehe ich Sie kannte, spürte ich meinen Glauben manchmal wanken. Seit wir miteinander reden, ist er wieder völlig gestärkt."

Das gleiche kann ich von meinem Unglauben sagen. Aber wenn Prévert und Péret mich in der Gesellschaft eines Dominikaners sähen ...

Für meine mechanisch ablaufende, minuziös geregelte Existenz bedeutete das Schreiben dieses Buchs, mit Carrières Hilfe, eine vorübergehende Revolution. Ich beklage mich nicht darüber. So ist die Tür noch nicht ganz zugefallen.

Seit langem trage ich in einem Notizbuch die Namen meiner verstorbenen Freunde ein. Dieses Notizbuch nenne ich das *Totenbuch*. Ich blättere oft darin. Es enthält Hunderte von Namen, einen neben dem anderen, in alphabetischer Reihenfolge. Ich trage nur die Männer und Frauen ein, mit denen ich, und sei es auch nur ein einziges Mal, einen wirklich menschlichen Kontakt gehabt habe. Die Mitglieder der surrealistischen Gruppe sind mit einem roten Kreuz gekennzeichnet. 1977/78 war für die Gruppe ein Schicksalsjahr. Innerhalb weniger Monate verschieden Man Ray, Calder, Max Ernst und Prévert.

Einige meiner Freunde hassen dieses Büchlein, zweifellos, weil sie fürchten, eines Tages selbst darin zu stehen. Ich sehe das anders. Dieses Familienbuch erlaubt es mir, an diesen oder jenen zu denken, der sonst dem Vergessen anheimfiele.

Einmal habe ich mich geirrt. Durch meine Schwester Conchita hatte ich vom Tod eines spanischen Schriftstellers gehört, der sehr viel jünger war als ich. Ich trug ihn ein. Als ich einige Zeit darauf in Madrid im Café saß, sah ich ihn plötzlich durch die Tür treten und auf mich zukommen. Sekundenlang glaubte ich, einem Geist die Hand zu schütteln.

Seit langem ist mir der Gedanke an den Tod vertraut. Das begann mit den Skeletten, die bei den Prozessionen in der Karwoche durch die Straßen von Calanda getragen wurden – seither gehört der Tod zu meinem Leben. Ich habe ihn nie zu verdrängen oder zu verleugnen versucht. Aber es gibt nicht viel zu sagen über den Tod, wenn man Atheist ist wie ich. Man muß mit dem Rätsel sterben. Manchmal sage ich mir, daß ich wissen möchte – aber was eigentlich? Man weiß weder während noch nachher. Nach dem Ganzen das Nichts. Uns erwartet nichts anderes als die Verwesung, als der süßliche Geruch der Ewigkeit. Vielleicht lasse ich mich einäschern, um das zu verhindern.

Und doch mache ich mir manchmal Gedanken über den Tod, wie er aussehen wird.

Es kommt vor, daß ich, nur so zum Zeitvertreib, an unsere alte Hölle denke. Bekanntlich sind die Flammen und Mistgabeln verschwunden, und den modernen Theologen bedeutet die Hölle, des göttlichen Lichts entbehren zu müssen. Ich sehe mich in der ewigen Dunkelheit schweben, mit meinem Körper, mit allen meinen Fasern, die ja am Jüngsten Tag noch gebraucht werden. Dann plötzlich stoße ich in den höllischen Gefilden an einen anderen Körper. Es ist ein Siamese, der vor zweitausend Jahren von einer Kokospalme in den Tod gestürzt ist. Er entfernt sich ins Dunkel. Millionen Jahre vergehen, und da spüre ich wieder einen Stoß im Rücken. Diesmal ist es eine Marketenderin Napoleons. Und so weiter.

Ich lasse mich eine Weile in der beängstigenden Finsternis dieser modernen Hölle dahingleiten, dann kehre ich auf die Erde zurück, auf der ich noch bin.

Ich mache mir keine Illusionen über den Tod, aber ich frage mich manchmal, in welcher Form er kommen wird. Manchmal sage ich mir, daß ein plötzlicher Tod großartig wäre, wie der meines Freundes Max Aub, der beim Kartenspiel tot umfiel. Aber meistens wäre mir ein langsamer, erwarteter Tod lieber, damit ich unser ganzes Leben noch ein letztes Mal grüßen könnte. Seit mehreren Jahren verharre ich, wann immer ich einen Ort verlasse, den ich gut gekannt, an dem ich gelebt und gearbeitet habe, der ein Teil meiner selbst geworden ist, wie Paris, Madrid, Toledo, El Paular, San José Purúa, einen Moment, um Abschied zu nehmen. Ich rede ihn an und sage etwa: „Auf Wiedersehen, San José. Hier habe ich glückliche Augenblicke erlebt. Ohne dich wäre mein Leben anders gewesen. Ich gehe jetzt, ich sehe dich nicht wieder, du bestehst ohne mich weiter, ich sage dir Lebewohl." Ich verabschiede mich von allem, von den Bergen, von der Quelle, von den Bäumen und von den Fröschen.

Natürlich kommt es vor, daß ich doch noch einmal an einen Ort zurückkehre, dem ich schon Lebewohl gesagt habe. Aber das macht nichts. Wenn ich gehe, verabschiede ich mich zum zweiten Mal.

So möchte ich sterben, mit dem Wissen, daß ich dieses Mal nicht wiederkomme. Wenn man mich fragt, warum ich seit einigen Jahren immer weniger reise, antworte ich: „Aus Angst vor dem Tod." Dann bekomme ich zur Antwort, daß der Tod mich hier genauso treffen kann wie da, und ich sage: „Es ist nicht die Angst vorm Tod schlechthin. Sie verstehen mich nicht. Eigentlich ist es mir egal, ob ich sterbe. Aber nur nicht unterwegs!" Am grauenhaftesten ist für mich die Vorstellung, in einem Hotelzimmer, zwischen offenen Koffern und verstreuten Papieren, vom Tod überrascht zu werden.

Ebenso grauenhaft, vielleicht noch schlimmer, finde ich den durch medizinische Technik hinausgezögerten Tod, dieses Sterben, das nicht enden will. Unter Berufung auf den Eid des Hippokrates, der den Respekt vor dem menschlichen Leben über alles stellt, haben die Mediziner die raffinierteste Form der modernen Folter geschaffen: das Überleben. Das finde ich kriminell. Ich habe schließlich sogar Franco bemitleidet, den man monatelang unter fürchterlichen Leiden künstlich am Leben hielt. Wozu? Gelegentlich helfen einem die Ärzte auch, aber die meisten sind *money-makers*, der Wissenschaft und den Greueln der Technik ergebene Geldmacher. Soll man uns doch sterben lassen, wenn der Moment gekommen ist, oder sogar ein wenig behilflich sein, daß wir schneller wegkommen. Bald schon, davon bin ich überzeugt, ich hoffe es jedenfalls, wird unter gewissen Umständen die Euthanasie gesetzlich gestattet sein. Der Respekt vor dem menschlichen Leben hat keinen Sinn mehr, wenn er für den, der geht, und für die, die bleiben, nur zu einer langen Qual führt.

Vor meinem letzten Seufzer stelle ich mir gern einen letzten Scherz vor. Ich bitte alle meine alten Freunde zu mir, die wie ich überzeugte Atheisten sind. Betrübt versammeln sie sich um mein Bett. Dann kommt der Priester, den ich habe rufen lassen. Zum großen Entsetzen meiner Freunde beichte ich, bitte um die Vergebung aller meiner Sünden und empfange die letzte Ölung. Dann drehe ich mich zur Wand und sterbe.

Ob man in dem Augenblick aber noch die Kraft hat zu scherzen?

Ein Bedauern: Nicht mehr zu erfahren, wie es weitergehen wird. Aus einer ständig sich verändernden Welt herausgerissen zu werden wie aus einem Fortsetzungsroman. Ich glaube, die Neugier auf das, was nach unserem Tode passieren wird, gab es früher nicht, oder es gab sie weniger in einer Welt, die sich kaum veränderte. Ein Geständnis: Trotz meines Hasses auf die Medien würde ich gern alle zehn Jahre von den Toten auferstehen, zu einem Kiosk gehen und mir ein paar Zeitungen kaufen. Mehr verlange ich gar nicht. Mit den Zeitungen unterm Arm würde ich, bleich die Mauern entlangschleichend, zum Friedhof zurückkehren und von den Katastrophen der Welt lesen, um dann im sicheren Schutz meines Grabes beruhigt wieder einzuschlafen.

Filmographie

Originaltitel (in Klammern die Titel, unter denen die Filme in der Bundesrepublik Deutschland – im Kino oder im Fernsehen – zu sehen gewesen sind)

Un Chien andalou (Ein andalusischer Hund), Frankreich 1928 11, 34, 81 f., 93–96, 98 ff., 104, 106 f., 113, 116, 173, 177, 179, 209, 220 f., 240

L'Âge d'or (Das goldene Zeitalter), Frankreich 1930 15, 42, 71, 81, 86, 104–109, 111, 117, 121, 150 f., 155, 209, 231 f., 240, 243

Las Hurdes – Tierra sin pan (Las Hurdes), Spanien 1932 130 ff.

Don Quintín el amargao, Spanien 1935 (als Produzent) 134, 225

La hija de Juan Simón, Spanien 1935 (als Produzent) 134, 142

Quién mi quiere a mi? Spanien 1936 (als Produzent) 134, 142

Centinela alerta! Spanien 1936 (als Produzent) 135 f.

Espagne 1937/España leal en armas! Frankreich/Spanien 1937 (Gesamtleitung)

Gran Casino, Mexiko 1946 100, 187 f.

El Gran Calavera, Mexiko 1949 189

Los Olvidados (Die Vergessenen), Mexiko 1950 189–192, 218

Susana – Carne y Demonio (Susanna, Tochter des Lasters), Mexiko 1950 192

La hija del engaño – Don Quintín el amargao, Mexiko 1951 193

Una mujer sin amor – Cuando los hijos nos juzgan, Mexiko 1951 193

Subida al cielo (Der Weg, der zum Himmel führt), Mexiko 1951 144, 193

El Bruto (El Bruto, der Starke), Mexiko 1952 193

Robinsón Crusoe – Adventures of Robinson Crusoe (Robinson Crusoe), Mexiko/USA 1952 180 ff., 187

El (Er), Mexiko 1952 12, 194 f., 234

Abismos de pasión – Cumbres borrascosas (Abgründe der Leidenschaft), Mexiko 1953 195 f.

La ilusión viaja en tranvía (Die Illusion fährt mit der Straßenbahn), Mexiko 1953 197

El rio y la muerte (Der Fluß des Todes), Mexiko 1954 197 f.

Ensayo de un crimen (Das verbrecherische Leben des Archibaldo de la Cruz), Mexiko 1955 200, 204, 223, 231

Cela s'appelle l'aurore – Amanti di domani (Morgenröte), Frankreich/Italien 1955 96, 185, 204 f.

La Mort en ce jardin – La muerte en este jardín (Pesthauch des Dschungels – Der Tod in diesem Garten), Frankreich/Mexiko 1956 199, 204 ff.

Nazarín (Nazarin), Mexiko 1958 15, 49, 206 f., 216, 221, 234, 237 f.

La Fièvre monte à El Pao – Los Ambiciosos (Für ihn verkauf' ich mich – Das Fieber steigt in El Pao), Frankreich/Mexiko 1959 218, 233

The Young One – La Joven (Das junge Mädchen), Mexiko/USA 1960 181 ff., 187

Viridiana (Viridiana), Spanien 1961 29, 61, 103, 224–229, 234, 238

El ángel exterminador (Der Würgeengel), Mexiko/Spanien 1962 44, 103, 182, 229 ff., 239 f.

Le Journal d'une femme de chambre (Tagebuch einer Kammerzofe), Frankreich 1963 231 f., 234 f., 238

Simón del desierto (Simon in der Wüste), Mexiko 1965 54, 182, 187, 215, 231 f., 233

Belle de Jour (Belle de Jour – Schöne des Tages), Frankreich 1966 177, 233 ff.

La Voie lactée – La Vía láctea (Die Milchstraße), Frankreich/Italien 1969 85, 115, 165, 172, 182, 236 ff., 241 f.

Tristana (Tristana), Spanien/Frankreich/Italien 1970 49, 64, 114, 211, 238 f.

Le Charme discret de la bourgeoisie (Der diskrete Charme der Bourgeoisie), Frankreich 1972 83, 85, 185, 231, 239–242

La Fantôme de la liberté (Das Gespenst der Freiheit), Frankreich 1974 61, 162, 178, 241 f.

Cet obscur objet du désir (Dieses obskure Objekt der Begierde), Frankreich 1977 39, 57, 166, 209, 231, 242 f.

Personenverzeichnis

Bitte beachten Sie die folgenden Seiten:

Jean Cocteau

Kino und Poesie

Notizen

Ausgewählt von Klaus Eder

Ullstein Buch 36071

Jean Cocteaus Notizen zu einem »poetischen Kino« aus den Jahren 1925 bis 1963 sind in diesem Band versammelt: Artikel, Porträts von Künstlern und Schauspielern sowie Entwürfe zu Filmprojekten, die durch Fotos aus Cocteaus Filmen illustriert werden.

Ullstein KunstBuch

Curt Riess

Das gab's nur einmal

Die große Zeit des deutschen Films

Drei Bände

Ullstein Buch 34282, 34283, 34284

Ullstein Sachbuch

Die Geschichte des Films beginnt mit den »lebenden Bildern«, doch schon mit Asta Nielsen wird der Film zur Kunst. Die UFA wird gegründet, und die Stummfilme der ›goldenen Jahre‹ machen Hollywood Konkurrenz.

Der zweite Band behandelt die letzten großen Stummfilme, berichtet von der vorübergehenden Finanzkrise der UFA und vom revolutionären Beginn des Tonfilms.

Nicht die Zeit vor und auch nicht die Zeit während des Zweiten Weltkriegs kann verhindern, daß bis 1945 noch einige sehenswerte deutsche Filme entstehen – aber auch ewige Schandflecke wie »Jud Süß«. Nachdem bedeutende Schauspieler, Regisseure und Produzenten von Hitler vertrieben worden sind und alles zusammenbricht, geht auch der deutsche Film – vorübergehend – unter.

Piet Klaasse
jamsession
Mark Gardner, J. Bernlef
Piet Klaasse hat die zeitgenössischen, aktiven und teilweise legendären großen Gestalten des Jazz und Blues in Amerika, Afrika und Europa auf ihren Tourneen begleitet und porträtiert. Seine Bilder sind Augenblicksaufnahmen, der Versuch, das Charakteristische, Wesentliche und Unverwechselbare zu erfassen.
Die Porträts Klaasses werden ergänzt durch biographische Texte.
176 Seiten mit 50 vierfarbigen und 150 schwarzweißen Porträtzeichnungen, mit ausgewählter Diskographie, gebunden.
Subskriptionspreis bis 31.12.1984 DM 98,–, danach DM 128,–
Athenäum